本书受全国高校古籍整理研究工作委员会资助指导

# 古籍研究

《古籍研究》编辑委员会　编

总第64卷

凤凰出版社

图书在版编目（CIP）数据

古籍研究. 总第64卷 / 古籍研究编辑委员会编. --
南京 : 凤凰出版社, 2016.12
ISBN 978-7-5506-2523-5

Ⅰ. ①古… Ⅱ. ①古… Ⅲ. ①古籍—研究—中国
Ⅳ. ①G256

中国版本图书馆CIP数据核字(2016)第305862号

| | |
|---|---|
| 书　　名 | 古籍研究(总第64卷) |
| 编　　者 | 《古籍研究》编辑委员会 |
| 责任编辑 | 李相东 |
| 出版发行 | 凤凰出版传媒股份有限公司<br>凤凰出版社(原江苏古籍出版社)<br>发行部电话025-83223462 |
| 出版社地址 | 南京市中央路165号,邮编:210009 |
| 出版社网址 | http://www.fhcbs.com |
| 经　　销 | 凤凰出版传媒股份有限公司 |
| 照　　排 | 南京凯建图文制作有限公司 |
| 印　　刷 | 江苏省句容市排印厂<br>句容市春城镇南,邮编:212404 |
| 开　　本 | 787×1092毫米　1/16 |
| 印　　张 | 20 |
| 字　　数 | 438千字 |
| 版　　次 | 2016年12月第1版　2016年12月第1次印刷 |
| 标准书号 | ISBN 978-7-5506-2523-5 |
| 定　　价 | 82.00元 |

(本书凡印装错误可向承印厂调换,电话:0511-87871135)

# 《古籍研究》主办单位

安徽大学文学院

安徽大学古籍整理研究所

安徽省古籍整理出版办公室

淮北师范大学古籍整理研究所

安庆师范大学文学院

安徽师范大学中国诗学研究中心

# 目　　录

## 文史专论



## 目录与版本



## 校勘与注释



## 文献辑考

# 《礼记》中所见义例考*

李文武　戴海陵

《礼记》四十九篇，相传是西汉宣帝时期由著名礼学家戴圣汇编的有关礼学资料的选集。《礼记》属于今文经，东汉时期经过郑玄注解，地位逐渐上升，由经学附庸转为正统，特别是唐代孔颖达作《五经正义》，更是奠定了其经典地位①。

历朝历代有关《礼记》的研究多不胜数。南宋卫湜撰《礼记集说》，元陈澔撰《礼记集说》。到了清代，则更是集大成，除孙希旦《礼记集解》外，顾炎武、江永、张惠言、张尔岐、秦惠田、戴震、程瑶田、金榜、金鹗、任启运、凌廷堪、孔广森、胡匡衷、胡培翚、孙诒让、黄以周等人均对《礼记》深有研究，其研究成果汇总在《清经解》和《续清经解》中。

礼学繁杂，它囊括了赋税、沟洫、礼器、服制、车马、饮食、宫室等方面，研究起来显得非常困难。《仪礼》十七篇，即便是大宗师韩愈亦苦其难读。幸运的是，历代学者对礼学提出了许多很好的研究方法。南宋理学大师朱熹作《仪礼经传通解》，开启《礼仪》分节研究的又一个时代（尽管分节研究并不始于朱熹，东汉郑玄、唐代贾公彦均以分节来研究"三礼"）。清中叶，秦惠田作《五礼通考》，以《周官》五礼分目，汇集古今诸儒聚讼之说，并附以历朝史志，为之疏通驳解，使后代礼学研究者一编在手，如览众书，而历代沿革也一并列于眼前。乾嘉时期，礼学大师凌廷堪作《礼经释例》，独辟蹊径，将《仪礼》剖为通例、饮食之例、宾客之例、射例、变例、祭例、器服之例、杂例等八类②。每类之下，各有细目，全书共二百四十六例，读之顿觉"经纬可分""途径可跻"，学者不再苦其难读。清末民初，黄以周《礼书通故》、曹元弼《礼经学》作为《五礼通考》和《礼经释例》之余韵，进一步推动了"三礼"学研究。

然而，无论是凌氏、还是曹氏，其释例均对《仪礼》而作。事实上，《礼记》作为《周礼》、《仪礼》二礼之汇编资料，初视之，内容繁杂，似无头绪，细绎之，则不难发现《礼记》中有一些礼例。相较于凌氏《礼经释例》和曹氏《礼经学》义例的琐碎和细腻，《礼记》中的这些礼例显得或大或粗，或角度不同，但终将有助于礼学研究，可以说，《礼记》中的这些义例可作为凌氏、曹氏二书的补充。

---

* 基金项目：湖南第一师范学院院级课题"刘师培之三礼学研究"（XYS14S24）。

① 本文所引《礼记正义》原文及注解均以台湾艺文印书馆 2007 年印行的孔颖达《礼记正义》为主。

② （清）凌廷堪：《凌廷堪全集》（一），安徽：黄山书社，2009 年，目录第 1—15 页。

## 一 事、辞、仪例

《礼记》四十九篇,涵盖内容相当广泛,包含了日常礼仪、侍奉父母、事师长、世子法、祭祀、奔丧、问丧、丧服、投壶、月令、音乐等方面。这四十九篇的排列顺序并无特别,但其内容大致来说可以归为事、辞、仪三种礼例。

**(一)事。**事即某篇记载何事。礼制的设立,有其历史环境,更有其目的性、针对性。《礼记》中每一篇均为"缘事而发",如《王制》"以其记先王班爵、授禄、祭祀养老之法度",如《乐记》"以其记乐之义",再如《奔丧》"居于他邦,闻丧奔归之礼"。要注意的是,尽管《月令》专门记载时节,《乐记》记载音乐的起源及功用,但《礼记》中并非所有篇章均如此:一章专门阐述一种礼制。有的篇章则杂记多种礼制,如《曲礼》中杂记了侍奉父母、丧事等礼制。但总的说来,《礼记》四十九篇,从大的方面说,可粗略归为吉、凶、军、宾、嘉五事;从小的方面说,有冠、昏、燕、射、丧服、祭祀、音乐、月令等事。

**(二)礼辞。**礼辞即举行礼仪时的言辞,不同的礼仪有不同的言辞,如冠礼、昏礼的礼辞不同。同一礼仪,如昏礼,不同的时候礼辞也不同。礼辞在《仪礼》中占有相当的分量,纵览《仪礼》十七篇,冠、昏、士相见、乡饮酒、乡射等,可以说,无辞不成礼。春秋时期,礼辞无论是在日常生活还是军事、外交等方面均显示出其重要性,礼辞不当,轻者灭身,重者灭国,《左传》中有不少此类记载。《礼记》中也有相当的礼辞。如有人娶妻,如果要去祝福,当见到有司或主人后,要表明来意,其礼辞如《曲礼上》:"某子使某,闻子有客,使某羞。"又如《曲礼下》:"临诸侯,畛于鬼神,曰'有天王某甫'。"孔颖达《正义》:"此谓天子巡守,祝告神辞也。"①这是天子巡守四方、祭告神灵时的礼辞。

事必有辞,即每种仪式均有其相应的礼辞,如冠礼有其礼辞,昏礼则又是另外的礼辞。遍稽《礼记》,不难发现有些篇章并没有礼辞,这可理解为礼辞或在他处,或显而易见而省略,或见于《仪礼》,或亡佚。

此外,礼辞等级森严,遵循亲亲长长贵贵等原则。如死,《曲礼下》记载"天子死曰崩,诸侯死曰薨,大夫曰卒,士曰不禄,庶人曰死",显示了尊尊、贵贵原则;又如《曲礼上》,"父前子名,君前臣名",显示了尊尊、亲亲、长长原则。

**(三)仪。**仪即礼的具体仪式、程序。如昏礼具体为下达、纳采、问名、纳吉、纳征、请期、亲迎等。这在《仪礼》尤为突出,《礼记》中也有不少,如《射义》记载射礼的一些仪式,《投壶》记载诸侯举行投壶礼的仪式,又如《内则》记载男女居室如何事父母舅姑,《曲礼》记载如何事长敬老。

仪同礼辞一样,也有其森严的等级。如娶妇嫁女,不同的等级有不同的仪式。桓公三年《左传》:"秋,公子翚如齐逆女……齐侯送姜氏于讙,非礼也。凡公女嫁于敌国:姊妹,则上卿送之,以礼于先君;公子,则下卿送之。于大国,虽公子,亦上卿送之。

① (唐)孔颖达:《礼记正义》,台北:台湾艺文印书馆,2007年,第79页。

于天子，则诸卿皆行，公不自送。于小国，则上大夫送之。”[①]齐国国君亲送姜氏到鲁国，被《春秋》讥为失礼，可见当时礼仪等级之森严。

事为里，礼辞、仪式为表，三者缺一不可。有辞有仪而无事则无本，有事无辞无仪则礼不行。遍考“三礼”，事、辞、仪在《仪礼》一书中最显而易见，《礼记》中也较为明显，《周礼》则更多记载制度和程序，即事、仪多，礼辞略少。《大戴礼记》的情况如同《礼记》，事、礼辞和仪也较明显。“三礼”中有些篇章或无礼辞，或无礼仪，其原因大致可归为或省略、或可通过类推而得到，或已亡佚。

## 二 五礼、六礼例

“五礼”之称，见于《曲礼上》之孔颖达《正义》，其云：“案郑《目录》云：‘名曰《曲礼》者，以其篇记五礼之事。祭祀之说，吉礼也。丧荒去国之说，凶礼也。致贡朝会之说，宾礼也。兵车旌鸿之说，军礼也。事长敬老、执贽纳女之说，嘉礼也。’”[②]孔氏将《曲礼》中所涉及的礼制分为五类，并且举例：“是以经云‘祷祠祭祀’之说，当吉礼也。‘送丧不由径’，‘岁凶，年谷不登’，又云‘大夫士去国’，如此之类，是丧荒去国之说，当凶礼也。‘五官致贡曰享’，‘天子当宁而立曰朝’，‘相见于郤地曰会’，如此之类，是致贡朝会之说，当宾礼也。‘兵车不式’，‘前有水，则载青旌’，如此之类，是兵车旌鸿之说，当军礼也。‘侍坐于长者’，‘故君子式黄发’，‘妇人之贽，棋榛枣栗’，‘纳女于天子’，如此之类，是事长敬老、执贽纳女之说，当嘉礼也。”[③]不仅《曲礼》中的内容可归为此五类，事实上，《礼记》中其他篇目也大致可归入此五类中去，如《问丧》、《服问》、《奔丧》、《丧服四制》等可归为凶礼，《祭法》、《祭义》等可归为吉礼。

此外，“五礼”之说也见于《周礼·大司徒》，其云“以五礼防万民之伪而教之中”，郑司农注“五礼谓吉凶军宾嘉”，又《周礼·大宗伯》云：“以凶礼哀邦国之忧，以丧礼哀死亡，以荒礼哀凶札，以吊礼哀祸灾，以襘礼哀围败，以恤礼哀寇乱，以宾礼亲邦国。”[④]郑玄注中“五礼”之说盖源于此。据此可见，将《礼记》分为此五类有其根基。

除了“五礼”之外，还有“六礼”之说，其见于《礼记·王制》，其云“司徒修六礼以节民性”，孔氏《正义》：“六礼谓冠一、昏二、丧三、祭四、乡五、相见六。”《王制》又云：“六礼：冠、昏、丧、祭、乡、相见。”郑玄注：“乡，乡饮酒、乡射。”[⑤]据此可知，此“六礼”与“五礼”不同，“六礼”反倒是与《仪礼》篇目雷同。

“五礼”与“六礼”既有联系，又有区别。“五礼”包含“六礼”，六礼是“五礼”之细化。细绎之，“六礼”是侯国之制，其乡饮酒礼、乡射礼明显通行于侯国，不通行于天子，而“五礼”则更广泛一些，无论是天子、侯国还是庶人，上下阶层均通用。

---

① （清）洪亮吉：《春秋左传诂》，北京：中华书局，1987 年，第 214 页。

②③ 《礼记正义》，第 11 页。

④ （清）孙诒让：《周礼正义（五）》，北京：中华书局，1987 年，第 1345 页。

⑤ 《礼记正义》，第 269 页。

## 三 逸礼、亡礼例

典籍经过秦火,湮没了不少,礼制亦如此。汉初,鲁高堂生发其端,礼学开始兴盛,为今文礼。后来陆续发现了古文礼,还有所谓逸礼。《礼记》中也记载了一些逸礼,如《奔丧》篇,孔颖达《礼记正义》云:"案郑《目录》云:'名曰《奔丧》者,以其居他国,闻丧奔归之礼。此于《别录》属《丧服》之礼矣,实逸《曲礼》之正篇也。汉兴后得古文,而礼家又贪其说,因合于《礼记》耳。奔丧礼属凶礼也。'郑云'逸礼'者,《汉书·艺文志》云:'汉兴,始于鲁淹中得古《礼》五十七篇。其十七篇与今《仪礼》正同,其余四十篇藏在秘府,谓之逸《礼》。其《投壶礼》亦此类也。'又《六艺论》云:'汉兴,高堂生得《礼》十七篇。后孔子壁中得古文《礼》五十七篇。其十七篇与前同,而字多异。'以此言之,则此《奔丧礼》十七篇外,既谓之逸,何以下文郑注又引逸《奔丧礼》,似此《奔丧礼》外更有逸《礼》者,但此《奔丧礼》对十七篇为逸《礼》,内录入于《记》,其不入于《记》者,又比此为逸也。故二逸不同,其实只是一篇也。"[①]按孔疏,《仪礼》之外的四十篇称为逸礼,入《礼记》而未入《仪礼》的称为逸《奔丧礼》,既不入《礼记》又不入《仪礼》的称逸逸《奔丧礼》。

除了《奔丧礼》外,《投壶》也是逸礼中的一种,孔氏《正义》云:"案郑《目录》云:'名曰《投壶》者,以其记主人与客燕饮,讲论才艺之礼。此于《别录》属《吉礼》,亦实《曲礼》之正篇。'是《投壶》与射为类。此于五礼皆属嘉礼也。或云:'宜属宾礼。'"[②]投壶不入《仪礼》十七篇,是逸礼之一种。总的说来,"三礼"中有不少逸礼,具体可见刘师培之《逸礼考》[③]。

除了逸礼,还有亡礼,《礼记》中有多处记载,如《曲礼下》:"天子当依而立,诸侯北面而见天子,曰'觐'。天子当宁而立,诸公东面,诸侯西面,曰'朝'。"郑注:"诸侯春见曰朝……秋见曰觐……夏宗依春,冬遇依秋。……《觐礼》今存,朝、宗、遇礼今亡。"[④]在此注解中,存世的和亡佚的礼制并列。又如《王制》:"天子将出,类乎上帝,宜乎社,造乎祢。诸侯将出,宜乎社,造乎祢。"郑玄注:"类、宜、造,皆祭名,其礼亡。"[⑤]这些礼,存其名,失其仪。

逸礼和亡礼是相对于现世流传下来的礼学著作而言的。按照最粗糙的分法,礼制分为存世和亡佚两类,然后再进一步细分下去。尽管有些礼制只存其名,失其仪,但人们仍然可通过这些片言只语来管窥古代礼制之冰山一角。

## 四 引语例

《礼记》中有不少引用,形式不一,涉及的内容也不一样。这些引语大致可分为引"旧礼""旧语""旧说""旧记""古代典籍""君子曰"等几种情况。

---

①② 《礼记正义》,第965页。

③ 钱玄同:《刘申叔遗书(上)》,南京:江苏古籍出版社,1997年,第159页。

④⑤ 《礼记正义》,第90、235页。

**（一）引"旧礼"例。**如《曲礼上》："《礼》曰：'君子抱孙不抱子。'"孔颖达《正义》云："凡称'礼曰'者，皆旧礼语也。为下事难明，故引旧礼为证。案此篇之首，作记之人引旧礼而言'《曲礼》曰'，此直言'礼曰'，不言'曲者'，从略可知也。"又《问丧》："《礼》曰：'童子不缌，唯当室缌。'孔氏《正义》："此《丧服》正经之文，记者引之，故称'礼曰'。"孔氏认为，凡经文中直书"礼曰"，则为旧礼之说。按此，则此经文亦当为旧礼。

**（二）引"旧语"例。**如《曲礼上》："龟为卜，筴为筮。卜筮者，先圣王之所以使民信时日，敬鬼神，畏法令也。所以使民决嫌疑，定犹与也。故曰：'疑而筮之，则弗非也。日而行事，则必践之。'"孔氏《正义》云："'故曰疑而筮之，则弗非也'者，引旧语以结之。"此旧语之例。

**（三）引"旧说"例。**如《射义》："是故古者天子之制，诸侯岁献，贡士于天子，天子试之于射宫。其容体比于礼，其节比于乐，而中多者，得与于祭。其容体不比于礼，其节不比于乐，而中少者，不得与于祭。数与于祭而君有庆，数不与于祭而君有让。数有庆而益地，数有让而削地。故曰：'射者，射为诸侯也。'"郑注："岁献，献国事之书，及计偕物也。三岁而贡士，旧说云：'大国三人，次国二人，小国一人。'"

又《丧服四制》，郑《目录》云："名曰《丧服四制》者，以其记丧服之制，取于仁、义、礼、知也。此于《别录》旧说属《丧服》。"孔氏《正义》云："郑云'旧说'，案《别录》无'丧服四制'之文，唯旧说称此丧服之篇属《丧服》。"此亦旧说之例。顺便要说的是，旧礼、旧语和旧说并不一定是逸礼，它们有的在经文中，有的不在经文中，而逸礼是相对于《仪礼》十七篇来说的。

**（四）引"旧记"例。**如《学记》："《记》曰：'蛾子时术之。'"孔氏《正义》："《记》曰'蛾子时术之'者，谓旧人之《记》，先有此语，记礼者引旧《记》之言，故云'蛾子时术之'。"《学记》又说："《记》曰：'凡学，官先事，士先志。'"孔氏《正义》："引旧记结上七事。"

**（五）引"古代典籍"例。**此处典籍包含《尚书》、《诗经》等，也包含一些亡佚的典籍。《学记》："夫然，故安其学而亲其师，乐其友而信其道。是以虽离师辅而不反。《兑命》曰：'敬孙务时敏，厥脩乃来。'其此之谓乎！"《正义》："引《尚书》合结之。"此处引《尚书》之《兑命》篇。

**（六）引"君子曰"例。**如《学记》："君子曰：'大德不官，大道不器。大信不约，大时不齐。察于此四者，可以有志于学矣。'"《正义》："'君子曰'者，记者引君子之言。"又《礼器》，"君子曰：'礼之近人情者，非其至者也。'"这些均为引用君子之说，所谓君子即为古代有德之人或孔子。

这些引语，虽形式不一，然而它们记载了不少古代礼制。很多古礼已然亡佚，后世正好可以通过它们来认识古礼。

## 五　别录、三礼目录例

西汉刘向校理群书，作《别录》。在此基础上，东汉经学大师郑玄作《三礼目录》，唐代陆德明作《经典释文》,均指明每篇之归属。到孔颖达作《正义》时,将《三礼目录》散入每篇之前,既方便了读者,也可认为是一种礼例。如《月令》篇首,孔氏《正义》引为:"按郑《目录》云:'名曰《月令》者,以其记十二月政之所行也,本《吕氏春秋·十二月纪》之首章也,以礼家好事抄合之,后人因题之名曰《礼记》言周公所作,其中官名时事多不合周法。此于《别录》属《明堂阴阳记》。'"[①]它详细说明了《月令》的来龙去脉,指明了归属,让人们得以窥见古代礼制面目之一斑。

通检《礼记》四十九篇,《别录》记载有关礼制的目录有《通论》、《通录》、《制度》、《世子法》、《子法》、《丧服》、《祭祀》、《明堂阴阳》、《乐记》、《吉事》和《吉礼》十一类。其中《通论》十五篇,《通录》一篇,《制度》六篇,《世子法》一篇,《子法》一篇,《丧服》十一篇,《祭祀》四篇,《明堂阴阳》两篇,《乐记》一篇,《吉事》六篇,《吉礼》一篇。考《郑目录》,《吉事》与《吉礼》或可合为《吉事》或《吉礼》,《通论》和《通录》或可合起来。通过细致甄别,可以初步展现出古礼的面目。

此外,孔氏《正义》对每篇经文、注文均分节解释,如《丧大记》:"君、夫人卒于路寝。大夫、世妇卒于适寝。内子未命,则死于下室,迁尸于寝。士之妻皆死于寝。"《正义》曰:"此一经明贵贱死寝不同也。"分节注解,按照曹元弼《礼经学》的说法,始自东汉郑玄,唐代贾公彦继之[②]。分节虽不是《礼记》本身之礼例,但它对后代"三礼"之分节研究如朱熹《仪礼经传通解》、张尔岐《仪礼郑注句读》、吴廷华《仪礼章句》、胡培翚《仪礼正义》等起过积极作用。

## 六　变礼例

春秋时期,周天子衰微,诸侯争霸,礼坏乐崩,变礼由此而生。《礼记》记载了许多变礼。变礼在《礼记》中有多种表现,总结起来,大概有如下几种。

**(一)"自某某始"。**这种格式详细记载了变礼的由来。如《檀弓上》:"子上之母死而不丧……故孔氏之不丧出母,自子思始也。"按《丧服经传》齐缞杖期章"出妻之子为母",传曰"出妻之子为母期"[③],出妻之子应为出母服丧一年,而子思却不为出母服丧,此为末世礼制之变。又如《曾子问》:"庙有二主,自桓公始也。"庙中一鬼一主,从齐桓公开始,一鬼有二主,这也是末世变礼。《曾子问》又说"子游问曰:'丧慈母如母,礼与?'孔子曰:'非礼也。古者,男子外有傅,内有慈母,君命所使教子也,何服之有?昔者,鲁昭公少丧其母,有慈母良,及其死也,公弗忍也,欲丧之,有司以闻,曰:"古之礼,慈母无服,今也君为之服,是逆古之礼而乱国法也;若终行之,则有司将书之以遗后世。无乃不可乎!"公曰:"古者天子练冠以燕居。"公弗忍也,遂练冠以丧慈母。丧慈母,自鲁昭公始也。'"礼:国君为慈母无服。自鲁昭公始,为慈母服,此亦末世变礼。

**(二)"非礼、非古、古者、古也、古"。**此类变例如《曾子问》:"子游问曰:'丧慈母如母,礼与?'孔子曰:'非礼也。'"再如《玉藻》:"唯君有黼裘以誓省,大裘非古也。"郑

---

① 《礼记正义》,第278页。
② 曹元弼:《礼经学》,《续修四库全书》经部,上海:上海古籍出版社,2002年,第577页。
③ (清)胡培翚:《仪礼正义(十)》,上海:商务印书馆,1933年,第39页。

注:“大裘,羔裘也。”孔氏《正义》:“大裘,天子郊服也。”又如《郊特牲》:“古者生无爵,死无谥。”郑玄注:“古谓殷以前也。”此皆末世变礼。再如《檀弓上》:“孔子既得合葬于防,曰:‘吾闻之,古也墓而不坟。’”孔颖达《正义》:“古谓殷时也。”殷商有墓无坟。《檀弓上》接着说:“孔子泫然流涕曰:‘吾闻之,古不修墓。’”宗周前不治坟墓。殷人尚幽,坟墓均深埋。

《周礼》、《仪礼》并没有这些变礼,而《礼记》正好记载了这些末世失礼、变礼。此外,《春秋》三传也记载了不少失礼、非礼的史实。这些变礼,正好是《礼记》的独特礼例。

## 七 其他例

除上述义例之外,《礼记》中还有两类义例,即明例和不定例[①]。

**(一)明例。**此义例在《礼记》中表现为直接记载某礼制属于某代。如《明堂位》:“鸾车,有虞氏之路也。钩车,夏后氏之路也。大路,殷路也。乘路,周路也。……凡四代之服、器、官,鲁兼用之。是故,鲁,王礼也,天下传之久矣。君臣,未尝相弑也;礼乐刑法政俗,未尝相变也,天下以为有道之国。是故,天下资礼乐焉。”此义例详细记载了有虞氏、夏后氏、殷人和周人的车制、酒器和乐舞等礼制,将四代礼制的变更增损清晰地展现出来。又如《郊特牲》:“大古冠布,齐则缁之。”郑玄注:“唐虞以上曰太古也。”唐虞之前冠白布冠。《丧大记》亦云:“大白冠,缁布之冠,皆不蕤。”郑玄注:“大白,即太古白布冠,今丧冠也。”

**(二)不定例。**《檀弓上》,“季武子曰:‘周公盖祔。’”宗周之前无合葬,合葬大概自周公以来才有,但经文对此并不十分肯定。

同样,这种礼例与变礼一起,是《礼记》较为独特的礼例,它们充分展现了各代礼制的增损,为研究历代礼制的沿袭与更革提供了清晰的脉络。

(作者单位:湖南第一师范学院)

① 李文武、戴海陵:《〈礼记〉中虞夏商周礼、礼例及分类考》,《湖南第一师范学院学报》,2014年第5期,第107页。

# 论西晋皇室文学活动的特点*

来森华

《文心雕龙·时序》云："逮晋宣始基，景、文克构，并迹沉儒雅，而务深方术。至武帝维新，承平受命，而胶序文章，弗简皇虑。降及怀、愍，缀旒而已。"①从刘勰到现今相关的文学史叙述，基于宏观层面认为西晋统治者大都无涉文学，但从相关文献材料及时下文人应制诗文进行考察，不难发现西晋皇族成员虽多不才，但他们积极组织或者命令文人进行文学活动。诚如胡大雷先生所言："晋代文学并不因此而衰败，这是由于有众多的文学家，朝廷时或召集他们举行文学聚会，他们也曾自己组织起来，并举行一次次文学聚会。"②此言西晋皇室文学活动，即指西晋皇族成员组织、命令文人进行赋诗作文的文学创作活动③。

学者对于晋武帝司马炎、愍怀太子司马遹、成都王司马颖等人组织的相关文学活动已有不同程度的钩沉与探讨，依据相关材料晋惠帝司马衷与晋怀帝司马炽亦曾组织文人赋诗作颂，故可对其进行进一步的钩稽与完善④。诚然，西晋皇族成员由于受到自身文才素养的限制而无法在文学创作上有所表率与垂范，但是文学活动在西晋皇族成员那里非但没有中断，反而以自己的特点延续着经脉。笔者不揣谫陋，试将西晋皇室文学活动的特点从主导思想、外在依托与内在呈现三个方面作以归纳与总结。

## 一、主导思想：赋诗观志与咏物颂德

晋代魏禅，大量的文士自觉或不自觉地涌入政治中心并依附于各级统治集团，一方面曹魏集团雅好文学并积极组织文学活动的良好风气已经深入文人之心，司马氏集团出于笼络人才的目的自然不甘落后；另一方面代表儒家世族的他们更加需要对

---

* 基金名称：国家社科基金重大项目：《全先秦汉魏晋南北朝文》编纂整理与研究（10&ZD103）

① 范文澜：《文心雕龙注》卷9《时序》，北京：人民文学出版社，1958年，第674页。

② 胡大雷：《中古文学集团》，桂林：广西师范大学出版社，1996年，第71页。

③ 至于西晋皇室诏令文人创变礼乐歌诗，主要体现为礼乐政治活动，不在本文讨论之列。

④ 胡大雷《中古文学集团》对晋武帝组织的"华林园聚会"作了颇为详细的梳理与探讨（胡大雷：《中古文学集团》，桂林：广西师范大学出版社，1996年，第74—76页）；俞士玲《西晋文学考论》就"华林园之会"及其对于西晋文学的影响亦有专论（俞士玲：《西晋文学考论》，南京：南京大学出版社，2008年，第213—218页）；张朝富《汉末魏晋文人群落与文学变迁》将西晋皇室的文学活动置于文学发展与变迁的视角下进行审视，并提出了武帝华林园宴射赋诗、愍怀太子宴射赋诗、司马颖的幕府集团等以宫廷、王室为中心的文学活动或文学集团（张朝富：《汉末魏晋文人群落与文学变迁》，成都：巴蜀书社，2008年，第401—405页）。另外，《晋书·礼志下》载曰："怀帝亦会天泉池，赋诗。"（房玄龄等：《晋书》卷21《礼志下》，北京：中华书局，1974年，第671页），可见在兵荒马乱的怀帝时期文学活动亦并未中断。至于惠帝组织或诏令文人进行的文学活动，可参拙文《晋惠帝司马衷为中心的文学活动钩沉》，《辽东学院学报》（社会科学版），2015年第6期。

政权的合法性从文化层面进行粉饰，组织文人进行文学活动可谓最有效的手段之一。然晋室虽有佑文之心，文学活动组织者实则几无文才可言，纵观西晋皇族所组织的文学活动中生成的文学作品，现今并没有一首出自皇族成员之手，亦无相关史料记载哪位皇族成员在其组织的文学活动中有过率先赋诗作文的经历。

### （一）政治教化为主的赋诗活动

就文学活动的主导思想而言，不若曹魏皇室组织的文学活动“崇尚智术，追求情采声色的趣味”，“司马氏集团重经义儒术，把侍宴赋诗当作礼仪的一个环节来看待”①，政治教化色彩更浓。《文选》选有应贞《晋武帝华林园集诗》，李善注引干宝《晋纪》曰：“泰始四年二月，上幸芳林园，与群臣宴，赋诗观志。”②值得注意的是，此处所观之志并非个体旨趣的自然流露，而是一种为尊者言的集体行为，代表了西晋统治者的政治诉求与文艺风尚。在此次赋诗活动中，拔得头筹的应贞诗通篇四言体式、多章结构，极尽颂扬晋室之能事，成为了西晋公宴诗的“样板”。华林园集诗作为西晋皇室第一次有意识、有目的的官方文学活动，“赋诗观志”确立了西晋皇室公宴赋诗中政治教化的典范，同时也影响了西晋其他皇室成员组织的文学活动。以陆机《皇太子赐宴诗》为例，诗云：

> 明明隆晋，茂德有赫。思媚上帝，配天光宅。诞育皇储，仪刑在昔。徽言时宣，福禄来格。劳谦降贵，肆敬下臣。肇彼先驱，翻成嘉宾。③

诗用四言雅颂体写成，内容无外乎歌功颂德，“相对于建安公宴诗来说，个体抒情意味大大淡化了”④，而政治教化的色彩明显增强。再如张华《太康六年三月三日后园会诗》第三章后六句“穆穆我皇，临下渥仁。训以慈惠，询纳广神。好乐无荒，化达无垠”，其中流露出的政治训诫与导化意味不言而喻。

从相关文献记载与文人应制诗歌来看，在疆土统一、叛乱平定、藩王分封等重大政治事件之后，统治者或皇族成员即有组织、命令文人赋诗颂扬的现象出现。如太康元年(280)平吴，天下统一，此年三月三日武帝司马炎在华林园组织文人赋诗，现存诗歌有程咸《平吴后三月三日从华林园作诗》、王济《平吴后三月三日华林园诗》。元康九年(299)，齐万年与杨茂关中叛乱平定，惠帝司马衷亦曾诏令群臣作《关中诗》，逯钦立先生引《古诗纪》云：“惠帝元康六年，氐贼齐万年与杨茂于关中反乱，既平，帝令诸臣作《关中诗》。岳上《表》曰：‘诏臣作《关中诗》，辄奉诏竭愚，作诗一篇。’云云。”⑤诸臣所作仅潘岳《关中诗》见于今，凡十六章，通篇颂赞晋室之威与天子之明。另外，西晋亦实行王室分封，皇帝或皇储往往会在祖饯诸王就国时诏令文臣作诗饯行，如张华

---

① 俞士玲：《西晋文学考论》，南京：南京大学出版社，2008 年，第 217 页。

② （南朝梁）萧统编、（唐）李善注：《文选》卷 20《公谦诗》，北京：中华书局，1977 年，第 286 页。

③ 文中所引诗句俱出逯钦立《先秦汉魏晋南北朝诗》，中华书局 1983 年版；所引赋、颂俱出（清）严可均《全晋文》，商务印书馆 1999 年版。不再一一出注。

④ 黄亚卓：《汉魏六朝公宴诗研究》，上海：华东师范大学出版社，2007 年，第 67 页。

⑤ 逯钦立辑：《先秦汉魏晋南北朝诗 · 晋诗》卷 4，北京：中华书局，1983 年，第 627 页。

《祖道征西应诏诗》《祖道赵王应诏诗》[①]、王浚《从幸洛水饯王公归国诗》、何劭《洛水祖王公应诏诗》[②]、王赞《侍皇太子祖道楚、淮南二王诗》[③]等。这类诗歌在颂扬晋室的同时，根据场合的需求往往也会对祖饯对象进行一番称赞，如张华《祖道赵王应诏诗》前半部分"崇选穆穆，利剑明德。于显穆亲，时为我王。禀姿自然，金质玉相。光宅旧找，作镇冀方。休宠曲赐，备物焕彰"，明显就是赞扬即将出镇的赵王司马伦的德行品貌。

### (二) 颂德为主的咏物赋、颂

魏晋时期存在大量的同题赋作，当时的皇室文学活动起主要的推动作用。《三国志·陈思王植传》："(建安十五年)时邺铜爵台新成，太祖悉将诸子登台，使各为赋，植援笔立成，可观，太祖甚异之。"[④]另外，《文章流别论》也曰："建安中，魏文帝从武帝出猎，赋，命陈琳、王粲、应玚、刘祯并作。琳为《武猎》，粲为《羽猎》，玚为《西狩》，祯为《大阅》。"[⑤]曹操"使各为赋"、曹丕"命陈琳、王粲、应玚、刘祯并作"都说明建安时期同题共作这种文学现象的出现是受到了统治者高层的有意提倡。程章灿先生即认为建安时期赋的同题共作，是曹操有意提倡的培养和提高其子文学才能的手段，也是建安赋家喜欢采用的一种切磋提高赋的创作水平的方式[⑥]。对个案进行考察，建安赋坛以帝王及贵胄为中心"命题——共作"的创作模式在西晋赋坛亦有延续。

与西晋皇室赋诗活动以政治教化为主相似，此类赋作虽多在休闲场合产生，但其主旨依旧摆脱不了歌功颂德的路子。愍怀太子司马遹尤好在休闲场合命令侍从文人应物作赋。陆机《桑赋·序》曰："皇太子便坐，盖本将军直庐也。初世祖武皇帝为中垒将军，植桑一株，世更二代，年渐三纪，扶疏丰衍，抑有瑰异焉。"[⑦]傅咸《桑树赋·序》亦云："世祖昔为中垒将军，于直庐种桑一株，迄今三十余年，其茂盛不衰。皇太子入朝，以此庐为便坐。"[⑧]潘尼《桑树赋》虽无序，然其正文有"从明储以省膳，憩便房以偃息。观兹树之特伟，感先皇之攸植"四句，与二序表达的意思相似，故陆机《桑赋》、傅咸《桑树赋》、潘尼《桑树赋》亦属同题应令之作。此三篇同题赋作，不仅对茂盛的桑树多有赞扬，而且睹物思人，基于主旨的需要自觉地称颂武帝与晋室之德。傅咸《桑

① 据《晋书·武帝纪》所载，晋武帝咸宁三年八月进行了一次王室分封，"琅琊王伦为赵王"，时至张华于惠帝元康二年被司马伦所杀，这个期间仅有司马伦一人被封赵王。至于"征西"所指，依诗中"二迹陕西，实在我王"两句，可见其亦为所封一王。姑将二诗系于咸宁三年，应武帝诏令而作。

② 《晋书·王沈列传》载曰："太康初，(王浚)与诸王侯俱就国。"(《晋书》卷39《王沈列传》，第1146页)此二诗据诗中"朱颜感献春"、"春风动衿"之说，当作于春季。然太康元年春征灭吴国，无暇祖饯。又《晋书·武帝纪》载曰："(太康二年三月)赐王公以下吴生口各有差。"(《晋书》卷3《武帝纪》，第73页)盖诸王公受赐后各自就其国，武帝设宴祖饯之。姑将二诗作时系于太康二年。

③ 陆侃如《中古文学系年》将此诗作时系于太康十年，此年二王改封，其说诚是。诗歌背景即为二王就国，太子司马衷设宴饯行，令陪侍文人赋诗助兴。

④ (晋)陈寿:《三国志》卷19《魏书·任城陈萧王传》，北京：中华书局，1982年，第557页。

⑤ 引自《古文苑》卷7王粲《羽猎赋》章樵注，严可均《全晋文》未辑此条，故据《古文苑》引之。

⑥ 程章灿:《魏晋南北朝赋史》，南京：凤凰出版社，2001年，第44—47页。

⑦ (清)严可均辑:《全晋文》卷97，第1030页。

⑧ (清)严可均辑:《全晋文》卷51，第534页。

树赋》后半部分即云“犹帝道之将升，亦累德以弥光。汤躬祷于斯林，用获雨而兴商。惟皇晋之基命，爰于斯而发祥。从皇储于斯馆，物无改于平生。心恻切以兴思，思有感于圣明。步徬徨以周览，庶仿佛于仪形”，桑树的政治寄托不言而喻。

除了创作同题之赋外，惠帝司马衷作太子时还有过命令文人作同题之颂的现象。如王赞《梨树颂・序》曰：“太康十年，梨树四枝，其条与中枝合，生于园圃。皇太子令侍臣作颂。”[①]依序文语气，当时受命作颂者绝非其一人，惜其他侍臣之作不见于今。就今存王赞颂作来看，梨树也仅仅是颂赞太子司马衷及晋室的引子或铺垫而已，如颂作前八句即言“嘉木时生，瑞我皇祚。修干外扬，隆枝内附。翌翌皇储，克光其敬。神启其和，人隆其盛”，颂德之迹甚是明显。

咏物颂德为应令同题赋、颂之主流，然亦有清新自然之作。陆机《鳖赋・序》云：“皇太子幸于钓台，渔人献鳖，命侍臣作赋。”[②]潘尼《鳖赋・序》亦云：“皇太子游于玄圃，遂命钓鱼，有得鳖而戏之者，令侍臣赋之。”[③]由此可见，陆机、潘尼同题赋作当为应令之作。就其赋作内容，多叙写鳖之形状、习性与动作等，显得清新别致、颇具趣味。

## 二、外在依托：传统节日与固定场所

### （一）多依托于上巳等传统节日举行

就文学活动的举行时间而言，西晋皇族的文学活动出现了一个比较明显的现象，即频繁依托于上巳等传统节日举行。西晋公宴诗歌诗题明确标注上巳、巳日、三月三日等现象比比皆是，而这种现象在以往的皇族文学活动中极为少见。此类应制诗歌有程咸《平吴后三月三日从华林园诗》、王济《平吴后三月三日华林园诗》、荀勖《三月三日从华林园诗》、张华《太康六年三月三日后园会诗》、闾丘冲《三月三日应诏诗二首》、王赞《三月三日诗》[④]、潘尼《皇太子上巳日诗》《巳日诗》、阮脩《上巳会诗》等；另有潘尼《七月七日侍皇太子宴玄圃园诗》一首，七月七日亦系传统节日，可见西晋皇族成员亦曾于当天组织赋诗活动。这种文学现象的出现并非偶然，最主要的原因还是尊奉儒教为官方意识形态的西晋统治者对于传统礼俗的重视，此从武帝问挚虞、束皙“三日曲水”之义便可窥其一斑。

关于上巳的起源，从其早期节俗活动入手进行考察，一般认为源自周代[⑤]。《周礼・春官・女巫》即云：“女巫岁时祓除衅浴。”郑玄注曰：“岁时祓除，如今三月上巳水

① （清）严可均辑：《全晋文》卷86，第915页。
② （清）严可均辑：《全晋文》卷97，第1030页。
③ （清）严可均辑：《全晋文》卷94，第1002页。
④ 诗有“皇储降止，宴及嘉宾”两句，故为公宴应制诗不假。
⑤ 《吕氏春秋・本味》载曰：“汤得伊尹，祓之于庙，爝以爟火，衅以牺猳。”所载虽为祓除不祥之事，然其火祓之方式明显与后世上巳水祓有异，再者此处并未突显岁时特征，故将此作为上巳祓禊之源似乎不妥。

上之类。衅浴,谓以香熏草药之汤沐浴。”[①]尤其在郑国等地颇为流行。《宋书·礼志二》引《韩诗》曰:“郑国之俗,三月上巳之溱、洧之上,招魂续魄,秉兰草,祓除不详。”[②]《诗经·郑风·溱洧》描写的即是当天青年男女在河边嬉戏约会、互赠香花香草以定情的画面。《论语·先进》中曾点所言“暮春者,春服既成,冠者五六人,童子六七人,浴乎沂,风乎舞雩咏而归”亦描绘了当时在河边春游、祓禊的景象,蔡邕《月令章句》即认为时下的三月上巳水滨祓禊源出于此。到了汉代,上巳节俗开始兴盛起来,《续汉书·礼仪志》云:“是月上巳,官民皆契于东流水上,曰洗濯祓除去宿垢疢为大契。”[③]魏以后,上巳节逐渐固定为每年农历三月三日,《晋书·礼志下》云:“而自魏以后,但用三日,不以上巳也。晋中朝公卿以下至于庶人,皆禊于洛水之侧。”[④]可见,上巳节俗在晋代进一步兴盛。

上巳本是以祭高禖、祓禊、会男女为主的古老节日,但到了西晋时期,统治者对其高度重视并率先垂范,是日宴飨群臣时举行赋诗活动,大量的上巳诗歌产生于皇家宴会之上。文臣们向上侍宴帝王,于下同僚交游甚至与民同乐,上行下效的结果必然造成上巳诗赋的时代衍生与繁荣。换言之,西晋时期,上巳节俗真正规模性地进入文人生活及文学创作,同时也构成了西晋文学一道独特的现象,此期产生的大量此类诗赋反过来又具有民俗文化价值,呈现出上巳节俗活动的一些时代特征。

### (二)具有一些固定的活动场所

西晋皇族成员组织、诏令文人进行文学活动,往往具有一些固定的场所,如华林园、玄圃园、天渊池、东堂、后园等,此在文人应制诗歌之诗题中多有直观呈现,相关文献资料亦有一定记载。

武帝华林园集诗。李善《文选》注引《洛阳图经》曰:“华林园,在城内东比隅,魏明帝起名芳林园,齐王芳改为华林。”[⑤]《晋书·后妃列传·左贵嫔》亦云:“帝每游华林,辄回辇过之。言及文义,辞对清华,左右侍听,莫不称美。”[⑥]从“每游华林”可以看出武帝屡次在华林园宴游,是其宴飨群臣并组织赋诗活动主要的固定场所。据现存诗歌来看,有明确时间记载的华林园赋诗活动有泰始四年、太康元年(即平吴后)两次。诗题明显标有“华林园”者有应贞《晋武帝华林园集诗》、程咸《平吴后三月三日从华林园作诗》、王济《平吴后三月三日华林园诗》《从事华林园诗》,荀勖《从武帝华林园宴诗》《三月三日从华林园诗》等;另外,闾丘冲《三月三日应诏诗二首》标题虽不明言,然第一首诗中有“蔼蔼华林,岩岩景阳”两句,其为华林园所作无疑。

愍怀太子玄圃园组织赋诗作赋。《文选》选有陆机《皇太子宴玄圃宣猷堂有令赋

① (唐)贾公彦:《周礼注疏》卷26,(清)阮元校刻《十三经注疏》本,北京:中华书局,1980年,第816页。
② (南朝梁)沈约等:《宋书》卷15《礼志二》,北京:中华书局,1974年,第386页。
③ (晋)司马彪:《续汉书》卷4《礼仪志》,北京:中华书局,1974年版,第3111页。
④ 《晋书》卷21《礼志下》,第671页。
⑤ 《文选》卷20《公谦诗》,第286页。
⑥ 《晋书》卷31《后妃列传上》,第958页。

诗》一首，李善注引杨佺期《洛阳记》曰："东宫之北，曰玄圃园。"[①]可见玄圃园宣猷堂为太子东宫之属，为宴饮朝士、令文人赋诗作赋提供了便利。关于陆机此诗创作背景，逯钦立引《太平御览》曰："太子宴朝士于宣猷堂，遂命机赋诗。"[②]玄圃园应令之作除陆机此诗，还有潘尼《七月七日侍皇太子宴玄圃园诗》《皇太子集应令诗》《巳日诗》等。其中《皇太子集应令诗》诗题虽不言"玄圃"，然有"皇储延笃爱，设饯送远宾。谁应今日宴，具惟廊庙臣。置酒宣猷厅，击鼓灵沼滨"六句，从"置酒宣猷厅"可证此诗为玄圃园宣猷堂祖饯朝臣时应令之作无误。愍怀太子除了在东宫玄圃园组织、诏令侍从文人赋诗外，亦有命题作赋。潘尼《鳖赋·序》亦云："皇太子游于玄圃，遂命钓鱼，有得鳖而戏之者，令侍臣赋之。"陆机亦有同题赋，二赋为玄圃园应令之作无疑。就此赋作的同题共作现象，后有专述，此不多赘。

天渊池赋诗。天渊池，又称天泉池，《初学记·岁时部下》"三月三日"条引陆翙《邺中记》云："华林园中千金堤，作两铜龙，相向吐水，以注天泉池。石季龙及皇后百官临池会。"[③]《晋书·礼志下》载曰："怀帝亦会天泉池，赋诗。"[④]可见，当时朝政虽已动乱不堪，但怀帝司马炽仍然在天泉池组织文人赋诗。现存天泉池应制诗歌有潘尼《上巳日帝会天渊池诗》，另外《巳日诗》有"淡淡天泉，载渌载清"两句，亦为天泉池所赋之诗。但以上二诗是否就是怀帝会天泉池时所赋，很难考知[⑤]。

另外，东堂、后园等地也常有诏令赋诗活动，现存应制诗歌有李密《祖饯东堂应诏诗》、陆机《祖会太极东堂诗》《元康四年从皇太子祖会东堂诗》、张华《太康六年三月三日后园会诗》等。

## 三、内在呈现：四言颂体与诗歌比评

### （一）应制诗歌多为四言体式与多章结构

文学活动的政治诉求一定程度上决定了文学创作的体式诉求，如在政治教化为主的西晋皇室文学活动中生成的应制诗歌绝大多数选择四言。挚虞《文章流别论》有云："夫诗虽以情志为本，而以成声为节。然则雅音之韵，四言为正，其余虽备曲折之体，而非音之正也。"[⑥]《文心雕龙·明诗》亦曰："若夫四言正体，则雅润为本；五言流调，则清丽居宗。"[⑦]曹魏皇族的文学活动崇尚文辞的华丽，故其中的诗歌创作更多地

---

① 《文选》卷20《公讌诗》，第284页。

② 逯钦立辑：《先秦汉魏晋南北朝诗·晋诗》卷5，第671页。

③ （唐）徐坚等：《初学记》卷4《岁时部下》，北京：中华书局，2004年，第69页。

④ 《晋书》卷21《礼志下》，第671页。

⑤ 《晋书·潘尼列传》云："元康初，为太子舍人。"（《晋书》卷55《潘尼列传》，第1510页）元康初太子为愍怀太子司马遹，作为太子舍人，潘尼其他应制诗歌亦多为愍怀太子宴会场合所赋，至于《上巳日帝会天渊池诗》，诗题明言"帝会"，依照当时职任，其作于惠帝司马衷宴会可能性较大。而到了生命晚期，"备尝艰难"的潘尼在永嘉中迁任太常卿，参加怀帝诏令赋诗活动的可能性不是很大。

⑥ （晋）挚虞《文章流别论》，引自（清）严可均辑：《全晋文》卷77，北京：商务印书馆，1999年，第820页。

⑦ 范文澜：《文心雕龙注》卷2《明诗》，第67页。

选择了“清丽居宗”的五言体式;而西晋皇族的文学活动中统治者基于政治需要而对颂赞的吁求,必然造成了文人应制诗歌“雅润为本”的四言颂赞体式的回光返照。

就此现象,前贤时修亦有提及,此不必繁冗,略举如下。葛晓音先生在《汉唐文学的嬗变》一著中提到西晋的庙堂雅乐歌辞,文人的应酬赠答之作,大都采用典重的四言雅颂体①。黄亚卓《汉魏六朝公宴诗研究》说到:“(西晋)公宴诗既是帝王主持的集体宴会场合所作,当然是颂美王政的最佳手段,四言雅颂体的典雅颂美风格便成为最理想的风格。”②张朝富在《汉末魏晋文人群落与文学变迁》中也提到四言创作的“回潮”营造出西晋文学的“雅化”特征,上层统治者的需要及推动为其最关键的成因,“这在文学领域也反映的相当明显,除了在相关文学理论中贯彻这一倾向之外,统治者更是率先垂范,以帝王为中心的赋诗活动,几乎全部采用四言,官僚士大夫之间的赋诗活动也基本以四言为主,反映了统治者对文学创作的要求及一贯倾向”③。四言颂体更能契合晋武帝“赋诗观志”的政治需求,加之应贞“最美”之作的垂范,遂成为应制诗歌之首选。

另一方面,西晋皇族文学活动中的部分文人应制诗歌也吸收了以往颂诗中篇章较多的特点,如应贞《晋武帝华林园集诗》凡九章、张华《太康六年三月三日后园会诗》凡四章、潘岳《关中诗》凡十六章、陆云《大将军宴会被命作诗》等5首公宴诗均为六章。

### (二)出现了诗歌比评的环节

西晋皇室文学活动虽重政治教化,但在个别场次也出现了诗歌比评的环节。这种活动花絮一方面有益于活跃气氛和提高创作积极性,另一方面却由于“范式”的影响而造成创作思维的固化与风格的单调。前已有揭,泰始四年武帝华林园宴飨群臣时赋诗观志,李善注引孙盛《晋阳秋》曰:“散骑常侍应贞诗最美。”④《晋书·文苑列传》亦云:“帝于华林园宴射,贞赋诗最美。”⑤“史臣曰”亦赞其“至于应贞宴射之文,极形言之美,华林群藻罕或畴之”⑥。从“应贞诗最美”“贞赋诗最美”等明显看出此次宴会在群臣赋诗后出现了诗歌评比的环节。应贞此诗共四章,通篇四言颂赞体式,首先称颂晋朝建立是天命所归,接着赞美武帝之英德,最后四句“示武惧慌,过亦为失。凡厥群后,无懈于位”更是对群臣提出训诫。此诗独美于众家,在立朝不久可谓适时地顺应了统治者的政治需求,就其影响,“实际上树立了朝廷、公府等重大场合诗歌的四言形式、颂赞、训诫基调和典雅风格”⑦。

另外,《陆清河集》收有陆云写给其兄陆机的一封书信,其中有一段也写到皇族成员组织的文学活动中进行诗歌比评之事,为保持文意连贯,故不避繁复,兹引于下:

① 葛晓音:《汉唐文学的嬗变》,北京:北京大学出版社,1990年,第23—24页。
② 黄亚卓:《汉魏六朝公宴诗研究》,第69页。
③ 张朝富:《汉末魏晋文人群落与文学变迁》,成都:巴蜀书社,2008年,第349页。
④ 《文选》卷20《公讌诗》,第286页。
⑤⑥ 《晋书》卷92《文苑列传》,第2370、2406页。
⑦ 俞士玲:《西晋文学考论》,第217页。

一日公(按:指司马颖)会大饮,欣命坐者,皆赋诸诗,了无作备。此日又病极,得思惟立草,复不为,乃仓卒退还,犹复多少有所定,犹不副意。与颂虽同体,然佳不如颂,不解此意可以不?弘远去,当祖道,似曾复作诗,构作此一篇,至积思,复欲不如前仓卒时,不知为可存录不?诸诗未出,别写送,弘远诗极佳,中静作亦佳,张魏郡作急就诗,公甚笑燕。王亦似不复祖道,弘远已作为存耳。……①

这段书信交待了司马颖宴会赋诗的一些细节与花絮,陆云为了应付宴会赋诗,竟提前构思创作。从这段话也可以看出成都王司马颖经常组织文人在宴会上赋诗,"弘远诗极佳,中静诗亦佳,张魏郡作急就诗,公甚笑燕"一句亦表现出当时宴会赋诗也存在诗作评比,诗作上佳自然受到称赞,水平低下的草就之作招致哄堂大笑。

西晋皇族文学活动中的诗歌比评现象,还具有一定的文化史价值,"这种活动可说是开启了日后的'以诗取士'的先河"②。

## 余 论

西晋皇室文学活动,虽多出自政治目的,应制诗文大多亦为歌功颂德之作,文学成就不是很高,但是其对西晋文学产生了较为深远的影响。基于颂扬的需要,文人应制诗多选用四言颂体,此造成了四言诗的"回潮";大量的文臣在皇帝及王侯组织的宴饮、祖饯等场合进行赋诗活动,造成了公宴、祖饯诗的繁荣;通过赋诗活动,具有政治身份的大量的文学家更容易被组织与团结起来,他们骋才、竞才的同时也更容易惺惺相惜,平日亦有相互酬答之作,故形成了赠答诗的又一兴盛期;前已有提,通过统治者的高度重视与积极推行,上巳诗赋更是为了西晋诗坛一道奇特景象。另外,西晋皇族成员在文学活动层面的率先垂范,"为晋时更具有文学意味的文学家集会作出了榜样"③,如石崇所组织的"金谷园诗会"即以祖饯为名而举行,再如著名的"兰亭集会"在三月三日举行也可以说具有一定的时代文化背景。

(作者单位:西北师范大学文学院)

① (明)张溥辑:《汉魏六朝百三名家集》,南京:江苏古籍出版社,2002年,第727页。

②③ 胡大雷:《中古文学集团》,第76页。

# 东晋末年郭缘生《述征记》考论

郁冲聪

郭缘生《述征记》是一部行役记。行役记一名，最初见于宋人郑樵《通志》①。郑氏将地理类文献分为都城宫苑、郡邑、图经、方物、名山洞府、朝聘、行役和蛮夷八类，其中汉代张骞《出关志》，六朝之际伏韬《北征记》，郭缘生《述征记》和《续述征记》，戴延之《西征记》和《宋武北征记》，伍缉之《从征记》，沈怀文《隋王入沔记》，以及稍晚的诸葛颖《北伐记》，唐人李德裕《南迁录》，韦庄《蜀程记》《峡程记》等都被列入“行役记”的范围。要之，行役记是以作者行程之中的所见所闻为素材撰写成的行旅类著作，内容驳杂，往往兼具地理和文学色彩。行役记与地记、郡记最大的不同之处在于，行役记往往贯穿以作者行程，记录行旅过程中的所见所闻。地记则多单述一地疆域山川、物产殊宜，如盛弘之《荆州记》，罗含《湘中记》等；郡记则多记某地先贤英灵，如周斐《汝南先贤传》等。六朝行役记有很大一部分出自随军出征的幕府文人之手，记载行军途中沿途地域的风物特产、民俗风情、人物传说、奇闻异事、风景名胜等，杂糅了地记、文学作品和志怪小说的特点。

## 一、史上四家《述征记》作者及郭缘生《述征记》亡佚年代考

有文献可征的曾撰有《述征记》的主要有裴松之、孙畅之、郭缘生、韦氏、李梦阳等五家。李梦阳为明朝人，与郭缘生相去时代甚远，所记内容不易混淆，故本文不作考述。其余四家《述征记》中，裴松之《述征记》早已亡佚，各大史志皆不著录卷数，唯《太平寰宇记》卷十二《河南道》十二引述一条材料：“裴松之《述征记》云老子宫前有松柏双株，左阶之柏久枯。”②至清人姚振宗(1842—1906)《隋书经籍志考证》，题名裴松之的行役记有《述征记》《西征记》《北征记》三种，但其保存情况为“见诸书所引，莫详其篇数”③。裴松之《北征记》残存一条史料，在现存文献中最早见于唐初章怀太子李贤所注《后汉书·孝献帝纪》：“中牟台下临汴水，是为官渡，袁绍、曹操垒尚存焉。”④之后唐人司马贞，宋人王应麟，明人严衍，清人赵殿成、何焯、王先谦、汪价等再度引用裴松之《北征记》时，内容已无过此条者，大约裴氏《北征记》唐前就已佚失，故至清末姚振宗时卷数尚不可考。裴松之曾撰《西征记》一事，唐宋以来史志不载，唯裴氏注《三国志》时提及西征一事：“臣松之昔从征西至洛阳，历观旧物，见《典论》石在太学者尚

① (宋)郑樵：《通志·艺文略》，北京：中华书局，1987年版，第783页。

② (宋)乐史撰、王文楚点校：《太平寰宇记》，北京：中华书局，2007年版，第237页。

③ (清)姚振宗：《隋书经籍志考证》，上海：开明书店，1936年版，第361页。

④ (宋)范晔撰、(唐)李贤注：《后汉书·孝献帝纪》，北京：中华书局，1965年版，第382页。

存，而庙门外无之，问诸长老，云晋初受禅，即用魏庙，移此石于太学，非两处立也。窃谓此言为不然。”①又《隋书·经籍志》著“宋太中大夫裴松之集十三卷”②，《旧唐书·经籍志》与《新唐书·艺文志》并称裴松之集有三十卷，姚振宗以为《述征记》《西征记》《北征记》皆已编入本集，未可考。

孙畅之亦为刘宋时人，曾为奉朝请，《隋书·经籍志》载其有《毛诗引辨》一卷，《毛诗序义》七卷，《五经杂义》六卷，《艺术略序》五卷，又有艺术专著《述画记》，在当时是一位较有成就的作家。云孙畅之有《述征记》恐是后世讹传。最早引孙畅之《述征记》的是北魏郦道元的《水经注》：“秦始皇登会稽山，刻石纪功，尚存山侧，……丞相李斯所篆也。”③但不作《述征记》。郦道元之后，宋人姚宽《西溪丛语》，明人何镗《古今游名山记》、张元忭《万历绍兴府志》、章潢《图书编》、方以智《通雅》，清人嵇曾筠《雍正浙江通志》、倪涛《六艺之一录》均引用了孙畅之《述书》，且除此条外无新内容出现，又皆不作《述书》，而或称《述征记》，或称《述征书》，较郦氏多“征”字。此书名约在宋后已成讹传，明清之际已普遍写作《述征记》或《述征书》，故至明人朱谋㙔《水经注笺》及至清人沈炳巽《水经注集释订伪》中皆已分别写作《述征记》和《述征书》。

韦氏《述征记》不著作者名姓，不知卷数，南宋姚宽最早引此书：“李义山《崇让宅燕诗》：‘风过回塘万竹悲。’洛阳有崇让坊，有河阳节度使王茂先宅，李即茂先之婿。韦氏《述征记》云：‘此坊出大竹及桃。’”④后冯浩、钱振常、张采田等人注李商隐诗文，皆引此条。后其他文献征引韦氏《述征记》，除此条外未见新材料。据上条内容，韦氏《述征记》作者当为晚唐至北宋之间人，且南宋之后应已亡佚，故史志不见著录。

郭缘生《述征记》是上述四家《述征记》中保存佚文最全、被征引次数最多的著作。《隋书·经籍志》最先著录郭缘生有《述征记》二卷，另有《武昌先贤志》二卷，题为宋天门太守郭缘生。郭缘生又写作郭延生，约起自梁陈之际的《三辅黄图》⑤，唐代后期段公路《北户录》亦作郭延生。南宋程大昌《雍录》对此进行了考辨：“缘生或云延生，其语转耳，实一人也。”⑥故宋后至明清称其为郭延生者遂多。

郭缘生《述征记》的散佚时间较其余三家为晚。《隋书·经籍志》最早著录《述征记》二卷，后晋刘昫《旧唐书·经籍志》、宋初王钦若等《册府元龟》、北宋欧阳修等《新唐书·艺文志》、两宋之际郑樵《通志》皆著二卷，故该书至宋朝应未散佚。《述征记》应当成书于东晋义熙年间(405—418)或稍晚。现存文献中最早征引《述征记》的是北魏郦道元(470？—527)《水经注》。郦氏引用前后多达三十三条，且不同于后世多引传奇故事，《水经注》主要征引其中关于山川地理的记载。郦氏稍后征引《述征记》的有南北朝梁宗懔《荆楚岁时记》和梁陈之间作品《三辅黄图》，以及北齐杜台卿《玉烛宝

① (晋)陈寿撰、(宋)裴松之注：《三国志·魏志》，北京：中华书局，1959年版，第118页。
② (唐)魏徵、令狐德棻：《隋书·经籍志》，北京：中华书局，1973年版，第1072页。
③ (北魏)郦道元著、陈桥驿校证：《水经注校证》，北京：中华书局，2007年版，第941页。
④ (宋)姚宽：《西溪丛语》，北京：中华书局，1993年版，第30页。
⑤ 按：《三辅黄图》的撰写时间有所争议，之前学界多有以为出自汉人之手，但从该书征引了六朝时人著述，或非汉人所作。今从陈振孙《直斋书录解题》之说，为梁陈时人所作。
⑥ (宋)程大昌撰、黄永年点校：《雍录》，北京：中华书局，2002年版，第143页。

典》,所引材料皆不同于《水经注》所引。至唐朝,不仅引用《述征记》的文献众多,且时有新材料出现,如颜师古《匡谬正俗》云:“皇天坞在阌乡东南,或云卫太子始奔,挥涕仰呼皇天,百姓怜之,因以名坞”①、封演《封氏闻见记》中云“老子庙中有九井,汲一井,八井皆动,即其地也”②、瞿昙悉达《大唐开元占经》中“须昌县阚乡有蚩尤冢,或云上代民以十月旦祠之,辄有赤气如一疋降,谓蚩尤旗也”③等记述,皆未见于前代文献。至宋代,各大类书对《述征记》的引用也很多。《太平御览》引用《述征记》多达五十八条,足一卷之量,且“齐有龙盘山,上有大脚,姜嫄所履迹”和“桓魋石椁在九里山之东北也。椁有二重,门间隐起青石,方净如镜,门扇数四”等条亦未见于前代。又至两宋之际,叶廷珪《海录碎事》“风母似猿,见人若惭,屈颈打杀,得风即活”④,南宋吕祖谦《观澜集注》“彭城南有石佛山,顶方一丈二尺”⑤皆有未见于前代的引文。《隋书·经籍志》称刘宋时期陆澄作《地理书》一百四十九卷,乃是合《山海经》以来一百六十家著述而成。之后陆书保留了下来,而他所征引的书籍大多散佚了,所载旧事也都寄存于别部,当时还能征引这些旧事的书籍,自行于世的还有四十二家,其中就包括郭缘生《述征记》。《隋志》这条记载也合理地解释了为何唐宋时文献还能广泛征引郭缘生《述征记》且时有新材料出现。至宋末王应麟《玉海》又有此条说明,同样称《述征记》为自行之书籍。故可能至宋朝末年郭缘生《述征记》还保存完好。

元代引郭缘生《述征记》的主要有胡三省《通鉴释文辨误》、骆天骧《类编长安志》、马端临《文献通考》和《元河南志》等文献,数量不多,且文字多已见于前代类书,故未能断其亡佚与否。明初情况类似元代。至明末焦竑《国史经籍志》皆作《述征记》二卷,但焦氏《国史经籍志》“顾其书丛抄旧目,无所考核。不论存亡,率尔滥载。古来目录,惟是书最不足凭。世以竑负博物之名,莫之敢诘,往往贻误后生。其谲词炫世,又甚于杨慎之《丹铅录》矣”⑥,故未敢凭信。且至中晚明起,援引郭缘生《述征记》新材料出现者少,且文献多有错乱。云引《述征记》者,或指本朝李梦阳之《述征记》,如李时珍《本草纲目》中援引两条关于“林檎”的材料,皆指李氏《述征记》。唐顺之《荆川稗编》云曾考郭缘生《述征记》,言“缘生于河上遇一书生,问之曰:‘何知济与河上源不异,物之不同,犹铅锡也。比济既入于河,性与河别,不能合混,渗漉入地,洑行而溢。”⑦多为附会之言。万历时人祁光宗《关中陵墓志》标明引述郭缘生《述征记》一条:“表冢在高平郡。子琮以珍香数十石置棺内。晋永嘉中郡人卫熙发其墓,见表貌如生,香闻数里,惧不敢犯。”⑧此条材料早在唐初《艺文类聚》及宋初《太平御览》《太平寰宇记》中就已征引,皆注明引自刘宋时人伍缉之《从征记》,非郭缘生《述征记》。又钱希言(亦为万历时人)《剑策》云:“宿预州县水南大徐城,古之徐国。城北徐君墓,

① (唐)颜师古:《匡谬正俗》,清同治小学汇函本。
② (唐)封演撰、赵贞信校注,《封氏闻见记校注》,北京:中华书局 2005 年版,第 2 页。
③ (唐)瞿昙悉达:《唐开元占经》,清文渊阁四库全书本。
④ (宋)叶廷珪撰、李之亮校点:《海录碎事》,北京:中华书局,2002 年版,第 15 页。
⑤ (宋)林之奇编、(宋)吕祖谦集注:《观澜集注》,清嘉庆宛委别藏本。
⑥ (清)永瑢等:《四库全书总目提要》,北京:中华书局,1965 年版,第 744 页。
⑦ (明)唐顺之:《荆川稗编》,明万历九年刻本。
⑧ (明)祁光宗:《关中陵墓志》,清钞本。

季札解剑挂剑则斯地也。”①此条唐杜佑《通典》、宋乐史《太平寰宇记》、楼钥《攻媿集》、欧阳忞《舆地广记》、王存《元丰九域志》等皆有记载,但都未注明出自郭缘生《述征记》,至明钱希言忽言出自郭缘生《述征记》,未可凭信。且郭缘生《述征记》有“古徐国君宫人产卵后为王嗣”的故事,或因地域相近而杂糅,亦未可知。

至康熙年间,张贞《不匮泉记》中云自己“尝读郭缘生《述征记》”,并记录了其中内容:“吾郡有颜文姜者,孝妇也,远汲山泉以供姑饮,不胜其劳。忽有灵泉涌出室中,郁濛浩瀚,遂成巨浸,至今人称孝水。”②最早记述郭缘生“泉出于室内”的传说是唐初类书《艺文类聚》,但注明引自郭缘生《续述征记》,而非《述征记》,且故事原文大致为:“梁邹城西,有笼水。云齐孝妇诚感神明,涌泉发于室内,潜以绩笼覆之,由是无负汲之劳。及家人疑之,时其出而搜其室,试发此笼,而泉遂喷涌,流漂居宇,故名曰笼水。”③与张贞《不匮泉记》有所差异。《艺文类聚》之后,宋初李昉等所编《太平御览》及吴淑所编《事类赋》又四次引述此条,皆作引自《续述征记》。唯唐开元年间类书《初学记》引用此条作《述征记》,或《述征记》与《续述征记》皆记此条。因《续述征记》亡佚年代较早,未能详考。张贞所叙与前代类书出现差异,或因叙述之时为凭借过往记忆所作;或因所读郭缘生《述征记》已非原貌,为根据历代佚文辑成的本子。历代关于孝妇井的传说较多,不止郭缘生一家。

至晚清姚振宗《隋书经籍志考证》时,虽仍著录郭缘生《述征记》二卷,但其后说明:“据所存佚文,似缘生从宋武北征慕容超、西征姚泓时所记,并在晋义熙中也。”④可见晚清时该书已完全散佚,只能靠佚文辑得。

要之,历代题名《述征记》的,主要作家有刘宋裴松之、孙畅之、郭缘生,唐宋时人韦氏,明人李梦阳,前三家时间相近,但裴、孙二书早已亡佚,且佚文有限,故不难分别。韦氏佚文亦少有留存。李梦阳与其余四家年代相差甚远,亦不易混淆。郭缘生《述征记》大约散佚于宋元之后,但其佚文保存情况较为理想,且有自己独特的撰写背景,应不易与别家《述征记》相混。

## 二、刘裕义熙北伐与郭缘生《述征记》撰写方式关系探讨

郭缘生生平不见于史籍记载,只知其当为晋末宋初人,在刘宋时任天门太守,曾是刘裕幕下文人。姚振宗《隋书经籍志考证》认为:“诸类书引伍缉之《从征记》,似与郭缘生、戴延之、裴松之、丘渊之并从宋武帝北征西征者。义熙中同为宋武官属也。”⑤今戴延之《西征记》所记之事多于郭缘生《述征记》相重,如北宋陈旸《乐书》引郭缘生《述征记》曰:“洛阳太极殿前大钟六枚,父老云曾有欲以此钟者聚百数,长组挽之,钟声震地。自是莫敢复犯。然则太极殿六钟岂邑民所徙者邪?”⑥此事重见于戴

① (明)钱希言:《剑策》,明陈蚌谟翠幄草堂刻本。

② (清)张贞:《杞田集》,清康熙春岑阁刻本。

③ (唐)欧阳询撰、汪绍楹点校:《艺文类聚》,上海:上海古籍出版社,1999年新2版,第149页。

④⑤ 《隋书经籍志考证》,第350、762页。

⑥ (宋)陈旸:《乐书》,文渊阁四库全书本。

延之《西征记》,仅相关细节描述有所不同。又《水经注·汳水》:"汳水又东,枝津出焉,俗名之为落架口。"同条引戴延之《西征记》所提及"落架"一地:"架,水名也。"又引郭缘生《述征记》所提及的落架和汳水,"在董生决下二里。汳水又迳外黄县南,又东迳莠仓城北","莠仓城去大游墓二十里"①。故可推知,郭缘生《述征记》当为义熙年间众多跟随刘裕北伐的从军文人所作行役记中的一种。

义熙年间刘裕北伐一共有两次,分别是义熙五年(409)北伐南燕慕容超和义熙十二年(416)西讨后秦姚泓。南燕大约在今山东省境内,占有广固、青州、兖州、徐州、幽州等地,由鲜卑慕容德于公元398年建立,初据滑台,次年迁都广固,义熙六年(410)亡于东晋。刘裕北伐南燕的路线相对简单:"夏四月己巳,帅舟师自淮入泗。五月,至下邳,留船舰、辎重,步进至琅邪,所过皆筑城,留兵守之……刘裕过大岘,燕兵不出……六月,己巳,裕至东莞……裕以车四千乘为左右翼,方轨徐进,与燕兵战于临朐南……刘裕乘胜逐北至广固;丙子,克其大城。超收众入保小城。"②次年春正月,刘裕拔广固,送慕容超于建康,斩之,南燕亡。《述征记》及《续述征记》中多有涉及临朐和广固一带的风物:

《水经注》卷二十六《沭水》:"郭缘生《续述征记》曰:'逢山在广固南三十里,有祠,并石鼓。齐地将乱,石人辄打鼓,闻数十里。'"③此条又作出自《述征记》:"郭缘生《述征记》曰:'逢山在广固南三十里,有祠,并石人石鼓。'"④《续述征记》曰:"广固城有大涧,甚广,阻之为固,谓之广固。又曰白马城,魏黄初中曹彪封白马王,治于此城。又曰小城阳,城在阳城西南半里许。实中俗说囚尧城。"⑤

《水经注》卷二十六《淄水》:"郭缘生《述征记》曰:'齐桓公冢在齐城南二十里,因山为坟。大冢东有女水,或云齐桓公女冢在其上,故以名水也。'……《续述征记》曰:'女水至安平城南伏流十五里,然后更流,北注阳水。城,故鄌亭也。'"⑥《述征记》曰:"临淄牛山下有女水,齐人谚曰:'世治则女水流甘,乱则女水竭。'慕容超时干涸弥载。及宋武北征而激洪流。"⑦

逢山在今山东临朐县西,女水即今山东青州和广饶县界的女织河,都在当时南燕境内。女水枯竭一事《资治通鉴》有载:"汝水竭,南燕主备德恶之,俄而寝疾;北海王超请祷之,备德曰:'人主之命,短长在天,非汝水所能制也。'固请,不许。"胡三省注云:"'汝'当作'女'。"并引郭缘生《述征记》云:"齐桓公冢在齐城南二十里,冢东有女水。或曰:齐桓公女冢在其上,故以名水。女水导川东北流,甚有神焉;化隆则水生,政薄则津竭。"⑧胡氏注重女水水量与政治清明与否相关的说法,当是受郭缘生影响。上述五条材料,散见于《述征记》与《续述征记》,无法断定卷次,也无法断定撰写的先后及在书中的排列顺序,且从表面上看,这五条材料只是零散地记述了南燕广固、临朐一带的风土景物、历史传说和奇闻异事,并以军队行程这条线索贯穿起来。

这种漫无目的、不讲求严格章法的随笔式的记载,可以解释郭缘生《述征记》及

---

①③⑥ 《水经注校证》,第556、618、625页。

②⑧ (宋)司马光撰、(元)胡三省注:《资治通鉴》,北京:中华书局,1956年版,第3615—3617、3586页。

④⑤⑦ (宋)李昉等:《太平御览》,北京:中华书局,1960年版,第2625、931、284页。

《续述征记》的相关内容和佚文存在情况。这些佚文虽然大多确实与刘裕大军行军路线相关，但许多路线实际是多路军队同时开拔所经过的，一人难以同时随军经行。更明确的意思是：郭缘生《述征记》应该是在刘裕北伐之时或者之后，根据部分自己的亲身经历，以及其余人的沿途传闻，加之润色编纂而成，有着极强的猎奇心理，如其中有一条佚文云："极西南端门外，有石，石色青而细，修之作博基，以遗江东，甚可珍玩。"①其目的主要是希望能将沿途所听闻的奇闻异事传诸委巷。这种撰写方式也可以解释《述征记》中许多地理性、常识性的错误，这一点本文第三章将详细论证。

《述征记》及《续述征记》的主要素材来自义熙十二年(416)刘裕西征姚秦之时。《述征记》原共二卷，部头不大，《太平御览》引用达五十八条之多，足一卷之量，加上其他零散引用，现存佚文量应与原著量相去不远。从现存的佚文分析，其描写之地大致有三种情况：或为行军路途上攻克的重要渡口、关口；或为行军过程中沿途所经点及周边地区的相关传说；或为军队驻扎时间相对较久的地方及其周边地区的传说。

第一种情况以柏谷坞、巩城二地为典型。柏谷坞即柏谷，又作百谷，其地在今河南灵宝县西南，春秋时期晋国公子重耳出奔就曾经过此地。柏谷战役也是刘裕大军收复晋室旧都洛阳过程中关键的一仗。自刘裕西征姚秦，前锋王镇恶、檀道济自入秦境以来，所向披靡，连下项城、漆丘和新蔡，不久又攻下了许昌。同时，另一路水路进军，自汴入河，由沈林子率领的军队也攻克了仓垣，不久又攻克了阳城、荥阳，两路军队会师于成皋，威逼洛阳。当时姚秦镇守洛阳的是征南将军陈留公姚洸。晋军逼近，洸遣使求救于长安，于是姚泓派遣了越骑校尉阎生率领三千骑兵、武卫将军姚益男将步卒一万人助守洛阳，据《资治通鉴》记载："洸乃遣赵玄将兵千余南守柏谷坞。"此条胡三省注云："《水经注》：'洛水东迳偃师县南，又东迳百谷坞。'戴延之《西征记》曰：'坞在川南，因高为坞，高一十余丈。'杜佑曰：'柏谷坞在缑氏县东北。'"②柏谷坞一战，秦军将领赵玄阵亡，檀道济军队很快就逼近洛阳，两日之后，姚洸出降，洛阳收复。从此条材料可以看出，戴延之《西征记》亦提及柏谷坞一地，并解释了地名由来。郭缘生《述征记》亦提及此地，但偏重记载此地的历史传说，同时简单描绘了谷中的景色："柏谷，谷名也。汉武帝微行，所至，长憽宾于柏谷者也。谷中无回车地，夹以高原，柏林荫蔼，穷日幽暗，殆弗睹阳景。"③

巩城也是收复洛阳过程中的一个重要关节，其地在洛阳之东，柏谷之北，当时姚洸曾派广武将军石无讳驻守此地。郭缘生《述征记》也同样提及此地，并着重记述历史传说："巩县，周地，巩伯邑。史记周显王二年西周惠公封少子班于巩，以奉王室，为东周惠公也。子武公，为秦所灭。"④《述征记》中还涉及多个刘裕军队西征过程中克服的重镇，且连带描写这些重镇周边的地理事物，如潼关附近黄卷阪和桃林，"黄卷阪者，傍绝涧以升潼关，长阪十余里，所谓泝黄济潼关"⑤。"全节，地名也。其西名桃

①② 《资治通鉴》，第3345、3694页。

③ 《艺文类聚》，第1515页。

④ (汉)司马迁撰、(宋)裴骃集解、(唐)司马贞索隐、(唐)张守节正义：《史记·周本纪》，北京：中华书局，1963年版，第158页。

⑤ (隋)虞世南：《北堂书钞》，天津：天津古籍出版社，1988年版，第723页。

原,古之桃林,周武王克殷,休牛之地矣"[①]。还有黄河上重要渡口碻磝等地,或记述疆域道里,或记述相关历史传闻,文笔灵动,内容广博。

第二种情况为记述行军过程中沿途所经地点及周边地区的相关传说,这是《述征记》中最常见的记述情况。刘裕西征姚秦时兵分七路,分别为:第一路陆军主力由龙骧将军王镇恶和冠军将军檀道济率领,取道淮水、淝水进军许昌和洛阳;第二路由新野太守朱超石和宁朔将军胡藩指挥,从襄阳取道南阳直攻阳城;第三路由建武将军沈林子和彭城内史刘遵考率领,从彭城出发走水路,溯汴水而上入黄河,经荥阳过石门,兵锋直指洛阳;第四路由冀州刺史王仲德督前锋将军,取道巨野泽进入黄河,刘裕本人亲为殿后;又有沈田子、傅弘之等沿丹水取道武关进入关中,姚珍经汉中取道子午谷和窦霸取道仇池入骆谷,从南面直逼姚秦帝都长安。刘裕几路部队所经行路线,郭缘生《述征记》中多有涉及,且多向周边事物延伸,如提到荥阳附近的汜水,为沈林子、刘遵考所经:《水经注》卷五《河水》云:"汜水又北迳虎牢城东。汉破司马欣、曹咎于是水之上……又按郭缘生《述征记》、刘澄之《永初记》,并言高祖即帝位于是水之阳,今不复知旧坛所在。卢谌、崔云,亦言是矣。"[②]

又提及济阴郡和巨野泽,是为王仲德进军路线:《述征记》曰:"巨野县有清水,又梁山漈清水更属岱宗。"[③]《述征记》:"济北郡史弦超,魏嘉平中有神女成公智琼,降之超,同室。疑其有奸,以告监国,诘问超,具言之。智琼乃绝。后五年,超使将至洛西,到,果是同垂,至洛,克复旧好,太康中仍存。"[④]王应麟《玉海》又云:"汉地理志:济阴郡成阳有尧灵台,昔尧作游成阳,注师古曰:'言为宫室游止之处也。'如淳曰:'成阳在定陶,今有尧灵台。章纪元和二年二月丙辰,东循狩,使使者祠唐尧于成阳灵台。安纪延光三年二月庚寅,遣使者祠唐尧于成阳。'《金石录》有《汉成阳灵台碑》,两汉史以为尧冢,惟此碑与郭延生《述征记》。"[⑤]说明郭缘生《述征记》还有关于济阴郡尧冢的传说。

又提及商丘县蠡台,这是刘裕东归所走路线。《水经注》卷二十四《睢水》:"城内有高台,甚秀广,巍然介立,超焉独上,谓之蠡台,亦曰升台焉。当昔全盛之时,故与云霞竞远矣。《续述征记》曰:回道似蠡,故谓之曰蠡台,非也。"[⑥]

上面提及的几个地名多为刘裕的几路分兵同时开拔经过的几个地方,这也说明了郭缘生《述征记》的撰写许多并非亲身经历,道听途说、甚至有意收集材料的成分很大,也多有谬误之处。

第三种为记述军队驻扎时间相对较久的地方及其周边地区的传说,典型例证为洛阳。义熙十三年(417)四月,刘裕攻克洛阳之后,时有北魏军队不时逼迫,于是刘裕决定在此驻军两月,休整后备,以准备下一步进攻长安。现存《述征记》佚文之中,关于洛阳及周边事物的描写文字数量多且描写细致,这不仅与洛阳本身是文化名城相

①② 《水经注校证》,第109、131页。

③ (唐)徐坚等:《初学记》,北京:中华书局,1962年版,第169页。

④ 《太平寰宇记》,第254页。

⑤ (宋)王应麟:《玉海》,清文渊阁四库全书本。

⑥ 《水经注校证》,第568页。

关，也与刘裕在此驻军时间较久，有充裕的时间搜集奇闻异事不无关系，如：

郭缘生《述征记》云："洛阳城广阳门，此是魏明帝流杯池，犹有处所。"①《文选》卷二十沈约《应诏乐游苑饯吕僧珍诗》李善注云："郭缘生《述征记》曰：'北芒，城北芒岭，靡迤长阜，自荥阳山连岭修亘，暨于东垣。'"②卷三十八又云："北邙东则乾脯山，山西南晋文帝崇阳陵，陵西武帝峻阳陵，邙之东北宣帝高原陵、景帝峻平陵，邙之南则惠帝陵也。"③

郭缘生《述征记》曰："广阳门北有斗鸡台。"④又曰："洛水底有矾石，故上无冰。"⑤又曰："金谷，谷也。地有金水，自太白源南流经此谷，注穀水。"⑥又《玉海》云："《三国志》：文帝黄初二年筑陵云台。《洛阳记》曰：'高二十二丈，登之见孟津。'《洛阳薄》：'凌云台闲十一闲。'《述征记》曰：'陵云台在明光殿西，高八丈。'"⑦

《述征记》中对另外驻军时间较久的彭城和长安两地也有细致而生动的描写，本文不复赘述。综上所述，郭缘生《述征记》应该是根据部分亲身见闻加之搜集刘裕大军经行路线周边地区的奇闻异事撰述而成。现代学者或可根据刘裕军队的经行路线为目次，对现存《述征记》佚文进行重新排列编纂。

## 三、对史念海先生所提《述征记》涉及河北地理疑惑所作的思考

史念海先生在其《论班固以后迄于魏晋的地理学和历史地理学》一文中曾经对郭缘生《述征记》论及河北地理表示过疑惑："当时由于魏军沿河设防，而白鹿山、殷城及温县皆在河北，缘生随军西行，何能远知河北地理？"⑧在刘裕沿黄河行军的过程中，北魏军队确实对晋军施加了相当强的军事压力："魏人以数千骑缘河随裕军西行；军人于南岸牵百丈，风水迅急，有漂渡北岸者，辄为魏人所杀略。"⑨在这种情况下，郭缘生确实很难以对河北地理进行实地考察。初，王镇恶攻打潼关，晋军补给不足，于是派人向刘裕请求增援。而当时刘裕迫于黄河北岸魏军的压力，拒绝向王镇恶提供补给。供给粮草的军队尚且不能从容行动，随军文人焉能四处漫游？

但据上一章分析行役记的撰述方式，所记事物道听途说的成分非常大，并不一定亲身经历。且《述征记》已经亡佚，其虽然与刘裕北伐关系密切，但是是否只记录了与刘裕北伐相关的内容亦不可知。实际上《述征记》中不仅涉及河北地理，甚至有关于江州一带的传说："桓仲为江州刺史，遣人周行庐山冀，睹灵异。既陟崇巘，有一湖匝，生桑树，有群白鹄。湖中有败艑赤鳞鱼，使者渴，极欲往饮水，赤鳞鱼张鬐向之，使者

① （北齐）杜台卿：《玉烛宝典》，古逸丛书本。

② （南朝梁）萧统编、（唐）李善注：《昭明文选》，上海：上海古籍出版社，1986年版，第973页。

③ 《昭明文选》，第1726页。

④⑤⑥ 《初学记》，第575、132、168页。

⑦ 《玉海》，清文渊阁四库全书本。

⑧ 史念海，《论班固以后迄于魏晋的地理学和历史地理学》，《中国历史地理论丛》，1990年第1期，第23—67页。

⑨ 《资治通鉴》，第3703页。

不敢饮。”[①]还有一部分佚文无关地理,或者是地域已经难以考证、仅为民间传说或民间风俗传统,如“风母似猿,见人若惭,屈颈打杀,得风即或”[②];又如“北人以人日食煎饼于庭中。俗云熏天”[③]。

即使是刘裕亲率大军所过之处,《述征记》的描述也存在着许多地理性或知识性的错误,郦道元《水经注》中就对《述征记》中一部分记述进行过纠谬。卷十六《穀水》:“故吕忱曰:孝水在河南。而戴延之言在函谷关西。刘澄之又云出檀山。檀山在宜阳县西,在穀水南,无南入之理。考寻兹说,当承缘生《述征》谬志耳。缘生从戍行旅,征途讯访,既非故土,故无所究。”[④]卷二十二云:“夷门,即侯嬴抱关处也。《续述征记》以此城为师旷城,言郭缘生曾游此邑,践夷门,升吹台,终古之迹,缅焉尽在。余谓此乃梁氏之台门,魏惠之都居,非吹台也,当时误证耳。《西征记》论仪封人即此县,又非也。”[⑤]卷二十四《瓠子河》云:“郭缘生《述征记》云自汉迄晋,二千石及丞尉,多刊石述叙,尧即位至永嘉三年,二千七百二十一有一载,记于尧妃祠,见汉建宁五年五月,成阳令管遵所立碑文云。尧陵北仲山甫墓南,二冢间有伍员祠,晋大安中立。一碑是永兴中建,今碑祠并无处所。又言尧陵在城南九里;中山夫人祠在城南二里;东南六里,尧母庆都冢;尧陵北二里有仲山甫墓。考地验状,咸为疏僻,盖闻疑书疑耳。”[⑥]同卷又云:“有陶墟。缘生言:舜耕陶所在,墟阜联属,滨带瓠河也……不言在此,缘生为失。”[⑦]上述地名且在行军路程之内,尚有颇多误记。

又如《述征记》着墨较多的长安事物的描写。刘裕大军攻克长安之后,由于当时留守金陵的刘穆之病卒,刘裕担忧后方发生政变,故即刻赶回金陵,只留部将留守关中。郭缘生是否跟随刘裕东回已无从考证,但其对长安及周边蓝田、骊山等地的描述多且详尽,其中也存在颇多谬误,比如对鸿门的记载。《水经注》卷十九《渭水》引郭缘生《述征记》:“或云,霸城南门曰鸿门也。项羽将因会危高祖,羽仁而弗断。范增谋而不纳,项伯终护高祖以获免。既抵霸上,遂封汉王。”[⑧]程大昌《雍录》对此条进行了详细的辩驳:“鸿门也者,骊山之北十里,而新丰之东十九里也。地有阪,横亘大道,而中凿隧路以为门径,故曰鸿门也,其迹尚在,不知何世立此关隘也。郭缘生从刘裕入长安,记其所闻,名《述征记》……缘生道听涂说,不及详审,乃曰:‘高帝自霸门而至鸿门。’夫霸门者,长安城东面三门,从东来第一门也,即邵平种瓜之青门也。《黄图》:‘若自霸门至鸿门,则项伯夜往夜来,当为百里,而遥无是理也。此之霸门也者,当为霸城县门也。霸城县,文帝以后始名霸陵县,距新丰五十里,新丰东距鸿门十九里,故项伯往返得在一夕之内也。’《水经》详辨郭生传闻之误以此也。”[⑨]

上述情况不仅出现在郭缘生《述征记》中,也同样出现在与其撰写背景相似的戴

---

① (唐)释道世撰,周叔迦、苏晋仁校注:《法苑珠林校注》,北京:中华书局,2003年版,第882页。案:《太平御览》卷九五五引此条,作出自任昉《述异记》;《太平广记》卷四六七又引此条作出《法苑珠林》。今暂存疑。

② 《海录碎事》,第15页。

③ (唐)韩鄂:《岁华纪丽》,明万历秘册汇函本。

④⑤ 《水经注校证》,第390、530页。

⑥⑦ 《水经注校证》,第575页。

⑧ 《水经注校证》,第426页。

⑨ 《雍录》,第143页。

延之《西征记》中。六朝文人行役记，虽多以行程为线索贯穿前后，但限于当时的条件，对许多事物未及详考，且六朝文人对奇闻异事的猎奇心理浓重，故而出现上述纰漏是十分常见的。《封氏闻见记》云戴延之在江东时从未见过鸽子，后随刘裕北上，至开封城始见，于是在《西征记》中记录鸽子大小如鸠，戏时两两相对。这可能是比较夸张的说法，但也在一定程度上表明南朝人在从军北征的过程中对一些从未在故土见识过的事物充满了新奇感。

六朝人在行役记中除了表现出一种浓重的猎奇心理，还有一种隐含的宏阔心态值得注意。自晋室南迁到刘裕北征，中间时隔一个世纪，而当这些随军文人再次踏上故土之时，表现出来的并不是一种感伤情绪，而是满怀着新奇之感将沿途所见所闻的新奇事物一一志之。实际上，东晋军队对收复故土一事看待得非常严肃。自南渡之初，王导即表示要“戮力王室，克复神州”，东晋享祚百余年间，北伐行动亦不曾终止。在刘裕出征西秦之前，其将王镇恶就表示“不克关中，吾誓不复济江”[①]。其后王镇恶军队在攻克潼关时遭遇了军资补给不足的艰难，也是通过发动弘农当地的百姓进行捐赠克服的，说明当地百姓对待晋室还是比较具有感情的。另外，虽然六朝行役记的地理成分还非常浓重，有许多文字是如正史中的《地理志》一般记录了各地的疆域、道里、四至、河流、山川等，但有一点与正史中各《地理志》明显不同，即这些六朝文人行役记用极为丰富的笔墨将历代的历史传说、往朝文物、旧时宫殿、奇闻异事、民间风俗等正史不屑记录的事物一一记录下来，这一点曾为唐人李吉甫所诟病：“尚古远者或搜古而略今，才谣俗者多传疑耳失实，饰州邦而叙人物，因丘墓而徵鬼神，刘于异端，莫切根要。”[②]六朝行役记表现出来的对故土之上所发生事物的猎奇态度，从另一个侧面来看也是这一时代之人宏阔心态的表现。他们更为感兴趣的是故土之上传之不绝的文明，而非伤感而刻意地强调这一片土地曾经属于晋朝的版图。

（作者单位：山东大学文学与新闻传播学院）

① 《资治通鉴》，第3690页。
② （唐）李吉甫撰、贺次君点校：《元和郡县图志·序》，北京：中华书局，1983年版，第2页。

# 王重阳“爱看柳词”本事考论*

罗争鸣

王重阳“爱看柳词”，曾对柳永《乐章集》痴迷到手不释卷的地步。王与柳，身份迥异，一位是全真道祖师，一位是“薄于操行”的青楼浪子，且《乐章集》多有直白的情色描写。面对这种反差，不仅我们，就是当时王重阳的追随者也颇觉疑惑。柳永词作与道教有无联系？王重阳如何理解和接受柳词？对这类问题，日本学者蜂屋邦夫有过零散的思考①，大陆也有人做过分析，如王定永的《道教文化视域下的柳永艳情之作》②、王昊的《论金代全真道士词人对柳词的接受》③。这些研究都是很有价值的探索，但多倾向学理层面的思考，而作为一个道教与文学研究的典型案例，王重阳“爱看柳词”本事仍有许多模糊不清的地方。比如，王重阳为什么单对“杨柳岸、晓风残月”句情有独钟？他又是通过什么方式“堂而皇之”地大看柳词？其中的许多细节还有考订和清理的必要，而背后所体现的道教与文学关系、丹道诗词的演变等也都值得我们继续深入思考。

## 一、王重阳“爱看柳词”的背景与历程

据《七真年谱》，王重阳生于徽宗政和二年（1112）十二月二十二日④，卒于金大定十年（1170），而柳永活跃于真宗、仁宗朝，正史无传，具体生卒年也众说纷纭，没有终解。较近的研究指出，柳永与苏轼基本上生活在同一个年代，且较苏轼年长，约生于真宗大中祥符三年（1010），卒于英宗治平（1064—1067）和神宗熙宁（1068—1077）之间⑤。可见，王重阳晚柳永约一个世纪，且主要活跃在金朝统治下的北方。

据叶梦得（1077—1148）《避暑录话》卷下记载：“柳永，字耆卿……教坊乐工，每得新腔，必求永为辞，始行于世，于是声传一时。”⑥柳永词作当时即有声名，两宋之际当也相当流行，南宋王明清《玉照新志》卷四记载天台名士左与言（活跃于徽宗年间）倾情名姝张浓，有“堆云翦水，滴粉搓酥”句，风流与柳永齐名，“当时都人有‘晓风残月柳

---

* 本文为教育部哲学社会科学后期资助项目“道教与古典诗词关系论稿”（13JHQ056）及国家社科基金重大项目“中国宗教文学史”（15ZDB069）子项目《宋代道教文学史》的中期成果。

① （日）蜂屋邦夫《金代道教研究：王重阳与马丹阳》第一编《王重阳的生涯和全真教的创立》对王重阳“爱看柳词”略有分析。钦伟刚翻译，北京：中国社会科学出版社，2007年版。

② 王定永：《道教文化视域下的柳永艳情之作》，《学术交流》，2010年第5期。

③ 王昊：《论金代全真道士词人对柳词的接受》，《兰州大学学报》，2011年第1期，第9—12页。

④ 公历已入1113年。

⑤ 参阅邓子勉《从明人的记载看柳永的生卒年及其与苏轼的关系》，《古典文学知识》2012年第4期。

⑥ （宋）叶梦得：《避暑录话》，徐时仪校点，上海：上海古籍出版社，2012年，第137页。

三变，滴粉搓酥左与言'之对"[1]。"当时都人"这种坊间带有戏谑色彩的巧对，一定程度上可以说明北宋末年柳永词作在市井的流行热度[2]，而这种流行，在辽金与南宋对峙之际，在北方各地也是存在的。论及柳永词的受欢迎程度，常说"凡有井水饮处，即能歌柳词"，这出于叶梦得《避暑录话》卷下同一条记载，原文为：

> 余仕丹徒，尝见一西夏归明官云："凡有井水饮处即能歌柳词。"言传之广也。[3]

宋朝存在"归明""归朝""归正"人的特殊群体，归明人指原不是宋朝人而来归宋朝的其他各族人，除了西夏外，还包括两宋周边其他少数民族政权，如辽、金人投奔宋朝也叫"归明人"[4]。这里的"西夏归明官"即从西夏投奔南宋的归明人，所云"凡有井水饮处即能歌柳词"指的是当时的西夏，可见远在非汉族政权的西北地区（西夏疆域主要在今宁夏、甘肃、内蒙古、陕西等部分地区），柳永词也非常流行。而王重阳早年也大致在这个范围活动，王重阳"爱看柳词"有彼时社会环境与世俗风气的坚实基础。

那么，王重阳钟爱柳永词，是随意而不确定的"兴之所至"，还是一以贯之的一生所好？王重阳"爱看柳词"的确切记载，见于其词作《解佩令·爱看柳词，遂成》：

> 平生颠傻，心猿轻忽。《乐章集》、看无休歇。逸性摅灵，返认过、修行超越。仙格调、自然开发。　　四旬七上，慧光崇兀。词中味、与道相谒。一句分明，便悟彻、耆卿言田，杨柳岸、晓风残月。[5]

这首词中的"四旬七上、慧光崇兀"句较难理解。十日一旬，十岁也作一旬，"四旬七上"当指 47 岁。王重阳 48 岁甘河遇仙，曾云"四旬八上得遭逢"[6]，这也可推定"四旬七上"或指 47 岁。蜂屋邦夫《金代道教研究：王重阳与马丹阳》认为此词即王重阳 47 岁时的作品[7]，窃以为表述不妥。这描述的是 47 岁时的事情，但也可以是王重阳 47 岁以后，以"回忆性"的笔触追忆咏怀之作。

王重阳 48 岁（金朝正隆四年，1159）甘河遇仙是一生的重要转折，也是全真教史上的重要事件，此后，醴泉再次遇仙、坐活死人墓中、住刘蒋村、赴山东传教等都有较为详细记载，但 48 岁前的事迹，大多湮没无闻，王重阳缘何出家修道、是否参加过科举、是否参与过抗金等众说纷纭。据《终南山神仙重阳真人全真教祖碑》[8]、《金莲正宗记》卷二《重阳王真人》[9]、《邓州重阳观记》[10]、《十方重阳万寿宫记》[11]、《历世真仙体

---

① （宋）王明清：《玉照新志》卷四，王新森、朱菊如校点，上海：上海古籍出版社 2012 年，第 90 页。

② 《玉照新志》当成于王明清晚年。

③ 《避暑录话》，第 137 页。

④ 参考徐东升《宋朝对归明、归朝、归正人政策析论》，《厦门大学学报》2012 年第 1 期。

⑤⑦ 《金代道教研究：王重阳与马丹阳》，第 432、31 页。

⑥ 《重阳全真集》卷二《遇师》，《道藏》第 25 册，第 701 页。另，《金莲正宗记》卷二《重阳王真人》作"四十八上得遭逢"，《道藏》（北京：文物出版社、上海：上海书店、天津：天津古籍出版社，1988 年出版，第 3 册，第 348 页。

⑧ 《甘水仙源录》卷一，《道藏》第 19 册，第 723 页。

⑨ 《道藏》第 3 册，第 348 页。

⑩ 《甘水仙源录》卷九，《道藏》第 19 册，第 799 页。另陈垣编纂《道家金石略》亦收此碑。

⑪ 刘兆鹏、王西平：《重阳宫道教碑石》，西安：三秦出版社，1998 年，第 57 页。

道通鉴续编》(以下简称《真仙通鉴续集》)卷一《王嚞》[①]等对王重阳甘河遇仙前的生平记载,虽各有出入,但大都提到王重阳工文学、好属文,胸怀大志,后来仕途失意,家财被盗,曾"游戏于酒、放旷于俗"(《十方重阳万寿宫记》),"脱落功名,日酣于酒"(《邓州重阳观记》)等。基于此背景我们再来分析其词《解佩令》。

这首词上片首句"平生颠傻,心猿轻忽"似与下片首句"四旬七上,慧光崇兀"相对而起兴,先概括自己"平生"的行为与心理状态"颠傻""心猿轻忽",然后描述47岁这年体悟到"词中味、与道相谒"。"平生"从字面上理解,以常俗语之,当即"我这辈子"或"我平常",从下片首句"四旬七上"相对来看指47岁这一年更有可能,这一年王重阳对《乐章集》"看无休歇",也更符合甘河遇仙之前"放旷于俗""脱落功名"的生活状态。《金莲正宗记》卷二记载了王重阳47岁至48岁甘河遇仙前后的经历:

> 当废齐阜昌间(1131—1137),献赋春官,忤意而黜,复试武举,遂中甲科。逮乎四十有七岁也,喟然叹曰:"孔子四十而不惑,孟子四十而不动心,吾今已过之矣,尚且吞腥啄腐、纡紫怀金,不亦太愚之甚乎!"遂辞官解印,黜妻屏子,拂衣尘外,类楚狂之放荡焉。时正隆己卯(1159),四十有八岁也,甘河桥上,过屠门,嗜毡根而大嚼。有二道者,各披白毡,忽从南方修然而来,烟霞态度,霄汉精神,观阙眉宇,大抵相类。[②]

这个记载,常见学人征引,谓王重阳在伪齐阜昌年间,即二十几岁时,曾参加科举,后中武举甲科,郁郁不得志,"逮乎四十有七岁"时感慨一无所成,遂辞官、黜妻、弃子,放浪形骸。从《解佩令·爱看柳词,遂成》这首词看,当时王重阳放浪形骸的体现之一,还有对《乐章集》手不释卷,做过"修行超越"的努力,甚至体悟到"词中味、与道相谒"的道理。由此我们知道,王重阳并非在48岁甘河遇仙之后才慨然归心于道,"工文学""好属文"的王重阳在此之前就有嗜读《乐章集》、体悟修道境界的充分准备。

48岁后,王重阳对《乐章集》的兴趣如何?从王重阳留存的词作和相关史料看,与柳永《乐章集》有关的资料并不多见,但马钰仍存《玉楼春·借柳词韵赠云中子》《传妙道·本名花枝,借柳词韵》《五灵妙仙·借柳词韵》等篇什,而其他全真六子则鲜见与柳永词作相关或唱和柳词的作品[③]。这或许与王重阳、马钰往来唱和、交往较为密切有关。马钰《渐悟集》卷上《西江月》曾云:

> 地肺重阳师父,吕公专遣云游。秘玄隐奥访东牟,钓我夫妻两口。
> 十化分梨匠手,百朝锁户机谋。千篇诗曲拽回头,万劫同杯仙酒。[④]

"千篇诗曲拽回头"自是文学性的夸张,但从《分梨十化集》和现存词作来看,王、马之间的往来唱和,相比其他六子更为频繁。正是在王重阳的影响下,马钰也有若干

---

① 《道藏》第5册,第414页。

② 《道藏》第3册,第348页。

③ 笔者据(日)蜂屋邦夫《金元时代的道教——七真研究》(金铁成等翻译,济南:齐鲁书社,2014年)第二部分"数据"提供的文献,翻检了丘处机的《磻溪集》、谭处端的《水云集》、刘长生的《仙乐集》、王处一的《云光集》、郝大通的《太古集》及孙不二的《孙不二元君法语》,未得与柳永相关的作品。

④ 《金代道教研究:王重阳与马丹阳》,第586页。

首唱和柳词的作品。可以说，王重阳、马丹阳师徒对柳永词情有独钟，并从《乐章集》的阅读、唱和中体悟得修道的真谛。

《真仙通鉴续集》卷一《王嚞》篇曾记载王重阳在生命的最后阶段对柳词的热爱有增无减：

> 友之因之就谒，师阅书而不为礼。问读何书，亦不答。就视，《乐章集》也。问："全乎?"师曰："止一帙尔。"友之曰："家有全集，可观也。"即为送至。师自到京日，使马钰等四人乞钱于市，市及斤之鲤煮食之，秤不及则不食。友之颇惑，默念："道人看《乐章集》已非所宜，又食鱼必其斤重，果何为哉?"他日，问："《乐章集》彻乎?"师不言，但付其旧本。友之检阅，其空行间逐篇和讫，不觉叹曰："神仙语也。"即还，沐浴更衣，焚香请教，日益加敬。①

《历世真仙体道通鉴》是元道士赵道一编纂的大型仙真传记总集，这部"神仙传"是有史学追求的，绝非荒诞不稽之作，应该说此段记载有相当的可信度。这里的"友之"即历史上著名的"孟四元"——孟宗献。孟宗献生卒年不详，约1170年前后在世，开封人，字友之，曾在乡试、府试，省试、廷试中连中头名，故有"孟四元"之称，号虚静居士，有诗集《金丹赋》行世。孟宗献是王重阳最后的弟子，王重阳仙逝后，曾被安葬于他家的花圃中，并担当起丧祭之事。据《真仙通鉴续集》的记载，王重阳默看《乐章集》，并逐篇唱和的事情发生在金大定九年(1169)王重阳带领"四哲"(丹阳、长真、长春、长生)到达开封住在王氏旅邸时，也即王重阳在生命的最后时期，对柳永《乐章集》仍旧钟爱不已。蜂屋邦夫《金代道教研究：王重阳与马丹阳》第一编《王重阳的生涯和全真教的创立》也提到"重阳直到晚年和生命的末期，都与《乐章集》非常亲近"②，书中未见蜂屋先生的系统论述，但这个判断应是准确而可靠的。

写作诗词是王重阳传道的重要手段，一生创作大量丹道诗词，如果没有深厚的文史修养和阅读基础，是无法做到这一点的。在王重阳的"阅读书目"中，《乐章集》应是他研读最深、受益最多的作品，而他对柳词的亲近和喜爱，与世俗性的审美或文学欣赏有别。王重阳不仅从《乐章集》中获取写作灵感，还通过柳词体道、悟道。

## 二、"杨柳岸、晓风残月"与内丹修炼的关系

上引《解佩令·爱看柳词，遂成》中的"词中味、与道相谒。一句分明，便悟彻、耆卿言田，杨柳岸、晓风残月"，蜂屋邦夫《金代道教研究》上篇第一编《王重阳的生涯和全真教的创立》一节做过较详细的说解，指出：

> "耆卿言田"的表现，从字面看，也许与柳永的通称柳屯田的"田"字相重合。至少可以说，这一表现，是由"屯田"唤起的。……柳永的《雨霖铃》词，吟咏了秋天旅人的离别情感，"杨柳"一句没有什么特别的深意。重阳引用这一词句的意

① 《道藏》第5册，第417页。

② 《金代道教研究：王重阳与马丹阳》，第31页。

图不太清楚。重阳的词中,风与月的对应,常常表现了悟道的境地。柳永的词中,"杨柳岸、晓风残月",承接在前句"今宵酒醒何处"后面,重阳引用这句词,好像表达了从醉酒(迷醉)中醒悟过来的意思。①

据以上分析,蜂屋邦夫没有求知过深的过度阐释,所论相当平实,可以看出一位日本学者的冷静和客观。在王重阳和全真七子的作品中,常有用风、月比附悟道境界,尤其"月"这个意象,常常出现,比如谭处端《水云集》中就有数首:

《如梦令》其一:

清净无为做彻,高下休生分别。灭尽我人心,自有真师提挈。提挈,提挈,云绽家家明月。②

《西江月》其一:

日月暗催人老,利名不使心休。争如放下观山头,明月家家尽有。③

《满路花》其一:

默默无为坐,独守孤峰,一轮明月流天。④

《汉宫春》其一:

谁会得,清风皓月湛湛,两个人知。⑤

但如果把"风""月""柳""水"等意象组合的清冷宁静的词境,看做是悟道境界的比喻,又与王重阳所谓"词中味、与道相谒"的表述有一些距离。"相谒"即互相阐发、陈述⑥,月、水、柳、风等,在这里似有深意。另外,除了上引《解佩令·爱看柳词,遂成》提到"杨柳岸、晓风残月",《重阳全真集》卷十二《双雁儿》也提到:

意马心猿休放劣。害风、姓王名喆。一从心破做颠厥。恐怕、消些旧业。
真性真灵有何说。恰似、晓风残月。杨柳崖头是清澈。我咱、恣情攀折。⑦

上引"真性真灵有何。恰似、晓风残月"句,更加直接而明确地说真性真灵"恰似、晓风残月"。由此,或许我们可以做些推测,"晓风"与"残月"已经不仅仅是意境比附的问题,而是对丹道修炼方法的一种"阐述"和"说明"。《解佩令·爱看柳词,遂成》中"便悟彻、耆卿言田"句,蜂屋邦夫以为指"柳屯田"的通称,这是一种相对保守的理解,可是如果指"柳屯田"这种再简单不过的常识,何须"悟彻"?所以,我们可以大胆推测,王重阳"便悟彻"的"耆卿言田"之"田",就是丹道修炼中的"丹田"。

那么"杨柳岸、晓风残月"句所出的柳永《雨霖铃》,是真的在"言田"——在讲丹道修炼吗?在传统古典诗词的赏鉴中,我们无法理解柳永的《雨霖铃》与全真道的内丹性命观念存在关联。为论述方便,现引《乐章集校注》卷中《雨霖铃》篇如下:

---

① 《金代道教研究:王重阳与马丹阳》,第31—32页。
②③④⑤ 《金元时代的道教——七真研究》(下),第489、491、502、503页。
⑥ 据《说文解字》卷三"言"部,"谒,白也。""谒"字有说明,陈述之意。
⑦ 《金代道教研究:王重阳与马丹阳》,第480页。

寒蝉凄切，对长亭晚，骤雨初歇。都门帐饮无绪，留恋处、兰舟催发。执手相看泪眼，竟无语凝噎。念去去、千里烟波，暮霭沉沉楚天阔。　多情自古伤离别，更那堪、冷落清秋节。今宵酒醒何处，杨柳岸、晓风残月。此去经年，应是良辰、好景虚设。便纵有、千种风情，更与何人说。①

这首《雨霖铃》与苏轼的《念奴娇》（"大江东去"）的比较，几乎成为柳、苏词作接受史上的名典。据南宋俞文豹所编《吹剑录》记载，苏轼有一位善歌的幕士就对柳、苏风格做过极好的概括：

郎中词，只好十七八女子执红牙按歌"杨柳岸、晓风残月"；学士词，须关西大汉铁绰板唱"大江东去"。

此后关于《雨霖铃》的评价，除了有讥为"梢公登溷诗"外②，多对这首离别词做正面之评价。但综观历代赏鉴之辞，鲜见与内丹修炼存在"隐喻"或"暗指"的评论。不过《宋朝事实类苑》卷四四《风和尚》条记述的法明和尚嗜酒、唱柳永词的故事，与王重阳从"杨柳岸晓风残月"中看出"真性真灵"却有异曲同工之处：

邢州开元寺僧法明，落魄不检，嗜酒好博，每饮至大醉，惟唱柳永词。由是乡人莫不侮之，或有召斋者，则不赴，有召饮者则欣然而从。酒酣，乃讴柳词数阕而后已。日以为常，如是者十余年，里巷小儿，皆目为风和尚。一日忽谓寺众曰："吾明日当逝，汝等无出观吾往焉。"众憎笑曰："岂有是哉？"翌日晨起，法明乃摄衣就坐，遽呼聚曰："吾往矣，当留一颂而去。"众僧惊愕，急起以听，法明曰："平生醉里颠蹶，醉里却有分别。今宵酒醒何处？杨柳岸、晓风残月。"言讫，跏趺而逝，众叹异之，因以厚葬焉。③

这段记载，又见于释普济《五灯会元》卷十六"青原下十一世"《法明上座》。法明祖籍邢州（今邢台），为宋初时人，云门宗青原十一世。《五灯会元》的记载晚于《宋朝事实类苑》④，从文字上看，《五灯会元》的记载略有出于"护教"心态的改饰，如"皆目为风和尚"改为"咸指曰醉和尚"⑤，文辞也趋雅净。但法明圆寂前的"颂偈"没有变化，关于这四句偈语的解释，吴言生在其《云门宗禅诗研究》中如是说：

所谓"醉"，即是将世俗的观念摒除，使禅悟主体得以全神贯注地、不带功利眼光地静观物象，但此时并非噩然无知，而是"却有分别"，一切都明历历露堂堂，这是无分别的"分别"。酒醒之时，即是生命的圆成解脱之时，观照主体与观照对象浑然相融，打成一片，"杨柳岸晓风残月"既是清纯自为的自然法性，也是圆成

---

① （宋）柳永：《乐章集校注》，薛瑞生校注，北京：中华书局，1994年，第59页。

② （清）贺裳《皱水轩词荃》之"屯田俊句"条有"或讥为梢公登溷诗，此轻薄儿语，不足听也"。见唐圭璋《词话丛编》第一册，北京：中华书局，1986年，第703页。

③ （宋）江少虞：《宋朝事实类苑》，上海：上海古籍出版社，1981，第584页。

④ 江少虞为徽宗政和进士，《宋朝事实类苑》成于高宗绍兴十五年（1145）任吉州时，而《五灯会元》概成于南宋淳祐十二年（1252年）前后。

⑤ （宋）《五灯会元》卷十六《法明上座》，苏渊雷校点，北京：中华书局，1984年版，第1053页。

蝉蜕的本来面目。[①]

这是笔者见到的唯一对“杨柳岸晓风残月”蕴含的禅意所做的解释,应该说,不中亦不远,尤其指出“酒醒之时”即是“生命的圆成解脱之时”,对这四句偈做出了相当恰切的理解。

上文提及法明和尚为宋初人,而柳永活跃于真宗、仁宗朝,法明和尚吟咏柳永词,当与柳永为同时代人,王重阳活跃于宋金时期,当晚于法明和尚。那么,王重阳多次推重《雨霖铃》这句“杨柳岸、晓风残月”是受了禅宗影响或启发吗?这个问题无从考究,但我们结合上文提出的“耆卿言田”应指“丹田”,可以确定,王重阳从“杨柳岸、晓风残月”中所体悟到的,另有深意在焉,而非上述“圆成解脱”的禅境描述,它超越于此,不仅仅是悟道之境的描述。

全真道主张“性命双修”,但“先性后命”,性是第一位的。“性”在王重阳的作品中常常用“真性”“元神”代指,全真道修仙的终极目的并非肉体飞升,而是全性、命之真,返归原初所赋予的真性,成为永恒的仙者。王重阳的“金丹”本是比附外丹名称的一种象征和符号,多指内丹修炼的圣果“真性”,如《重阳全真集》卷二绝句《金丹》:

本来真性唤金丹,四假为炉炼作团。不染不思除妄想,自然衮出入仙坛。[②]

“本来真性唤金丹”已经言明全真道的“金丹”即指“本来真性”,而“本来真性”是通过内丹修炼得来的。一般来说,狭义的内丹道指隋唐高道以存思、服气、胎息、房中等传统内修术为基础,通过参证外丹道的学理,将各种内修术杂糅为以身体为鼎炉,以真阴、真阳交合而结“圣胎”(亦称“玄珠”“真宝”“大仙”等)具有形而上色彩的内修之道。此中修炼法门,虽各有差别,但真阴(心中元神)真阳(肾中元气)、水火坎离、铅汞龙虎相交运行于丹田之间的共通要诀,则大同小异,王重阳的内丹道也不外于此。在内丹理论中,真气运行的基本路线被称为河车,大河车(大周天)即沿下丹田经尾闾穴、夹脊、玉枕、泥丸百会,再下行至上丹田、中丹田,最终返回下丹田。上、中、下“三田”在王重阳诗词作品中频繁出现,用来代指内丹。其所谓“耆卿言田,杨柳岸、晓风残月”,可理解为:柳永说的都是丹田修道之事,“杨柳岸、晓风残月”实际暗含着内丹修炼法则,讲全真道的性命修持之术,而下面的推测似乎也能佐证这一点:

“杨柳岸、晓风残月”句包含五个意象:水、月、杨柳、晓风、岸头,我们用惯常的阴阳学说比附,水、月为阴;柳为木属火,“风”为巽,均为阳;岸头比附外在的形体、丹炉。这样就可以构成一个坎离相交、阴阳合和的内丹修炼的鼎炉结构。词牌或诗词作品用于比附内丹理论,《悟真篇》当是道经中的代表之一。刘一明《悟真篇直指》在诠释内种12首《西江月》时就说:

十二首象征十二月,“西”者“金”之方向,“江”者“水”之体,“月”者“丹”之用。[③]

---

① 吴言生:《云门宗禅诗研究》,《五台山研究》,2001年第1期,第11页。

② 《金代道教研究:王重阳与马丹阳》,第381页。

③ 转引自王沐《悟真篇浅解(外三种)》,北京:中华书局,1990年版,第135页。

"杨柳岸、晓风残月"中的水、月意象亦有"丹之用",当然还是一种推测,但我们可以确认王重阳反复提及此句,必不仅仅是体道之境的描述,而关于"词中味、与道相谒"的理解,大概只有王重阳、马丹阳等自己能有最真切的体会。

## 三、"道人看《乐章集》"的变通与转化

其实王重阳"爱看柳词"这种身份和性质上的反差,如前引《真仙通鉴续集》记载,当时金朝状元孟宗献对"道人看《乐章集》"就觉得"已非所宜",但后来看到王重阳在柳永《乐章集》上"空行间逐篇和讫",且为"神仙语也",遂为折服,日益加敬。当然,"逐篇和讫"或许存在夸张的成分,但也一定不在少数,只不过现今所见仅数篇而已。

《乐章集》中狎妓、咏妓的词作俯拾即是,直接描写男女性爱过程的词作也相当赤裸,几与以"身体写作"的当代作家一较胜负。那么,王重阳为什么没有选择苏轼、欧阳修等其他影响更大、成就更高的词人,而是柳永的《乐章集》?

柳永生前身后都是一个有故事、有争议的人。贬之者,说柳永是"薄于操行"的浪子;褒之者,谓柳永是"淡泊名利"的才子。其实柳永只是一个普通的古代文人,只是他更真实、更大胆,他在南北二巷(相当于现在的红灯区)的游荡,填词作曲,实有背后不得已的辛酸。《乐章集》中,柳永提到的妓女,比如师师、瑶卿、秀香、安安、英英、冬冬、楚楚等就有近20位。他大量创制这类淫词艳曲,据薛瑞生《乐章集校注》判断,很可能出于生计需要——赚润笔费,所谓"奉旨填词",更可能是"奉妓旨填词"①。他的这类浮艳词作,在柳永生前就已经成了他的标签,成了传播的噱头,以致在那个时代就能有"凡有井水饮处,即能歌柳词"的传播效果。所以,柳词有一部分势必是世俗的、露骨的,甚至是翻新出奇的——"变旧声作新声"。

面对这样的《乐章集》,王重阳师徒如何看待取舍?现在一般都能认同,王重阳师徒词作中"俗"的一面,与柳永不无关系。正因为"骫骳从俗",柳永词可以在大众中广泛传唱,而出于"传教"目的的全真派词作,如果一味古雅深奥,除了曲高和寡地自娱自乐,则起不到传播作用。问题是,《乐章集》中不少关于风情云雨之作,王重阳是否视而不见?抑或有选择地阅读?如果不是,我们无法回避"少欲寡欢"的苦修道人与"追欢买笑"的柳永之间是怎么契合的问题。有文章以为,王重阳得道前自称"害风",也曾经放浪形骸,马钰曾"披蓑携杖,坦荡逍遥""终日狂歌狂舞",这与柳永的"抛掷云泉,狎玩尘土"有相似暗合之处②。还有文章指出,王重阳等全真道士词作,以修行超越的道教精神,"悬隔"柳永的"酒色财气"而汲取他的洒脱精神③,也就是对柳永的接受是有"选择"的。然而,这种角度的分析,感觉略有避重就轻、"为贤者讳"的嫌疑。事实上,柳永对男女情色的大胆描写,与王重阳、马钰等全真道士的内丹道修炼体验本身就存在"先天"的契合之处,他们对柳永这些风情之作最了解不过。

---

① 以上关于柳永的评价、歌伎人数的统计,参考综合了薛瑞生《乐章集校注前言》,北京:中华书局,2002年,第15页。

② 王昊:《论金代全真道士词人对柳词的接受》,第10页。

③ 杨柏岭:《由柳永词看王喆等道士词的传播行为》,《民族文学研究》,2006年第4期,第165页。

柳永《乐章集》有大量描写两情相悦、相惜的词作,直接描写性爱场面的词作也有不少,比如《菊花新》:

欲掩香帏论缱绻。先敛双蛾愁夜短。催促少年郎,先去睡、鸳衾图暖。须臾放了残针线。脱罗裳、恣情无限。留取帐前灯,时时待、看伊娇面。[①]

又如《西江月》:

师师生得艳冶,香香于我情多。安安那更久比和。四个打成一个。 幸自苍皇未款,新词写处多磨。几回扯了又重挼。奸字中心着我。[②]

《尉迟杯》:

宠佳丽。算九衢红粉皆难比。天然嫩脸修蛾,不假施朱描翠。盈盈秋水。恣雅态、欲语先娇媚。每相逢、月夕花朝,自有怜才深意。 绸缪凤枕鸳被。深深处、琼枝玉树相倚。困极欢余,芙蓉帐暖,别是恼人情味。风流事、难逢双美。况已断、香云为盟誓。且相将、共乐平生,未肯轻分连理。[③]

这几首在《乐章集》中当为描写比较赤裸的词作了,王定永《道教文化视域下的柳永艳情之作》以为柳永这类词作与房中修炼原则有某种契合[④],但我们以为略显牵强。房中术并非一般人想象的道教各派都推崇并修炼此术,相反唐宋上清派道士等对以房中为名的淫欲、乱性都有批判[⑤],而全真道更是主张宝精养气,断绝淫欲,对嗜酒、贪财等也有戒劝。王重阳有《酒》《色》《财》《气》的"宝塔"诗,现引《色》篇如下:

色,色。
多祸,消福。
损金精,伤玉液。
摧残气神,败坏仁德。
会使三田空,能令五脏惑。
亡殒一性灵明,绝尽四肢筋力。
不如不做永绵绵,无害无灾长得得。

从这里可以看出,王重阳对"色欲"几乎是完全否定的,也许他对《乐章集》中的情色描写从宗教伦理上也是否定的,但为了解明全真道的内丹方术,又采用了变通、转化的策略。变通存在先天的"便利"。内丹道修炼中的阴阳、坎离等核心观念,从《易传》《周易参同契》中就有了。《易·系辞》:

天地尊卑,乾坤定矣。……鼓之以雷霆,润之以风雨;日月运行,一寒一暑;

---

① 《乐章集校注》卷下,第162页。

② 《乐章集校注》之《柳永词辑佚》,录自《全宋词》,第256页。

③ 《乐章集校注》卷上,第64页。

④ 王定永:《道教文化视域下的柳永艳情之作》,《学术交流》,2010年第5期。

⑤ 罗争鸣:《〈墉城集仙录〉采自〈列仙传〉篇目探析:兼论杜光庭对房中术的态度》,《古籍整理研究学刊》2003年第3期。

乾道成男，坤道成女。[①]

这种天地阴阳交合的观念，早在《易传》中就已相当成熟。后世丹道、房中等神仙修炼思想都援据于此，做各种发挥、丰富和想象。以阴阳交感、牝牡相须说明金丹玄黄的炼制过程，东汉末号称"万古丹经王"的《周易参同契》已有论述，其《五相类》云：

乾刚坤柔，配合相包。阳禀阴受，雌雄相须。须以造化，精气乃舒。坎离冠首，光耀垂敷。玄冥难测，不可画图。[②]

后世针对外丹、内丹的各种阐释大致都是在"天地设位""坎离匡郭"的宇宙模型基础上展开的[③]。乾坤为天地之体，坎离为乾坤之用。坎为肾水、为汞、为青龙、为下；离为心火，为铅、为白虎，为上。道教丹术也即铅汞、龙虎之学，即以天地交媾、坎离相合而象喻炼丹有成，《参同契》谓：

天地媾其精，日月相撢持，雄阳播玄施，雌阴化黄包。[④]

这种天地阴阳、坎离水火的交运过程，具有浓厚的"男女情色"隐喻性，后世内丹道术更从坎离、阴阳生发出各种意向和隐喻，比如婴儿(肝)、姹女(肺)；金公、黄婆；白雪、黄牙；绿鬓佳人、朱衣姹女、白颜公子、乌冒婴儿等等成组隐喻来描述炼丹的体验。《重阳全真集》中描写内丹修炼的若干诗词，如"外行看热闹"的话，很容易误解为男女情事，比如这首《调笑令》的上阕：

调笑，说玄妙，姹女婴儿舞跳。青龙白虎摇交叫，赤凤乌龟蟠绕。蓦然鼎汞召，性命从兹了了。[⑤]

显然这描述的是内丹修炼的神秘体验，但从字面看，姹女婴儿、青龙白虎的舞跳、交叫似乎刻意用这种情色隐喻的方式展现。看这首七言诗《问龙虎交媾》：

莫问龙儿与虎儿，心头一点是明师。炁调神定呼交媾，心正精虔做煦熙。平等常施为大道，净清不退得真慈。般般显现圆光就，引领金丹采玉芝。[⑥]

再看《修行》之一：

倒颠交媾分机密，上下冲和得要枢。好向深山最高处，怡然独放月轮孤。[⑦]

《解佩令》：

金郎察察，玉娘揠揠。堪同寿、方年二八。住在何方，一居水，一居山北。入离门、坎户皆劼。　　时时相拉，频频搜刮。九条街、坊坊俱达。寻得灵珠，取琼浆、神水浇沫。放光明、万道旋斡。[⑧]

---

① 《周易大传今注》卷五，高亨注，济南：齐鲁书社，1979年，第504—505页。

② 萧汉明、郭东升：《〈周易参同契〉研究》下篇《〈周易参同契〉校释》，上海：上海文化出版社，2001年，第269页。

③ 《〈周易参同契〉研究》上篇《〈周易参同契〉研究》，第66—70页。

④ 《〈周易参同契〉研究》下篇《〈周易参同契〉校释》，第252页。

⑤⑥⑦⑧ 《金代道教研究：王重阳与马丹阳》，第401、366、370、477页。

"交媾""冲和""玉女""金童"等隐喻,频繁出现在描写内丹修炼的全真道诗词中,虽然这与王重阳贬斥的"色欲"不同,但内丹道模仿阴阳交合、坎离化运的内在特质,决定了全真道教仍离不开以男女情事寓指丹道修炼,而所成之"丹",也正像男女交媾的婴儿,在王重阳诗词中,就有多处有男子怀孕生子的比喻。王重阳有些描写内丹修炼的词作,不仔细分辨,还以为是普通的性情之作,比如这首《玉女摇仙佩》:

> 终南一遇,醴邑相逢,两次凡心蒙涤。便话修持,重谈调摄,莫使暗魔偷适。养气全神寂。禀逍遥自在,闲闲游历。览清净、常行穴迪。应用刀圭、节要开劈。三田会明灵,结作般般,光辉是绩。　　先向天涯海畔,访友寻朋,得个知音成阒。直待恁时,将相同步,处处嬉嬉寻觅。暗里瞒瞒檄。觑你为作,如何锋镝。会举箭、张弓对敌。百邪千魅、战回纯皙。无愁戚。方堪教可传端的。[①]

这类词作还有很多,如《戚氏》等。《重阳全真集》中词牌名与《乐章集》词牌名,多有重合,笔者推测《历世真仙体道通鉴》载王重阳逐首唱和《乐章集》事可信度极大。

因道教丹道修炼的内在特质,王重阳师徒对《乐章集》的接受顺理成章,对柳永情色作品既不是刻意回避,也不是全盘认可,而是把这种描写变通、转化在丹道修炼的宗教体验上,进而创造出大量异于《周易参同契》《悟真篇》的富有象征意味和情感体验的丹道诗词。

## 结　语

王重阳"爱看柳词"背后所隐现的宗教与文学关系,不是简单的A影响了B,或者B中有A这种浅层的"影响说"所能说明的。禅宗法师借用"杨柳岸、晓风残月"喻写圆融的禅境,但王重阳已超越这种比附,直接在诗词中挖掘全真道内丹修炼的法门。但所谓"词中味、与道相谒"的"词"应是有所限定的,苏东坡、辛弃疾、欧阳修、陆游等表现伦常情感的作品,自然难"与道相谒",而柳永《乐章集》中大量描述男女情爱的作品与丹道的核心观念——阴阳、坎离、水火之间存在先天的契合点,成为王重阳积极利用和探寻的教外"宝典",而这正是其"爱看柳词"的根本原因之一。从实际效用看,王重阳是成功的,诗词曲赋成了全真教创立和发展最重要的阐释工具和宣传手段,即使在文学史上,金元时期的诗词文献,全真道作品一直是相当重要的角色。

(作者单位:华东师范大学古籍研究所)

① 《金代道教研究:王重阳与马丹阳》,第396—397页。

# “忍力”与王夫之的诗学思想*

姜彦章

王夫之论诗有如下一条：

> 太白胸中浩渺之致，汉人皆有之，特以微言点出，包举自宏。太白乐府歌行，则倾囊而出耳。如射者引弓极满，或即发矢，或迟审久之：能忍不能忍，其力之大小可知已。要至于太白至矣。一失而为白乐天，本无浩渺之才，如决池水，旋踵而涸；再失而为苏子瞻，萎花败叶，随流而漾，胸次局促，乱节狂兴，所必然也。[①]

在这段话中，王夫之首先将太白乐府歌行与汉人之诗作了对比，认为太白胸中浩渺之致，汉人皆有，但汉人诗只是“以微言点出，包举自宏”，而太白乐府歌行则是“倾囊而出”，因此二者在“能忍不能忍”上力之大小有异。此处，王夫之显然更推崇汉人诗，不过他对太白亦无批评，认为“要至于太白至矣”。但接下来对太白之后的白乐天和苏子瞻却提出严厉批评，认为白乐天“本无浩渺之才，如决池水，旋踵而涸”，而苏子瞻“胸次局促，乱节狂兴”。

这反映了王夫之评诗的一种标准：“能忍不能忍，其力之大小可知已。”而“忍”字在王夫之评诗著作中亦时有出现，并常与“力”字连用，如：

> 文笔之差，系于忍力也。如是，不忍则不力，不力亦莫能忍也。
> 愈缓愈迫，笔妙之至。惟有一法曰忍。忍字，固不如忍篇。
> 此篇心有密理，笔有忍势，艳而不俗，方可不愧作者。
> 乃往复百歧，总为情止。卷舒独立，情依以生。空杳之迹微，大忍之力定。
> 使气纯澹，既放而复不远。心神之间有忍力。[②]

与“情”“景”等范畴相比，“忍力”在王夫之诗论中出现的次数并不频繁。然而，这一范畴因牵涉王夫之对诗歌中情感抒发方式及创作生成到读者接受等诸多重要问题的看法，理论意义非常重要。关于“忍”的含义，戴鸿森先生在笺注中云：“‘忍’是一种比喻的说法，略如‘节制’。可并非消极的半含不吐，扭捏作态，而是……以表现上的曲折多样，来加深感情的凝注集中。这番言论，说的也就是自来论诗者好说的‘含蓄’，不过船山说的深微透贴，颇多新意。”[③]这种解释大致不差，但失于简单笼统，“忍”字在船山诗学中的含义远非“含蓄”可以概括。因此，将“忍”放入王夫之诗学整

---

* 本文受江苏省高校品牌专业工程（Top-notch Academic Programs Project of Jiangsu Higher Education Institutions）资助项目资助，谨此致谢。

①③ （清）王夫之著，戴鸿森笺注：《薑斋诗话笺注》，上海：上海古籍出版社，2012年，第66、68页。

② （清）王夫之著，李中华、李利民校点：《古诗评选》，上海：上海古籍出版社，2011年，第10、16、71、142、166页。

体大背景中考察,或许能得出更为全面的认识。笔者认为“忍力”范畴反映了船山诗学中一些本质问题,而对“忍力”内涵的厘定或可收“牵一发动全身”之效,不失为管窥船山诗学的一条便利之道。本文拟从三方面来论述“忍力”的诗学指向。

## 一、情感节制、有择有止

首先,“忍”在船山诗论中当为忍情。王夫之评鲍照《和王义兴七夕》诗:“役心极矣,而绝不泛滥。引满之余,大有忍力。”①此“忍力”就指作者对“役心极矣”这种情感的抒发应有节制,而绝不泛滥,这无疑是王夫之对诗歌情感抒发方式的一种要求。

王夫之论诗重情,他认为“诗以道情,道之为言路也。情之所至,诗无不至;诗之所至,情以之至”②。他在《诗广传》中评《关雎》时提出“诗不匿情”的理论:

> 忠有实,情有止,文有函,然而非其匿之谓也。“优哉游哉,辗转反侧”,不匿其哀也。“琴瑟友之”,“钟鼓乐之”,不匿其乐也。非其情之不止而文之不函也。匿其哀,哀隐而结;匿其乐,乐幽而耽。耽乐结哀,势不能久而必于旁流。旁流之哀,懰慄惨澹以终乎怨;怨之不恤,以旁流于乐,迁心移性而不自知。③

此处船山旨在辨析所推重的“忠有实,情有止,文有函”,并非指“匿情”。他反对“匿情”,认为人的正常情感需要表达出来,若一味抑制,会导致迁心移性。但在体认抒泻哀乐之正当性的同时,船山依旧坚持“情有止,文有函”。结合船山诗论来看,所谓“情有止”当包含情感内容方面的贞正和情感表达方式的节制两层含义。

王夫之在《诗广传》中讨论了各种不同的情,有人将之分为几组,如白情与匿情,贞情与淫情,裕情与滤滞之情,私情与道情等④。以贞情与淫情为例,王夫之认为:“情之贞淫,同行而异发久矣……贞亦情也,淫亦情也。情受于性,性其藏也,乃迨其为情、而情亦自为藏矣。藏者必性生,而情乃生欲,故情上受性,下授欲。”⑤关于情性关系,王夫之认为“心统性情,而性为情节”⑥。情需要性的调节和节制,而贞情即是这种节制的结果,他认为“贞于情者怨而不伤,慕而不暱,诽而不以其矜气,思而不以其私恩也”⑦。联系王夫之诗论,可知贞情即指具有正确价值取向,不过分、不怀私而有恒定、有节制的一种感情。而关于淫情,王夫之云:“淫者,非谓其志于燕媟之私也,情极于一往,泛荡而不能自戢也。自戢云者,非欲其厓傑戍削以矜其清孤也,流意以自养,有所私而不自溺,托事之所可有,以开其菀结而平之也。能然,则情挚而不滞、气舒而非有所忘,萧然行于忧哀之塗而自得。自得而不失,奚淫之有哉?”⑧由此可知王夫之所谓“淫情”即指那种不懂节制、泛滥无归的感情。而“自戢”则指作者对感情

---

①② 《古诗评选》,第222、142页。
③ (清)王夫之:《诗广传》,北京:中华书局,1964年,第1页。
④ 袁愈宗:《王夫之〈诗广传〉诗学思想研究》,北京:中央编译出版社,2012年,第102—112页。
⑤⑥⑦ 《诗广传》,第23、8、18页。
⑧ 《诗广传》,第108页。

的节制和敛藏[①]。而这种节制和敛藏最终获得的是“自得”而非“自失”——对感情的放纵和耽溺。所谓“淫情”其实是将自我丧失于感情之中，并将之宣泄于诗歌的一种粗糙低级的情感表达方式。而这种由“自戢”而“自得”的心理过程指的则是作者对情感的一种内在蕴藉和控制，或者说是作者在诗歌创作过程中对自己情感的一种省视。这使得作者能够自得于己而莫失于物，而作品也因之更具感染力，这与我们所讲的“忍”情是一致的。“能忍不能忍”的这种“力”即指作者对自己情感的控制力。王夫之反对在诗歌中一泻无余、泛滥无归的情感表达方式，而追求“忍”所造成的情感张力和艺术境界。美国学者宇文所安对船山“能忍不能忍，其力之大小可知已”一句的理解即强调此点：“诗人的情怀在诗里要有所节制，这一直是中国诗学传统所推崇的价值观。可这里的节制既不标志因过苦而压抑，也不表明尊严或羞涩；毋宁说它显示了力量，也就是节制力量的释放，让它在最合适最有效果的时刻爆发。”[②]

从王夫之的诗歌批评实践来看，他也反对激切遽烈、直露促迫的感情表达方式，主张“言情须闲远委蛇而无陵嚣之气”，而“于诗之情调，其亦自然倡导迴翔不迫，优余不俭”[③]。他认为“盖诗自有教，或温或惨，总不可以以赤颊热耳争也”[④]。其在评乐府诗《战城南》时云：“所咏虽悲壮，而声情缭绕，自不如吴均一派装长髯大面腔也。丈夫虽死，亦闲闲尔，何至赪面张拳？”[⑤]其意在原诗虽写“野死不葬乌可食”“枭骑战斗死，驽马徘徊鸣”的悲壮场面，但作者却无哭天抢地之容，依然达到了声情缭绕的深沉之境，感人尤深。再如评《艳歌行》云：“古人于尔许事，闲远委蛇如此，乃以登之管弦，遂无赧色。擢骨戟髯，以道大端者，野人哉！”[⑥]同样对“擢骨戟髯”的情感表达方式提出了批评。另如以下几条：

> 怨诗不作怨语！足知甫一把笔，即早已分雅俗于胸中，不待词之波及也。
>
> 可以群者，非狎笑也。可以怨者，非诅咒也。不如此者，直不可以语诗。上下四旁，古今人物，饶有动情之处，鄙躁者非笑不欢，非哭不戚耳。自梁、陈、隋、唐、宋、元以来，所以亡诗者在此，齐以前固未刊落。
>
> 衔恤诗极不易下笔。子桓斯篇，乃欲与《蓼莪》并峙，静约故也。悲者形必静，哀者声必约。[⑦]

第一条把“怨诗不作怨语”作为雅俗有别的一条标准；第二条更是将抒情方式与诗史联系起来，认为“亡诗者”正因为“鄙躁者非笑不欢，非哭不戚”，缺乏感情的蕴藉与节制；第三条是王夫之对曹丕《短歌行》下的评语，此条将情感的深度与其表达方式联系起来，认为“悲者形必静，哀者声必约”。

---

① 王夫之评《周南·卷耳》时亦用到“戢”，义亦指此：“忘其所不忘，非果忘也。示以不永怀，知其永怀矣。示以不永伤，知其永伤矣。情已盈而姑戢之以不损其度。故广之云者，非中枵而旁大之谓也，不舍此而通彼之谓也，方遽而能以暇之谓也，故曰广也。”《诗广传》，第4页。

② （美）宇文所安著，王柏华、陶庆梅译：《中国文论——英译与评论》，上海：上海社会科学院出版社，2003年，第523页。

③ 萧驰：《抒情传统与中国思想——王夫之诗学发微》，上海：上海古籍出版社，2003年，第35页。

④⑤⑥ 《古诗评选》，第86、4、8页。

⑦ 《古诗评选》，第28、50、17页。

在对曹丕的接受方面,王夫之有其独特的判断,如他认为曹丕的文学成就要远远高于其弟曹植。而他之所以如此推崇曹丕的原因之一,就在于曹丕诗歌中抒发感情之含蓄蕴藉,如他在评曹丕《善哉行(上山采薇)》时所言:

> 子桓《论文》云:"气之清浊有体,不可力强而致。"其独至之清,从可知已。
>
> 借以此篇所命之意,假手植、粲,穷酸极苦、磔毛竖角之色,一引气而早已不禁。微风远韵,映带人心于哀乐,非子桓其孰得哉?但此已空千古。陶、韦能清其所清,而不能清其所浊,未可许以嗣响。[①]

在与曹植、王粲的比较中,王夫之肯定了曹丕"微风远韵,映带人心于哀乐"的情感抒发方式,对曹、王一引气即不能自禁,有"穷酸极苦、磔毛竖角之色"的抒情方式提出批评。曹丕这种既能"清其所清"又能"清其所浊"的品质实际上指他在诗歌中对感情的一种拣择和蕴藉。其在评曹丕另一首《善哉行(朝日乐相乐)》时亦云:"悲愉酬酢,俱用共始。情一入熳烂,即屏去之。引气如此,那得不清。"[②]这种"情一入熳烂,即屏去之"的抒情方式即我们所谓"忍"情,忍之使情有节而气得清,这凸显了王夫之诗论中对感情表达方式的重视。

另外,王夫之《夕堂永日绪论内编》对艳诗的有关评论亦体现了这一诗学要求:

> 艳诗有述欢好者,有述怨情者,三百篇亦所不废。顾皆流览而达其定情,非沉迷不反,以身为妖冶之媒也。嗣是作者,如"荷叶罗裙一色裁","昨夜风开露井桃",皆艳极而有所止。至如太白《乌栖曲》诸篇,则又寓意高远,尤为雅奏。其述怨情者,在汉人则有"青青河畔草,郁郁园中柳",唐人则"闺中少妇不知愁","西宫夜静百花香",婉娈中自矜风轨。迨元白起,而后将身化作妖冶女子,备述衾裯中之丑态;杜牧之恶其蛊人心,败风俗,欲施以典刑,非已甚也……[③]

王夫之认为艳诗应该做到"流览而达其定情","艳极而有所止",以此为标准,他批评元白艳诗创作情感泛滥,不知节制。此处"达其定情"而"有所止"即是"忍力"的应有之义。情不能"忍",不能"定",不能"有择",自然会导致诗歌情感的泛滥无归和"旋踵而涸",缺乏蕴藉和持久的感人力量。

## 二、修意洁篇、含蓄深沉

王夫之所谓"忍力"还指诗歌意义的凝注和含蓄,他在评汉乐府《羽林郎》和唐张籍《牧童词》时所用"忍力"即为此意:

> 由前之漫糊,不知章末之归宿,是以激昂人意,更深于七札。杜陵《丽人行》亦规模于此,而以捎打已早,反俾人逢迎凤而意浅。文笔之差,系于忍力也。如是不忍则不力,不力亦莫能忍也。[④]

---

①② 《古诗评选》,第20页。

③ 《薑斋诗话笺注》,第152—153页。

④ 《古诗评选》,第10页。

正意反似带出。前八句坚忍之力，如谢傅赌墅时。①

第一条谓《羽林郎》用大量篇幅对胡姬衣饰容貌之美好和冯子都仗势调笑之嚣张、赠礼之盛重进行铺陈，而于结尾之处才用胡姬的话"人生有新故，贵贱不相逾"点出其志节，一位平凡女子勇敢拒婚的形象呼之欲出。前面的大肆铺陈与后面的情节形成很大的艺术张力，引人遐思。张籍《牧童词》与此篇章法相似，亦于卒章显志。王夫之谓其前八句有"坚忍之力"，即指作者对自己所要表达之含义的包蕴和含蓄。他讨厌"开门见山"，不喜过于直露，而主张诗意的凝注和含蓄，这需要"忍"。其评阮籍《咏怀诗》云："缓引夷犹，直至篇终乃令意见。故以导人听而警之不烦！古人文字，无不如此。后世矜急褊浅，于是而有'开门见山'之邪说，驱天下以入鄙倍。"②另如其评班婕妤《怨歌行》即云："说到'常恐'便止，但堪作今人半首古诗耳，晓人不当如是，而必待之月斜人散哉？"③可见他讨厌在诗中将一切说尽，使读者一览无余的做法，而要求作者在修意洁篇的基础上达到含蓄深沉的艺术效果。

与此相应，王夫之在诗论中特别提倡"简贵"，他认为"简贵，唯简斯贵也"，"非简将不贵，非贵亦何能简耶？"④而对"简"的追求又体现在如下两个方面：一是"拣意不烦"，即诗歌含义的凝注集中，不凌不杂。如他认为："古人约以意，不约以辞，如一心之使百骸；后人敛辞攒意，如百人而牧一羊。治乱之音，于此判矣。"⑤王夫之反对诗歌内容混杂凌乱，提倡一首诗歌只写一情一事。他很推崇那些表面上看情、事单一但兴发力量浓厚的作品，如其评《古诗十九首（迢迢牵牛星）》云："终始咏牛、女耳！可赋、可兴、可比、可理、可事、可情，此亦为《十九首》。"⑥全篇仅叙牛、女一事，但可兴发人多方面、多层次的感受和思考。

其次，王夫之所谓"简"，还要求诗歌在字句方面要凝练含蓄，反对繁杂拖沓，即要"遣章不猥"。他推崇汉人诗"特以微言点出，包举自宏"即指此。他提倡"爱字如珠""惜字如玉"，如其称赞谢朓："惜字、惜句，其自赏者有如此者"⑦；评韦应物："自爱其字，一出一入，非千金不售。"⑧这与他要求诗歌"约以意"一致。语言过于直白和浅俗自然会稀释诗歌的精义，有碍船山提倡的含蓄深沉的诗歌理想。如他在评价阮籍《咏怀》时认为其诗歌有"弘忍之力"，而后世有些诗歌则"如婢子闻人长短，禁令勿言，则喉间作痒矣。世愈下，言愈烦，心愈浅也"⑨。总之，王夫之反对诗歌中词烦意乱、过于直露的表达方式，提倡修意洁篇，追求含蓄深沉、"居约致弘"的艺术效果。

这种思想亦可从他对白居易的批评中看出，如以下两段所引：

盖势远而意不得杂，气昌则词不待毕，故虽波兴峰立，而尤以纯俭为宗。其与短歌微吟，会归初无二致。自"庐江小吏"一种赝作流传不息，而后元、白踵承，潦倒拖沓之词繁。⑩

若白乐天一流人，才发端三四句，人即见其多。迨后信笔狂披，直如野巫请

---

① （清）王夫之著，陈书良校点：《唐诗评选》，上海：上海古籍出版社，2011年，第33页。

②③④⑤⑥⑦⑨⑩ 《古诗评选》，第163、11、233、12、136、235、158、22页。

⑧ 《唐诗评选》，第79页。

神，哝哝数百句，犹自以为不足而云。略请一圣，千圣降临。[1]

这两条王夫之批评白居易诗歌“潦倒拖沓”，甚至将其比喻成野巫请神。从其评鲍照《代东武吟》中我们亦可隐约看出这种批评：“于《琵琶行》才占得一段。而言者之平生，闻者之感触，无穷无方，皆所含蓄。故言若已尽，而意正未发。自非唐、宋人力所及，心所谋也。”[2]此类批评古来就有，如张戒《岁寒堂诗话》曾云：“元、白、张籍诗，皆自陶、阮中出，专以道得人心中事为工，本不应格卑，但其词伤于太烦，其意伤于太尽，遂成冗长卑陋尔。”[3]王夫之提倡“势远而意不杂，气昌而词不毕”的“纯俭”之美，能不能达到亦是作者“能忍不能忍”的一种体现。

## 三、艺术辩证、归于中和

以上“忍力”两个方面的含义，或可从其评高适《自蓟北归》的一段文字管窥之：

文章之道，自各有宜。典册檄命，固不得不以爽厉动人于俄顷，若夫絜音使圆，引声为咏者，自藉和远幽微，动人欣戚之性。况在五言，尤以密节送数叠之思，矧于近体，益以简篇约无穷之致，而如建瓴泄水，迅雷破山，则一径无余，迫人于口耳。其余波回嶂，岂复有可观者哉？[4]

此段王夫之首先从诗歌本体论的角度阐明诗歌与典册檄命的区别。与典册檄命以爽厉动人于俄顷的文体特征不同，诗歌这种“絜音使圆，引声为咏者”应该是“藉和远幽微，动人欣戚之性”。这即指诗歌抒情方式的节制、含蓄及其感发人心的幽深、持久，所谓“入情不躁，故终不竭”[5]。而“密节送数叠之思”“简篇约无穷之致”指的即是因字句含义的凝注和集中而产生的一种意蕴丰厚、“尺幅中藏万里之势”的艺术效果，正如他对汉人诗的评价“以微言点出，包举自宏”。综上，船山论诗所用“忍力”这一范畴可作如下解释：“忍”指作者情感抒发方式的节制和修意洁篇的含蓄。而“力”既可指作者创作过程中主体方面的控制力，亦可指诗歌生成后本身因作者之“忍”而蕴含的可被读者感知的张力。情因“忍”而更饱满、更浓烈，也更具感动人心的持久力量，表情达意的节制和诗歌字句的凝练也是为了达到含蓄深沉、居约致弘的艺术效果。这充满了艺术辩证法思想，正如王夫之对“忍力”的解释：不忍则不力，不力亦莫能忍。

艺术辩证法思想是船山诗论的特色之一。谭承耕在《船山诗论的艺术辩证法》一文中就以“势”为中心分析了船山诗论的艺术辩证法思想，并指出其哲学方面的指导思想为“太和矛盾观”，“忍力”一词亦为船山艺术辩证法思想的生动体现[6]。这种“能忍”的力量就是使诗歌在情意表达和语言修辞上不至泛滥过分而归之于“中”的一种控制力。王夫之评诗经常使用一种“A 而不 B(或 A 不 B)”的术语，其中“B”是“A”过

①② 《古诗评选》，第 69、42 页。

③ (宋)张戒：《岁寒堂诗话》卷上，《历代诗话续编》上册，北京：中华书局，1983 年，第 459 页。

④ 《唐诗评选》，第 114 页。

⑤ (清)王夫之著，周柳燕校点：《明诗评选》，上海：上海古籍出版社，2011 年，第 218 页。

⑥ 谭承耕：《船山诗论的艺术辩证法》，《湖南师大学报(哲学社会科学版)》，1985 年第 2 期。

分后所造成的一种反面效果,如:

"宕而不佻""文而不腐""丽而不淫""浅而不入于俗""急不竞,丽不浮""艳而不俗""庄不排,文不儒""艳而不靡,轻而不佻,近情而不俗""直而不迫""廉而不刿""净而不促,舒而不溢""肖而不俗,别而不诡""轻而不狷""远而不乖,近情而不猥,炼之峻洁而不促""疏而不寒,大而不荒,劲而不激"①

"浅而不短""富而不溢""寂而不苦""密而不乱""哀而不伤、怨而不怒""朴而不塞,疏而不寒""诽而不伤"②

"奇不怪,文不醋,曲不杂""雅不懦,疏不硬,近不俚""俭而不寒,迫而不褊""直而不肆""幽炼而不沉""悲而不伤""简不寒,华不腻""峻而不促""近而不浅""高不露,密不繁"③

A 而不 B,即需要作者的"忍力"。王夫之追求这种"适中"之美,他批评诗歌情感、语言、风格等一切方面的泛滥和过分,所谓过犹不及。这也是他提倡"忍力"的一个重要原因。

本文在戴鸿森先生的基础上论述了"忍力"在船山诗论中三个方面的含义:一为情感节制、有择有止,二为修意洁篇、含蓄深沉,三为艺术辩证、归于中和。由此可以看出,"忍力"这一诗学范畴涉及船山对诗歌情感抒发方式、语言修辞、诗歌风格等诸多方面的要求,体现了他的艺术辩证法思想和求"中"的美学追求,从中可略窥船山对诗歌本质的某种理解,理论价值不言而喻,理应得到学界更多的重视。

(作者单位:复旦大学古籍所、江苏警官学院)

① 《古诗评选》,分别见于第 30、55、56、58、64、74、81、118、154、159、169、185、248、276、304 页。

② 《唐诗评选》,分别见于第 16、47、129、137、144、179、209 页。

③ 《明诗评选》,分别见于第 9、14、32、38、69、84、90、146、271 页。

# 《七录》著录小说考*

张 莉　郝 敬

南朝萧梁时期，处士阮孝绪编撰了一部书目《七录》。这部书目在目录学研究中具有十分重要的意义，是现存处于汉代史志书目《汉书·艺文志》与初唐史志书目《隋书·经籍志》之间唯一一部可考的书目。通过《七录》的相关著录，可以了解魏晋至萧梁时期的学术发展情况。但是较为可惜，这部书目已经散佚，详细的著录情况不可见，仅在《广弘明集》中保存了阮孝绪为这部书目所写的一篇序言。

中国小说产生之初，即被《七略》、《汉书·艺文志》著录，“诸子略”云：“小说十五家，千三百八十篇。”①经过魏晋南北朝时期的发展，继续被《隋书·经籍志》著录，子部共著录小说“二十五部，合一百五十五卷”②。从《汉书·艺文志》到《隋书·经籍志》，虽然其中还有诸如袁山松《后汉书·艺文志》，郑默《魏中经》，荀勖《晋中经簿》，李充《晋元帝书目》，《晋义熙四年秘阁四部目录》，邱渊之《晋义熙以来新集目录》，殷淳《四部书大目》，谢灵运《宋元嘉八年秘阁四部目录》，王俭《宋元徽元年四部书目录》、《七志》，王亮、谢朏《齐永明元年秘阁四部目录》，邱宾卿《梁天监四年文德正御四部及术数书目录》，殷钧《梁天监六年四部书目录》，刘遵《梁东宫四部目录》，刘孝标《梁文德殿四部目录》，阮孝绪《七录》，《魏阙书目录》，《陈秘阁图书法书目录》，《陈天嘉六年寿安殿四部目录》，《陈德教殿四部目录》，《陈承香殿五经史记目录》，牛弘《开皇四年四部目录》，《开皇八年四部书目录》，王劭《开皇二十年书目》，《香厨四部目录》，柳䛒《隋大业正御书目录》，许善心《七林》等众多书目修成，但多已亡佚，只有《七录》尚存一篇序言。《七录》“子兵录”云：“小说部：十种，十二帙，六十三卷。”③考虑到《汉书·艺文志》与《隋书·经籍志》著录小说作品的显著差异，以及各历史时期中亡佚与新出现的小说作品等因素，如果能考察出《七录》“小说部”书目的详细著录情况，将会有益于进一步梳理与辨析小说观念在汉代以后至唐初的具体变化。

## 一

《隋书·经籍志》在总序中详细介绍了历代典籍的著录情况，其云：

---

* 基金项目：合肥工业大学“中央高校基本科研业务费专项资金”；国家社科基金一般项目“中国古体小说观念流变研究(15BZW070)”。

① (汉)班固撰，(唐)颜师古注：《汉书》，卷三十，第1745页，北京：中华书局，1962年版。

② (唐)魏徵、令狐德棻撰：《隋书》，卷三十四，第1012页，北京：中华书局，1973年版。

③ (唐)道宣撰：《广弘明集》，卷三《归正篇》，第114页，上海：上海古籍出版社，1991年版。

普通中，有处士阮孝绪，沉静寡欲，笃好坟史，博采宋、齐以来，王公之家凡有书记，参校官簿，更为《七录》：一曰“经典录”，纪六艺；二曰“记传录”，纪史传；三曰“子兵录”，纪子书、兵书；四曰“文集录”，纪“诗赋”；五曰“技术录”，纪数术；六曰“佛录”；七曰“道录”。其分部题目，颇有次序，割析辞义，浅薄不经。①

而阮孝绪亦自云：

孝绪少爱坟籍，长而弗倦……每披录内省，多有缺然。其遗文隐记，颇好搜集。凡自宋、齐已来，王公缙绅之馆，苟能蓄聚坟籍，必思致其名簿；凡在所遇，若见若闻，校之官目，多所遗漏。遂总集众家，更为新录。其方内经史至于术伎，合为五录，谓之内篇；方外佛道，各为一录，谓之外篇。凡为录有七，故名《七录》。②

可见，阮孝绪在编撰《七录》之前，已经做了充分的基础资料准备，掌握了大量的宋、齐以来的典籍，并与官方收藏的版本进行了对校。阮孝绪在《七录序》中又云：“有梁普通四年，岁维单阏仲春十有七日，于建康禁中里宅，始述此书。”③则《七录》著录之书，应均为梁武帝普通四年(公元523年)之前成书。

《隋书·经籍志》子部“小说”类著录小说25部，共155卷(实139卷)。具体如下：

《燕丹子》一卷(丹，燕王喜太子。梁有《青史子》一卷；又《宋玉子》一卷、录一卷，楚大夫宋玉撰；《群英论》一卷，郭颁撰；《语林》十卷，东晋处士裴启撰。亡)；《杂语》五卷；《郭子》三卷(东晋中郎郭澄之撰)；《杂对语》三卷；《要用语对》四卷；《文对》三卷；《琐语》一卷(梁金紫光禄大夫顾协撰)；《笑林》三卷(后汉给事中邯郸淳撰)；《笑苑》四卷；《解颐》二卷(阳玠松撰)；《世说》八卷(宋临川王刘义庆撰)；《世说》十卷(刘孝标注。梁有《俗说》一卷，亡)；《小说》十卷(梁武帝敕安右长史殷芸撰。梁目，三十卷)；《小说》五卷；《迩说》一卷(梁南台治书伏挺撰)；《辩林》二十卷(萧贲撰)；《辩林》二卷(席希秀撰)；《琼林》七卷(周兽门学士阴颢撰)；《古今艺术》二十卷；《杂书钞》十三卷；《座右方》八卷(庾元威撰)；《座右法》一卷；《鲁史攲器图》一卷(仪同刘徽注)；《器准图》三卷(后魏丞相士曹行参军信都芳撰)；《水饰》一卷④。

加上附注中著录的5部小说14卷，《隋书·经籍志》“小说”类共著录小说作品30部，153卷。如何对这30部小说做出准确的性质定位与归类处理，为我们考察《七录》“小说部”的具体著录情况提供一个推理前提与判断标准，首先必须把握从《汉书·艺文志》到《隋书·经籍志》反映出的小说观念发展的大趋势，尤其是汉人小说观念、六朝小说观念与唐人小说观念之间的关键嬗变环节。

《汉书·艺文志》为代表的汉人小说观念，是中国小说学体系发展的基础架构，其后历代小说观念演化，无不是在此基础上拓展与更新。从《汉书·艺文志》“小说家”

① 《隋书》，卷三十二，第907页。
②③ 《广弘明集》，卷三《归正篇》，第112、113页。
④ 《隋书》，卷三十四，第1011—1012页。括号内为《隋书·经籍志》的附注。

著录的15家小说作品来看,除去《封禅方说》、《待诏臣饶心术》、《待诏臣安成未央术》、《臣寿周纪》、《虞初周说》与《百家》等6部汉代当代小说作品,大多为方士所作、内容驳杂,前9部先秦时期的小说作品,就表现形式而言,很清晰地分成两种类型,一种记事为主,如《周考》、《青史子》等;一种记言为主,如《伊尹说》、《鬻子说》、《黄帝说》等,也包括了汉代成书的《百家》。

初唐时期成书的《隋书·经籍志》,在一定程度上反映了唐人对六朝小说观念的吸收与发展。其对小说社会功用的核心认知,坚持了《汉书·艺文志》中的诠释:"街谈巷语,道听途说者之所造也。孔子曰:'虽小道,必有可观者焉,致远恐泥,是以君子弗为也。'"①对小说作品的表现形式,则有所拓展,在汉代小说作品以记言与记事为主要表现形式的基础上,引入了杂传体如《燕丹子》等;应用语体如《杂对语》、《要用语对》、《文对》等;笑话体《笑林》、《笑苑》等,还出现了以"小说"直接命名的小说总集《小说》两种。值得注意的是,《隋书·经籍志》不仅在表现形式上有所突破,更为重要的是将小说观念的标准范畴扩大,吸收了《汉书·艺文志》中"术数略""方技略"与《七录》中"术技录"的相关类别特征,著录了《古今艺术》、《杂书钞》、《座右方》、《座右法》、《鲁史欹器图》、《器准图》、《水饰》等7部作品。因此,《隋书·经籍志》"小说"类的30部作品,就可以分为两个大类,一类是以汉代小说观念为主要著录标准,坚持了《汉书·艺文志》"小说家"与《七录》"小说部"的传统著录体例,即从《燕丹子》至《琼林》的23部小说作品;另一类是唐人小说观念的创新,纳入了《七录》"杂艺部"的类别特征,即《古今艺术》以下7部作品。

在推断《七录》"小说部"作品的具体著录情况时,《隋书·经籍志》"小说"类《古今艺术》以下的7部小说作品,就可以首先排除,因为它们并不符合六朝时期的小说观念,如果出现在《七录》中,只能据《七录》的分类标准,归入"术技录"的"杂艺部"。

《隋书·经籍志》"小说"类中还有3种作品,由于创作时间皆晚于梁武帝普通四年,即阮孝绪编撰《七录》的时间,亦可以从我们的考察范围中剔除。这3部小说作品分别是《笑苑》四卷、《解颐》二卷和《琼林》七卷。

《笑苑》,《隋书·经籍志》并未注明本书作者为谁。《北史·魏澹传》云:"澹字彦深。年十五而孤,专精好学,高才善属文。仕齐,殿中侍御史,预修五礼,及撰《御览》。除殿中郎、中书舍人,与李德林修国史。入周为纳言中士。隋初,为行台礼部侍郎,寻为聘陈使主。还,除太子舍人。废太子勇深礼之,令注《庾信集》,撰《笑苑》,世称博物。迁著作郎,仍为太子学士。"②《隋书·魏澹传》亦云:"及高祖受禅,出为行台礼部侍郎,寻为散骑常侍,聘陈主使。还除太子舍人。废太子勇深礼遇之,令注《庾信集》,复撰《笑苑》、《词林集》,世称其博物。数年,还著作郎,仍为太子学士。"③据此可知《笑苑》为魏澹所撰,在《七录》成书之后,不当出现。

《解颐》,《隋书·经籍志》作"阳玠松撰"。刘知幾《史通·杂述》云:"街谈巷议,时有可观,小说卮言,犹贤于已。故好事君子,无所弃诸。若刘义庆《世说》、裴荣期《语

① 《汉书》,卷三十,第1745页。

② (唐)李延寿撰:《北史》,卷五十六,第2044页,北京:中华书局,1974年版。

③ 《隋书》,卷五十八,第1416页。

林》、孔思尚《语录》、阳玠松《谈薮》。此之谓琐言者也。”[①]《崇文总目》“小说”类云：“《谈薮》八卷，杨松玢撰。”[②]陈振孙《直斋书录解题》史部“传记”类云：“《谈薮》二卷，北齐秘书省正字北平阳玠松撰。事综南北，时更八代。隋开皇中所述也。”[③]姚振宗《隋书经籍志考证》云：“两《唐志》无《解颐》，并无《谈薮》。《史通》以《谈薮》为小说之琐言，陈氏列之史部；而《崇文目》及《宋志》皆入小说家，与本志部居合，知《解颐》即《谈薮》之异名，故《谈薮》亦不见于本志也。”[④]据此可知《解颐》成书当于萧梁之后，在《七录》中不应出现。

《琼林》，《隋书·经籍志》作“周兽门学士阴颢撰”，《梁书·阴子春传》附阴颢，云“撰《琼林》二十卷”[⑤]，据此可知《琼林》当成书于萧梁之后，在《七录》中不应出现。

## 二

除去上述因分类标准应归属《七录》“杂艺部”的7部作品与成书时间晚于《七录》的3部作品，《隋书·经籍志》“小说”类著录的30部作品中，还有几类作品也可以从我们的考察范围排除。

《杂对语》三卷、《要用语对》四卷、《文对》三卷，这3种作品在《隋书·经籍志》中皆未注明作者为谁。姚振宗《隋书经籍志考证》云：“案杂家有《对林》十卷，亦不著撰人。此三书计其卷数，疑即《对林》之篇目而分析著录者，如沈约《迩言》本志杂家分著为四种是也。”[⑥]程毅中认为姚振宗论证不足，指出“《隋书·经籍志》杂家类尚有朱澹远《语对》十卷，又安知以上三书非《语对》而为《对林》之分著者”[⑦]。不仅如此，我们还可在萧绎《金楼子》“著述篇”中发现“《语对》三帙三十卷”的著录[⑧]。抛开上述两种对具体书目的考辨，这里只关注于三种书的相同属性，即对于语言应用优劣的一种总结，以备问对之用，集中在“对”的功用属性。虽然也属于记言的表现范畴之类，但是明显有别于《汉书·艺文志》“小说家”记言说理的传统特征。所以依据这种属性的相似性，《隋书·经籍志》的“杂家”类，不但著录了上述的“《语对》十卷，朱澹远撰”，也著录了“《语丽》十卷，朱澹远撰”“《对要》三卷”[⑨]等性质大致相似的作品。从《隋书·经籍志》对同类作品的分化归属趋势上溯，则《七录》对这一类作品的著录不应分化，基

① (唐)刘知幾著，(清)浦起龙通释，王煦华整理：《史通通释》，卷十，第254页，上海：上海古籍出版社，2009年版。

② (宋)王尧臣、欧阳修等撰：《崇文总目》，卷二十八，《中国历代书目丛刊》本(第一辑)(上)，第91页，北京：现代出版社，1987年版。

③ (宋)陈振孙撰，徐小蛮、顾美华点校：《直斋书录解题》，卷七，第196页，上海：上海古籍出版社，1987年版。

④ 姚振宗著：《隋书经籍志考证》，卷三十二，第498页，《快阁师石山房丛书》，上海：开明书店，1936年初版。

⑤ (唐)姚思廉撰：《梁书》，卷四十六，第645页，北京：中华书局，1973年版。

⑥ 《隋书经籍志考证》，卷三十二，第497页。

⑦ 程毅中著：《古小说简目》，第15页，北京：中华书局，1981年版。

⑧ (梁)萧绎撰：《金楼子》，卷五，第216页，《知不足斋丛书》本。

⑨ 《隋书》，卷三十四，第1008页。

本可以断定归属于“子兵录”的“杂部”。

同理,《隋书·经籍志》“小说”类中还有3种作品可以排除出我们的考察范围,即《迩说》一卷、《辩林》二十卷、《辩林》二卷。据《隋书·经籍志》附注,《迩说》、《辩林》二十卷的撰者伏挺和萧贲主要活动在萧梁中后期,《辩林》二卷的撰者席希秀,史传无考,但依据《隋书·经籍志》著录排序,当在《迩说》撰者伏挺与《辩林》撰者萧贲同期或稍后。因此有相当大的可能性,在阮孝绪作《七录》时,这3种作品还未成书,因此不可能被阮孝绪著录其中。但仅就成书时间来推断,还不足以证实。所以还可以根据这三部书的性质作一佐证,大体与《杂对语》、《要用语对》、《文对》属于同样的功用,即注重于语言的应用性。虽然属于记言的表现范畴,但是与《汉书·艺文志》“小说家”记言说理还不完全相同,故而《隋书·经籍志》“杂家”类,亦有“《俗说》三卷,沈约撰。梁五卷”“《杂说》二卷,沈约撰”“《会林》五卷”“《对林》十卷”①等性质相似的作品著录。考虑到《隋书·艺文志》的著录出现对同类作品归类分化的趋势,则《七录》对相同性质的作品著录不应出现分化的现象,即这三种作品,如果被《七录》著录,应归属于“子兵录”的“杂部”。

另外,《隋书·经籍志》“小说”类还出现了《笑林》、《笑苑》、《解颐》等以笑话为主要内容的小说作品。但《汉书·艺文志》著录的15家小说作品,还未出现笑话类型的题材。阮孝绪编撰《七录》“子兵录”,对诸子十家的分类安排,与《汉书·艺文志》“诸子略”完全一致,表现出相似的类别性质与判断标准。可见,笑话类的作品,不应在继续表现出汉代传统小说观念的《七录》“小说部”出现。这种观念的发展,应该由《隋书·经籍志》来完成。这是唐代小说观念对汉代小说观念与六朝小说观念的发展与扩充。因此,邯郸淳的《笑林》,可以排除在《七录》“小说部”之外。

这样来看,在《隋书·经籍志》“小说”类著录的30部小说作品中,已经确定有17部作品不应该出现在《七录》“小说部”。这是以排除的方法得出的结论,我们还可以从正面的角度推定有8部作品必然会出现在《七录》中。

唐人编撰《隋书·经籍志》时,充分参考了阮孝绪《七录》的编撰成果。在具体的书目著录后,往往以“梁有”“梁目”等形式,附注了萧梁时期的典籍收录情况。虽然我们并不能肯定诸如“梁有”“梁目”等是否就一定特指阮孝绪编撰的《七录》,但仅从著录的数量看,晋室南渡后修成的诸种书目,《七录》无疑是数量最多的,达到44526卷,几乎比萧梁时期另一部官方书目《梁天监四年文德正御四部及术数书目录》的23106卷多出了一倍。因此,结合《隋书·经籍志》附注中的“梁有”“梁目”来考察《七录》的著录情况,无疑是可行的。

《隋书·经籍志》“小说”类在《燕丹子》的附注中,著录了以下4种小说作品:《青史子》1卷、《宋玉子》1卷、郭颁《群英论》1卷、裴启《语林》10卷;在刘孝标注《世说》十卷本的附注中,著录了刘孝标《俗说》1卷;在殷芸《小说》十卷本的附注中,说明在“梁目”中,殷芸《小说》著录为30卷。根据《隋书·经籍志》附注的用例,可知《隋书·经籍志》对于那些在“梁目”中也曾著录的书籍,往往在附注中加

① 《隋书》,卷三十四,第1007—1008页。

以说明存佚、对比著录的不同情况，而相同的著录则不再说明。至于“梁目”中不曾著录的书籍，则《隋书・经籍志》中一定不会出现附注。根据这个原则，我们就可以断定以下 8 种作品在《七录》“小说部”著录：《燕丹子》1 卷、《青史子》1 卷、《宋玉子》1 卷、郭颁《群英论》1 卷、裴启《语林》10 卷、《世说》10 卷、刘孝标《俗说》1 卷、殷芸《小说》30 卷。

除去以上 8 种小说作品，则《隋书・经籍志》“小说”类还有 5 种作品需要甄别，即《杂语》五卷、《郭子》三卷、《琐语》一卷、《世说》八卷、《小说》五卷。这需要我们一一考察。

《杂语》，《隋书・经籍志》未注明撰者。按，《三国志》裴松之注引孙盛《异同杂语》1 条，内容为魏武帝事；《杂语》2 条，内容为夏侯玄、王祥事，亦见《世说》；《世说》刘孝标注引孙盛《杂语》2 条，内容均为魏武帝事；殷芸《小说》引《杂语》1 条，内容为晋成帝事，又见裴启《语林》。可见此书大体为记言记事，与《世说》、《小说》性质相似，且成书时间较早，实开《世说》之先河，符合汉魏之后、六朝早期的小说观念发展，因此可以作为小说之一种，著录于《七录》。

《郭子》，《隋书・经籍志》附注：“东晋中郎郭澄之撰。”据《无一是斋丛钞》、《玉函山房辑佚书》、《古小说钩沉》三种辑本的佚文来看，多为记言，与《世说》性质相似，且本书佚文大多为《世说》所用，故应作为小说之一种，著录于《七录》。

《琐语》，如果仅从书名判断，应属于小说观念的记言大类。且由于本书已无佚文留存，全书性质无法考察。不过我们可以借助于刘知幾的论述，对此书性质作一整体判断。刘知幾《史通・杂述》云：“国史之任，记事记言，视听不该，必有遗逸。于是好奇之士，补其所亡，若和峤《汲冢纪年》、葛洪《西京杂记》、顾协《琐语》、谢绰《拾遗》。此之谓逸事者也。”[①]刘知幾将这四部书作为性质相同的作品，而其余三种书在《隋书・经籍志》中分属“史部”的“古史”“旧事”“杂史”类。而《隋书・经籍志》的“史部”与《七录》的“记传录”的类别性质一致，判断标准相似，所以有理由相信，《琐语》如果在《七录》中出现，应该归属于“记传录”而非“小说部”。

《世说》八卷是《世说》十卷的原本，无刘孝标的注。因《隋书・经籍志》仅在“《世说》十卷”后加以附注，则很大程度上，《七录》著录的《世说》是刘孝标的十卷注本，而非刘义庆的八卷原本。

《小说》五卷，《隋书・经籍志》未注明撰者。《旧唐书・经籍志》云：“《小说》十卷，刘义庆撰。”[②]《新唐书・艺文志》云：“刘义庆《世说》八卷，又《小说》十卷。”[③]皆与《隋书・经籍志》著录卷数不符。依《隋书・经籍志》著录次序惯例，若此书为刘义庆所撰，排序当在殷芸《小说》之前，不当为后，故非刘义庆所撰可定。据《隋书・经籍志》排序，此书成书时间应同于或晚于殷芸《小说》，且未有附注加以说明，则此书并未著录于《七录》可知。

由上可知，孙盛《杂语》、郭澄之《郭子》应著录于《七录》“小说部”。

---

① 《史通通释》，卷十，第 254 页。

② (后晋)刘昫等撰：《旧唐书》，卷四十七，第 2036 页，北京：中华书局，1975 年版。

③ (宋)欧阳修、宋祁撰：《新唐书》，卷五十九，第 1539 页，北京：中华书局，1975 年版。

## 三

六朝时期典籍的著录往往用“卷”“帙”为单位,通常情况下,十卷为一帙。同一种书籍,篇幅不满十卷的,也作为一帙。如《七录序》记载:“阴阳部:一种一帙一卷”“农家部:一种一帙三卷”“《序录》:二帙。一十一卷”“《杂文》:一帙十卷”;萧绎《金楼子·著书》记载:“《连山》:三帙三十卷”“《注前汉书》:十二帙一百一十五卷”“《辩林》:二帙二十卷”等等。

通过以上的讨论,我们基本可以得出,阮孝绪《七录》“子兵录”的“小说部”具体著录小说作品如下:

1.《燕丹子》1种1帙1卷;
2.《青史子》1种1帙1卷;
3.《宋玉子》1种1帙1卷;
4. 郭颁《群英论》1种1帙1卷;
5. 裴启《语林》1种1帙10卷;
6. 孙盛《杂语》1种1帙5卷;
7. 郭澄之《郭子》1种1帙3卷;
8. 刘孝标注《世说》1种1帙10卷;
9. 刘孝标《俗说》1种1帙1卷;
10. 殷芸《小说》1种3帙30卷。

大致以成书时间为序,共计10种小说,12帙,63卷,完全符合《七录序》对于“小说部”著录情况的记载。

当然,对《七录》“小说部”具体书目的考察,只是我们研究六朝小说发展的一个侧面与介入点,其重要意义在于揭示自《汉书·艺文志》所代表的汉代小说观念形成后,至《隋书·经籍志》所代表的初唐时期的小说观念形成,这段漫长的时间中,小说体系自身的发展与观念的不断变化,并非只是从《汉书·艺文志》到《隋书·经籍志》的简单跨越,而经过了复杂的演变与更新。尤其是《七录》“小说部”著录的具体书目,为我们展示出六朝时期小说观念对于汉代小说观念的继承与突破,对于唐代小说观念形成的基础奠定。

第一,以杂传为代表的纪传体,作为史部的主要书写体式,已经开始被引入了小说创作的表现方式,殷芸《小说》大量援引杂传作品即为鲜明的例子。但是,作为单独成篇的杂传作品还未广泛纳入小说的范畴之中,所以,《燕丹子》在《七录》“小说部”的著录揭开了这个重要变化的序幕,成为小说体系中记事大类的一个新变方向。这种变化成长于《隋书·经籍志》为代表的唐代小说观念,并且在《崇文总目》、《新唐书·艺文志》为代表的宋人小说观念中得到进一步的发展与确定。

第二,从孙盛《杂语》、裴启《语林》、郭澄之《郭子》到刘义庆《世说》,《世说》的表现体式逐渐成为小说观念中传统记言表现方式的主要代表。当然,郭颁的《魏晋世语》

也明显体现出这一特征，只是由于更多地作为史料来处理，所以被归属于杂史类。可以说，在《七录》编撰的六朝时期，《世说》体已经逐渐成为小说体系中记言大类的一种固定表现形式。

第三，小说的功用性得到潜在的扩展，不再简单地停留在“小道可观”上，而是有明确的应用功能。对于语言使用技巧的掌握、优劣的评判，促使一大批应用性的小说作品出现，如《杂对语》、《要用语对》、《文对》等。但观念上的认同在《七录》中还未体现，这个认同要等到《隋书·经籍志》修成的初唐时期。

第四，与应用性的功能相似，娱乐性的功能也在小说的作品创作中出现，诸如《笑林》、《笑苑》等以反映诙谐为主要内容。但是，小说观念层面对于这种娱乐性的认同，在《七录》为代表的六朝时期还未确定，同样要等到《隋书·经籍志》修成的初唐时期。

第五，殷芸《小说》的著录，代表六朝小说观念对于小说总集的认可。小说的总集形式说明了小说体系中记言与记事两大类传统表现方式的合流，这为小说创作与观念的进一步发展开辟了新的途径。

第六，一些属于技艺性质的作品，在六朝时期并不属于小说的范畴内，而是有自己的明确归属。初唐时期合二为一的划分，则是小说范畴的评判标准发生泛化的体现，这虽然在一定程度上造成了小说体系特征的驳杂混乱，却不失为小说多种表现形式的尝试与探索。这也是初唐时期小说观念与六朝时期小说观念的重大区别。六朝时期的小说观念严格按照小说作品的发展规律，体现出谨慎的发展态势，而初唐时期的小说观念则直接以“他为我用”的拿来主义，大步跃进。

（作者单位：合肥工业大学人文与素质教育中心，安徽大学文学院）

# 笺注本《切韵》三种之体例比较

吴风航

周祖谟先生编著的《唐五代韵书集存》(下文简称《集存》)把三种笺注本《切韵》[①]残卷归为一类,它们的共同特点是:文字和训解有增加,注文中兼有案语,大抵都是依据许慎《说文解字》笺注形体异同,或增广义训[②]。这三种残卷是:《笺一》S.2071,《笺二》S.2055,《笺三》P.3693、P.3694、S.6176、P.3696。

关于《笺一》和《笺二》的差别,《集存》认为《笺二》"这个写本每组第一字反切下都详记字数,遇有增加,则注明几加几。前者为原来字数,后者为所加字数,分别甚明……就所记的原来底本的字数来看,于笺注本《切韵》一(斯二〇七一)所记的字数大体接近,可是还略有增加。在注解方面,除去案语不见于笺注本《切韵》一以外,其余所注训释也跟笺注本一不尽相同"[③]。《笺二》与《笺一》不同之处有三,一是体例方面,《笺一》新增小韵字没有"几加几"的标识,二是《笺二》收字略有增加,三是两书的训释有不相同之处。

《集存》认为《笺三》和《笺一》的差别也是在于体例"几加几"、收字不同和训释不同三个方面:"在收字方面,本书在一韵之末或多出一二组……而在同一组之中本书收字也略有增加。除明白注明加几字的以外,所记原来的字数也有比笺注本一多一两个字的……凡一组第一字下注明加几的,所加的字很少不是出自《说文》的。不过,也有少数几组的字数比笺注本一少……在注解方面,本书于笺注本一也不一致。"[④]《集存》又说:"(《笺三》)书中注文案语极多,大多引《说文》以说明字形和字义。……字数如有增加则注明'几加几'。凡据《说文》增补的字,一般都在字下注明有出'说文'三字。其中有一字之下具备两训三训的,例作'某也、某也'。这些都与笺注本《切韵》二(斯二〇五五)的体例完全相同。"[⑤]《集存》通过体例《笺三》和《笺二》的体例分析,认为两书的性质相同。下文的比较,把《笺二》和《笺三》归为一组,《笺一》为另一组。

关于三种笺注本《切韵》反切用字不同、体例的差异,《集存》已有详尽的解释,本文不再赘论。下文主要就三种残卷的4种特点展开讨论:1. 各有新增的训释。2. 各有新增的韵字。3. 各有新增的注音。4. 各有新增的小韵。第1、4项主要是补充《集存》没有讨论的问题,第2、3项是新的观点。《笺一》与《笺二》能够比较的韵是钟江支脂之五韵。《笺一》和《笺三》可比较的韵是铣狝篠小巧晧哿马荡梗耿静迥有厚黝寑琰忝拯等豏槛范质物栉迄月没末31个韵。

---

① 本文每一种敦煌韵书残卷的命名沿用周祖谟《唐五代韵书集存》分类的命名。

② 周祖谟:《唐五代韵书集存》,北京:中华书局,2005年,第73页。

③④⑤ 《唐五代韵书集存》,第836、845—847、844页。

## 一、新增训释的比较

《集存》注意到《笺二》、《笺三》的训释与《笺一》不同，“所注训释也跟笺注本一不尽相同”，“在注解方面，本书与笺注本一也不一致”，只是概括了《笺二》与《笺一》注文的训释不同，其实《笺一》新增的训释是比较多的，现把《笺一》、《笺二》所有新增的训释胪列出来：

**1.《笺一》新增训释：**

支韵：“羲，气。”“觜，星名。”①

脂韵：“貔，豹属。省作豼。”“资，财”“肌，肥。”“鸤，鸤鸠，获谷”“遗，失。”“馗，神名。”“麋，鹿属。”

之韵：“怡，悦。”“颐，年。”

**2.《笺二》新增训释：**

钟韵：“漋，水名。”

支韵：“訾，思也。量也。”

脂韵：“尼，女指反。三。从匕。”“尸，死尸。”“绥，冠缨。”“维，语端。”“荽，胡荽，香菜。又作此荾。”“丕，普悲反。五。大也。”

之韵：“圯，桥名。从土，巳声。”“丝，丝绢。”“镃，镃錤。古作兹其。”“僛，舞貌。”“基，基址。”“箕，簸箕。”“鹍，东方爲雉”“滋，多。或作磁。”

两种韵书的训释皆各有增加，《笺二》比《笺一》新增的训释要多。

再看《笺一》和《笺三》新增训释的比较（《笺三》入声新增训释较多，不列入本表）：

**1.《笺一》新增训释**

铣韵：“茧，俗作璽。古典反。五。”

狝韵：“翦，即践反。又剪。”“檵，檵枣，树名。”“黾，黾池，县名，在弘农。又亡忍反。又作黽。”“软，柔。俗作軟。”“莾，茗草。”“娩，宛娩。”

篠韵：“窱，窈窱，深远貌。”

小韵：“兆，卦。”“赵，燕。”“缭，缭绕。力小反。或作[illegible]。”巧韵：“獿，扰乱，奴[巧]反。又作挠。一曰事露，下巧反。一。”

晧韵：“昊，天。浩大。”“道，[古]作此衜。徒浩反。三。稻谷。”“脑，奴晧反。古作匘。又腦。”“扫，洒。”“枣，果。”“保，押。”

哿韵：“果，果实。”“蠃，蜾蠃，虫也。蜾蠃。”

马韵：“冶，炉。”

养韵：“像，俗作像。”“飨，食祭。蚃虫。或蚼。”

梗韵：“秉，持。”

有韵：“首，古作百。”“湫，泄水渎。在久[反]。[又]在了反，湫隘。”“[负]，欠。”“缶，烝焦。俗作缶。”“咎，罪。”

① 文中先列出韵部，再列出新增训释的训释，新增训释下划横线。下同。

寝韵:“噤,寒。渠饮反。口噤。二。”“陕,县名,在弘农。失冉反。又分陕于此。”“掩,掩取。弇同。”

**2.《笺三》新增训释**

狝韵:“沔,汉水别名。俗作沔。”“蕮,菖蕮,草。”“撰,録也。具。士免反。三。”

篠韵:“旐,旗旐。”小韵:“鷕,雌雉声。以沼反。三。《诗》:有鷕雉鸣。”“舀,杼臼。或作抭;或作舣也。”

巧韵:“爪,侧绞反。三。手爪也。”

荡韵:“莽,草中为莽”

梗韵:“捙,大略。亦生捙。”

静韵:“竫,立竫;或曰细貌,并出《说文》。”“炯,光。又音洞,炯诫。”

迥韵:“[謦],謦欬。去挺反。二。𦨮干。”“婞,佷也。直也。”

有韵:“茆,凫葵,水草,《诗》云:言采其茆。又莫饱反。”

厚韵:“黈,黤黈。他后反。三。今作此䪞黈。”“瀫,乳。乃后反。一加一。斗瀫,乌涂,字。”“叩,叩头。杜延业从邑。”

寝韵:“癮”

琰韵:“婡,婡嫮,性不端良。又去叶反,少气少力。”

拯韵:“拯,救溺。无反语,取丞之上声。俗作拯。”

就如上文所述,《笺三》和《笺二》的性质相同,《笺三》新增的训释比《笺一》多,但是从《笺一》和《笺三》两书上声新增训释比较来看,《笺一》上声新增的训释几乎和《笺三》相当。两书新增训释的主旨不相同,《笺一》以训释字形为主,几乎占了一半:解释俗体字4例,或体字5例,古字3例,没有直接标识“《说文》”的训释,对词义的比例和解释字形的比例相当;《笺三》主要训释词义:新增训释解释俗体字2例,或体字2例,引“《说文》”的1例,引“《诗》”2例,其余则解释字义。两种残卷新增训释的目的一目了然。从两书新增的训释数量相当的事实来看,可以证明《笺一》也是一部新增了许多内容的韵书。

## 二、新增韵字的比较

《笺一》和《笺二》相比较,《笺一》新增韵字较少,《笺二》新增较多,《集存》只是举例说明《笺二》增加韵字的方式是“几加几”,其实《笺二》有些韵字的增加并非通过“几加几”的形式,有时并没有标出,现把所有新增的韵字全部列出:

支韵:汥趆攲柢　貏

脂韵:逋谔　梨　蓉　捆攵頟钚瑰

之韵:洍嬰棋辝　蘩　鯲

其中《笺二》注文中标有“出《说文》”或“按《说文》”只有6例:貏、逋、谔、菘、棃、嵆。这与《集存》所言“本书除去根据王韵抄补的一部分以外,其余的几韵都是有案语的”“所加的案语主要是根据《说文》解说字形和字义”①的事实不相同。《笺二》新增

① 《唐五代韵书集存》,第835页。

韵字的来源不一定是取自《说文》，可能是《笺二》在长孙讷言增补的基础上据时俗应用而新增的。

《笺一》和《笺三》新增的小韵字的比较，《集存》认为《笺三》"在同一纽之中本书收字也略有增加……也有少数几纽的字数比笺注本一少"[①]并举例说明。我们认为《集存》的看法是对的，但只是举了一些例子，没有列出完整的数据。现将两书新增的小韵字全部列出，并分析《笺三》新增小韵字的来源。《笺一》新增 7 例韵字，《笺三》新增的韵字 29 例：

**1.《笺一》新增韵字**

狝韵：瓛　　篠韵：愀

晧韵：騲　　哿韵：笴

养韵：俩驦镶

**2.《笺三》新增韵字**

狝韵：翦熯辩耎　　僯嬉

篠韵：硥儴娆佻　　小韵：瞟沙嫿

巧韵：烄夰梼　　哿韵：鴩　鬌

梗韵：　　迥韵：胫。

厚韵：泦牯　　寝韵：

琰韵：滁撿弇

《笺三》新增的韵字，注文中标有"出《说文》"或"按《说文》"或"《说文》"的占了多数，来源比较单一，没有注明取自说文的小韵字只有"熯耎儴胫牯滁"6 个小韵，不像《笺二》不以《说文》为主。但是新增的 6 例也表明《笺三》在长孙讷言的基础上增加了不少的韵字。至于《笺一》方面，同样有新增韵字 7 例，只是和《笺二》、《笺三》相比，所增加的韵字相对来说是比较少的，但还是透露了增补的信息。

## 三、新增注音的比较

《集存》注意到《笺一》和《笺三》的反切用字有部分不同[②]，但却没有讨论两书新增注音的现象。这些注音包括给注文中难字注音的形式"某字某某反"（新增的注音下加横线）据我们统计，《笺一》增加注音 10 例，《笺二》1 例，《笺三》7 例：

**1.《笺一》新增注音**

铣韵："萹，萹竹，草。又布玄反。"

篠韵："湫，隘。子了反。又子攸、在久二反。隘字乌懈反。二。"

晧韵："好，呼浩反。又呼到反。一。"

有韵："右，又于救反。"

有韵："否，又符鄙反。"

厚韵："[谀]，[谀]诉，[诱]辞。又苏了反。诉字辛聿反。"

①② 《唐五代韵书集存》，第 845、846－847 页。

厚韵:"喽,嗹喽,烦貌。嗹字路贤反。"

厚韵:"□,□□,糫饼。䉼字路贤反。"

寝韵:"恁,信。又如林反。"

等韵:"等,齐。多肯反。又多改反。一。"

**2.《笺二》新增注音**

脂韵:"遗,又于季反。"

**3.《笺三》新增注音**

小韵:"□,目重睑。又纪小反。"

迥韵:"炯,光。又音洞,炯诫。"

黝韵:"黝,黑。于纠反。又于幼反、益夷反。二。"

琰韵:"剡,削。又县名,[又]时琰反,在会稽。《说文》:鋭利。"

琰韵:"猃,猃狁。《说文》又力险反。"

没韵:"杌,动摇。又音月。"

末韵:"癹,除草。又匹末反。"

《笺一》的新增注音既有又音"又某某反",也有为释语难字注音的"某字某某反";《笺二》、《笺三》除了《笺一》的两种注音形式外,还有"音某"的直音形式及引用"《说文》又某某反"两种,形式比较多样。但是,数量却没有《笺一》多。照上文两项的比较,《笺一》的增幅没《笺二》、《笺三》多,但是由《笺一》新增的注音数量来看,就不能简单的判断《笺一》所收的内容比《笺二》、《笺三》少。因为韵书回归到本质上而言,就是以反切为主的,新增韵字和训释只是增加篇幅,增加又音却是增加了韵书的语音单位,更能够显示出一部韵书的增修情况,又音的增加更凸显出增补韵书的人有意为之,所以又音的增加更加能够体现韵书的增补情况。这一点前贤较少关注。

## 四、新增小韵的比较

一部韵书新增的小韵是补充旧的韵书没有收录的音节,很多学者比较过《切韵》与《王韵》的音节差异,发现《王韵》相对于陆法言《切韵》增加了更多的小韵,如支韵增加溪纽"抾"字,书纽"眹"字,此外还增加新的韵部,如严韵上、去声"俨、酽"。这些都是后来《广韵》小韵和韵部增多的原因。《笺一》和《笺二》的比较,《笺二》没有新增的小韵。《笺一》和《笺三》两类韵书增加小韵的数量却不相同,《集存》已经注意到这个现象,并指出"在收字方面,本书在一韵之末或多出一二纽"[①]及举例一些例子。但是《集存》却没有注意到《笺一》也增加了2例的小韵,《笺三》新增13例小韵,现把所有新增的小韵全部列出:

**1.《笺一》新增小韵2例:**

寝韵:"廞,虚锦反。又虚金反。陈车服。一。"

琰韵:"渐,自染反。二。"

① 《唐五代韵书集存》,第845页。

**2.《笺三》新增小韵 13 例**

狝韵:“僲,式善反。一。出《说文》。新加。”

狝韵:“嫸,之善反。一。[出]《说文》”

荡韵:“麠,丘晃反。一。新加。”

果韵:“婐,奴果反。一。”

琰韵:“[焰],□□反。一。“火行微焰焰也”,新加,出《说文》。”

豏韵:“嵁,(嵁绝),□□。(士)□□。□。□□。”①

质韵:“叱,呵也。齿日反。一。”

质韵:“咥,笑。勑一反。一。”

月韵:“钀,镳也。鱼揭反。一。”

没韵:“艴,箭射。勒没反。一。”

没韵:“朏,明出融。普没反。一。”

没韵:“欸,一骨反。一。咽中息不利,出《说文》。新加。”

没韵:“猾,楚词。又滑。又淈,同。侯忽、公忽二反。一。”

从两类韵书新增声母的比例来看,《笺三》增幅明显是比较多的,比《笺一》新增了11 例。但是《笺三》新增的小韵中“嫸”“瀺”“誖”“頞”是重出的小韵,在本韵内已经出现相同的小韵。“嫸”,《笺一》狝韵反切作“旨善反”,“旨”“之”同为章纽。“瀺”《笺一》反切作“士减反”,小韵相同。“朏”,《笺一》“誖”反切同。“欸”《笺一》“頞”反切作“乌没反”,“乌”“一”影纽。删除此四个重出小韵,《笺三》共增加了 7 各小韵。《笺一》新增的小韵没有注明引自《说文》,而《笺三》新增的小韵注文有“出《说文》”的共 4 例,也就是说两书新增的小韵的依据不仅仅是《说文》。很明显《笺三》是以增补小韵为主,新增小韵是增修者补充韵部原有却不收的小韵。

综上比较可知,《笺一》和《笺二》、《笺三》其实都新增了许多内容,只是增幅的目的不相同。《笺一》新增的内容主要有两项:1. 新增韵字比较少,新增训释数量比《笺二》、《笺三》少,但是说解字形的训释比较多。2. 新增注音比较多,包括“某字某某反”的类型;《笺二》、《笺三》新增的内容有 4 项:1. 所收韵字增加,2. 新增训释以《说文》加注比较多,同时也有解释字义的。3. 新增小韵(只见于《笺三》)比较多,4. 新增注音比较少。两者都是《切韵》的增补本,但新增的内容着重点不同,不仅仅是小韵字的训释不同、收字多寡不同而已。《笺一》和《笺二》、《笺三》从体例、收字、反切方面都有许多共同点,可以归类为同一种韵书,但是通过上文的比较,我们注意到《笺一》和《笺二》、《笺三》三种残卷新增的内容有很大的独立性。由此可见,流传于敦煌地区的韵书,经过增补之后新增了许多的内容,说明韵书在传抄、增修的过程中,不是简单的继承,而是增加了许多后人的东西。

(作者单位:复旦大学古籍所)

① 本小韵字注文残损比较严重,《广韵》注文作:“嵁绝,山貌。士减反。一。”与本纽字数相当,后两字当是“新加”字样。

# 宋刻《庄子》郭注附音义本考述*

马鸿雁

《庄子》流传至今，郭象注文已成为通行注解，现存郭注《庄子》宋刻本有如下几种：

(1) 国家图书馆藏（书号八三五〇）南宋初湖北刊《南华真经》（以下略称"湖北本"），(2) 国家图书馆藏（书号：七五九六）南宋建阳坊刻本配"北宋本"《南华真经》（卷七至十为补配"北宋本"部分。因收入《续古逸丛书》，以下略称"续古本"），(3) 国家图书馆藏（书号：八三五一）南宋末建阳坊刻本《分章标题南华真经》（以下略称"分章本"），(4) 国家图书馆藏（书号：〇一五七六）南宋建阳坊刻元明递修《纂图互注南华真经》（以下略称"纂图本"），(5) 台湾傅斯年图书馆藏南宋蜀中安仁赵谏议宅刊《南华真经》（以下略称"蜀刻本"），(6) 日本静嘉堂文库藏南宋刻本《南华真经注疏》十卷本（现存五卷，以下略称"日藏本"）[①]。

这六种宋刻本中，湖北本、续古本（卷七至十）、蜀刻本皆郭象注《庄子》，续古本（卷一至六）、分章本、纂图本以郭象注《庄子》为主，附加陆德明音义（以下略称为"郭注附音义本"），日藏本属于郭象注《庄子》与成玄英疏合刻（以下略称为"注疏本"）的形式[②]。对于湖北本、续古本（卷七至十）和蜀刻本的探讨，详见拙文《〈庄子〉宋刻郭注本考述》。本文以续古本（卷一至六）、分章本、纂图本三种郭注附音义本为考察对象，参校其他宋刻本探讨其版本关系，以此推进郭象注《庄子》宋刻本版本源流和诸种刊刻形式的关系等问题的研究。

## 一、三种郭注附音义本的版本概述

### （一）续古本（卷一至六）

续古本卷一至六为南宋建阳坊刻本，每半页 10 行 18 字，注双行 24 字，细黑口，四周双边，黑双鱼尾，同向，有书耳记篇名；卷七至十配"北宋本"，每半页 10 行 17 字，

---

* 本文在作者博士学位论文《郭象〈庄子注〉版本研究》（2012 年 5 月）第三章第二节的基础上修改而成。

① 本文湖北本所据为《中华再造善本》影印本，续古本所据为《续古逸丛书》影印本，分章本、纂图本所据为国家图书馆缩微胶片，蜀刻本、日藏本所据为严灵峰《无求备斋老列庄三子集成补编》（台北，成文出版社，1983 年出版）影印本。

② 蜀刻本虽然在郭象注文后附有简略释音，然而卷端题名下仅题"郭象注"而未题释音者，所以仍旧归入郭注本中进行探讨。

注双行 22 至 26 字不等，白口，左右双边，单黑鱼尾[①]。续古本(卷一至六)字近柳体，横细直粗。宋讳缺笔至“慎”字，应是南宋孝宗即位以后的刻本。

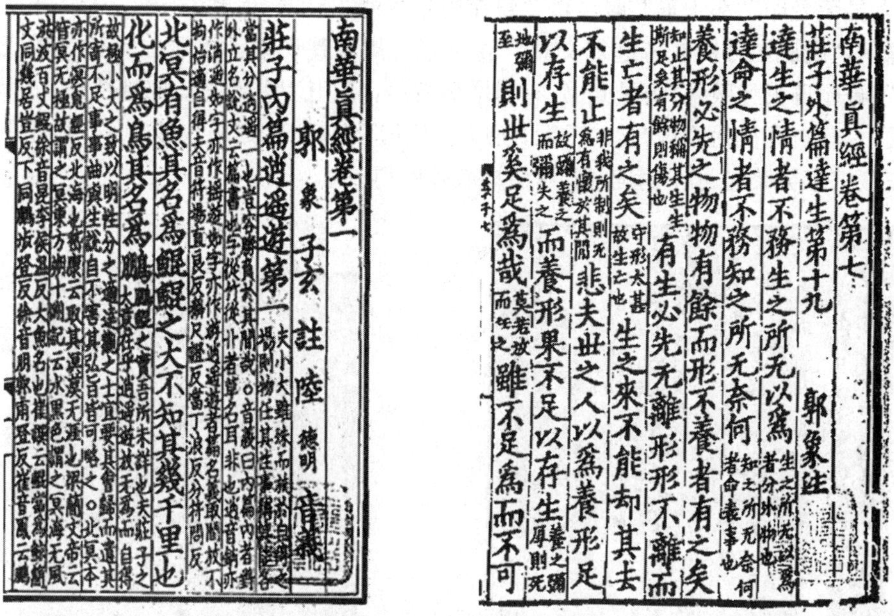
南華眞經卷第一
莊子內篇逍遙遊第一 郭象子玄註 陸德明音義
北冥有魚其名爲鯤鯤之大不知其幾千里也
化而爲鳥其名爲鵬

南華眞經卷第七
莊子外篇達生第十九 郭象注
達生之情者不務生之所无以爲（生之所无以爲者分外物也）
達命之情者不務知之所无奈何（知之所无奈何者命表事也）
養形必先之物物有餘而形不養者有之矣（知止其分物稱其生生斯足矣有餘則傷也）
有生必先无離形形不離而生亡者有之矣（守形太甚故生亡也）
生之來不能却其去不能止（非我所制則无爲有懷於其間）
悲夫世之人以爲養形足以存生（故彌養之而彌失之）
而養形果不足以存生（養之彌厚則死地彌至）
則世奚足爲哉（莫若放而任之）
雖不足爲而不可

图一：续古本书影，《续古逸丛书》影印本

### （二）分章本

分章本每半页 13 行，行 23 字(郭序 22 字)，小注双行 28 字，白口，左右双边，大多有书耳记篇名，双黑鱼尾，南宋末建阳坊刻本。分章本字近柳体，横细直粗。宋讳缺笔至“慎”字，应是南宋孝宗即位以后的刻本。

书中以○作为各篇的分章标记，每页多有取自原文的精要之语刊于天头，甚合“分章标题”之意。书中多使用“斈”、“竟”、“躰”、“恠”等异体字，以简化本字[②]。经笔者校勘，陆德明音义有误刻他处者，如《徐无鬼》释文：“渠公：或云渠公，齐之富室，为街正，买捆自代，终身食肉至死。一云渠公屠者，与捆君臣同食肉也。”误刻在郭注“仁者争尚之原故也”之下，当在正文“然身食肉而终”之下。卷中有脱文者，多是由于上下句中有相同字词，脱漏处校勘不精造成的，如《齐物论》脱“其次以为有封焉，而未始有是非也”和郭注“虽未能忘彼此，犹能忘彼此”，《人间世》脱“翼飞者也；闻以有知知者矣，未闻以无”，《大宗师》脱“能外生；都遗也。已外生矣，而后”，《骈拇》脱“自是人之情性，但当任之耳。彼仁人何其多忧也。恐仁义”[③]，《在宥》脱“托天下；爱以身于为天下，则可以”，《天道》脱“上与下同道”，《田子方》脱“子无师邪？子方曰：有。曰：子之师谁邪？子方曰：东郭顺子。文侯曰：

---

① 续古本的递藏源流和续古本(卷七至十)的版本概述详见拙文《〈庄子〉宋刻郭注本考述》，此不赘述。

② “斈”，同“学”；“竟”同“觉”；“躰”同“体”；“恠”同“怪”。

③ “自是人之情性，但当任之耳”、“恐仁义”为郭注，“彼仁人何其多忧也”为《庄子》白文。

然则”，《天下》脱“是、莫之”等。

卷中有“甲”“宋本”“毛晋”“惪持”“荷屋所得古刻善本”“吴氏筠清馆所藏书画”“粤人吴荣光印”“邓于玉监藏经籍”“曾在周叔弢处”“周暹”诸藏书印①。卷一末有劳健题识：“戊辰二月桐乡劳健笃文观。”卷十末有周叔弢识语：“戊辰二月建德周氏重装。”《藏园群书经眼录》著录此书，有傅增湘按语：“乙丑岁暮翰文斋郭姓持来，似粤中黎氏书，收自孔氏岳雪楼，索二千元，还以七百元，不售。后归周叔弢。”②可知此书经广东藏书家吴荣光、孔广陶收藏，后由周叔弢购得。

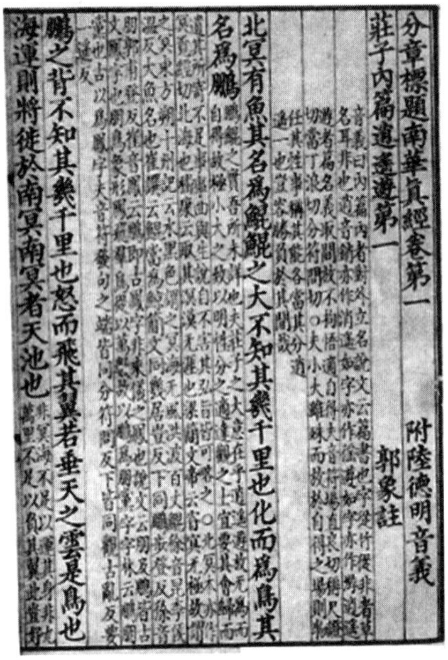
分章標題南華眞經卷第一　附陸德明音義
莊子內篇逍遙遊第一　郭象註
北冥有魚其名爲鯤鯤之大不知其幾千里也化而爲鳥其名爲鵬
鵬之背不知其幾千里也怒而飛其翼若垂天之雲是鳥也海運則將徙於南冥南冥者天池也

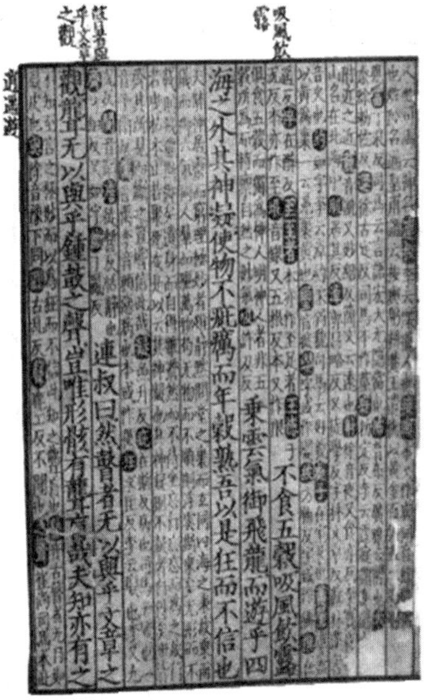
不食五穀吸風飲露乘雲氣御飛龍而遊乎四海之外其神凝使物不疵癘而年穀熟吾以是狂而不信也
連叔曰然瞽者無以與乎文章之觀聾者無以與乎鍾鼓之聲豈唯形骸有聾盲哉夫知亦有之

**图二：分章本书影，国家图书馆缩微胶片**

### （三）纂图本

纂图本为南宋建本，元明递修。每半页11行21字，注双行25字。细黑口，左右双边，有书耳，双黑鱼尾。纂图本字体上横细直粗，宋讳缺笔至“慎”字，应是南宋孝宗即位以后的刻本。

纂图本卷前有庄子太极说、周子太极图并图说，书中在郭象注文和陆德明音义后增加了“互注”35处、“重意”5处③。“宋刻经、子，有纂图互注重言重意标题者，大都出于坊刻，以供士人帖括之用”④。书卷破损严重，书版断裂漫漶，缺页及残页较多。

① 藏书印“毛晋”，白文甚粗，极少见，似伪。

② 傅增湘：《藏园群书经眼录》，北京：中华书局，2009年，第901页。

③ 黄镇伟《坊刻本》（南京：江苏古籍出版社，2002年，第61页）：“所谓互注，就是在一书中某句文下，将其他经书注中出现的同一文句标引出来，类似引文索引。所谓重言，是指在一书某句文下，将本书其他篇章中文字相同的词句一一注出；重意，是在某一句文下，注出本书其他篇章中与之意思相近的句子；而纂图，就是绘图，是指书中有插图。”

④ 叶德辉：《书林清话》，上海：上海古籍出版社，2008年，第112页。

缺页者，如郭序、卷一《逍遥游》首页至第 9 页、第 21 页、第 25 页至卷一末缺，卷二第 18 页以后缺，卷三第 3—7、9、10 页缺。从卷四开始有识语记载每卷存佚书页，可知：卷四存 21 页（2—14、17—24），卷五存 26 页（1—26），卷七存 31 页（1—30、32）。十卷中只有卷六、八、九、十四卷仅残而不缺页。书中有墨丁，个别文字有修补。书卷整体印刷字迹黑粗，笔画稍繁者即如墨块。卷中仅见“国立北平图书馆所藏”印，他印无见，尚不知收藏缘起。

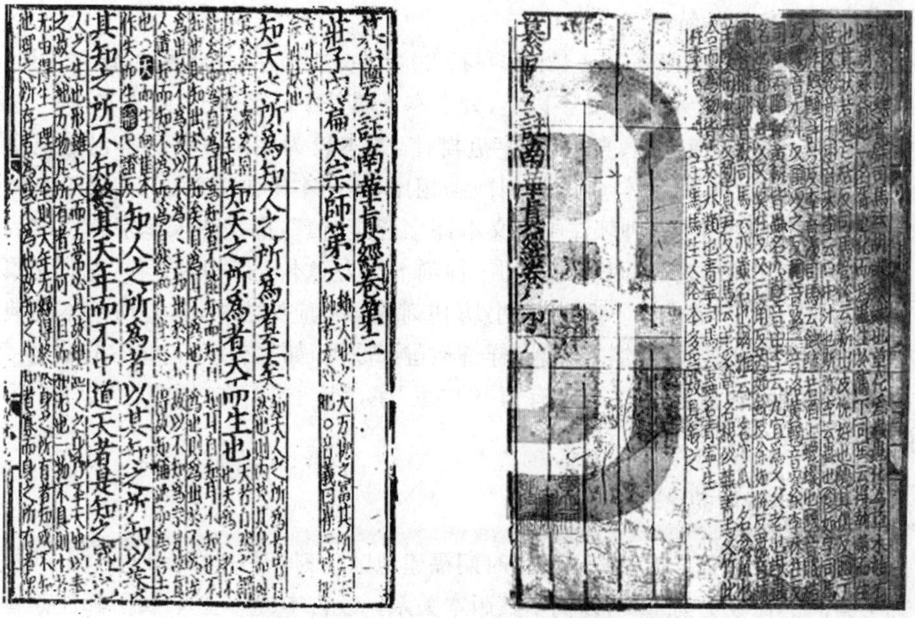
纂圖互註南華真經卷第三
莊子內篇大宗師第六
知天之所為知人之所為者至矣
知天之所為者天而生也
知人之所為者以其知之所知以養其知之所不知終其天年而不中道夭者是知之盛也

图三：纂图本书影，国家图书馆缩微胶片

## 二、三种郭注附音义本的比较研究

版本之间的研究可以从版式、字体、刻工、避讳、文字异同等诸多方面进行比较，以此梳理其版本关系。

### （一）版式、字体、避讳等的比较

根据上文的版本著录，三种郭注附音义本皆属于建本，黄永年《古籍版本学》对建本的总体版式特征有所介绍：

南宋前期承袭浙本多白口，中期以后多转为细黑口，前期承袭浙本多左右双边，中期以后多转为四周双边，多双黑鱼尾，书名卷次和浙本同样在上鱼尾下方，也用简称，上方有时也记本页字数，下鱼尾下则记页次，在页次下再加一道横线，接上细黑口，不记刻工姓名。开始用书耳。书耳便于读者翻检篇目，因为当时是蝴蝶装，黑口便于装册时折叠，都有点创造性。福建地区的官刻则或白口或细黑口，或左右双边或四周双边，或单黑鱼尾或双黑鱼尾，刻工姓名或有或无，无书耳,一切均在建阳坊刻和浙本官刻之间。[①]

相较于湖北本、续古本(卷七至十)、蜀刻本这三种郭注本,郭注附音义本在版心下端没有刻工姓名,但是增加了书耳,这是建本的共同特点,同时鱼尾由单黑鱼尾转为双黑鱼尾,书口由白口趋向细黑口,边栏由左右双边趋向四周双边。续古本(卷一至六)书卷完整、版式清晰,分章本和纂图本的缩微胶片所呈现的版心处较为模糊。三种郭注附音义本的书名不同,体例不一致,双黑鱼尾、细黑口、有书耳等版式特点总体上却都符合建本的特征。

行格上,中字本每半页 10—12 行,每行 20 字左右,续古本和纂图本皆入其列;小字本每半页 13 行以上,每行 23 字以上,分章本当属其中。字体上,续古本(卷一至六)和分章本较为秀美,横笔细、直笔粗,字近柳体,二本较为相似。纂图本也是横笔较细、直笔较粗,与二本的字体柔和、笔划饱满相比,纂图本笔画略为方折,刀工有所不逮。另外,从避讳来看,三种郭注附音义本讳字皆至"慎",都是南宋孝宗即位以后的刻本。相较于郭注本,郭注附音义本的三种刻本作为建本避讳相对宽松,尤其是纂图本,"玄"、"弘"、"殷"等字皆不避,这是书坊刊刻的科考应试之书,具有坊刻本的典型特征。分章本天头处刊刻的精要语同样遵从避讳原则,如"弦"字,正文中的缺笔字有时加墨围,如《庚桑楚》正文"乃今有恒"的"恒"字,《让王》正文"匡坐而弦"的"匡"、"弦"二字,使人一目了然。

### (二)文字异同的比较

三种郭注兼音义本都在南宋孝宗时期福建地区刊刻,刻书时间和地点相一致,对其文字异同的比较更为重要,以揭示其版本关系。续古本(卷一至六)属于郭注兼音义本,三者比较的大范围即是卷一至卷六中的《庄子》白文和郭象注文。纂图本残缺比较严重,卷六、八、九、十书页残损,其余卷数皆有缺页。拙论以较为完整的第六卷为例,比较三本文字异同,以续古本文字为底本,涉及到的参校本有湖北本和蜀刻本,日藏本仅有卷一、卷七至卷十共五卷,不在此范围内。

其一,异于诸本的文字:

1. 续古本(卷一至六)异于诸本者:

(1)【白文】"名止于实,义设于適,是之谓条达而福持。"(《至乐》)"適",他本皆作"適",续古本偏旁"啇"作"商",形误。

2. 分章本异于诸本者:

(1)【郭注】"穷百川之量而县于河,河县于海,海县于天地。"(《秋水》)分章本第二个"河"字作"古",误。

(2)【郭注】"若如惑者之说,转以小大相倾,则相倾者无穷矣。"(《秋水》)"小大",分章本二字互乙。

(3)【郭注】"视少而自以为多。"(《秋水》)"少",分章本作"大",湖北本、蜀刻本作"小"。上句"若夫睹大而不安其小",大小相对,此句少多相对,分章本误。

---

① 黄永年:《古籍版本学》,南京:江苏教育出版社,2005 年,第 86 页。

(4)【郭注】“应理而动,而理自无害。”(《秋水》)“自”,分章本作“目”,形误。

(5)【郭注】“掩御群生,反之分内而平往者也。”(《秋水》)分章本“往”作“徃”,同。

(6)【白文】“天下有至乐无有哉。”(《至乐》)分章本“无”作“尢”,形误。

3. 纂图本异于诸本者:

(1)【郭注】“累生于逆物。”(《刻意》),纂图本脱“于”。

(2)【郭注】“若夫自隐而用物。”(《缮性》)纂图本“用”作“思”,形误。郭注无“思物”,有“用物”,如《知北游》“用物而不役己,故不匮也”“还用物,故我不匮”,《则阳》“故用物之知,则无所不知”。

(3)【郭注】“愈得迹,愈失一,斯大谬矣!”(缮性)纂图本第一个“愈”字作“然”,误。

(4)【白文】“不以知穷天下。”(《缮性》),纂图本“不”下脱“以”字,误。

(5)【郭注】“自得其志,独夷其心。”(《缮性》)纂图本“夷”作“役”。此句与下句“而无哀乐之情”承接,“夷”义为长。

(6)【郭注】“跂尚之情无为乎其间。”(《秋水》)纂图本“跂”作“故”、“情”作“皆”,皆误。郭注“岂跂尚之所及哉!”(《逍遥游》)亦作“跂尚”。

(7)【郭注】“穷百川之量而县于河,河县于海,海县于天地。”(《秋水》)纂图本两个“河”字皆作“海”,误。纂图本“天地”之上脱“海,海县于”四字。

(8)【郭注】“故秋豪无以累乎天地矣。”(《秋水》)“天”,纂图本作“大”,形近而误。

(9)【郭注】“物有定域,虽至知不能出焉。”(《秋水》)纂图本“域”作“或”。《说文·戈部》:“或,邦也。从口,戈以守其一。一,地也。域,或又从土。”

(10)【郭注】“将以申明至理之无辩也。”(《秋水》)“辩”,纂图本作“辨”,通“辩”。

(11)【白文】“失而不忧。”(《秋水》)纂图本“失”作“夫”,形误。

(12)【白文】“埒,大之殷也。”(《秋水》)“埒”,纂图本作“埒”,形误。《释文》:“埒,徐音乎,谓盛也。”

(13)【郭注】“约之以至其分。”(《秋水》)“分”,纂图本作“小”。此句注解原文“约分之至也”,纂图本误。

(14)【郭注】“此犹小鸟之自足于蓬蒿。”(《秋水》)“蒿”,纂图本作“高”,形误。

在以上一本异于诸本的21例中,《庄子》白文共有5例(续古本(卷一至六)、分章本各1例,纂图本3例),郭象注文共有16例(分章本占5例,纂图本占11例),分章本和纂图本在刊刻中注文的双行小字比正文单行大字讹误更多。续古本(卷一至六)异于诸本者仅有1例,形误;分章本异于诸本者共6例,误字4例,倒文1例,异体字1例;纂图本异于诸本者共14例,其中误字10例(形误5例),脱文3例,通假1例,异体字1例。纂图本刊刻中自行产生的讹误最多,续古本(卷一至六)最少。

其二,二本同而异于其他宋刻本的文字:

续古本(卷一至六)、分章本和纂图本中,考察其二本相同而异于他本的文字,可知三本中有无版本相近者。

1. 续古本(卷一至六)、分章本同而异于他本者:无。

2. 分章本、纂图本同而异于他本者:

(1)【郭注】“此发辞气者,有似乎观大可以明小,寻其意则不然。”(《秋水》)“辞”,分章本、纂图本作“辝”,“辝”的古字。

3. 续古本(卷一至六)、纂图本同而异于他本者:

(1)【郭注】“乃与天地合恬惔之德也。”(《刻意》)续古本(卷一至六)、纂图本同,他本“合”下有“其”字。

(2)【白文】“然后附之以文,益之以博。”(《缮性》)续古本(卷一至六)、纂图本同,他本“博”作“愽”,同“博”。

(3)【白文】“古之存身者,不以辩饰知。”(《缮性》)续古本(卷一至六)、纂图本同,他本“存”作“行”,误。成疏:“古人轻辩重讷,贱言贵行,是以古人之行任其身者,必不用浮华之言辩,饰分别之小智也。”王叔岷《庄子校诠》:“案道藏成疏本、林希逸口义本、赵谏议本、覆宋本‘存’皆作‘行’,褚伯秀云:‘行身当作存身,上文可照。’其说是也。此承上文‘此存身之道’而言,成疏‘行任其身,’据误字强为之说耳。”

(4)【白文】“不似稊米之在太仓乎。”(《秋水》)续古本(卷一至六)、纂图本同,他本“太”作“大”,古今字。

(5)【郭注】“俛然而自得矣。”(《秋水》)续古本(卷一至六)、纂图本同,他本“俛”作“悗”,是。《庄子·大宗师》:“悗乎忘其言也。”郭注:“不识不知而天机自发,故悗然也。”成疏:“悗,无心貌也。”悗然,即无心貌。《人间世》郭注“悗然不觉妙之在身也”,《大宗师》郭注“悗然不识言之在口”,《知北游》郭注“悗然不觉乃至”,悗然皆是此意。《秋水》篇此句下有《释文》:“俛然,亡本反。”《人世间》和《知北游》郭注下《释文》均作“悗然,亡本反。”俛然:切近貌。《荀子·正名》:“俛然而类,差差然而齐。”杨倞注:“俛然,俯就貌。”

(6)【郭注】“唯无择而任其所遇者,乃全耳。”(《至乐》)续古本(卷一至六)、纂图本同,他本脱“者”字。

在二本相同而异于他本的文字中,没有续古本(卷一至六)、分章本同而异于他本者,分章本、纂图本同而异于他本者仅1例异体字,续古本(卷一至六)、纂图本同而异于他本者共6例:误字2例(他本误者1例),脱衍文2例,异体字1例,古今字1例。由此可见,二本相同者比例很小,续古本(卷一至六)和纂图本较为相近。

其三,三本同而异于其他宋刻本者:

校勘续古本(卷一至六)、分章本和纂图本有无共同异于他本者,可知三本的一致率,以及他本和三本的异同情况。

1. 三本同而异于他本者:

(1)【白文】“此道引之士”(刻意)“道”,他本作“导”。成疏:“斯皆导引神气,以养形魂。”《释文》:“道引,音导,下同。李云:导气令和,引体令柔。”王叔岷《庄子校诠》:“案唐写本、赵谏议本、覆宋本‘道’皆作‘导’,与李注、成疏合。道、导古通,《文选·东方朔画象赞注》《后汉书·崔骃传注》及《华佗传注》引此亦皆作导。”

(2)【郭注】“则虽历乎险阻之变”(刻意)“险阻”三本同,湖北本作“阻捡”、蜀刻本作“阻险”,“捡”字形近而误。王叔岷《庄子校诠》:“案唐写本‘险阻’作‘阻险’……道藏成玄英本,赵谏议本,覆宋本,‘险阻’亦并作‘阻险’。”二词古代典籍中皆有,义同。

(3)【白文】“两涘渚崖之间。”(《秋水》)“崖”,他本作“涯”。《释文》:“崖,字又作涯,亦作厓,并同。”“崖”、“涯”古通,“涯”同“厓”。

(4)【白文】“井鼃不可以语于海者。”(《秋水》)“鼃”,他本作“蛙”。《庄子集释》引王引之曰:“鼃,本作鱼,后人改之也。”王叔岷《庄子校诠》:“鼃、蛙,正、俗字。王氏谓‘旧本作鱼’,是也。盖后人既改‘井鱼’为‘井鼃’,复易鼃为蛙耳。”

(5)【白文】“拘于虚也。”(《秋水》)“虚”,他本作“墟”。《释文》:“于虚,音墟,本亦作墟。《风俗通》云:‘墟,虚也。’崔云:‘拘于井中之空也。’”王叔岷《庄子校诠》:“虚,墟,古、今字,作虚是故书,本书此例甚多。”

(6)【白文】“吾在于天地之间。”(《秋水》)他本“在”下脱“于”字。

(7)【郭注】“将奔驰于胜负之竟而助天民之矜夸”(秋水)“竟”,他本作“境”。《释文》:“之竟,音境。”竟,通境。蜀刻本脱“将”字。

(8)【白文】“故生而不说。”(《秋水》)“说”,他本作“悦”。《释文》:“不说,音悦。”说、悦,古今字。

(9)【白文】“女恶知贵贱之门,小大之家。”(《秋水》)“女”,他本作“汝”,古今字。《释文》:“女恶,音汝,后放此。下音乌。”

(10)【白文】“泛泛乎其若四方之无穷。”(《秋水》)“泛泛”,他本作“泛泛”,同。《释文》:“泛泛,孚剑反,字又作泛。”

(11)【白文】“孔子游于匡,宋人围之数匝,而弦歌不惙。”(《秋水》)“惙”,他本作“辍”,“惙”通“辍”。《释文》:“不惙,本又作辍,同。丁劣反。”成疏:“辍,止也,弦歌不止也。”

(12)【白文】“谓东海之鳖。”(《秋水》)“鳖”,他本作“鼈”,“鳖”同“鼈”。《释文》:“之鳖,必灭反,字亦作鼈。”

(13)【郭注】“百姓足则吾身近乎存也。”(《至乐》)“足”,他本作“定”。王叔岷《庄子校诠》:“案赵谏议本,道藏褚伯秀本,‘足’并作‘定’,盖涉上文‘则定矣’而误。”

(14)【白文】“若果养乎。”(《至乐》)“若”,他本作“汝”,义同。《释文》:“若果,一本作汝果,元嘉本作汝过。”

2. 三本和蜀刻本同而异于湖北本者:

(1)【郭注】“然其迹,则贵守之迹。”(《刻意》)第二个“迹”字,湖北本作“也”。王叔岷《庄子校诠》:“唐写本‘之迹’下有‘也’字,赵谏议本‘之迹’作‘迹也’,‘迹’上盖脱‘之’字。覆宋本、世德堂本、焦竑本,‘之迹’并作‘之也’,‘也’上盖脱‘迹’字。”蜀刻本即赵谏议本,和续古本(卷一至六)同作“之迹”,而非“迹也”二字。此句郭注原文:“与神为一,非守神也;不远其精,非贵精也;然其迹,则贵守之迹。”从“神”与“神”、“精”与“精”的词意对应来看,此处当是“迹”字。根据唐写本郭注,续古本(卷一至六)等“迹”下脱“也”字,湖北本“也”上脱“迹”字。

(2)【郭注】“夫无以知为而任其自知。”(《缮性》)“无”,湖北本作“元”,形近而误。

(3)【郭注】“若以此冒彼。”(《缮性》)“此”,湖北本作“比”,形误。

(4)【白文】“号物之数谓之万。”(《秋水》)“谓”,湖北本作“为”,误。

(5)【白文】“不贱贪汙。”(《秋水》)“汙”,湖北本作“汗”,形误。

(6)【白文】“今子之使万足。”(《秋水》)“子”,湖北本作“予”,形近而误。

(7)【郭注】“不可强相希效。”(《秋水》)“效”,湖北本作“放”,形误。

三本相同而异于他本者共14例,其中通假4例,异体字3例,古今字3例,倒文1例,衍文1例,他本误字2例。对比《经典释文·庄子音义》,14例中有10例见于《释文》,《庄子》白文和郭象注文的用字与《释文》中的音义单字相同,三本与《释文》所采用的《庄子》文字更有一致性。尽管三本和湖北本、蜀刻本同属南宋初期刻本,但是刊刻地区各异,三本作为建本的一致性在和湖北本、蜀刻本比较时彰显出来。三本和蜀刻本同而异于湖北本者共7例:脱文1例、湖北本误字6例,这个比例远小于三本和湖北本同而异于蜀刻本者。这说明蜀刻本虽附有简明释音,且和三本同属于南宋孝宗时期刊刻,但是刊刻地区不同,它和郭注附音义本既没有直接的承继关系,所据底本也有差异。

## 三、结　论

三种郭注附音义本中,分章本各篇有分章标题,纂图本则有纂图互注,虽然形式各异,皆由南宋孝宗时期福建地区的书坊所刻,以供士人应试之用,三者在鱼尾、书口、书耳、刻工等版式上共同具有鲜明的建本特征。内容上,续古本(卷一至六)只有前六卷属于郭注附音义的注释类型,纂图本在历代流传中缺损严重,仅卷六、八、九、十不缺页,分章本则为完帙。通过一本异于诸本的比较,纂图本刊刻不精造成的形误所占比例较大,讹误率最高,续古本(卷一至六)自身刊刻产生的讹误最少,是较为上乘的建本坊刻之作。通过二本相同而异于他本的文字比较,三本之间版本上没有直接的承继关系,续古本(卷一至六)和纂图本的文字较为相近。三本和他本的比较中可以看出建本的共同性,三本一致率较高,三本用字和《经典释文·庄子音义》中的音义字词多有相同,与《庄子音义》所采用的《庄子》白文和郭象注文更有一致性。三本和附有简明释音的蜀刻本没有版本上的直接承继关系,所据底本有异,蜀刻本不是郭注本和郭注附音义本之间的过渡。三者综合比较,续古本(卷一至六)可以作为郭注附音义本的代表性版本。

(作者单位:北京师范大学图书馆)

# 兰州文理学院图书馆藏《唐文粹》考略

王作华

《唐文粹》是宋初姚铉(968—1020)所编纂的一部唐代文学选集。该书依据"文赋惟取古体,而四六不录;诗歌亦惟取古体而近体不录"①的标准,共收录古赋、乐章、歌诗、赞、颂、碑、铭、文、论、箴、表、传、录、书、序等,共一百卷。此书本名《文粹》,后被称之为《唐文粹》,也称《唐贤文粹》,《唐文粹》。兰州文理学院图书馆所藏版本正文首卷卷端题"重校正唐文粹",徐焴刻此书时,依据北宋本覆刻,尤桂、朱整对宋本又进行了校正,故名《重校正唐文粹》。此书多被称为《唐文粹》,本文亦随之。

编者姚铉(968—1020),字宝之,庐州合肥(今安徽合肥市)人,太平兴国八年(983)进士第三名,官任起居舍人、两浙转运使。姚铉文辞敏丽,善笔札,藏书至多,颇有异本。

关于《唐文粹》的版本,张达雅《〈唐文粹〉知见版本考》有着全面而系统的统计,共有版本二十三种,包括宋本四种,即原写本、北宋宝元二年(1039)临安进士孟琪摹印本、南宋绍兴九年(1139)临安府刊本、五十卷本;元本两种,为元刻本、乌程蒋氏密韵楼藏元翻宋小字本;明本九种,即明嘉靖三年(1524)姑苏徐焴刊本、明嘉靖六年(1527)张大轮校刊本、明嘉靖五年(1526)晋府养德书院刊本、明翻宋刻本、明万历三年(1575)翻刻徐焴本、明万历金应祥刻本、明万历四十六年(1618)邓渼刊本、明崇祯三年(1630)武林刊本、明崇祯三年(1630)刻本;清本四种,即清乾隆年间摛藻堂四库荟要写本、清乾隆年间文渊阁四库全书写本、清光绪九年(1883)江苏书局本、清光绪十六年(1890)杭州许氏榆园校刊本;今本四种,为四库丛刊本、台湾世界书局本、台北锦绣书局本、中华传世文选本。本文对此不再一一赘述,重点对兰州文理学院图书馆所藏《唐文粹》进行详细的考证。

## 一、馆藏《唐文粹》版本介绍

馆藏《唐文粹》半叶 14 行,行 25 字,左右双边,白口单黑鱼尾,目录版心下有刻工,开本(高×宽)27.3×17.1 cm ,板框(高×宽)20.3×13.7 cm。首有姚铉述《唐文粹序》;次列明代汪伟嘉靖三年(1524)冬十一月丙戌所作《重雕唐文粹序 》;再列明代胡缵宗(1480—1560)嘉靖六年(1527)春二月二日《刻唐文粹序》,胡序版心下刻"万竹山房"。目录后刻有"姑苏后学尤桂、朱整同校正",正文首卷卷端镌"重校正唐文粹",书末有宋宝元二年(1039)嘉平月施昌言《唐文粹后序》。卷二十五末、卷四十末、卷四

① (清)永瑢、纪昀:《四库全书》(文渊阁影印版),上海:上海古籍出版社,2012 年,第 5 册,第 18 页。

十五末均刻有牌记,内容"嘉靖甲申岁太学生姑苏徐焴文明刻于家塾"。

汪伟,字器之,号间斋,江西广信府弋阳县人,弘治丙辰(1496)进士,乡试2名,会试67名,三甲1名,26岁,三月十二日生。初选庶吉士,授检讨,后于正德十二年(1517)七月至嘉靖元年(1522)七月任南京国子监祭酒,官至吏部左侍郎。值得一提的是,汪伟出身明代江西进士家族,与其父汪凤,兄弟汪僎、汪俊、汪佃五人均为进士。父亲汪凤为明成化十一年(1475)二甲74名,赐进士出身,曾任福建漳州府知府、贵州布政司左参政;汪僎,字东之,18岁中举,成化十七年(1481)三甲77名,初授推官,终官至工部郎中;汪俊,字抑之,弘治六年(1493)二甲42名,选庶吉士,初授编修,终官至礼部尚书;汪佃,字有之,正德十二年(1517)年二甲1名,选庶吉士,官至詹事。

胡缵宗(1480—1560),字孝思、世甫,号可泉、鸟鼠山人,明代陕西布政使司巩昌府秦州秦安县(今甘肃省秦安县)人,正德三年(1508)进士,官至右副都御史,河南巡抚。胡缵宗是明中期著名的学者,经学、诗文、书法等方面造诣颇深,著述颇丰,有《鸟鼠山人集》、《可泉拟涯翁拟古乐府》、《拟汉乐府》、《愿学编》、《近取录》、《安庆府志》、《苏州府志》、《秦安县志》、《巩昌府志》、《秦汉文》、《雍音》、《仪礼集注》、《春秋集传》、《读子录》等。《四库全书总目提要》卷一百七十六集别集类存目三《鸟鼠山人集提要》评曰:"其诗激昂悲壮,类近秦声。无妩媚之态,是其所长;多粗厉之声,是其所短。"①

施昌言,字正臣,北宋通州静海(今江苏南通)人。进士,历任滁州通判、尚书屯田员外郎、殿中侍御史、开封府判官、礼部员外郎兼侍御史知杂事、三司度支副使、河北都转运使、龙图阁直学士等。

刻者徐焴,字文明,太学生,明苏州人,室名"万竹山房",嗜古博藏,嘉靖三年于苏州翻刻宋本《唐文粹》一百卷,写善镂精,字体略肥硕,为世人所重。

通过对其版式、序跋、牌记等进行考证,可推断此本为明嘉靖三年徐焴刻本之万历间印本。据叶德辉《郋园读书志》所述,明徐焴刻本《唐文粹》分为嘉靖初印本和万历时印本。云:"此本题《唐文粹》,行字精美,然是万历时印本,非嘉靖初印本。嘉靖本版心有刻工姓名,万历本无之。明时刻本甚多,精刻断推此本。故宋元本外,藏书家均以此本著录。"②又据王重民《中国善本书提要》,万历间印本"目录记刻工,仍是原版"③,有汪伟序、胡缵宗序、自序、施昌言后序,而嘉靖间初印本没有胡缵宗序。

在《唐文粹》的二十三种版本之中,徐焴刻本是比较精善的版本,私人藏书家也大多以此版本著录。叶德辉《郋园读书志》云:"明时刻本以嘉靖甲申徐焴刻本为最善,每叶二十八行,每行二十五字,即据北宋本重雕。"④

## 二、馆藏《唐文粹》刻工考

刻工在刻书过程中会把自己的姓名刻在书上,或刻于版心下方、或卷末、序后、书尾,有时刻全名,有时只刻姓或只刻名。刻工姓名是判定古籍版本的依据之一。根据

① 《四库全书》(文渊阁影印版),第4册,第697页。

②④ 叶德辉:《郋园读书志》,上海:上海古籍出版社,2010年,第695、694页。

③ 王重民:《中国善本书提要》,上海:上海古籍出版社,1983年,第464页。

古籍中的刻工，并结合相关资料对照，方能正确断定版本，因为古籍版本在流传过程中存在翻刻本、作伪本等，会混淆视听，还需仔细鉴别，方能得出正确的结论。

据记载，刻工初见于北宋，北宋刻本《后汉书》、《史记》有刻工姓名。宋刊本上刻工较为多见，元刊本及明初刊本所载刻工较少，而明嘉靖、万历年间刊本上多有刻工。

此本正是明嘉靖刻本，其目录版心下有刻工，目录第一页版心下刻“李本”；第二、第十三页刻有“本”；第三页下刻“宅”；第八、第十页下刻“章”；十一页、廿八页下刻“至”；十五页、三十九、四十一、四十六页下刻“智”；目录十九、廿六页下刻“百”；第二十页下刻“张”；廿一、廿三页下刻“六”；廿四、三十页下刻“直”；二十九页下刻“陆”；三十二页下刻“佰”；四十二页下刻“受”；四十九页下刻“李”、五十页下刻“曰”……

通过查阅李国庆《明代刊工姓名索引》可知，明嘉靖三年徐焴刻本《唐文粹》的刻工有以下26人：栢本（百本）、刘松、刘柏、刘禃、李本、李泽、李潮、李清、李朴、李植（李直）、李受、李堂、陆奎（六奎）、六潮（六朝）、章日、章祥、章景华、吴宪、吴銮、彭山、彭鸾、房山、桓本、唐琼、张敖、张宪。

26名刻工都是明中期比较著名的刻工，其中只刻过本书的有房山、桓本、刘禃、刘柏、栢本（又署百本）、彭山等6人，其余20人都刻过两种或以上的古籍。择其刻书达10种之人，罗列如下：

张敖刻书17种，除刻本书外，还刻有正德十年(1515)席氏刻本《大唐六典》、正德十二年(1517)刻本《鸿泥堂小稿》、正德十三年(1518)吴氏刻本《楚辞章句》、嘉靖六年(1527)王氏刻本《史记》、嘉靖六年(1527)张氏刻本《唐文粹》、嘉靖间吉澄刻本《春秋四传》、嘉靖间冯氏刻递修本《文献通考》、隆庆六年(1572)汪氏刻本《蚁术诗选》、万历三年(1575)刻本《国朝名世类苑》、万历八年(1580)刻本《欣赏编》、万历十一年(1583)凌氏刻本《汉书评林》、万历间徐氏刻本《昌黎先生集》、明德藩刻本《前汉书》、明翻刻茶陵本《文选》、明刻清补本《世经堂集》、明吴氏刻本《人伦广鉴集说》。

陆奎刻书16种，除刻本书外，还刻有嘉靖六年(1527)张氏刻本《唐文粹》、嘉靖七年(1528)刻本《国语》、嘉靖九年(1530)南京国子监刻本《史记》、嘉靖十年(1531)安氏刻本《初学记》、嘉靖十二年(1533)顾氏刻本《六子书》、嘉靖十三年(1534)刻本《南畿志》、嘉靖十三年(1534)顾氏刻本《王子年拾遗记》、嘉靖十四年(1535)苏氏刻本《诗外传》、万历间徐氏刻本《昌黎先生集》、明通津草堂刻本《论衡》、明陆氏刻本《艺文类聚》、明翻刻茶陵本《文选》、明刻本《唐宋白孔六帖》、明徐氏刻本《韩昌黎集注》、明刻本《都公谈纂》。

李潮刻书13种，除刻本书外，还刻有正德十年(1515)席氏刻本《大唐六典》、嘉靖六年(1527)王氏刻本《史记》、嘉靖六年(1527)张氏刻本《唐文粹》、嘉靖九年(1530)南京国子监刻本《史记》、嘉靖二十五年(1546)袁氏刻本《夏小正戴氏传》、嘉靖二十九年(1550)袁氏刻本《金声玉振集》、嘉靖间刻本《文章正宗》、嘉靖间刻本《诗选补注》、万历间徐氏刻本《昌黎先生集》、明翻刻茶陵本《文选》、万历三十六年(1608)刻径山藏本《大般若波罗蜜多经》、万历三十五年(1607)刻本《百代医宗》。

李清刻书10种，除刻本书外，还刻有正德十三年(1518)吴氏刻本《楚辞章句》、正德十四年(1519)黄氏刻本《申鉴注》、嘉靖六年(1527)张氏刻本《唐文粹》、嘉靖九年

(1530)南京国子监刻本《史记》、嘉靖十年(1531)安氏刻本《初学记》、嘉靖十三年(1534)袁氏刻本《文选》、万历间徐氏刻本《昌黎先生集》、明德藩刻本《前汉书》、明翻刻茶陵本《文选》。

## 三、馆藏《唐文粹》藏书印考

藏书家,无不好古敏求,尤喜在雕印精美的善本书上钤上自己的藏书印。藏书印,形制不一,风格各异,据其印文内容,可分为以下几种:姓名印、别名字号印、斋室名印、生年行第印、仕途功名印、收藏鉴定印、校读印、闲章等。通过考证藏书印,可以得知某书被某人收藏,进而考查该书的流传源流、用以断定该书的版本,因此藏书印具有重要的史料价值。

此本在《唐文粹序》首页有藏书印5枚。一为阴文方章,印文“磬生”;第二枚亦是阴文方章,上刻“狩谷望之”;三为阳文竖长方形印章,刻有“掖斋”;第四枚印章为阳文竖长方,印文内容“赐芦文库”,第五枚印章是阳文竖长方形,印文内容是“新宫城书藏”。此外,每卷卷首都钤有“赐芦文库”“新宫城书藏”朱印两枚,并且每册书衣右下角也都有“新宫城书藏”藏书印一枚。

第一枚印章“磬生”,是明代福建闽县藏书家陈衎的藏书章,说明此本最初为陈衎收藏。陈衎,字磬生,生卒年不详,据张美莺在《明代闽县藏书家陈衎》中考证“陈衎生于万历十三年(1585)。卒年不详,大致是清康熙前后”[①]。陈衎家族是藏书世家。自其高祖陈源清起开始藏书,曾祖父陈珂、祖父陈凤鸣、父亲陈汝修以及陈衎都是著名的藏书家,五世的积淀,传至陈衎,藏书已达11800余册。陈衎注重藏书质量,力求藏善本,并且认为藏书是为了读书,将藏书外借,规定借阅手续,同时也非常爱护藏书。但因陈衎身处明末清初的动乱年代,其藏书大多最终不知去向。陈衎著述主要有《槎上老舌》、《大江集》、《大江草堂二集》、《玄冰集》、《汉诏疏六卷》、《篝灯碎语》等。

第二枚印章“狩谷望之”及第三枚印章“掖斋”,均为日本藏书家狩谷望之藏书印,说明此本被狩谷望之收藏。狩谷望之(1775—1835,一说为1838),字卿云,号掖斋,江户时代后期学者、藏书家。其家族有藏书传统,至狩古掖斋时家藏善本书两万余卷,其藏书和、汉兼收,善本尤多。其藏书印还有“青裳文库”“青裳堂藏书”“汤岛狩谷氏求古楼图书记”等。

本馆所藏《唐文粹》被日本目录学著作《经籍访古志》收录。日本汉学家森立之(1807—1885)所著《经籍访古志》记载:唐贤文粹一百卷,“明嘉靖甲申重刊宋本,求古楼藏”;“首有嘉靖甲申弋阳汪伟器之叙……又有嘉靖丁亥天水胡缵宗世甫序……”;“每半板十四行,行二十五字,界长六寸五分,幅四寸六分,左右双边”[②]。求古楼乃狩谷望之藏书之名,求古楼内藏书极为丰富,是江户时期藏书最多的私人藏书楼之一,杨守敬《日本访书志》云:“日本收藏家除足利官学外,以金泽文库为最古……次则养

① 张美莺:《明代闽县藏书家陈衎》,《福建图书馆理论与实践》,2010年第2期,第59页。
② (日)涩江全善、森立之:《经籍访古志》,上海:上海古籍出版社,2014年,第248—249页。

安院……此下则以近世狩谷望之求古楼为最富。虽其枫山官库、昌平官学所，储亦不及也。”[①]又在《日本访书志补》中记载：狩谷望之“日本文政间学人之最，其藏书之富，又过于官库”[②]。本馆所藏此书与森立之所载一一相合，而序首“狩谷望之”及“掖斋”印可证明此本正是狩谷望之所藏，故此本正是森立之《经籍访古志》中所载之书。

第四枚印章“赐芦文库”是日本新见正路之藏书印，说明此本曾为新见正路收藏。新见正路(1791—1848)，本姓源，字义卿，通称吉次郎，号茅山，著名藏书家，所藏希见宋本甚多，有《赐芦书院藏书目录》《赐芦书院储藏志》传世。其藏书印还有“新见文库”，均以楷书入印。

第五枚印章“新宫城书藏”，乃日本人水野忠央之藏书印，说明此书曾为水野忠央所藏。水野忠央(1814—1865)，通称藤四郎，又名丹鹤、黄菊寿园，号鹤峰，是纪伊藩新宫城第十代城主。著名藏书家，“其丹鹤书院藏书 7400 余部，计 4 万册”[③]，有《新宫城书藏目录》。刻有《丹鹤丛书》、《丹鹤外书》、《朝野部类》等。其藏书印除“新宫城书藏”外，还有“丹鹤城图书记”等。

由以上五枚藏书印章可知，此本最初由陈衎所收藏，后流传至日本，先后被狩谷望之、新见正路、水野忠央等多位名家收藏，并被其主人铭以印记。至于如何辗转流入我馆，已不得而知。但其版本之善，已明晰可见。

## 四、馆藏《唐文粹》的流通

本书应该是在清初传入日本。中国古籍早在隋唐时期就已经流入日本，历经宋、元、明初，一直都有古籍传入日本，甚至中国的印刷术也随之传入，中国刻印板、刻工也输出到了日本，在日本翻刻中国典籍。明万历中期以后，日本进入江户时代(1603—1867)，中日经济文化交流大发展。中国古籍主要通过两国使节往来、两国人士互访以及商人的贩运等途径传入日本，并且以商人贩运传入的古籍占绝大多数。据吴枫《中国古典文献在日本的流传》中的统计“总计江户时代传入日本的中国典籍，约近万种。”[④]本馆此书初为陈衎所藏，而根据陈衎生活时代可知，明末清初正是日本的江户时代，此本从陈衎手中流出，传入日本的时期应是在中国的清初当时日本的江户时期，和其他大批的中国古籍一起传入日本。

本书应该是在清末民初回归中国。在日本，此本被狩谷望之、新见正路、水野忠央收藏。狩谷望之、新见正路、水野忠央都是日本江户时代后期的著名藏书家。特别是在狩谷望之求古楼所藏之时，被森立之载入《经籍访古志》。此书在日本历经名手之后，又回归中国。这与清末民初东传汉文古籍回归中国之潮流相合。

1868 年，日本开始明治维新，崇尚西洋文化，鄙视汉学，汉文古籍弃如敝履。日本书肆上，很多藏书家将古籍论斤售卖。而在中国古籍善本价格上扬。很多有识之

---

① 杨守敬：《日本访书志》，沈阳：辽宁教育出版社，2003 年，第 3 页。

② 杨守敬、王重民：《日本访书志补》，沈阳：辽宁教育出版社，2003 年，第 5 页。

③ 林申清：《日本藏书印鉴》，北京：北京图书馆出版社，2000 年，第 17 页。

④ 吴枫：《中国古典文献在日本的流传》，《社会科学战线》，1980 年第 4 期，第 178 页。

士发现这正是收购汉文古籍善本的绝佳时机,则开始通过各种办法将古籍采购回国。光绪初年方功惠(1829—1897)派人赴日,以低价购得曼殊院、尾府内库、知止堂及佐柏文库的珍贵典籍;杨守敬(1839—1915)在驻日使馆担任何如璋的随员期间(1880—1884),以森立之《经籍访古志》为据,不遗余力地购买汉籍,不到一年,就已收购古籍三万余卷,并著《日本访书志》记录其访书所得;随黎庶昌赴日的萧穆(1836—1904)用所得俸禄尽力购书;姚文栋(1852—1929)于1882—1887年在日本期间,尽力采购汉文古籍,亦收获颇多;李盛铎(1859—1937),光绪年间出使日本,得其好友岛田翰相助,获得很多古籍善本,包括珍贵的日本古活字本、古刻本、古钞本及朝鲜古刻本。

本书在清代初期由中国流入日本,再于清末民初由日本返回至中国,历经坎坷,反映了中国古典文献的东传日本、在日本的流传以及东传汉籍回归的历程,这是中日两国图书交流的缩影,是中日文化交流的体现。

(作者单位:兰州文理学院)

# 《五方元音》版本考[*]

周赛华

《五方元音》系清初河北尧山樊腾凤所著，因作者自序后未署成书年月，故撰写时间不详。据龙庄伟考证，该书编撰于顺治十一年(1654)至康熙三年(1664)之间。

该书是清初北音的代表作之一，许多学者对它所反映的音系进行过研究，如赵荫棠、王力、陆志韦、永岛一郎、应裕康、李新魁、耿振生、龙庄伟、王平、李清桓、汪银峰等。在这些学者中，也有些人对《五方元音》版本进行过介绍[1]，但大多不够详细。有鉴于此，本文拟对《五方元音》的版本作些补充说明。

《五方元音》虽是个人修撰，但在有清一代影响颇巨，书商竞相翻刻，余波延续到民国。该书自从诞生以来，大致有四个版本系统：

1. 樊腾凤原本。

2. 康熙庚寅年(1710)广宁(今辽宁北镇)人年希尧增补本。康熙四十九年，年希尧在武安做官时，利用公务之余，对《五方元音》进行了增补，但增补不多，变动不大，比较接近樊氏原著。康熙本对樊氏原本的改动主要有：

(1) 在韵图部分对阳声韵相配的入声字略有改动[2]。以"一天"韵为例：

| | | | | | | | | | | | |
|---|---|---|---|---|---|---|---|---|---|---|---|
| 梆母 | 原本 | ○ | ○ | | | 日母 | 原本 | ○ | | | |
| | 康熙本 | 别 | 剥 | | | | 康熙本 | 弱 | | | |
| 虫母 | 原本 | | ○ | ○ | | 云母 | 原本 | ○ | ○ | | |
| | 康熙本 | | 擉 | 插 | | | 康熙本 | 噎 | 月 | | |
| 火母 | 原本 | | | | ○ | 桥母 | 原本 | | ○ | | |
| | 康熙本 | | | | 学 | | 康熙本 | | 渴 | | |
| 雷母 | 原本 | | | | ○ | | | | | | |
| | 康熙本 | | | | 劣 | | | | | | |

(2) 对韵字进行少量增删(主要是增)。以"一天"韵下的梆母所辖小韵为例：

---

* 国家社科基金项目：近代等韵研究缀补(15BYY103)。

① 赵荫棠：《等韵源流》，北京：商务印书馆，2011年，第310页；耿振生：《明清等韵学通论》，北京：语文出版社，1992年，第181页；李清桓：《〈五方元音〉音系研究》，武汉：武汉大学出版社，2008年，第8页；等等。

② 不同的版本略有差异。樊氏原本用的是道光廿六年成文堂《增补五方元音》，康熙本用的是四库存目本，雍正本用的是光绪丁酉年文胜堂石印本。

| | 所删之字 | 增添之字 |
|---|---|---|
| 上平 | 箯 | 笾鯾骿軿 |
| 去 | | 姘 |

3. 雍正五年(1727)年希尧增补本。雍正四年年希尧奉命到淮阴督查税务，次年对《五方元音》再次进行增补。年氏自称“增者十之五，删者十之一”。雍正本对康熙本的改动主要有：

(1) 在韵图部分对入声字有所改动。以“一天”韵为例：

| | | | | | | | | | | | |
|---|---|---|---|---|---|---|---|---|---|---|---|
| 梆母 | 康熙本 | | 剥 | | | 剪母 | 康熙本 | | ○ | | |
| | 雍正本 | | 薄 | | | | 雍正本 | | 爵 | | |
| 匏母 | 康熙本 | | 朴 | | | 云母 | 康熙本 | | 噎 | | |
| | 雍正本 | | 泼 | | | | 雍正本 | | 谒 | | |
| 木母 | 康熙本 | | 末 | | | 蛙母 | 康熙本 | | 恶 | | |
| | 雍正本 | | 莫 | | | | 雍正本 | | 萼 | | |
| 斗母 | 康熙本 | 跌 | | | | | | | | | |
| | 雍正本 | 耋 | | | | | | | | | |

(2) 对韵字进行了较大幅度的增加，特别是增加了俗字、异体字、偏僻字。以“一天”韵下的梆母所辖小韵为例：

| | 所删之字 | 增添之字 |
|---|---|---|
| 上平 | | 箯諞楄鍽邉籩鯾砭傷㚏壘㚏邉㵷牑㛹鯿豩邊 邉鍽蹁躚鯿楄諞胼跰玭琕 |
| 上 | | 疺碥㝸惼辩𢘅洴辮睘昪藊鳊辫輻辡 |
| 去 | | 汳昪偄㥏覍緶諞䇳抃忭拚匥㛹覍扁弜萹狝辩 汴辮玣玣辮䁵鳊辨閅郱鳊諞閞𨑳頩䯙獱辩𡒄 頨鶣㳎𨑩 |

(3) 增删了少许音节。如：

“二人”韵蛙母，康熙本“恩○○○○”，雍正本为“恩○㫃○○”。

“四羊”韵虫母，康熙本“窗床磢创搊”，雍正本为“窗床○创搊”。

“四羊”韵桥母，康熙本“匡狂○眶阁”，雍正本为“匡狂逛眶阁”。

(4) 释义更改较大。如：

“一天”韵梆母“笾”，康熙本释义：“祭器。”雍正本释义：“竹豆祭祀燕飨皆用之。”

“一天”韵梆母“编”，康熙本释义：“以绳联次。”雍正本释义：“次简也又绳联物曰～又～修官名。”

“一天”韵梆母“鞭”，康熙本释义：“皮～。”雍正本释义：“驱也又马箠。”

嘉庆十五年(1810)赵培梓改编的《增补剔弊五方元音》本。嘉庆十五年繁水(今河南南乐)人赵培梓对《五方元音》进行了修订。赵氏在每韵下都注明了诗韵的韵目字,还将原书的二十字母改用为旧的三十六字母,韵类分析顾及古代的四等,改动比较大,有失原书的本来面貌。

下面按这四个系统,以时间先后顺序列出所见版本①(年月不详者附列最后面)。

## 一、樊腾凤原本系

1. 乾隆甲寅(1794) 文宝堂 《五方元音》
2. 嘉庆戊辰(1808) 聚业堂 《五方元音》
3. 嘉庆十六年(1811) 聚锦堂 《五方元音》
4. 嘉庆二十三年(1818) 东郡启文堂 《增定五方元音》
5. 道光七年(1827) 文萃堂 《五方元音》
6. 道光十八年(1838) 文锦堂 《五方元音》
7. 道光十八年(1838) 敬文堂 《五方元音》
8. 道光十八年(1838) 启文堂 《增补五方元音》
9. 道光壬寅年(1842) 崇茂堂 《五方元音》
10. 道光二十六年(1846) 诚意堂 《增补五方元音》
11. 道光二十六年(1846)冬 成文堂 《增补五方元音》
12. 光绪廿五年(1899) 宝书堂 《五方元音》
13. 南邑王桐庵重刻 《新纂五方元音》
14. 式文斋 《五方元音》
15. 二郁堂 《五方元音》
16. 文秀堂 《五方元音》
17. 宝旭斋 《五方元音》

## 二、年希尧康熙庚寅年(1710)增补本系

1. 嘉庆乙丑(1805) 金阊宝仁堂 《增补五方元音》
2. 嘉庆乙丑(1805) 金阊书业堂 《五方元音》
3. 嘉庆丙子(1816) 协志堂 《五方元音大全》
4. 嘉庆戊寅(1818) 文锦堂 《五方元音大全》
5. 道光元年(1821) 文富堂 《五方元音》
6. 道光甲申(1824) 文锦堂 《五方元音大全》
7. 道光乙酉(1825) 桐石山房 《增补五方元音》
8. 道光庚寅(1830) 金阊步月楼 《增补五方元音》
9. 道光壬辰春(1832) 文锦堂 《五方元音大全》
10. 道光壬辰夏(1832) ××堂 《五方元音大全》

① 每个版本都按时间、出版者和书名顺序排列,封面上的"书名"跟版权页不同的,一般采用版权页的名称。还有些版本既没有刊刻时间,也没有刊刻者,本文不收;另有一些抄本,因多根据刊刻本抄录,本文也不收。

11. 道光十三年(1833) 太仓邵廷烈辑 《棣香斋丛书》本
12. 道光丙申(1836) 文运堂 《铜版元音大全》
13. 道光癸卯(1843) 宏道堂 《五方元音》
14. 道光甲辰(1844) 文锦堂 《五方元音大全》
15. 道光乙巳(1845) 文华堂 《五方元音大全》
16. 道光丁未(1847) 东昌宝书堂 《铜板五方元音大全》
17. 道光壬午(1822) 通州抡秀堂 《铜板五方元音大全》
18. 咸丰元年(1851) 东昌府文锦堂 《增补五方元音大全》
19. 咸丰丙辰(1856) 二酉堂 《新纂五方元音全书》
20. 咸丰丙辰(1856) 京书行 《新纂五方元音全书》
21. 咸丰丙辰(1856) 经魁堂 《铜板五方元音大全》
22. 咸丰丙辰(1856) 聚奎堂 《增补五方元音》
23. 咸丰己未(1859) 泊镇聚元堂 《铜板五方元音大全》
24. 同治甲子(1864) 书业德 《五方元音大全》
25. 同治丙寅(1866) 协毓堂 《铜板五方元音大全》
26. 同治丙寅(1866) 上洋文玉堂 《新纂五方元音大全》
27. 同治丙寅(1866) 五云楼 《五方元音》
28. 同治庚午(1870) 泊镇聚元堂 《铜板五方元音大全》
29. 同治十年(1871) 经纶堂 《五方元音》
30. 同治辛未(1871) 衡水书农堂 《铜板五方元音大全》
31. 同治甲戌(1874) 经余厚 《铜版五方元音大全》
32. 同治甲戌(1874) 衡邑三义堂 《新纂五方元音全书》
33. 光绪元年(1875) 《增补铜板五方元音》
34. 光绪丙子(1876) 聚文堂 《五方元音全书》
35. 光绪丁丑(1877) 上海瑯嬛小筑 《新纂五方元音》
36. 光绪丁丑秋(1877) 文盛堂 《新纂五方元音全书》
37. 光绪庚辰(1880) 善成堂 《铜板五方元音大全》
38. 光绪辛巳(1881) 宝文堂 《铜版五方元音大全》
39. 光绪辛巳(1881) 有益堂 《五方元音》
40. 光绪辛巳(1881) ××堂 《铜版五方元音大全》
41. 光绪壬午(1882) 衡邑宝善堂 《五方元音大全》
42. 光绪壬午(1882) 上海扫叶山房 《五方元音》
43. 光绪乙酉(1885) 泰山堂 《新纂五方元音全书》
44. 光绪乙酉冬(1885) 书业德 《五方元音大全》
45. 光绪丙戌(1886) 三义堂 《五方元音大全》
46. 光绪十四年(1888) 古渝善成堂 《增五元音玉堂字汇合刻》(页眉处刻印《五方元音》)
47. 光绪戊子(1888) 存林堂 《五方元音大全》

48. 光绪己丑(1889)　万育堂《铜板五方元音》
49. 光绪庚寅冬(1890)　深州荣德堂　《五方元音大全》
50. 光绪庚寅冬(1890)　京都文成堂　《五方元音大全》
51. 光绪辛卯(1891)　天津煮字山房　《五方元音大全》
52. 光绪壬辰(1892)　四和堂　《五方元音大全》
53. 光绪壬辰(1892)　三义堂　《铜板五方元音》
54. 光绪壬辰(1892)　文盛堂《铜板五方元音》
55. 光绪甲午(1894)　书业德　《五方元音大全》
56. 光绪已亥(1899)　东邑盂镇复顺堂　《五方元音大全》
57. 光绪已亥(1899)　艺德堂　《五方元音大全》
58. 光绪癸卯(1903)　三义堂　《铜版五方元音》
59. 光绪癸卯(1903)　深州文德堂　《新纂五方元音全书》
60. 光绪三十年(1904)　泊镇聚元堂　《五方元音大全》
61. 光绪甲辰(1904)　树德堂　《铜板五方元音大全》
62. 光绪甲辰(1904)　有益堂《铜版五方元音》
63. 光绪乙巳(1905)　保阳博文堂　《五方元音》
64. 光绪丙午(1906)　三义堂　《五方元音大全》
65. 光绪丁未(1907)　义盛堂　《铜板五方元音》
66. 光绪丁未(1907)　致文堂　《新纂五方元音全书》
67. 光绪丁未(1907)　三义堂　《五方元音大全》
68. 光绪年月　三义堂　《五方元音大全》
69. 宣统三年(1911)　天津聚兴堂　《五方元音》
70. 民国四年(1915)　江东书局　《五方元音》
71. 民国六年(1917)　永元堂　《五方元音大全》
72. ××十一年　善成堂　《铜版五方元音》
73. 三义堂　《新纂五方元音全书》
74. 上海自强书局　《增篆五方元音大全》
75. 北京文成堂福记印行　《五方元音大全》
76. 天津诚文信书局　《考正五方元音》
77. 上海昌文书局　《五方元音大全》(新增共和适用白话尺牍)
78. 上海广益书局　《五方元音大全》
79. 上海锦章图书局　《五方元音大全》
80. 上海良友书局　《五方元音大全》
81. 北京打磨厂石印发行所　《五方元音》

**三、年希尧雍正五年(1727)增补本系**

1. 雍正丁未(1727)　澄鉴堂　《新纂五方元音全书》
2. 雍正丁未(1727)　澄鉴堂　《五方元音》

3. 道光庚子(1840) 敬文堂 《新纂五方元音全书》
4. 道光庚子(1840) 德义堂 《新纂五方元音全书》
5. 同治己巳(1869) 修文堂 《新纂五方元音全书》
6. 同治癸酉(1873) 善成堂 《增补五方元音》
7. 同治癸酉(1873) 同文堂 《增补五方元音》
8. 光绪丙子(1876) 宝兴堂 《袖珍五方元音全书》
9. 光绪戊寅(1878) 聚锦旭 《新纂五方元音全书》
10. 光绪癸未(1883) 扫叶山房 《新纂五方元音全书》
11. 光绪甲申(1884) 文兴堂 《新纂五方元音全书》
12. 光绪十七年(1891) 东昌聚盛堂书坊 《新纂五方元音全书》
13. 光绪十九年(1893) 上海锦章图书局 《增补五方元音》
14. 光绪丁酉(1897) 文胜堂 《注释五方元音》
15. 光绪丙午(1906) 打磨厂东口文成堂 《重校增补五方元音全书》
16. 光绪戊申(1908) 善成堂 《五方元音大全》
17. 光绪年月 善成堂 《新纂五方元音全书》
18. 宣统元年(1909) 上海扫叶山房 《增补五方元音》
19. 宣统三年(1911) 上海铸记书局 《重校增补五方元音》
20. 宣统壬子(1912) 济南聚和堂 《新纂五方元音全书》
21. 民国二年(1913) 京都打磨厂文成堂 《新纂五方元音全书》
22. 民国二年(1913) 天津三条石文成堂 《新纂五方元音全书》
23. 民国二年(1913) 天津萃文魁 《新辑考正五方元音》
24. 民国四年(1915) 上海铸记书局 《增补五方元音》
25. 民国六年(1917) 上海普通书局 《新辑改正五方元音》
26. 民国九年(1920) 上海江东茂记书局 《增补五方元音》
27. 民国十五年(1926) 上海昌文书局 《增补五方元音》
28. 上海锦章图书局 《增补五方元音》
29. 善成堂 《新纂五方元音全书》
30. 三义堂 《新纂五方元音全书》

## 四 赵培梓嘉庆十五年(1810)改编的《增补剔弊五方元音》系

1. 嘉庆十五年(1810) 崇仁堂 《剔弊广增分韵五方元音》
2. 嘉庆十五年(1810) 步云阁 《剔弊元音新编》
3. 道光丙午(1846) 步云阁 《剔弊元音新编》
4. 咸丰壬子(1852) 崇义堂 《增补剔弊五方元音》
5. 咸丰壬子(1852) 姑苏桐石山房 《增补剔弊五方元音》
6. 同治甲子(1864) 公好堂 《增补剔弊五方元音》
7. 同治丙寅(1866) 修文堂 《增补剔弊五方元音》
8. 同治己巳(1869) 同文堂 《增补剔弊五方元音》

9. 同治己巳(1869) 万育堂 《增补剔弊五方元音》
10. 同治辛未(1871) 宏文堂 《增补剔弊五方元音》
11. 同治辛未(1871) 书业德 《增补剔弊五方元音》
12. 同治癸酉(1873) 聚锦堂 《增补剔弊五方元音》
13. 同治甲戌(1874) 敬文堂 《增补剔弊五方元音》
14. 光绪庚辰(1880) 书业德 《增补剔弊五方元音》
15. 光绪甲申(1884) 三义堂 《增补剔弊五方元音》
16. 光绪乙酉(1885) 书业德 《增补剔弊五方元音》
17. 光绪丙戌(1886) 魁聚堂 《增补剔弊五方元音》
18. 光绪丙戌(1886) 善成堂 《增补剔弊五方元音》
19. 光绪十三年(1887) 善成堂 《增补剔弊五方元音》
20. 光绪丁亥(1887) 有益堂《增补剔弊五方元音》
21. 光绪十六年(1890) 宝兴堂 《增补剔弊五方元音》
22. 光绪十九年(1893) 文英堂 《增补剔弊五方元音》
23. 光绪甲午(1894) 三义堂 《增补剔弊五方元音》
24. 光绪丙申(1896) 书业德 《增补剔弊五方元音》
25. 光绪戊戌(1898) 聚和堂 《新增补剔弊五方元音》
26. 光绪戊戌(1898) 善成堂 《新增补剔弊五方元音》
27. 光绪己亥(1899) 三义堂 《增补剔弊五方元音》
28. 光绪己亥(1899) 上海萃文斋 《增补剔弊五方元音》
29. 光绪二十七(1901) 善成堂 《增补剔弊五方元音》
30. 光绪甲辰(1904) 三义堂 《新增补剔弊五方元音》
31. 光绪甲辰(1904) 书业德 《增补剔弊五方元音》
32. 光绪丙午(1906) 聚原堂 《铜板增补剔弊五方元音大全》
33. 光绪戊申(1908) 京都龙文阁仿西法石印 《增补剔弊五方元音》
34. 宣统元年(1909) 泊镇聚元堂 《增补剔弊五方元音》
35. 宣统元年(1909) 上海章福记 《增补剔弊五方元音》
36. 民国甲寅年(1914) 有益堂 《增补剔弊五方元音》
37. 民国三年(1914) 聚盛堂 《增补剔弊五方元音》
38. 民国三年(1914) 保定群玉山房 《增补剔弊五方元音》
39. 民国三年(1914) 上海锦章图书局 《增补剔弊五方元音》
40. 民国四年(1915) 三义堂 《新增补剔弊五方元音》
41. 民国六年(1917) 上海章福记书局 《增广剔弊五方元音》
42. 民国六年(1917) 直隶书局 《增补剔弊五方元音》
43. 民国十年春(1921) 宝兴堂 《增补剔弊五方元音》
44. 民国丙寅(1926) 书业德 《增补剔弊五方元音》
45. 善成堂 《增补剔弊五方元音》
46. 藜光阁 《增补剔弊五方元音》

47. 上海会文堂新记书局 《增补剔弊五方元音》
48. 会文堂 《增补五方元音》
49. 成文信 《增补剔弊五方元音》
50. 上海锦章图书局 《增补剔弊五方元音》
51. 京都文成堂 《增补剔弊五方元音》
52. 会文堂 《增补剔弊五方元音》
53. 上海大成书局 《增补剔弊五方元音》
54. 上海广益书局 《增补剔弊五方元音》
55. 清书林 《增补剔弊五方元音》

除了以上系属比较明确的以外,有些版本因各种各样的原因,暂时还没有确定系属的也开列如下:

1. 道光二十五年(1845) 万元堂 《增补五方元音》
2. 同治七年(1868)冬 敬文堂 《五方元音大全》
3. 光绪癸未(1883) 扫叶山房 《新纂五方元音全书》
4. 光绪丁亥(1887) 两仪堂 《五方元音》
5. 光绪癸巳(1893) 双和堂 《铜版五方元音》
6. 光绪十九年(1893) 上洋章福记书局 《重校增补五方元音》
7. 光绪丁酉(1897)源记书庄 《五方元音》
8. 光绪己亥(1899) 柬鹿墨林堂 《五方元音大全》
9. 光绪戊申(1908) 天津文元斋 《铜板五方元音大全》
10. 宣统元年(1909) 上海扫叶山房 《增补五方元音》
11. 宣统庚戌年(1910) 天津文贤书局 《五方元音》
12. 民国六年(1917) 上海石竹山房 《五方元音大全》
13. 中华民国六年(1917) 海山编译《蒙汉合璧五方元音》
14. 民国十年(1921) 京都文成堂 《五方元音大全》
15. 民国十五年(1926) 上海昌文书局《增补五方元音》
16. 敦和堂 《五方元音便览》
17. 上海昌文书局 《五方元音大全》
18. 上海昌文书局 《增补五方元音》
19. 上海大成书局 《五方元音大全》
20. 上海国民书局 《五方元音大全》

(作者单位:湖北大学中文系)

# 鲍参军诗注补正(四)

朱晓海

## 卷　四

### 《拟古》之一

**鲁客事楚王,怀金袭丹素**

李善:扬子《法言》(卷二《学行》)“载【或】曰:使我纡朱怀金,其乐可量也”,李轨曰:“金,金印也”……《毛诗》(卷六之一《唐·扬之水》)“素衣朱襮”,毛苌曰:“襮,领也,诸侯绣黼,丹朱中衣。”

海按:李轨《注》不见于今本《法言》,然其训说是,《后汉书》卷二八下《冯衍传》“经历显位,怀金垂紫”,章怀《注》:“金谓印也;紫谓绶也。”孔《疏》:“以素为衣,丹朱为缘,绣黼为领。”对照《礼记》卷二五《郊特牲》“绣黼丹朱中衣,大夫之僭礼也”,则此处之鲁客乃楚之封君。

### 《拟古》之二

**侧睹君子论,预见古人风**

海按:《和傅大农与僚故别》“冠屣预人林”,并此处之之“预”,均当改读为“与”,二字相假例证详参《会典》《鱼部第十九(上)·予字声系》。与,参与也。《晋书》卷六二《刘琨传》“臣虽不逮,预闻前训”、《宋书》卷七五《颜峻传》“预闻中旨,罔不宣露”、《南齐书》卷二六《王敬则传》“皇运肇基,预闻未【末】议”,预闻,与闻也。《论语》卷十三《子路》“如有政,虽不吾以,吾其与闻之”、《左传》卷四《隐公十一年》“寡人弗敢与闻”,“与闻”“与见”构词法一致。

**两说穷舌端,五车摧笔锋**

李善:两说谓鲁连说新垣衍及下聊城。

《钞》:(《论语》卷九《子罕》):“孔子云【曰】:‘我扣其两端而竭也【焉】。’”然两端,道之本、末。

刘良:谓本、末之说……言其博闻,舌湾能摧折文士之笔端。

李治:(卷七)两可之说也,谓两可之说能穷舌端;五车之读能摧笔端云者[1]。

---

[1] 李冶:《敬斋古今注》,台北:世界书局,1963年。

孙志祖:(《李注补正》卷二)顾仲恭云:两说……当以纵、横解之。《庄子》(卷八中《徐无鬼》):"纵【横】说[之则]以《诗》、《书》、《礼》、《乐》;横【从】[说之则以]《金版》、《六韬(弢)》。"

海按:善《注》殊泥,李说是。《拾遗记》[①]卷九《晋时事》"录曰:两说不同,故偕录焉"、《搜神记·序》"吕望事周,子长存其两说"、《广弘明集》卷二六《慈济篇》沈约《究竟慈悲论》"亦犹阐提二义,俱在一经,两说参差,各随教立"。言其善辩,持甲说以破乙说,复能以乙说破甲说,令游说之士尽屈。《世说》上卷《文学》条6:"(何)晏闻(王)弼来……因条向者胜理语弼曰:'此理仆以为极,可得复难不?'弼便作难,一坐人以为屈。于是弼自为客主数番,皆一坐所不及。"即最佳实例。

## 《拟古》之三

**飞鞚越平陆**

李善:《埤苍》曰:"鞚,马勒鞚。"

海按:对照《御览》卷三五八《兵部·鞚》所引《埤苍》,后一"鞚"盖衍文。《初学记》卷二二《武部·辔》:"鞚,控制之义也。《通俗文》云:'所以制马曰鞚。'"同卷所录傅玄《良马赋》"纵衔则往;揽鞚则止"、《英华》卷二百九《诗五九·乐府十八》徐悱《白马》"飞鞚度河干"、《类聚》卷二九《人部十三·别上》所录吴均《别夏侯故章》"白马黄金羁,青骊紫丝控"。鞚(控)与"衔""羁"同义正对,"揽"之则马止;"纵"之则马驰,其义充分可见。

**解佩袭犀渠,卷袠奉卢弓**

李善:《国语》(卷十九《吴语·吴欲与晋战得为盟主》):"奉文犀之渠。"

李周翰:犀渠,甲也。

海按:韦《解》:"文犀之渠谓楯也。文犀,犀之有文理者。"《文选》卷五《赋丙·京都下》左思《吴都赋》"家有鹤膝,户有犀渠",刘《注》:"鹤膝,矛也……犀渠,楯也,犀皮为之。"徐陵《为梁贞明侯重与王泰尉书》"霜戈雪戟,无非武库之兵;龙甲犀渠,皆是云台之仗"、《隋书》[②]卷六七《虞世基传》"贝胄雍弧之用,犀渠阙巩之殷",据《左传》卷四七《昭公十五年》及杜《注》,阙巩乃该国所出之"铠""甲",则若如五臣所言,"龙甲犀渠""犀渠阙巩"均复沓矣。"犀渠"之于"雍弧",犹"犀渠"之于"卢弓",分别为防御及攻击之军械,"贝胄""阙巩"方为防身之穿、戴物。

## 《拟古》之四

**生事本澜漫,何用独精坚**

闻人氏:(《文选》卷十七《赋壬·音乐》)王褒《洞箫赋》"惇怅澜漫,亡偶失俦",(善)《注》:"澜漫,分散也。"

张玉谷:(卷十六)澜漫,如澜之漫,繁多也。言人生之事本无纪极。

---

① 齐治平校注:《拾遗记》,台北:木铎出版社,1982年。

② 长孙无忌等:《隋书》,台北:艺文印书馆,1972年。

海按:"澜漫"乃叠韵词,不容循自行、分别训解。此处之"澜漫"乃其原始负面意义,指因分散而沦丧。《庄子》卷四下《在宥》"诞、信相讥,而天下衰矣;大德不同,而性命烂漫矣",成《疏》:"烂漫,散乱也。"《淮南子》卷六《览冥》"夏桀之时,主闇晦而不明,道澜漫而不修"、《楚辞》卷十四《哀时命》"生天墬之若过兮,忽烂漫而无成",王《注》:"烂漫犹消散也。"以文艺腔之笔法表述之,此联乃言:人生本乃一场混乱、转瞬消亡之荒谬剧,独自坚守道德原则又有何用?

**提爵止中山**

闻人氏:《周礼》(卷五《天官·酒正》孔)《疏》:"中山,郡名也。"《搜神记》[①]卷十九:"狄希,中山人也,能造千日酒。"

海按:郑《注》:"清酒,今之中山冬酿。"《文选》卷六《赋丙·京都下》左思《魏都赋》"醇酎中山,流湎千日"、《英华》卷三五一《杂文一·问答一》萧统《七契》"其酒则苍梧九酝、中山千日,取譬湛露,拟之饴蜜"。此句意谓:携杯盏至出名酒佳酿之处,以便纵饮。

## 《拟古》之五

**伊昔不治业**

钱氏:《国语》(卷五《鲁语下·公父文伯之母论内朝与外朝》):"公父文伯[之]母如季氏[……]寝(寝)门之内,妇人治其业焉。"

海按:《和傅大农与僚故别》:"伊昔谬通涂。"《文选》卷二四《诗丙·赠答二》陆机《答贾长渊》"伊昔有皇",善《注》:"《尔雅》(卷二《释诂下》)曰:'伊,惟(维)也',郭璞曰:'发语辞也。'"卷二六《诗丁·赠答四》颜延之《和谢灵运监》:"伊昔遘多幸。"治业,即从事工作之意。对官吏而言,则为尽心职务,如《汉书》卷五六《董仲舒传·举贤良对策》:"是以有司竭力尽知,务治其业而以赴功。"对商人而言,则为尽心牟利,如《史记》卷六九《苏秦传》:"周人之俗,治产业,力工商,逐什二以为务。"对于农夫而言,则为力求增益收获,如《史记》卷八《高祖本纪》:"起为太上皇寿曰:'始大人常以臣无赖,不能治产业,不如仲力。'"对士人而言,则为竭力向学,如《南齐书》卷五二《文学列传·贾渊传》:"祖弼之广集百氏谱记,专心治业。"从下文"结发起跃马,垂白对讲书",可知:此处之"不治业"指不治学业,却专事斗鸡走马,且"游观五都"。

**陈觯发瓢壶**

钱氏:《说文》(四篇下):"觯,乡饮酒角【觯】也。"

海按:《仪礼》卷二《士昏礼》"勺觯",郑《注》:"爵三升曰觯。"古为木制,故《周礼》卷四一《考工记》将作器之务归诸《梓人》"为饮器,勺一升;爵一升;觚三升",郑《注》:"字声之误,觚当为觯。"《礼记》卷六一《昏义》"共牢而食,合卺而酳",孔《疏》:"卺为半瓢,以一瓢分为两瓢,谓之卺。""瓢壶"乃近义复词。若以语体表述,此联乃言:陈设好酒杯,打开(发)盛满酒之酒瓶盖,以便斟酒至杯中。

---

① 胡怀琛:《新校搜神记》,台北:世界书局,1959年。

**君来诚既晚,不睹崇明初**

黄氏:《尚书》(卷十二)《洪范》:"无虐茕独,而畏高明。"高明,有位之尊显者也。《易》(卷七)《系辞(下)》:"崇高莫大于【乎】富贵。"崇明犹高明,谓今所遇者壮士、宿儒,若桓、管之高明,不及睹矣。

海按:《后汉书》卷八十上《文苑列传·杜笃传·论都赋》"述大汉之崇",章怀《注》:"崇,高盛也。"崇明,盛明。《采桑》"盛明难重来"、《学刘公幹体》"但畏盛明移"。《后汉书》卷六九《窦武传》"臣幸得遭盛明之世,逢文、武之化"、《三国志》卷十三《王朗传》裴《注》引《魏名臣奏》之王朗《节省奏》"岂夫当今隆兴盛明之时,祖述尧、舜之际","崇(盛)明"乃就时代优劣而言,与富贵尊显无关。齐桓得成其霸业,端赖管仲,管仲得见用,源于知交鲍叔之力荐。今则不同,故曰"交友义渐疏",徒有过往以"玉碗"所代表之奢侈风尚留存至今。

## 《拟古》之六

**朔风伤我肌,号鸟惊思心**

黄氏:《晋书》(卷三四)《裴秀传》:"诏曰:'尚书令裴秀雅量弘博,思心通远。'"

海按:此句之"思心"与《文选》卷二九《诗己·杂诗上》苏武名下《诗》之二"胡马失其群,思心常依依"、曹摅《思友人》"思心何所怀?怀我欧阳子"、卷四三《书下》赵至《与嵇茂齐书》"思心弥结,谁云释矣"一致,皆谓思乡怀人之心。所以思念,因离乡"送""田租"而往"函谷","输""兽槁"于"上林"。风触于外,故"肌""伤";声入于内,故"心""惊"。

**不谓乘轩意,伏枥还至今**

闻人氏:《左传》(卷十六《僖公二八年》):"晋侯……入曹,数之以其不用僖负羁,而乘轩者三百人也。"

海按:杜《注》:"轩,大夫车也。"卷十一《闵公二年》孔《疏》引服虔云:"车有藩曰轩。"故《说文》十四篇上:"轩,曲辀藩车也。"《搜神记》卷七《感应篇之四·成公智琼》"不谓君德,盖宿时感运,宜为夫妇"、《文选》卷三十《诗庚·杂拟上》谢灵运《拟魏太子邺中集·王粲》"不谓息肩愿,一旦值明两"、《颜氏家训》卷三《勉学》"不谓(韦)玄成如此学也",不谓,未料及。此联乃言未料及昔年欲仕,志在轩冕,蹉跎至今,仍沦为见役之老畜。

## 《拟古》之七

**宿昔改衣带,朝旦异容色**

钱氏:《玉台》(卷四)作"宿昔衣带改,旦暮异容色"。

海按:若依《玉台》,"宿昔"当改读为"夙夕",即夙夜,方得与"旦暮"相对。若依本集,则唯"昔"当改读为"夕","宿夕"同义,一夕之间也,与"朝旦"一个早上正相对。对照《代白头吟》"何惭宿昔意"、《中兴歌》之一"万夜视朝日"、《苦雨》"骤雨淫朝旦",本集盖是。

## 《绍古》之一

**逢君金华宴**

钱氏:《汉书》(卷一百)《叙传》:"上方乡(向)学,郑宽中、张禹朝夕入说《尚书》、《论语》于金华殿中。"

海按:《扶风歌》:"昨辞金华殿。"《汉书》卷七五《翼奉传》:"孝文皇帝躬行节俭,外省繇役,其时未有甘泉、建章及上林中诸离宫馆也;未央宫又无高门、武台、麒麟、凤皇、白虎、玉堂、金华之殿。"是以《叙传》师古《注》云:"金华殿在未央宫。"西汉制:帝居西宫未央;太后居东宫长乐[①],是以"君"乃指天子而言。

**三川穷名利,京洛富妖妍**

海按:《说文》七篇下:"富,备也。"以今语迻译,犹言充斥着。《通典》卷一四一《乐一》自注引裴子野《宋略》"公、私飨觐,则以吴趋、楚舞为妖妍"、《初学记》卷二七《宝器部·绣第七》所录张率《绣赋》"尽衣裳之妖妍"。《文选》卷二七《诗戊·乐府上》曹植《名都篇》"名都多妖女",吕向曰:"妖,美也。"《汉书》卷五七上《司马相如传·上林赋》"妖冶闲都",颜《注》曰:"妖冶,美好也。"《拟行路难》之八"阳春妖冶二三月"。《文选》卷十七《赋壬·论文》陆机《文赋·序》"妍蚩好恶可得而言",善《注》:"《说文》(十二篇下)'妍……一曰慧也';《释名》(卷三《释姿容》):'蚩,痴也'……然妍蚩亦好恶也。"与"妖妍"对仗者既系"名利",名非利,则妍亦非妖,"妖妍"当指美丽而巧慧者。"穷"既与"富"对仗,则当训尽也。"穷名利",皆为有名有利者,不似生于"湘水侧"之"橘",既无名声("无人传"),又无家世背景("菲陋")。

**观席妾凄然,睹翰君泫然**

闻人氏:《战国策》(卷十四《楚策一·江乙说于安陵君》):"嬖色不敝席,宠臣不敝轩。"《汉书》《注》:"翰,笔也。"

方东树:睹我之翰,君当泫然。

海按:此联乃上承"恩荣难久恃,隆宠易衰偏"而来,宫眷得幸侍寝未几,即为其他妃嫔取代,故曰观席凄然;男臣得宠时,每逢帝出,则陪乘,然六路依旧,人已遭冷落,睹车不禁欲涕。是以"翰"疑为"轮"形近之讹。《真诰》[②]卷十三《稽神枢三》即引作"女宠不弊席,男爱不尽轮"。"轩""轮"皆指车之部件。又,遍检《汉书》《集解》,均无该引文,此实出自《文选》卷九《赋戊·畋猎下》扬雄《羽猎赋》李善称引之韦昭旧注。据《隋书》卷三三《经籍志二·正史》所著录,韦昭确有《汉书音义》七卷,然该书早亡。

## 《绍古》之二

**绦绣多废乱,篇帛久尘缁**

闻人氏:《说文系传》(卷九)徐曰:"篇,连(联)也。"

海按:《拟行路难》之十八"对酒叙长篇"、《送从弟道秀别》"篇诗后相忆","篇"乃

---

① 详参郭永吉:《先秦两汉东宫考》,高雄中山大学《文与哲》2006年6月8期。

② 张海鹏订,陶弘景:《真诰》,台北:广文书局有限公司,1989年。

作为文字成品之代词;《从登香炉峰》"洗污奉毫帛"、《拟古》之二"篇翰靡不通",则以书写载体及书写工具代言之,此即《文选》卷十七《赋壬・论文》陆机《文赋》"唯毫素之所拟"、卷二一《诗乙・咏史》颜延之《五君咏・向常侍》"深心托豪素"之"毫素"。对照之下,可知"篇帛"与彼等之异唯在纯以书写载体为代词。出句就女方而言,夫君不在,谁适为容?对句就男方而言,久未通音讯,如《绍古》之六所云"弥祀阙还书",早先之来笺已沾尘变色。

**石席我不爽,德音君勿欺**

闻人氏:《毛诗》(卷二之一《邶・柏舟》):"我心匪石,不可转也;我心匪席,不可卷也。"又(卷四之三《郑・有女同车》):"德音弗【不】忘。"

海按:出句就心而言;对句就言而论,互文足义,女方冀望男方亦不变心、守然诺,否则,即成卷三之三《卫・氓》所言:"女也不爽,士贰其行。"《有女同车》中,德音乃男子赞慕女方之词,与是否失信无涉,当引卷二之二《邶・谷风》"德音莫违,及尔同死"为注,方契此处之旨。

## 《绍古》之三

**瑟瑟凉海风,竦竦寒山木,纷纷羁思盈,慊慊夜弦促**

黄氏:《毛诗》(卷三之二)《卫风・硕人》,"洋洋"状水;"活活"状流;"涉涉"状施罛之声;"发发"状鳣鲔之尾;"揭揭"状葭菼之长;"孽孽"状庶姜之盛,此诗首四句句法字法所从出。

海按:《文选》卷二九《诗己・杂诗上》《古诗十九首》之二:"青青河畔草,郁郁园中柳,盈盈楼上女,皎皎当窗牖,娥娥红粉妆,纤纤擢素手。"

**访言山海路,千里歌别鹤**

黄氏:《诗》(卷十三之一)《小雅・(谷风之什・)大东》"睠言顾之"、《荀子》(卷二十)《宥坐》引作"眷焉";《后汉书》(卷五七)《刘陶传》作"睠(眷)然","焉"与"然"皆语词,则"言"亦语词。

海按:《毛诗》之"言"用法极复杂,包括作为句中状语词尾者,后必接动词[①],而此处接续"言"者乃名词,是以黄氏所举之例失类不当。《周书》卷四二《萧詧传》:"庞参恤民,盖访言于高逸"、《册府元龟》[②]卷一百《帝王部一百・听纳》:"古之为天下者何尝不虚己访言,畴咨询度。"《行路难》之十四"音尘断绝阻河关","山海路"犹言"关河路"。此句谓从各方远归者询问遥隔千里外者之消息。《拟古》之七:"去岁征人还,流传旧相识,闻君上陇时,东望久叹息",即此句句意之铺衍。

**弦绝空咨嗟,形音谁赏录**

海按:《后汉书》卷三十下《郎顗传》"未见朝廷赏录有功,表显有德"、《三国志》卷十《荀彧传》裴《注》引《彧别传》:"前所赏录,未副彧巍巍之勋。"《文选》卷三《赋乙・京都中》张衡《东京赋》"咸用纪宗存主",薛《注》:"纪,录也。""纪禅肃然之功",薛《注》:

---

① 详参梅广:《诗三百篇"言"字新议》,丁邦新、余蔼芹编:《汉语史研究:纪念李方桂先生百年冥诞论文集》,南港:"中央研究院"语言学研究所,2005年。

② 王钦若等:《册府元龟》,北京:中华书局,1994年。

“纪,记也。”对照《登云阳九里埭》“徒忆江南声,空录齐后瑟”,则“录”乃记忆之谓。此处系闺中“美如玉”者自道之词,与功绩无关,指男方未赞许自己之形(容貌)音(音乐造诣),将之记在心上。

## 《绍古》之四

**窗前涤欢爵,帐里缝舞衣**

海按:《吴兴黄浦亭庾中郎别》:“欢觞为悲酌,歌服成泣衣。”欢觞犹欢爵也。《后汉书》卷七十《孔融传·曹公与孔融书》“是以区区思协欢好”、《文选》卷二三《诗丙·咏怀》阮籍《咏怀》之十四“愿睹卒欢好,不见悲别离”、《南齐书》卷一《高帝纪》“申以欢好,以长女义兴公主妻(沈)攸之第三子元和”,可知:“欢爵”乃自《周易》卷六《中孚·九二》“吾有好爵,吾与尔靡之”变化词面而来。陆云集卷三所附郑丰《答陆士龙》之一《鸳鸯》:“我有好爵,与子偕尝。”靡,《释文》:“《韩诗》云:‘共也’,孟(喜)同。”是以此句乃谓于窗前洗好二人对饮之酒杯,以备不时之用。

## 《绍古》之五

**物情乖喜歇,守操古难闻**

黄氏:《广雅》(卷一下《释诂》)“欢,喜也”,“喜歇”犹“欢歇”。(《文选》卷二六《诗丁·赠答四》)颜延之(《赠王太常》)诗:“豫往诚欢歇。”

海按:《代陈思王京洛篇》“古来共歇薄”、《代白头吟》“人情贱恩旧”,则“歇落”“消歇”之后,仍喜爱,即色衰而爱不弛,实属有乖人情之举,如此坚持情义,自古罕闻,所谓“守操古难闻”,故下联乃揣度“三越丰少姿,容态倾动君”。

## 《绍古》之六

**开黛睹容颜**

闻人氏:《释名》(卷四《释首饰》):“黛,代也,灭眉毛,去之,以此画代其处也。”

海按:《玉台》卷四鲍令晖《拟青青河畔草》“鸣弦惭夜月,绀黛羞春风”、《类聚》卷三二《人部十六·闺情》所录萧绎《代旧姬有怨》“怨黛舒还敛,啼红拭复垂”、卷四四《乐部四·箜篌》所录萧纲《赋得箜篌》“欲知心不平,君看眉黛敛”,黛乃眉之代词。开黛犹言解眉,如《玉台》卷五沈约《登高望春》“解眉还复敛”、展眉,如李白集四《乐府·长干行》之一:“羞颜未尝开……十五始展眉。”此句盖言梦中得觏“君子”之“容颜”,原先深锁之眉头绽开。此句实乃《文选》卷二九《诗己·杂诗上》《古诗十九首》之十六“独宿累长夜,梦想见容辉……愿得常巧笑,携手同车归”之缩写。是以梦醒之后,进行镜占,以“访遥涂”人之音讯。

## 《绍古》之七

**天赋愁民命,含生但契阔**

闻人氏:含生犹有生。

海按:《冬日》“含生共通闭”、《乐府》卷五九《琴曲歌辞三》蔡琰名下《胡笳十八拍》

之四“禀气含生兮莫过我最苦”、《类聚》卷六五《产业部上·蚕》所录杨泉《蚕赋》“惟阴阳之产物……物受气而含生”、《宋书》卷七三《颜延之传·庭诰》“含生之氓同祖一气”。或作含情,如《文选》卷二二《诗乙·游览》谢灵运《晚出西射堂》“含情尚劳爱,如何离赏心”;或作含识,如《宋书》卷七九《文五王列传·竟陵王诞传》:“含识能言孰不愤叹。”因上句用“命”,故此处以“生”字为惬,意义一致,却不犯重出。

## 《学古》

**嬛绵好眉目,闲丽美腰身**

海按:“嬛绵”乃先部叠韵词。或作“便嬛”,如《史记》卷一一七《司马相如传·上林赋》“便嬛绰约”、《初学记》卷二八《果木部·竹》所录萧大圜《竹花赋》“倜傥傲人,便嬛笑语”;或作“迁绵”,如《初学记》卷五《地理上·泰山》所录谢灵运《泰山吟》“触石辄迁绵”;或作“芊绵”,《宋书》卷六七《谢灵运传·山居赋》“孤岸竦秀,长洲芊绵”,然多作千眠,如陆云《南征赋》“行云蔼而千眠,旌旆翻其猗靡”、仟眠,如《楚辞》卷十七《九思·悼乱》“藋苇兮仟眠”,《补注》:“一作仟玄;仟,一作阡”、芊眠,谢朓《高松赋》“既芊眠于广隰,亦迢递于孤岭”,乃委曲绵延之貌,因而引申出盛多之意。于此处,指眉目斜长入鬓之状。

**会得两少妾**

海按:《史记》卷三六《陈杞世家》:“哀公………二嬖幸,长妾生留;少妾生胜。”少、幼义通,《战国策》卷十七《楚策四·庄辛谓楚襄王曰》:“左抱幼妾,右拥嬖女。”姬妾习惯连言,故又可曰少姬,《南齐书》卷四十《明七王列传·江夏王宝玄传》:“娶尚书令徐孝嗣女为妃。孝嗣被诛,离绝,少帝送少姬二人与之”;《玉台》卷十收有庾肩吾《咏主人少姬应教》。此辈能生育,则至少已届十四五,然年龄亦不容过长,故《北齐书》卷三二《陆法和传》载其于梁有一“少姬,年可二十余”,已自称“越姥”。否则,宜曰姬人,如《类聚》卷三二《人部十六·闺情》所录王僧孺《为姬人怨》、《咏姬人》。

**凝肤皎如雪**

钱氏:《庄子》(卷一上《逍遥游》):“藐姑射山有神人居焉,肌肤若冰雪。”

海按:“凝”字无着落。《类聚》卷三四《人部十八·哀伤》所录潘岳《金鹿哀辞》“鬒发凝肤,蛾眉蛴领”、《乐府》卷二八《相和歌辞三·相和曲下》高允《罗敷行》“巧笑美回盼,鬒发复凝肤”,可见:此盖自《毛诗》卷三之二《卫·硕人》“肤如凝脂”化来。

**齐衾久两设**

黄氏:《后汉书》(卷四八《应奉传附子劭传》)应劭奏“汉仪……曰……缇緆十重”,《注》引《楚辞》(卷十五《九怀·昭世》):“袭英衣兮缇緆”,“谓鲜明之衣”。緆也、缇也、缏也、齑也,《释名》(卷四《释饮食》):“齑,齐(济)也。”齐衾谓鲜明之衾也。

海按:《战国策》卷七《秦策五·濮阳人吕不韦贾于邯郸吕不韦》“异人至,不韦使楚服见,王后悦……曰‘吾楚人也’”、谢朓《永明乐》之六“赵服丽有辉”、《晋书》卷二五《舆服志》“远游冠,傅玄云:秦冠也”、《御览》卷七一六《服用部十八·手巾》所录秦嘉妇《与嘉书》“今奉越布手巾二枚”、《类聚》卷八五《布帛部·锦》所录萧绎《谢东宫赉辟邪子锦白褊等启》“鲜洁齐纨,声高赵縠”、《玉台》卷八萧悫《秋思》“燕帏缃绮被”,模拟之,“齐衾”之“齐”当亦为产地名。《史记》卷八七《李斯列传·谏逐客书》“阿缟之衣”,《集解》引徐广曰“齐之东阿县,缯帛所出”,《汉书》卷二八下二《地理志》“齐地……其俗弥侈,织作冰纨、绮绣、纯丽之物,号为冠带衣履天下”,则“齐衾”指齐地质地考究之缯帛精工制作之卧被。

## 《拟青青陵上柏》

**浮生旅昭世**

钱氏:(《楚辞》卷十五)王褒《九怀》有《昭世》。

海按:《类聚》卷十六《储宫部·储宫》所录王融《皇太子哀册文》“远宾上灵,长违昭世”、卷二一《人部五·友悌》所录萧纲《叙南康简王薨上东宫启》“岂谓不幸,独隔昭世”。昭,明也。幽、明指死、生,昭世即现下生活之经验世界。

**渭滨富皇居,鳞馆匝河山**

黄氏:鳞馆谓众鳞所萃之馆也。又,(《汉书》卷五七《司马相如传》)司马相如《上林赋》“登龙台”,《注》:“张揖曰:‘观名也,在丰水西北,近渭。’”龙台作鳞馆,或用代字法。此诗上句用“渭滨”,下句用“鳞馆”,必有实地,非如韩愈(集[①]卷四《酬裴十六功曹巡府西驿途中见寄》)诗所云“候馆同鱼鳞”也。

海按:既言“富”,则堂皇之居非一;既言“匝”,《说文》六篇下“匝,周也”、《广雅》卷二上《释诂》“遍也”,则不可能指一馆。何况此一联乃交错对:“皇居”对“鳞馆”;“渭滨”对“河山”,“鳞馆”乃泛称,非某一实际处所之名。《凌烟楼铭》“鳞岭相葺”、《咏史》“飞甍各鳞次”、《文选》卷十一《赋己·宫殿》何晏《景福殿赋》“屯坊列署三十有二,星居宿陈,绮错鳞比”,即此处“鳞”之谓。

## 《学刘公幹体》之一

**为身不为名**

海按:《韩非子》卷三《十过》:“田成子游于海而乐之,号令诸大夫曰‘言归者死’……颜涿聚曰:‘……臣言为国,非为身也。’”《庄子》卷一上《逍遥游》:“吾将为名乎?名者,实之宾也。吾将为宾【实】乎?鹪鹩巢于深林,不过一枝;偃鼠饮河,不过满腹。”对照下文“披雪拾园葵”,则此处之“为身”即“为实”,指个人基本生存而言。刻意用“为身”,表明非为君、为国,纯属自私动机。

**连冰上冬月**

海按:《周礼》卷七《天官·内宰》“上春诏王后帅六宫之人而生穜稑之种”,与上文“中春诏后帅外内命妇姑蚕于北郊”相对,故贾《疏》以“建寅之月”释“上春”,则“上冬”犹言“孟冬”。《广文选》[②]卷九《诗·游览》谢灵运《游岭门山人》:“协以上冬月。”《礼记》卷十七《月令·孟冬》:“水始冰。”《后汉书》卷五《安帝纪·元初四年·诏》“连雨未

① 《朱文公校昌黎先生集》,《四部丛刊初编集部》第 39 册,台北:艺文印书馆,1975 年。

② 刘节:《广文选》,《四库全书存目丛书》,第 297 册。

霁,惧必淹伤”、陶潜集卷二有《连雨独饮》,则“连冰”即落雪不停地凝为冰,是以诗中主人公须“披雪拾园葵”以果腹。

**圣灵烛区外**

海按:《文选》卷二五《诗丁·赠答三》谢灵运《还旧园作见颜范二中书》“圣灵昔回眷,微尚不及宣”,善《注》:“圣灵谓高祖也。”灵,神也,《汉书》卷一百上《叙传·答宾戏》“昔者咎繇谟虞,箕子访周,言通帝王,谋合圣神”、《列子》[①]卷六《力命》“天道自运……圣智不能干”,张《注》:“圣神虽妙,不能逆时运也。”《文选》卷五八《碑文上》蔡邕《郭有道碑文·序》“将蹈鸿涯之遐迹,绍巢、许之绝轨,翔区外以舒翼”、卷五七《诔下》颜延之《陶征士诔·序》“遂乃解体世纷,结志区外”,区外犹方外。六朝习以天子仅治方内,今既并方外亦洞烛,光被四表,何以独我“见遗”,未蒙察照?

## 《学刘公斡体》之二

**曀曀寒野雾,苍苍阴山柏,树迥雾萦集,山寒野风急**

钱氏:《诗》(卷二之一《邶·终风》):“曀曀其阴。”

海按:毛《传》:“阴而风曰曀。”此乃照应下联对句之“风”。

## 《学刘公斡体》之三

**兹晨自为美,当避艳阳天,艳阳桃李节,皎洁不成妍**

张铣:兹晨谓冬时,喻乱代;艳阳,春也,喻明君;风雪,比佞人也……桃李,比忠直也,言未遇至明之时,虽忠直之人,为佞者所乱,不成其美。

陆善经:(雪来)以兴士自远而至在君侧,得尽才用……艳阳以兴谄媚之人;皎洁以比贞素之士。

刘履:此亦明远被间见疏而作。

吴淇:有一辈小人,自有一辈小人行事。前人之术巧矣,后人更有巧者,前人必为后人所倾,故小人猖獗肆志,亦各有其时,把个时势尽是小人回转据住,何日是君子道长之时乎?。

张玉谷:(卷十六)此借雪以自比。前四言膺荐致身;后四言畏谗避位也。

海按:危机之时(兹晨),前来勤王之士(朔雪)“自为美”;承平之际(艳阳天),则为佞色者(桃李)取代,朔雪“不复”为君赏悦。共患难而不共安乐矣。

## 《学刘公斡体》之四

**不愁世赏绝,但畏盛明移**

黄氏:《汉书》(卷二二)《礼乐志(·郊祀歌)》:“朱明盛长,旉与万物。”

海按:《采桑》“盛明难重来”,二处之“盛明”皆取自《汉书》卷九七下《外戚列传·班倢伃传·自悼赋》“蒙圣皇之渥惠兮,当日月之盛明,扬光烈之翕赫兮,奉隆宠于增成”。以日喻君,故曰“盛明”;以对方与自身之感情而言,即《代陈思王京洛篇》“但惧

---

① 杨伯峻:《列子集释》,北京:中华书局,1996年。

秋尘起,盛爱逐衰蓬”之“盛爱”。

## 《学刘公幹体》之五

**乖荣顿如此,何用独芬芳**

海按:上言“天下共明光”,唯此小草“乖荣”,则“荣”训光也。《吕览》卷七《振乱》“且辱者也而荣”,高《注》:“荣,光明也。”《拟古》之四“生事本澜漫,何用独坚精”、《喜雨》“无谢尧为君,何用知柏皇”、《咏白雪》“兰焚石既断,何用恃坚芳”,迻译为今语,“何用”均当倒置于该句末,言芬芳、坚精等有何用。

## 《拟阮公〈夜中不能寐〉》

**酌酒乱繁忧**

海按:《论语》卷八《泰伯》“予有乱臣十人”,《集解》引马融曰:“乱,治也。”皇氏《义疏》[①]卷四:“乱,理也。”即《月下登楼连句》“乐来乱忧念,酒至歇忧心”之意。

## 《学陶彭泽体》

**长忧非生意,短愿不须多**

钱氏:《晋书》(卷九九)《殷仲文传》:“此树婆娑,无复生意。”

海按:《代贫贱苦愁行》“长叹至天晓,愁苦穷日夕……以此穷百年,不如还窀穸”,即此篇首句之意:长年忧愁岂乃活之意义?“短愿”与《从拜陵登京岘》之“远愿”适相对,指近期微小之愿望。《代升天行》“穷途悔短计,晚志重长生”,短计,目光短浅之规划。

## 《数诗》

**五侯相饯送**

李善:《汉书》(卷九八《元后传》)曰:成帝“悉封舅王谭[为平阿侯]、王立[红阳侯]、王根[曲阳侯]、王逢[高平侯]、王商时[成都侯]为列侯。五人同日封,故世谓之五侯”。

海按:获封高平侯者乃王逢时,今本“时”字误乙于“王商”之下,且王商当在王谭之后、王立之前。《集注》本不误。

**六乐陈广坐**

李善:《周礼》(卷二二《春官·大宗伯》)“凡六乐者,文之以五声”,郑玄曰:“此固所以在六代之乐。”

海按:据《周礼》卷十《地官·大司徒》郑《注》引郑司农曰,及卷二二《春官·大司乐》郑《注》、贾《疏》,“六乐谓(黄帝)云门、(帝尧)咸池、(帝舜)大韶、(夏禹)大夏、(商汤)大濩、(周武王)大武”。

---

① 皇侃:《论语集解义疏》,台北:广文书局有限公司,1968年。

**下庭列歌钟**

李善:《国语》(卷十三《晋语七·悼公赐魏绛女乐歌钟》):“郑伯[家来],纳……女乐二八,歌钟二肆……(悼)公锡魏绛女乐一分【八】,歌钟一肆。”

海按:此乃《文选》卷六《赋丙·京都下》左思《魏都赋》张载注文,且“八”字不误,乃撰者移置于此。《周礼》卷二三《春官·小胥》“凡悬钟、磬,半为堵;全为肆”,郑《注》:“十六枚而在一虡谓之堵;钟一堵、磬一堵谓之肆。”贾《疏》:“堂上歌之,堂下以钟鼓应之。”《左传》卷三一《襄公十一年》孔《疏》:“《传》言歌钟二肆,则兼有磬矣,若其无磬,不得成肆……其磬数亦同矣。”

**八珍盈雕俎**

李善:《周礼》(卷五《天官·食医》):“掌和王[……]八珍之齐。”

增补:《周礼》(卷四《天官·膳夫》)“珍用八物”,郑玄《注》:“珍谓淳熬、淳毋、炮豚、炮牂、捣珍、渍、熬、肝膋。”

海按:据《礼记》卷二八《内则》及郑《注》、孔《疏》,淳熬、淳毋均“煎醢”,加于饭上,并浇“膏”油于上,两者差别仅一为“陆稻”饭;一为“黍”饭。炮豚、炮牂均为“刲之刳之”,去除内脏,“实枣于其腹中”,外涂泥,以火烤之。捣珍则为取牛、羊等之“脊侧肉”,捣捶之,去其“筋腱”,煮熟,以“汁和”之。渍为取“新杀”之“牛肉”“薄切之”,煮熟后,“湛诸美酒”,隔天加醢等调味料“而食之”。熬为捣捶牛肉,置于“萑”架上,“屑桂与姜,以洒诸上”,并以盐渍之,烤熟后,食之。肝膋“取狗肝”,外裹膋,即“肠间脂”,“炙之”。

## 《建除诗》

**投鞍合营墙**

钱氏:汲冢《周书》(卷七《王会》):“成周之会,周公旦主东方,所知青马黑□谓之母儿,其守营者衣青,操弓执矛。”

海按:《文选》卷五七《诔下》颜延之《阳给事诔》“攒锋成林;投鞍为围”、江淹《尚书符起都官军局符兰台》“投鞌成岳”,乃状军士众多,解鞍,竖之,则足以合为围墙;横叠之,则高若山岳。又,《隋书》卷三三《经籍志二·古史》著录《周书》十卷,自注“汲冢书”,已非尽允,《新唐书》卷五八《艺文志·乙部·杂史类》既著录汲冢《周书》十卷,又著录孔晁注《周书》八卷,乃得其情。前者早已亡散,钱氏无从得见,此乃沿后世认知之误,以历代相传之《周书》为《逸周书》所致①。

**士女献壶浆**

海按:《孟子》卷三《滕文公上》:“其君实玄黄于匪,以迎其君子;其小人箪食壶浆,以迎其小人。”本指欢迎吊民伐罪者之军队,此处移用为欢迎本国胜敌之师。

**开壤袭朱绂**

海按:《华阳陶隐居内传》卷下沈约《酬华阳先生》:“开壤赋千室。”又作分壤,《还

---

① 详参黄沛荣:《周书研究·前言》,台北:台湾大学中文研究所博士论文,1975年。

都口号》:“分壤蕃帝华。”开壤、分壤实皆裂土之谓。《汉书》卷三四《韩彭英卢吴列传·赞》“咸得裂土,南面称孤”、卷七十《陈汤传》“皆裂土受爵”。《白虎通》卷十《绋冕》“天子朱绋;诸侯赤绋”;《晋书》卷二四《职官志》则曰“文、武官公皆假金章紫绶”,然此处显然根据《礼记》卷三十《玉藻》所言:“天子玄组绶;诸侯朱组绶。”验诸《文选》卷二十《献诗》曹植《责躬》“冠我玄冕,要我朱绂”、卷三七《表上》曹植《求自试表》“上惭玄冕,俯愧朱绂”,可知不误。

## 《白云》

**炼金宿明馆,屑玉止瑶渊**

钱氏:《魏书》(卷一一四)《释老志》:“至于化金销玉,行符敕水,奇方妙术,万等千条。”

海按:《史记》卷二八《封禅书》:“(李)少君言上曰:‘祠灶则致物,致物而丹沙可化为黄金,黄金成,以为饮食器,则益寿,益寿而海中蓬莱仙者乃可见,见之以封禅,则不死。’”“物”即《汉书》卷三一《楚元王传附玄孙向传》“淮南有枕中鸿宝苑秘书,书言神仙使鬼物为金之术”之“鬼物”,是以欲仙者须炼金。《尚书》卷十二《洪范》“惟辟玉食”、《周礼》卷六《天官·玉府》“王齐,则共食玉”,郑《注》引郑司农云“王齐,当食玉屑”、《楚辞》卷一《离骚》“精琼靡以为粻”,王《注》:“精凿玉屑以为储粻”、《文选》卷二《赋甲·京都上》张衡《西京赋》善《注》引《三辅故事》“武帝作铜露盘,承天露,和玉屑饮之,欲以求仙”。《从庾中郎游园山石室》“至哉炼玉人,处此长自毕”,对照江淹《杂体诗·郭弘农·游仙》“道人读丹经,方士炼玉液”、《英华》卷三四六《歌行十六·愁怨》江总《姬人怨服散》“薄命夫婿好神仙,避愁高飞向紫烟,金丹欲成犹百炼,玉酒新熟几千年”,是炼玉亦食玉也,仅所食者一为液体;一为固体。

**凌崖采三露,攀鸿戏五烟**

钱氏:郭宪《洞冥记》:“武帝问东方朔曰:‘吉云五色露可得以尝否(不)?’朔乃东走,至夕而还,得玄、黄、青露,盛之玩【琉璃】器,以授帝。帝遍赐群臣,老者【得露】尝之【者】,老者皆少。”

海按:《御览》卷十二《天部·露》所引《洞冥记》如是作,然《御览》卷八百八《珍宝部七·琉璃》所引《洞冥记》作“得五色露”,《太平广记》卷六《神仙六》作“吉云五露”[1]。此处所以作“三”,乃避下文之“五”。此系六朝通则。《文选》卷三五《七下》张协《七命》“价兼三乡,生贵两都”,善《注》:“实二乡,而云三者,避下文也。”卷三十《诗己·杂诗下》谢朓《和王著作八公山》“东限琅邪台,西距孟诸陆”,善《注》:“孟诸泽在八公山东,而云西距者……以避上文耳。”《类聚》卷一《天部上·星》所录邢子才《贺老人星表》“三星共色,五老同游”,据《史记》卷二七《天官书》,及《英华》卷八《赋八·天象八》张叙良等四篇同名之赋,可知:本当作“五星同色”,避下文,乃强改“五”为“三”。

① 《初学记》,卷二《天部下·露五》:“露之异者有朱露、丹露、玄露、青露、黄露。”田艺蘅:《留青日札》,《四库全书存目丛书》,第105册,卷九《甘露》,“黄露”下有“白露”,且云:“即五行之异禀也。”可知:朱露、丹露二者必有一衍者。

## 《临川王服竟还田里》

**丰雾粲草华,高月丽云崿**

海按:《文选》卷二五《诗丁·赠答三》陆云《为顾彦先赠妇》之二"皎皎彼姝子,灼灼怀春粲",善《注》引《国语》贾逵《注》:"粲亦美貌。"《毛诗》卷二之三《邶·静女》"静女其姝",毛《传》:"姝,美色也。"陆氏该联乃互文足义:彼怀春姝粲之子何等艳光四射。《可爱》"魏粲缝秋裳,赵艳习春歌"、《采菱》之四"要艳双屿里,望美两洲间",正因"粲"与"美""艳"义通,故得以对仗。《在江陵叹年伤老》"园楥美花草","花草"即此处之"草华",尤为"粲"当训美之明证,然此处乃作使役动词,言浓雾使草华显得更美。

## 《行药至城东桥》

**迅风首旦发**

海按:《类聚》卷四五《职官部一·丞相》所录沈约《齐豫章文献王碑》:"每至三元首旦,华裔在庭。"《代鸣雁行》"邕邕鸣雁鸣始旦"、《后汉书》卷六七《党锢列传·李膺传》"不谓夷之初旦明而未融"。始旦、初旦、首旦同义。

**开芳及稚节,合彩吝惊春**

李善:以草喻人也。草之开芳,宜及少节,既以含彩,理惜惊春。夫草之惊春,花叶必盛,盛必有衰,固所当惜也……孔安国《尚书》(卷八《伪仲虺之诰》)《注》:"无所吝惜也。"

刘良:夫人开布芳华之德,宜在幼稚之年;含其光彩,惊惜春序,恐时过年谢。

刘履:当及此少壮,以进德修业,开布芳荣,何乃徒自含章,惊盛年之失?且尊贵有德者虽不免于形役,犹得以扬名后世……盖勉人及时自树,不可徒为沦没也。

方回:(卷一)《文选》注"吝"字殊为费力……窃谓"吝"可疑,岂以上文有"各事百年身",故于此句避"各"字,以为"吝"字?以愚见决之,当作"开芳及稚节,含采各惊春"为是。此盖有感于行药之际,见夫开芳含采之药物及乎未老之时,而皆有惊春之色,以譬夫仕宦抚剑、市井怀金之徒。

吴淇:余观参军《咏史诗》有"繁华及春媚"五字……此诗"及"字、"春"字即《咏史》之"及"字、"春"字也。"稚节"亦春也;"开芳"即繁华。人若得志而据要津,在少年之际,何等繁华,他人见此繁华,未有不惊者。若韬敛其光彩,而甘心陋巷,则鲜不忽略之矣,故曰"吝惊春"也。

海按:本集作"合",然宋本、善注本、明洲本六臣注、陈八郎五臣注、茶陵本六臣注《文选》皆作"含"。《凌烟阁铭》"合彩烟涂",宋本、《类聚》卷六三《居处部三·楼》所录亦均作"含"。虽然与开相对时,合与含意思无多差别,但仍以作"含"为是。《白纻曲》之二"桃含红萼兰紫芽"、《拟行路难》之十八"百草含青俱作花",可为左证。又,避免重出,仅能以同义、近义词替换。"吝""各"字义悬殊,焉有以彼代此之理?此联乃鲍氏自嘲以嘲人之一贯手法。诸芳皆知当趁早展示其美,如《绍古》之七所言"暖岁节物早,万萌竞春达",亦即吴淇所引"繁华及春媚",藉此博名利,唯我不识时务,含彩不开放,似乎吝于惊觉春讯,从众争艳。如此愚顽,究竟所为何来?故末联言"容华坐消歇,端为谁苦辛”。

## 《园中秋散》

**枕流商声苦,骚杀年志阑**

闻人氏:(《文选》卷二《赋乙·京都中》张衡)《东京赋》“飞流苏之骚杀”,善《注》:“骚杀,垂貌。”

海按:骚杀乃双声词,或作梢杀,如《文选》卷十三《赋庚·物色》宋玉名下《风赋》:“蹷石伐木,梢杀林莽”;或作萧飒,《岁时杂咏》卷三九《冬至》雅陈叔宝《五言画堂良夜履长在节歌感赋诗列席命酒十韵成篇》:“季冬初阳时,寒气尚萧飒。”或作肃杀,《类聚》卷二七《人部十七·行旅》所录陆机《思归赋》:“寒风肃杀,白露沾衣。”或作萧散,如《文选》卷五七《哀上》潘岳《哀永逝文》:“视天日兮苍茫,面邑里兮萧散。”依《广韵》,骚、飒、萧、肃、散皆精系心母字;梢、杀皆庄系生母字,上古时,精、庄二系合一,至中古始分,前者配一、三、四等韵;后者配二等及部分三等韵。《文选》卷二六《诗丁·行旅上》谢灵运《永初三年七月十六日之郡初发都》“述职期阑暑”,善《注》“阑犹尽也”、卷五七《诔下》谢庄《宋孝武宣贵妃诔》“白露凝兮岁将阑”,善《注》:“阑犹晚也。”此句乃言年纪与志气均已进入如同暮秋萧条将尽之状态。

## 《遇铜山掘黄精》

闻人氏:(《御览》卷九八九《药部六》所录)《博物志》:“太阳之草名黄精,食之,可以长生。”

海按:《抱朴子》内篇卷六《微旨》“长谷之山……有道之士登之不衰,采服黄精,以致天飞”、卷十一《仙药》“服黄精仅十年,乃可大得其益耳”;《御览》卷九八九《药部六》所录《神仙传》“白菟公服黄精而得仙”。

**土肪阙中经**

闻人氏:《说文》(四篇下):“肪,肥也。”

海按:《文选》卷四二《书中》曹丕《与钟大理书》“窃见玉书称美玉,白如截肪”,善《注》:“王逸《正部论》‘……白如猪肪;黑如纯漆,玉之符也’,《通俗文》曰:‘脂在腰曰肪。’”“土肪”即《从登香炉峰》“霜崖灭土膏”之“土膏”。

**命药驻衰历**

闻人氏:命药,续命之药。

海按:命,改读为灵,灵药,仙药也。

**矧蓄终古情**

海按:《秋夜》之二“终古自多恨”。《楚辞》卷一《离骚》“余焉能忍与此终古”,指一辈子。

**空守江海思,岂怀梁郑客**

闻人氏:列子,郑人。郑,战国梁地。

钱氏:庄子,蒙人,蒙为梁地,即并指庄、列亦可,然语终迂晦。《史记》(卷七十)《张仪传》“从郑至梁,二百余里”,疑此为明远自述行踪。

海按:魏都大梁,故又曰梁;韩都新郑,故又曰郑,《史记》卷七八《春申君传》:"王以十万戍郑,梁氏寒心。"梁(魏)、郑(韩)乃三晋之代词,因与之对仗者乃江、海二者。《史记》卷七十《张仪列传·太史公曰》:"三晋多权变之士,夫言从衡强秦者,大抵皆三晋之人也。"《庄子》卷九下《让王》:"中山公子牟谓瞻子曰:'身在江海之上,心居乎魏阙之下,奈何?'",《释文》:"魏之公子封中山,名牟。"此联乃反用其意,言自己多年以来徒怀江海之思,如今得遂,岂会眷念诡谲多端之政坛中人,所谓"今何惜"。

## 《见卖玉器者》

**子实旧楚客,蒙俗谬前闻**

海按:"蒙俗""谬前闻"乃句中正对。蒙、谬皆被动语态之动词。被"前""俗"所蒙蔽,犹《文选》卷一《赋甲·京都上》班固《东都赋》:"东都主人喟然而叹曰'痛乎风俗之移人也'";被流传下来之"前闻"误导,犹卷三《赋乙·京都中》张衡《东京赋》:"安处先生……笑曰:'若客所谓末学肤受,贵耳而贱目者也'。"

**安知理孚采,岂识质明温**

海按:"理"论玉之外观;"质"论玉之内涵。《类聚》卷七六《内典上·内典》萧纲《慈觉寺碑序》:"温明内湛,慈慧天发"、《魏书》卷六四《张彝传》"显祖以温明之德润沃九区"、《墓志汇编》《魏故使持节都督三州诸军事骠骑大将军东梁州东徐州刺史当州大都督仪同三司兖州刺史临济县开国侯叔孙公墓志之铭》:"温明内发,秀采外彰。"明,光也;温,和也,温明盖即《老子》第四章之"和其光"。《南齐书》卷四三《何昌寓传》:"俱沐温光,独酸霜露。"不曰"温明",而倒乙之,因本篇主要以魂部字为韵——"分""闻"乃文部字;"元"乃先部字——"明"则是庚部字,断无通押之理。

**我方历上国,从洛入函辕**

钱氏:《左传》(卷二六《成公七年》):"是以始大通吴于【于】上国。"《水经注》[①](卷十五《洛水》)"洛水[……]又东出关,惠水右注之,世谓之八关水",自注:"灵帝中平元年[……]置函谷、关【广】城、伊阙、大谷、轘辕、旋门、平津、孟津等八关。"

海按:该句杜《注》:"上国,诸夏。"卷五二《昭公二七年》孔《疏》引贾逵云:"上国,中国也。"《毛诗》卷七之二《桧·匪风》孔《疏》:"下国谓诸侯,对天子为下国。"是"上国"有两种用法,此处当从钱说,因若以"上国"谓京邑,则下句之"从洛"复沓矣。《文选》卷二十《诗甲·公燕》沈约《应诏乐游园饯吕僧珍》"函、辕方解带,峣、武稍披襟",善《注》:"函,函谷;辕,轘辕也。"卷三《赋乙·京都中》张衡《东京赋》薛《注》:"轘辕,阪名也……阪,十二曲,道将去复还,故曰轘辕。"

**扬芳十贵室,驰誉四豪门**

钱氏:(《文选》卷十《赋戊·纪行下》)潘岳《西征赋》:"窥七贵于汉庭",(善)《注》:"汉庭七贵【七姓谓】:吕、霍、上官、丁、赵【赵、丁】、傅、王,并后族也","十贵"未详。

黄氏:《史记》(卷十一)《孝景本纪》:"中五年[夏],立皇子舜为常山王,封十侯。"

---

① 王先谦:《水经注》,成都:巴蜀书社,1985年。

"十贵"疑指此。

海按:《周礼》卷三九《考工记》"凡攻木之工七",郑《注》:"故书'七'作'十'……郑司农云:'十'当为'七'"、卷四十《考工记·辀人》"轨前十尺而策半之",郑《注》:"'十'或作'七'……'七'非也"、《荀子》卷十三《礼论》"有天下者事十世",杨《注》:"当为'七'","七""十"相乱乃因二者之古文仅有中竖一笔长短之别。然汉世已多不辨古文,故不宜援引以为形近而讹之证。《汉书》卷九七下《外戚列传》"孝元王皇后,成帝母也。家凡十侯,五大司马,外戚莫盛焉",师古《注》:"十侯者,阳平顷侯禁、禁子敬侯凤、安崇侯崇、平阿侯谭、成都侯商、红阳侯立、曲阳侯根、高平侯逢时、安阳侯音、新都侯莽也。""四贵"既代表宗室,则"十贵"当为外戚。江淹《拜中书郎表》"汝、颍之金,或扬采于四豪;江、淮之珠,已驰光于七贵",取义一致。

## 《怀远人》

**驰风扫遥路**

海按:《文选》卷四《赋乙·京都中》张衡《南都赋》:"箭驰风疾。"驰犹疾也,驰风,疾风。

## 《梦还乡》

**开奁夺【集】香苏,探袖解缨徽**

钱氏:(《文选》卷十八《赋壬·音乐下》)嵇康《琴赋》:"新衣翠粲,缨徽流芳。"(《晋书》卷五一《束皙传》)束皙《元居释》:"背缨绫而长逸。"

黄氏:《琴赋》李善《注》:"《尔雅》曰'妇人之徽谓之缡',郭璞曰:'今之香缨也。'"节按:《尔雅》(卷五《释器》)作"袆",不作"徽"。"徽"疑为琴徽。缨,系也。

海按:善《注》是。别本正作"徽",详参阮元《十三经校勘记》。《礼记》卷二七《内则》"男、女未冠、笄者……皆佩容臭",郑《注》:"容臭,香物也,以缨佩之。"《芙蓉赋》"抽我衿之桂兰"、《类聚》卷四《岁时中·三月三日》所录夏侯湛《禊赋》:"荣【萦】香丸于素襟。"然现实社会中,系香物并不限于未成年者。《文选》卷十九《诗甲·述德》谢灵运《述祖德》"而不缨垢氛",善《注》"缨,绕也",汉语动词名词每相兼具,是以"缨"即系绳也;《说文》十三篇下"徽……一曰三纠绳也",《周易》卷三《坎·上六》"系用徽纆",《释文》引刘(表)云"三股曰徽;两股曰纆,皆索名","缨徽"乃同义复词。夫君不在,谁适为容;良人既归,乃求媚悦,"刈""集""兰""菊"等香料于"奁"内,探袖"解"下原系已久之香囊,去其中枯槁者,易以新鲜"芬芳"。

**波澜异往复,风霜改荣衰**

钱氏:(《文选》卷十二《赋己·江海》)郭璞《江赋》"自然往复,或夕或朝",(善《注》引)《抱朴子》:"(麋氏云:)朝者,据朝(潮)来也;言夕者,据夕(汐)至也。"《汉书》卷五二《韩安国传》:"韩安国曰:'……夫盛之有衰,犹朝之必暮(莫)。'"

海按:《周易》卷二《泰·九三·小象》"无往不复,天地际也"、卷三《复·大象》"复,其见天地之心乎"。此联乃言:人"异"于"波澜",既"往"之后,又可重新再开始,所谓"复",以春"风"秋"霜"代表的时间之流只会令人走在单向道上,由"荣""改"为

"衰",至终消亡,不复存有。即《冬日》所言:"泻海有归潮,衰容不还迟。"

## 《春羁》

**岫远云烟绵,谷屈泉靡迤**

海按:"靡迤"既为支部叠韵词,则与之对仗之"烟绵"当亦然。烟、绵二字于上古固然分属真、元二部,然至晋、宋,已均为先部韵矣。烟绵即绵延,亦即《和王丞》:"春思坐连绵"之连绵,乃延续不已之状。《英华》卷二六七《诗一一七·送行二》宋之问《送赵司马越蜀州》"饯子西南望,烟绵剑道微"、卷三三六《歌行六·酒》杜甫《晦日贺兰传杨长史筵醉歌》"烟绵碧草萋萋长"、司空图集[①]卷八《杂著·情赋》"阻佳期兮日难忘,情烟绵兮悄自伤"。

**新声忆解子**

黄氏:《宋书》(卷九三《隐逸列传·》戴颙传》:"衡阳王季镇京口……颙……为义季鼓琴,并新声变曲。"则本诗收句"君"字、"子"字自当指颙言。

海按:《世说》上卷《文学》条24"非但能言人不可得,正索解人亦不可得"、中卷《赏誉》条5"钟士季目王安丰:'阿戎了了解人意'"、《庄子》卷一下《齐物论》:"万世之后而一遇大圣,知其解者,是旦暮遇之也",成《疏》:"如此解人,其为希遇。"易"人"为"子",谐韵也。

## 《岁暮悲》

**皎洁冒霜雁,飘扬出风鹤**

钱氏:(《文选》卷二七《诗戊·乐府上》)班婕妤《怨歌行》"皎洁如霜雪";(卷五《赋丙·京都下》)左思《吴都赋》"冒霜停雪";(《玉台》卷一)宋子侯《董娇娆》"花落何飘扬"。

海按:此联乃具体说明上联对句"白雪夜回薄"之状,是以改以骈文出之,则为"皎洁若冒霜之雁;飘扬似出风之鹤"。《赠故人马子乔》之五"皎如川上鹄"、《冬至》"眇眇负霜鹤,皎皎带云雁",与此句法一致。

**天寒多颜苦,妍容逐丹壑**

钱氏:(《类聚》卷八《山部下·太平山》所录)孙绰《太平山铭》:"下笼丹壑。"

黄氏:丹壑,日没处也。

海按:颜苦,苦颜,与《冬至》"哀哀古老容,惨颜愁岁暮"之"惨颜"一致。《尔雅》卷七《释地》:"岠齐州以南,戴日为丹穴;北,戴斗为空桐;东至日出为大平;西至日所入为大蒙……四极。"此联乃交错对,"颜苦"对"妍容";空间:"丹壑"对时间:"天寒",则"丹壑"当代表温暖之处,引申为暑季。欢颜已随暑季之逝而消失。

**丝罥千里心,独宿乏然诺**

海按:《文选》卷十二《赋己·江海》木华《海赋》"或挂罥于岑嶅",善《注》:"《声类》

---

① 司空图:《司空表圣文集》,上海:上海古籍出版社,1994年。

曰:‘罥,系也。’”“丝”乃谐声双关词,兼谓“思”也[①]。将此联略去之主格、所有格补入,则成“(妇)丝罥千里(夫之)心,(妇)独宿乏(夫之)然诺”,意谓女子每运作机杼一次,每根丝线都蕴含着对千里之外夫君的一份挂虑:对自己是否仍有情义,自己虽始终等候,守贞独眠,却因对方从未承诺必然回来,使得这份坚持毫无保障。

## 《在江陵叹年伤老》

**三命戒渊抱**

海按:渊,深也;抱,怀也。陶潜集卷二《岁暮和张常侍》“颤颡由化迁,抚己有深怀”、《广弘明集》十九《法义篇》萧子良《与隐士刘虬书》“及推其轻重,品其得失,则渊怀洞赏宁或符之”。言心中深以三命为戒。

**方瞳起松髓,赪发疑桂脑**

钱氏:《抱朴子》(内篇卷六《微旨》):“若令吾眼有方瞳,耳出长顶,亦将控飞龙而驾庆云,凌流电而造倒景”……嵇康《难养生论》:“赤斧以练丹赪发;涓子以术精久延。”

海按:《拾遗记》卷三《周灵王》“帷有黄发老叟五人……耳出于顶,瞳子皆方……与(老)聃共谈天地之数”、《列仙传》[②]卷上《偓佺》“好食松实,形体生毛,长数寸,两目更方”;卷下《赤斧》“能作水炼丹,与硝石服之,三十年反如童子,毛发皆赤”。

**役生良自休,大患安足保**

钱氏:《老子》(第十三章):“我所[以有]大患[者],为吾有身。”

海按:《楚辞》卷十五《九怀·危俊》“望太一兮淹息,纡余辔兮自休”,王《注》:“缓我马勒留寝寐也。”死亡犹同长眠,故《古文苑》卷五《汉臣赋九首》张衡《髑髅赋》曰:“死为休息,生为役劳”、陆云《九愍·□□》:“嗟有生之必死,固逸我以自休。”此处“大患”乃藏词格,意在下文未书之“吾身”。此联乃谓为世俗所役之一生诚然必告结束,如辛劳者终获休息,此身焉值得保存?

## 《玩月城西门廨中》

五臣:“解,公府也。时照为秣陵令。”

海按:《集注》本五臣无“时照为秣陵令”一句,此乃《钞》之文,然宋刊明州本六臣《注》、南宋陈八郎五臣《注》《文选》已羼入此句。

**始见西南楼,纤纤如玉钩;末映东北墀,娟娟似娥眉,娥眉蔽珠栊,玉钩隔琐窗,三五二八时,千里与君同**

海按:从末句“金壶启夕沦”,可知:此度“玩月”乃通宵未眠,然而从“三五二八时”,可知:“始”“末”乃就整个月之月相而言,作者断无可能整月不眠,是以所述仅能视为过往经验,此其一。此乃文学作品,非天文学报导,因此不得要求前者如后者一般精确,读者不当以文害意,此其二。作者在北半球,是以该月第三至第六天,下午至

---

① 详参王运熙:《论吴声西曲与谐音双关语》,《六朝乐府与民歌》,上海:上海文艺联合出版社,1955年。

② 王叔岷:《列仙传校笺》,南港:“中央研究院”中国文哲研究所,1995年。

黄昏之间,可见右侧之月魄,确实类乎玉钩;该月倒数第三至第六天,曙光前至清晨,可见左侧之月魄,仍类乎玉钩,实不似娥眉;十五、十六时,日落至日出整夜均可见此满月。换言之,"如玉钩"或"似娥眉"之月相能见与否,关键在观察时间,作者归诸空间,此自因有其喻意。

**夜移衡汉落,徘徊帷户中**

李善:(《文选》卷二三《诗丙·哀伤》)曹植《七哀诗》:"明月照高楼,流光正徘徊。"

海按:《仪礼》卷二《士昏礼》"席于户、牖之闲",郑《注》:"室户膝、牖东,南面位。"户扉以木为之;牖以帷掩之,则帷、户中犹户、牖之闲,此乃最尊之处,主人所坐,即上联"千里与君同"之"君"。《毛诗》卷二之一《邶·柏舟》郑《笺》"月,臣象也",自譬也。

**金壶启夕沦**

李善:金壶之漏已启夕波……《尔雅》(卷七《释水》):"小波为沦。"

《钞》:启,开也;沦,没也,言金壶声开月没也。

刘良:金壶之水已开滴漏,言夜将尽矣……启,开也;沦,尽也。

陆善经:金壶之漏以启夕沦之波,论天明。

黄氏:(《初学记》卷二五《器物部·漏刻第一》所录)张衡《漏水转浑天仪制》:"以铜为器,再迭差置,实以清水,下各开孔,以玉虬吐漏水入两壶,右为夜;左为昼。铸金铜仙人居左壶;为金胥徒居右壶"。"金壶启夕沦",谓所铸之金人踞而承夕漏也。刘良《注》:沦犹尽也。若从善《注》,则上既云"衡汉落",夜已深矣,何又曰夕波始启?

海按:《尚书》卷十《微子》"今殷其沦丧,若涉大水,其无津涯",伪孔《传》"沦,没也",《钞》训是。日沦,则夜始;"夕沦",即"夜尽",夜尽则将"天明",故"启夕沦"犹言"启明"。以漏刻论,铸金仙人之右壶滴将尽;铸金胥徒之左壶漏将始。通宵酣饮,至天明,客将归,故下文方云:请求"回轩驻轻盖",因"酒未阙"。《还都道中》之三:"太息终晨漏"、《望孤石》:"啸歌清漏毕,徘徊朝景终",则适相反,若以此处词汇表述,则为"朝沦"、启夕。

## 《喜雨》

海按:《宋书》卷六《孝武帝纪·大明七年》"东诸郡大旱"、《大明八年》"诏:去岁东郡偏旱,田亩失收……可出仓米付建康、秣陵六县,随宜赡恤"。

**营社达群阴**

海按:《公羊传》卷八《庄公二五年》"日食则曷为鼓、用牲于社?求乎阴之道也,以朱丝营社",何《解诂》:"求,责求也……朱丝营之,助阳抑阴也。"此时因久旱,故须反其道而行之。《后汉书·续汉志》卷五《礼仪志》"行云礼求雨……反拘朱营社,伐朱鼓",乃助阴以抑阳也。

**河井起龙蒸，日魄敛游光**

钱氏：《春秋繁露》[①]（卷十《深察名号》）："阴之行不得于春、夏，而月之魄常厌于（于）日光。"

海按：《国语》卷一《周语上·虢文公谏宣王不籍千亩》"阳气俱蒸"，韦《解》："蒸，升也。""河""井"为二，则对仗之"日""魄"亦当为二。《文选》卷二三《诗丙·咏怀》谢惠连《秋怀》"颓魄不再圆，倾羲无两旦"，善《注》："魄，月魄也。"《玉台》卷七萧衍《拟明月照高楼》"圆魄当虚闼，清光流思筵"，圆魄，圆月也、《类聚》卷六《地部·岩》所录丘迟《夜发密岩口》"敞朗朝霞澈，惊明晓魄悬"，晓魄，晓月也。日、魄，日、月也。

**族云飞泉室，震风沈羽乡**

钱氏："羽乡"见《登香炉峰》（《山海经》有羽人之国）。

黄氏：（《文选》卷五《赋丙·京都下》）左思《吴都赋》："泉室潜织而卷绢【绡】。"

海按：黄氏引文之下句为"渊客慷慨而泣珠"，然此处与鲛人故事无关，泉室但指南方众泉汇聚之所。《周书》[②]卷二《程典》"工不族居"，孔《注》："族谓群也。"《礼记》卷四六《祭法》"大夫立三祀，曰族厉"，孔《疏》："族，众也。"今众水气蒸腾为簇云，则与之相对之"羽乡"当亦为潴水之所。《山海经》卷十七《大荒北经》"有大泽方千里，群鸟所解"、《穆天子传》卷三"爰有薮水泽，爰有陵衍平路，硕鸟解羽"、《史记》卷一一一《卫将军骠骑列传》《索隐》引崔浩曰："北海，群鸟之所解羽，故云翰海。"《类聚》卷十六《储宫部·太子妃》所录谢庄《皇太子妃哀策文》："风沈国路，云起郊门。"

**升雰浃地维，倾润泄天潢**

海按：《史记》卷二七《天官书》"汉中四星曰天驷，旁一星曰王良……旁有八星绝汉，曰天潢"，《索隐》引《元命苞》宋均《注》："天潢，天津也。"《后汉书》五九《张衡传·思玄赋》："乘天潢之泛泛兮，浮云阳之汤汤。"此处以"天潢"代表"天河"，言潮湿之气甚盛，若天河之水倾泻下土，润泽万方。

**平洒周海岳，曲潦溢川庄**

黄氏：（《御览》卷五七《地部二二·林》所录）蔡邕《月令章句》："受众流注海曰【曰海】川。"《尔雅》（卷五《释宫》）："六达谓之庄。"

海按："海、岳"与"川、庄"各自为水、陆内对，二者复外对。雨自天而普降，故曰"平洒"。《左传》卷三《隐公三年》："潢污行潦之水可荐于鬼神"，孔《疏》："行，道也；雨水谓之潦，言道上聚流者也"，道路不可能平滑如砥，其上之积水亦随地形而多变，故曰"曲潦"。后一句所描述者即《孟子》卷八《离娄上》所言之状况：暴雨猝集所形成之"无本"之水"七、八月之间，雨集，沟浍皆盈"，川渠不及收纳，故并道路亦积水。

**无谢尧为君**

海按：《文选》卷二六《诗丁·赠答四》颜延之《赠王太常》"属美谢繁翰"，善《注》："谢犹惭也。"相传尧时有洪水，世所习知，但这首既以久旱为背景，则引喻亦当如之。《淮南子》卷八《本经》："尧之时，十日并出，焦禾稼，杀草木，而民无所食……尧乃使

① 苏舆：《春秋繁露义证》，台北：河洛图书出版社，1975年。

② 黄怀信、张懋镕、田旭东：《逸周书汇校集注》，上海：上海古籍出版社，2007年。

羿……上射十日……万民皆喜。”此句恭维孝武帝,相较于尧之“为君”,毫不逊色。

《苦雨》

**蹊泞走兽稀,林寒鸟飞晏**

钱氏:《玉篇》(卷二十《日部》):“晏,晚也。”

海按:《周易》卷三《随·大象》“君子以向晦入宴息”、《西京杂记》卷三《生作葬文》“封于长安北郭,此焉宴息”、《梁书》卷十三《沈约传·郊居赋》“肇胥宇于朱方,掩闲庭而晏息”、《乐府》卷十四《燕射歌辞二·北齐元会大飨歌·皇夏》“反寝宴息”,宴、晏同一字,止息也。

**川梁日已广**

钱氏:“川梁”见《登翻车岘》(《文选》卷二四《诗丙·赠答二》)曹植《赠白马王彪诗》“欲济川无梁”)。

海按:《还都道中》:“川广每多惧。”若夫川上之桥梁,不可能骤窄骤宽,“梁”盖“渠”形近之讹。《类聚》卷九《水部下·陂》所录曹丕《于玄武陂作》“野田广开辟,川渠互相经”、《书钞》卷一四八《酒食部七·酒六十》所录傅玄《饮酒赋》:“饮者杯无算,瓯醴成川渠”。

《咏白雪》

**投心障苦节,隐迹避荣年**

钱氏:《魏志》(卷二八)《毋邱【丘】俭传》:“(文)钦亦感戴,投心无贰。”《易》(卷六《节》):“苦节,不可贞。”

黄氏:投心,纵心也……《释名》(卷五《释宫室》):“障,卫也。”

海按:《书钞》卷八四《礼仪部五·婚礼十一》所录傅玄《乐府杂歌》“男当进曰【仕】女适人,投心委身□受命”、《文选》卷五六《诔上》潘岳《杨荆州诔》“投心魏朝,策名委身”,投心,委身也。苦节,严寒辛苦之冬季,与“荣年”适相反对。此联乃言严寒时,坚贞不移;春华满目时,则肥遁不见世。若仍“恃芳坚”,将如“兰焚”“石”“断”。

《三日》

**时艳怜花药**

海按:陶潜集卷一《时运》之四“花药分列,林竹翳如”、《宋书》卷七一《徐湛之传》“果竹繁茂,花药成行,招集文士,尽游玩之适”、《类聚》卷八六《林》所录庾仲容《咏柿》“发叶临层槛,翻英糅花药”、《洛阳伽蓝记》[1]卷四《城西·冲觉寺》“树响飞嘤,阶丛花药”。花药,开花之众药草。

**泥泥濡露条,袅袅承风栽**

海按:《类聚》卷二七《人部十一·行旅》所录谢灵运《归途赋》“林承风而飘落”、卷五八《杂文部四·书》所录萧纲《答张缵谢示集启》“转蕙承风”。“栽”既与“条”相对,

① 范祥雍:《洛阳伽蓝记校注》,上海:上海古籍出版社,1982年。

则已由动词转为名词,指所种木本、草本植物之茎、干。《类聚》卷八六《草部上·石榴》所录张协《安石榴赋》"郁敷萌以挺栽,倾柯远擢,沈根下盘"、《文选》卷二六《诗丁·行旅上》潘岳《在怀县作》之一"稻栽肃芊芊,黍苗何离离"、《晋书》卷八八《孝友列传·许攸传》"时有鹿犯其松栽"、徐陵《梅花落》"对户一株梅,新花落故栽。"迻译为骈文,则此联乃"条濡泥泥之露;栽承袅袅之风"。

**临流竞覆杯**

海按:《周易》卷三《否·上九》"倾否",《周易集解》卷四引侯果曰:"倾为覆也。"《淮南子》卷一《原道》"持盈而不倾",高《注》:"倾,覆也。"覆杯即倾杯,尽饮杯中酒,无令有余。《拟行路难》之十一:"何时倾杯竭壶罂。"《后汉书》卷七七《酷吏列传·董宣传》章怀《注》引谢承《后汉书》:"敕令诣太官,赐食。宣受诏出,饭尽,覆杯食机上……上问宣,宣对曰:'臣食不敢遗余……'。"《秋夜》之一"且共覆前觞"、《西京杂记》卷四《梁孝王忘忧馆时豪七赋》所载邹阳《酒赋》"倾盌覆觞",覆觞即覆杯。径言之,则曰倾酒,如《代阳春登荆山行》"且共倾春酒"、《代春日行》"弦亦发,酒亦倾"。

## 《咏秋》

**沈阴安可久,丰景将逐沦**

海按:《悲岁暮》:"昼色若沈阴。"沈阴指夜色深沈。"景"本即日光,故与出句之"阴"相对。丰景,盛阳也。《乐府》卷四四《清商曲辞一·吴声歌曲一》《子夜四时歌·夏歌》之十六"赫赫盛阳月,无侬不握扇"、卷四八《清商曲辞五·西曲歌中》《采桑度》之六"采桑盛阳月,绿叶何翩翩"。而盛阳即《和王护军秋夕》"隆阳微且单"之"隆阳"。《楚辞》卷二《九歌·河伯》"乘白鼋兮逐文鱼",王《注》:"逐,从也。"《史记》卷四六《田敬仲完世家》"秦逐张仪",《索隐》:"逐,随也。"此联乃言岂止沈阴不可久,盛阳亦将随之而西沈,则人生短暂可知。

**何由忽灵化,暂见别离人**

钱氏:(《初学记》卷一《天部上·雷第七》所录)夏侯湛《雷赋》:"信灵化【威】之诞昭。"

黄氏:(《楚辞》卷一)《离骚》"余既不难夫离别兮,伤灵修之数化",王逸《注》:"灵谓神也,以喻君化变也。""灵化",谓君心之转变也。"别离人",自谓也。

海按:《韵补》[①]卷三《十六轸·上》所录郭璞《游仙》"虽欲思陵【灵】化,龙津未易上"、《小说》[②]《王子乔墓在京茂陵》引《神仙经》"真人去世,而多以剑代其形,五百年后,剑亦能灵化"。王逸训"灵"为"神",是也。《从庾中郎游园山石室》"神化岂有方",然此处"灵化"之主词乃作者,烦恼如何能瞬间改变既有之非质,得仙家能耐,暂入彼界,一睹长逝与之别离者。暗用武帝假方士见李夫人故事。

## 《秋夕》

**虑涕拥心用,夜默发思机**

黄氏:《诗》(卷十二之三《小雅·节南山之什·小弁》):"心之忧矣,涕既陨之。"虑

① 吴棫:《宋本韵补》,北京:中华书局,1987年。

② 周光培编:《历代笔记小说集成》第一册《汉魏六朝小说》,石家庄:河北教育出版社,1994年。

涕犹忧涕也。

海按:《法书要录》[1]卷十《右军书记》“忧涕深重”、《御览》卷五一九《宗亲部·孙》所录《宋齐语录》“张元……祖丧明三年,元每忧涕,读佛书以求福佑”。“拥”既与“发”相对,则当改读为“壅”。二字通假例证详参《会典》《东部第一·邕字声系》。《礼记》卷二七《内则》“女子出门,必拥蔽其面”,郑《注》:“拥犹障也。”《初学记》卷七《地部下·瞧第七》所录王褒《和庾司水修渭桥》:“使者开金堰,太守拥河流。”《宋书》卷七三《颜延之传·庭诰》“今所载咸其素畜,本乎生灵,而致之心用”、《金楼子》卷四《立言下》“迟于通变,质于心用”。此联乃言:因情绪激动,使心之功能受阻,至夜间冷静下来,心才如机器发动般,再度理出头绪。

**江上凄海戾,汉曲惊朔霏**

钱氏:《说文》:“霏,雰也。”

黄氏:海戾,海风也。(《文选》卷四《赋乙·京都中》)张衡【左思】《蜀都赋》:“歌江上之飂厉。”厉、戾古通……(《文选》卷二《赋甲·京都上》)张衡《西京赋》:“度曲未终,云起雪飞,初若飘飘,后遂霏霏。”薛综《注》:“霏霏,雪下貌”。

海按:“霏”确为“霏霏”之省,“戾”则系“戾戾”之省,《从临海王上荆初发新渚》“戾戾旦风遒”,戾戾即厉厉、烈烈,已详上文。霏霏、戾戾本均为状词,分别形容落雪之密度及风声之凄厉。鲍氏以状词代名词,且将叠词省为单词。此联乃言海风戾戾,令伫江上者凄凉莫名;霏霏朔雪,令汉水曲隈之人怵目惊心。又,鲍氏于他处亦用“飂厉”此一来母双声词,《代棹歌行》:“飂戾长风振。”《蒜山被始兴王命作诗》:“飂戾北江上讴。”至于钱氏所为《说文》云云,不知何所据。

## 《秋夜》之一

**启明旦未央**

钱氏:《诗》(卷十三之一《小雅·谷风之什·大东》):“东有启明。”

海按:毛《传》:“日旦出,谓明星为启明……日既入,谓明星为长庚。”此处但用字面,非某星之专称。“启明”犹言“破晓”,此时自然尚未至亭午日中之时。

**丝纨夙染濯,绵绵夜裁张**

黄氏:(《御览》卷二五《时序部十·秋下》所录)应璩《百一【杂】诗》:“秋日苦作【促】短,遥夜邈绵绵。”

海按:“夙染濯”“夜裁张”已足以显示女红无停息,唯恐“冬雪旦夕至,公子乏衣裳”,是以“绵绵”成赘语。第二个“绵”疑为“缟”形近之讹,如此方得与“丝、纨”二者相对仗。《史记》卷八七《李斯传·谏逐客书》“阿缟之衣”,《集解》引徐广曰:“齐之东阿县,缯帛所出也。”《说文》十三篇下:“缯,帛也。”《文选》卷七《赋丁·畋猎上》司马相如《子虚赋》“揄纻缟”,善《注》引司马彪曰:“缟,细缯也。”裁张,将衣料铺开,以便剪裁。

---

① 张彦远:《法书要录》,《百部丛书集成初编·学津讨原》,台北:艺文印书馆,1966年。

**华心爱零落,非直惜容光**

黄氏:(《楚辞》卷一《离骚》):“惟草木之零落兮,恐美人之迟暮。”本集《观漏赋》:“缨华思于奔月。”“华心”犹“华思”也。

海按:《墓志汇编》北魏《魏故处士王君墓志铭》“阎曦华心,鸿秋丽志”,“华心”即“芳心”。江淹《杂体诗·谢光禄·郊游》:“始整丹泉术,终觌紫芳心。”《礼记》卷五四《表记》“爱莫助之”,郑《注》:“爱犹惜也。”《吕览》卷二十《长利》“我,国士也,为天下惜死;子,不肖人也,不足爱也”,高《注》:“爱亦惜也。”此处所惜乃秋、冬之际,众芳零落。

## 《秋夜》之二

**折柳樊场圃,贞绠汲潭壑**

钱氏:《毛诗》(卷五之一《齐·东方未明》):“折柳樊圃”……《说文》(十三篇上):“绠,汲井绠。”

黄氏:(《尚书》卷二十)《粊(费)誓》《正义》引舍人《注》云:“桢,正也,筑墙所立两木也。”此言贞绠,谓两木横驾【架】,引绠以汲也。

增补:宋本“贞”作“负”。

海按:《毛诗》“折柳”之“折”原本为动词,鲍氏已将之转为形容词。折,曲也;贞改读为正,通假例证详参《会典》《青部第三·正字声系》,正,直也,曲、直适相反对。宋本误。对句明言所汲之水来自“潭壑”,非自井,架木云云乃夫子自道。纵作井干,亦系以辘轳卷绠以汲水,焉有人负绠之理?

**麻垄方结叶,瓜田已扫箨**

海按:《初学记》卷二八《果木部·橘第九》所录曹植《橘赋》“既萌根而弗干,谅结叶而不华”、《乐府》卷四四《清商曲辞一·吴声歌曲一》《子夜四时歌·夏歌》之十“芙蓉始结叶”、《类聚》卷八九《竹》所录沈约《咏檐前竹》“萌开箨已垂,结叶始成枝”、《闺情》“蜘蛛作丝满帐中,芳草结叶当行路”。“结”与“萌”“作”对文,为初“始”之状况,则结乃生之意。《文选》卷二九《诗己·杂诗上》《古诗十九首》之八“冉冉孤生竹,结根泰山阿”,生根也;《乐府》卷四五《清商曲辞·吴声歌曲》《懊侬歌》之七“桐树不结花,何由有桐子”,生花也;《类聚》卷八六《果部上·桃》所录任昉《咏池边桃》“开红春灼灼,结实夏离离”,生果实也。

**倾晖忽西下,回景思华幕**

钱氏:(《类聚》卷十三《帝王部三·晋武帝》所录)张华《(武帝哀策》文):“华幕弗陈。”

海按:洵论“华幕”最早之出处,当推《类聚》卷六五《产业部上·织》所录王逸《机赋》:“披华幕,登神机。”“回景”既与“倾晖”对,则景当如字读,训日光。此处将日光拟人化,虽已“西”“倾”,犹依恋人寰,思念未几之前,烈日当空,如《采桑》所言“融融景盈幕”之时,如今仅能回光反照于其上矣。

## 《和王护军秋夕》

**投章心蕴结,千里途轻纨**

钱氏:《诗》(卷七之二《桧·素冠》):“我心蕴结兮。”《晋书》(卷四九)《嵇康传》:“吕安与康为友,每一相思,千里命驾。”振伦按:轻纨言其薄也。

海按:《诗》三百皆入乐可歌,每首中之一段曰章,故《说文》三篇上“乐竟为一章”,引申之,诗纵不被管弦,“章”亦可为其代词。《楚辞》卷十《大招》“二八接舞,投诗赋只”,王《注》:“投,合也。”《后汉书》卷五四《杨震传附孙赐传》“《春秋谶》曰‘天投蜺’”,章怀《注》引宋均《注》:“投,应也。”“投章”即惯用之“报章”,指此篇“和”作。如《文选》卷二六《诗丁·赠答四》颜延之《和谢灵运监》“尽言非报章,聊用布所怀”、江淹《池上酬刘记室》“惜我无雕文,报章惭复素”。《三国志》卷《公孙度传附孙渊传》裴《注》引《吴书·公孙渊表孙权》“圣旨弥密,重纨累素”、《晋书》卷八七《凉武昭王李玄盛传·述志赋》“表略韵于纨素”、《类聚》卷五八《杂文部四·书》所录刘峻《答刘遴之借〈类苑〉书》“采亹亹于缃素,阅微言于残竹”。纨素本指书写载体,引申之,可为作品之代词。此联言:撰此和诗时,心中有不尽之蕴结,今将此戋戋纨素远寄千里之外。

## 《和王义兴七夕》

**匹命无单年,偶影有双夕**

海按:《礼记》卷五八《三年问》“失丧其群匹”,郑《注》:“匹,偶也。”卷四三《杂记下》“纳币一束,束五两”,郑《注》:“今谓之匹,犹匹偶之云。”因古人自两端向内收卷,故布帛以匹计。引申及夫妇关系,故《列女传》卷三《仁智传·魏曲沃负》强调夫妇相处之道时,云:“夫雎鸠之鸟犹未尝见乘居而匹处。”《玉台》七萧衍《织妇》曰:“良人在万里,谁与共成匹。”《文选》卷五五《连珠》陆机《演连珠》之三一:“幽居之女非无怀春之情,是以名胜欲,故偶影之操矜。”《类聚》卷八八《木部上·松》所录王韶之《神境记》:“有孤松十丈,常有双鹤,晨必接翮,夕辄偶影。”夜漏自酉至寅,则七日子夜至凌晨、黄昏至夜分均属夜晚范围,故曰有双夕。《文选》卷三十《诗己·杂诗下》谢惠连《七月七日夜咏牛女》:“昔离秋已两,今聚夕无双。”以去年八、九月及今年七月均为秋季,故曰“秋已两”;以十二时辰计一日,故曰“夕无双”。此联乃谓:牛、女之夫妻关系乃天命注定永恒者,然而俪影双双之期仅得两段昏暗时光。换言之,分开是永不可能的,但相依伴则仅那么点时光,形成无穷的折磨。

## 《冬至》

**美人还未央,鸣筝谁与弹**

海按:对照《岁暮悲》“岁暮美人还,寒壶与谁酌”,可知:“还”当音“环”。央,中也,由始至中,后续则渐衰,是以《代白纻曲》之一“夜长酒多乐未央”、《古辞》“惆怅独未央”,即乐未已、惆怅不已,故《文选》卷二六《诗丁·赠答三》谢朓《暂使下都夜发新林至京邑赠西府同僚》“客心悲未央”,善《注》引《广雅》(卷四下《释诂》)曰:“央,已也。”从另一方面说,“未央”则意谓尚在发展中,即尚早。《秋夜》之一“启明旦未央”,日光尚未大明。“美人还未央”,美人尚未返。此处之“美人”乃按照《楚辞》学惯例,喻指某一男性知己。此犹《岁暮悲》假想夫君返家为“岁暮美人还”,亦如《赠故人马子乔》之二将对方之远去视为“佳人舍我去”。斯人未还,无赏音者,何劳鼓筝?换言之,此联暗用伯牙、锺子期之典。

## 《冬日》

**曛雾蔽穷天,夕阴晦寒地**

海按:《楚辞》卷四《九章·思美人》“与纁黄以为期”,王《注》:“纁黄盖黄昏时也。一作‘曛’。”《补注》:“纁,浅绛也,其为色黄而兼赤。曛,日入余光。”对照《九章·抽思》“黄昏以为期”,可知:王说是,是以此联以“夕”与之对仗。

**精光无明异**

海按:《释名》卷四《释兵》:“精,光也。”精光乃同义复辞。《楚辞》卷三《天问》“角宿未旦,曜灵安藏”,王《注》:“日安所藏其精光乎。”《文选》卷十六《赋辛·哀伤》司马相如《长门赋》“众鸡鸣而愁予兮,起视月之精光”、卷五十《史述赞》范晔《后汉光武纪赞》“三精雾塞”,善《注》:“三精,日月星也。”此篇时间背景为“曛”“夕”之时,此句指:不论日、月、星,都出现“无”光“明”之“异”象。

**风急野田空,饥禽稍相弃,含生共通塞,怀贤敦为利**

钱氏:“敦”疑当作“孰”。

黄氏:宋本“敦”作“孰”。言人生天地间,无所逃于通闭之理,若在闭塞时,如野禽之相弃,则是为利而已。人非禽兽,孰为如此,是以有怀古之贤者也。

海按:钱、黄二氏所以从“孰”,盖因将“为”读去声,窃以为当读阳平。为利,造福也。《吕览》卷十九《上德》“故义之为利博矣”、《宋书》卷九九《二凶传·开漕谷湖疏》“一开其说,万世为利”、《广弘明集》十九《法义篇》萧纲《重谢上降为开讲起》“其为利益,深广无边”、庾信《西门豹庙》“君子为利博,达人树德深”。《尔雅》卷一《释诂上》:“敦,勉也。”“天窥苟平圆”,就应福善祸淫,而不会令贤与不肖同样“衰容不还稺”。

## 《望水》

**登高望水长**

海按:此首乃阳部仄声韵,是以“长”当读上声。《御览》卷四八六《人部一二七·饿》引《符子》:“(惠)施方来,遇群川之水长,有一人溺流而下呼。”《南史》卷五三《梁武帝诸子列传·武陵王纪传附子圆正传·狱中连句》:“水长二江急,云生三峡昏。”

**千涧无别源,万壑共一广**

黄氏:《诗》(卷十之二《小雅·南有嘉鱼之什·六月》“四牡修广”)毛《传》:“广,大也。”

海按:《毛诗》卷十九之三《周颂·清庙之什·雝》毛《传》“于焉广牡”、《礼记》卷三一《明堂位》“言广鲁于天下”郑《注》、《国语》卷二《周语中·刘康公论鲁大夫俭与侈》“必广其身”,韦《解》均曰:“广,大也。”以如此浮泛之意训诂,又不贴合原诗句加以解释,有犹若无。《尔雅》卷二《释诂》“壑,虚也”,郭《注》:“壑,溪壑也。”《文选》卷二《赋甲·西京赋》"陵峦超壑",薛《注》:"壑,坑谷也。"据《老子》第二五章"道大、天大、地大、王亦大,域中有四大"、第三九章"谷得一以盈",可知:"千涧""万壑"所"共"之"源"无他,均为"一大":道也。老学最喜以水、谷喻道,第八章"上善若水……处众人之所恶,故几于道"、第四一章"上德若谷"、第六六章"江海所以能为百谷王者,以其善下之"、第十五章论修道者"旷兮其若谷"

**临川忆古事,目孱千里想**

钱氏:《史记》(卷八九)《张耳传》《注【集解】》引孟康曰:"冀州人谓懦弱为孱。"

黄氏:《论语》(卷九《子罕》):"子在川上,曰:'逝者如斯夫,不舍昼夜。'"

海按:"孱"即"僝",《说文》八篇上作"僝—尸"。《尚书》卷二《尧典》"方鸠僝功",伪孔《传》:"聚见其功。"孔《疏》:"能聚集善事,以见其功。"可知:"见"当读为"现"。《史记》卷一《五帝本纪》将"孱"训读为"布",同义。"古事"与"千里"乃时、空对仗,然此联乃互文足义。由于"临川",有感时光之流飞逝,爰追"忆古事",而遥隔"千里"外之诸般人、事、物亦透过想象而呈现目前。此即《文心雕龙》卷六《神思》所云:"寂然凝虑,思接千载;悄焉动容,视通万里。"

## 《望孤石》

**朱华抱白雪,阳条熙朔风**

海按:《文选》卷十九《赋癸·情》宋玉名下《登徒子好色赋》"出咸阳,熙邯郸",善《注》:"熙,戏也。"《淮南子》卷二《俶真》"鼓腹而熙",高《注》:"熙,戏也。"《周礼》卷十六《地官·山虞》"仲冬斩阳木;仲夏斩阴木",郑《注》:"郑司农云:阳木,春、夏生者;阴木,秋、冬生者……玄谓:阳木,生山南者;阴木,生山北者。""阳条"所以得依旧舞于朔风、白雪中,乃因处于"暖谷",与向阳背阴无关。是以于此联,当循大郑之说为是。《文选》卷三五《七下》张协《七命》:"时娱观于林麓……阳叶春青;阴条秋绿。""阳叶"与"阳木""阳条"构词法一致,而"阳叶""阴条"之阳、阴必就季节而论。

## 《山行见孤桐》

**雾雨夏霖霪**

钱氏:《玉篇》(卷二十《雨部》):"霪,久雨也。"

海按:《说文》十一篇下"霖,久雨也"、《尔雅》卷六《释天》"久雨谓之淫,淫谓之霖","霖霪"乃同义复词。因久雨,湿度过高,故"雾"气甚浓。

## 《咏双燕》之二

**可怜云中燕,旦去暮归来,自知羽翅短,不与鹄争飞,寄声谢飞鹄,往事子毛衣**

海按:阮籍《咏怀》之四六:"鸴鸠飞桑榆,海鸟运天池,岂不识宏大,羽翼不相宜。"故逍遥自安于篱间,不似《与荀中书别》中之遗憾:"惭无黄鹤翅,安得久相从。"阮籍《咏怀》之八:"宁与燕雀翔,不随黄鹄飞,黄鹄游四海,中路将安归。"则与此篇后半相类,皆属告诫之辞。

## 《酒后》

**晨节无两淹，年意不俱处**

黄氏：(《类聚》卷二八《人部十二·游览》所录)魏文帝《在孟津诗》"良辰启初节"，辰、晨通。陶潜集卷四《杂诗》之六："求我盛年欢，一毫无复意。"处，止也。

海按：既言"无两""不俱"，则晨(辰)、节为二；年、意匪一。"年、意不俱处"谓壮志虽依旧，身体状况却随时日消逝而渐衰，二者无法兼备。节，志节；意，志气，"晨(辰)节""年意"同义，仅字面更换。淹，留也，《蒜山被始兴王命作》"鹿苑岂淹睇，兔园不足留"，可为明证，"淹""处"义通。《文选》卷二六《诗丁·赠答四》颜延之《和谢灵运监》"年往志不偕"，意适相反，善《注》："言年既往，志意已衰，不与子俱也。"乃马齿徒增，壮心则已。《园中秋散》"骚杀年志阑"，则与颜诗意同。

**自非羽酌饮，何用慰愁旅**

钱氏：羽酌见《三日》(《晋书》[卷五一]《束皙传》："武帝尝问挚虞三日曲水之义……皙对【进】曰：'……昔周公成洛邑，因流水以泛(泛)酒，故逸《诗》云"羽觞随波"'。")

海按：《说文》四篇下"实曰觞；虚曰觯"，可知：觞乃饮器之通称，言觞，则必连带指器中之酒。羽觞有二说。一，《楚辞》卷九《招魂》"瑶浆蜜勺实羽觞些"，王《注》："羽，翠羽也；觞，觚也。"《仪礼》卷十七《大射仪》"洗象觚"，郑《注》："觚有象骨饰者也。"则此饰以翠羽[①]之觞类乎"以沙羽为画饰"之牺尊[②]，"刻画凤皇之象于尊"，因逼真，似振羽翅而飞，"其形婆娑然"，见《礼记》三一《明堂位》郑《注》、及《疏》所引《郑志》。二，《汉书》卷九七下《外戚列传·班倢伃传·自悼赋》"酌羽觞兮消忧"，《集解》引孟康曰："羽觞，爵也，作生爵形，有头尾羽翼。"则此觞类乎《毛诗》卷十九之四《周颂·闵予小子之什·丝衣》之"兕觥"[③]，器本身即取象于物。爵乃饮酒器之通称，觚居其一，而觚器形固定，断非动物形状。其次，《周礼》卷二十《春官·司尊彝》所列鸡彝、鸟彝、象尊等，如某些出土文物所示，确实可能系动物形，然皆属盛郁鬯、行祼礼之器，非饮器，故仅需于物形器背上有可覆、可揭之孔、盖。由此可知：羽觞当以第一说为是。

## 《讲〈易〉》

**云泽翔羽姬**

钱氏：(《文选》卷十九《赋癸·情》)宋玉《神女赋(·序)》："楚襄王与宋玉游于云梦之野【浦】，使玉赋高唐之事。其夜，王【玉】寝，果梦与神女遇。"

黄氏：《易》(卷九)《说卦》："兑为泽，为少女。"云泽句疑言兑象。(《周易集解》卷

---

① 郑众认为"饰以翡翠"，据《周礼》卷二十《春官·司尊彝》孔《疏》之理解，乃以"翡赤翠青"之羽"为饰"，程大昌：《演繁露》，《百部丛书集成初编·学津讨原》(台北：艺文印书馆，1966年)卷十四《古爵羽觞》已辩其非。

② 古籍中，"牺尊"有古朴、华丽二义，详参陈麒仰：《与巫术相关之周代部分礼俗探赜》(新竹："清华大学"中国文学系博士论文，2010年)，第二章，第二节。

③ 详参王国维：《说觥》，《王国维遗书》第一册，《观堂集林》，卷三，上海：上海古籍书店，1983年。

十一)干宝《周易》注《渐(·上九)》“其羽,可用为仪”,曰:“妇德既终,母教又明,有德而可受,有仪而可象,故曰‘其羽可用为仪’。”羽姬或取此义。

海按:《尚书》卷六《禹贡·荆州》“云土梦作乂”,可知:云、梦为二,《史记》卷二《夏本纪》《索隐》已指出:“盖人以二泽相近,或合称云梦耳。”或曰云梦大泽,《类聚》卷二《天部下·雾》所录《英雄记》即云:“曹公赤壁之役,行至云梦大泽中,遇大雾,迷失道。”“云泽”乃其简称。故籍中,虽有简称作“云”者,如《国语》卷十八《楚语下·王孙圉论国之宝》:“又有薮曰云,连徒洲。”但多省作“梦”,如《楚辞》卷九《招魂》“与王趋梦兮课先后”,王《注》:“梦,泽中也。楚人名泽中为梦中。”《左传》卷四二《昭公三年》“王以田江南之梦”、《从登香炉峰》“辞宗盛荆梦”。古谓成仙者为羽人,《登庐山》:“方跻羽人途,永与烟雾并。”羽姬,女性仙人也,即神女。

**横盖招益人**

钱氏:《家语》(卷二《致思》):“孔子之郯,遭程子于涂,倾盖而语终日。”《抱朴子》(外篇卷二二《行品》):“锐乃心于精义,吝寸阴以进德者,益人也。”

黄氏:《易》(卷四)《损·六三》:“一人行,则得其友。”横盖句疑言《损》象。

海按:盖本竖立,相对之下,倾盖为横。《韩非子》卷十一《外储说左上》“(中山)君见好岩穴之士,所倾盖与车以见穷閭隘巷之士以十数,伉礼下布衣之士以百数矣”、《三国志》三五《诸葛亮传》裴《注》所引《蜀记·李兴为刘弘立诸葛亮碣文》“异徐生之摘宝,释卧龙于深藏,伟刘氏之倾盖,嘉吾子之周行,夫有知己之主,则有竭命之良”、《后汉书》卷五八《臧洪传》“仆,小人也,本乏志用,中因行役,特蒙倾盖,恩深分厚,遂窃大州”、《宋书》卷四七《刘敬宣传》“时尚书仆射谢混自负才地,少所交纳,与敬宣相遇,便尽礼着欢。或问混曰‘卿未尝轻交余人,而倾盖于万寿,何也’”,此句乃言:知人而礼贤下士者必得益己之人。

**贲园无金尚,履道易书绅**

钱氏:《易》(卷三《贲·六五》):“贲于丘园。”又,(卷二《履·九二》):“履道坦坦。”

黄氏:(《周易集解》卷十)干宝《周易》《注》《鼎(·六五)》“黄耳金铉”曰:“凡举鼎者,铉也,尚三公者,王也。金喻可贵,中之美也。”节案:“贲园无金尚”谓延山林之人,采素士之言,不以鼎之尚金待之,盖优遇过乎三公也。《论语》(卷十五《卫灵公》):“子张书诸绅。”

海按:古汉语否定句,每以受词置于动词上,故“无金尚”即“无尚金”。《世说》上卷《文学》条61:“殷荆州曾问远公:‘《易》以何为体?’答曰:‘以感为体。’”全诗乃以四例释此意。好声色者,其游乐之地自然招致神女入梦;知人礼贤者必徕有益之士;素心者不贵财禄,非金帛所能动;躬行践道者得一嘉言必拳拳服膺而奉行之,即《周易》卷一《干·文言》所云:“同声相应,同气相求……各从其类也。”

## 《可爱》

**魏粲缝秋裳,赵艳习春歌**

黄氏:《诗》(卷六之一)《唐风(·绸缪)》“今夕何夕,见此粲者”,毛《传》:“三女为粲。”

海按:毛《传》乃据《国语》卷一《周语上·密康公母论小丑备物终必亡》"人三为众;女三为粲"而来,然其下文尝云"夫粲,美之物也",故孔《疏》曰"粲者,众女之美称也",由形容词转为名词,因此衍生出专字,《释文》:"《字林》作娶。"

## 《夜听声》

**欢寡忧自萦**

黄氏:"萦",宋本作"繁"。

海按:"欢寡""忧繁"乃句中内对。况此首仅四句二韵,萦乃庚部;繁乃先部。唯作"繁",方能与末句同为先部之"翻"相押。

## 《咏老》

**软颜收红蕊,玄鬓生素华**

海按:《绍古》之七:"软兰叶可采,柔桑条易捋。"《文选》卷二二《诗乙·游览》谢灵运《晚出西射堂》善《注》称引本诗时,"软"即作"柔"。软,娇也、稚也。《萧史曲》"羸女吝童颜";《广弘明集》卷五《辨惑篇》曹植《辨道论》:"甘始者,老而有少容。"鲍氏用"软",乃本自《老子》第五五章"含德之厚,比于赤子……骨弱筋柔……物壮则老,谓之不道,不道早已"、第七六章"人之生也柔弱,其死也坚强;万物草木之生也柔弱,其死也枯槁,故坚强者,死之徒;柔弱者,生之徒"。《采菱歌》之六"缄叹凌珠渊,收慨上金堤",可见:"收"有停止之意;《小尔雅》卷二《广言》:"收,敛也。"意谓原本细柔娇嫩的脸庞已经见不到灿烂如花的容颜。

## 《赠顾墨曹》

钱氏:《宋书》(卷三九)《百官志》:"宋高祖为咨议参军,无定员。"

海按:当据《册府元龟》卷七一六《幕府部一·总序》,"为"下当补"相,止置"三字。

诚如黄节先生所言:"余注谢康乐诗既毕,念鲍参军诗难读,视康乐过之。"[①]这究竟是为避免孝武猜忌之"鄙言累句",抑刘宋普遍风尚影响所致,业无从分判。钟嵘显然不采信沈约之说,故曰:其"不避危仄,颇伤清雅之调,故言险俗者多以附照"[②]。鲍诗不"雅",从诗作用典有限,而且不时近乎白描,灼然可见。其不"清"则是"危仄"的直接后果。"危"相对于"平易";"仄",侧也,相对于"正常"。最要紧的乃锺嵘说他"不避",直言之,刻意为之。鲍照刻意为之的方式不外四类:一,将过往习用易解的词汇其中一个词素,以同义或近义词取代。如以"藻志"取代"美志"。二,某些词汇前人虽已使用过,但极冷僻,他将之重拾,从使用量的比例上而言,这仍是种广义的新变。如"昌风",以见存史料来说,仅陆云于《答孙显世》中用过,与"丰水"对仗,百余年后的他翻出来使用。三,有的已经是罕用或未曾用过的词汇,他还要变动一下,就愈滋困扰了。如以"羽姬"代替"仙姬"。四,纯属自造,以讹为巧。如从《毛诗》中的"崇朝"获得

① 黄节:《鲍参军诗补注·自序》,《鲍参军诗注》。

② 《诗品集注》(增补本)中《宋参军鲍照》。

灵感，弄出“穷光”这种玮辞。这自然导致鲍诗的意义晦涩，动辄需迂曲解码。刘勰曾痛评“近代辞人率好诡巧”，“厌渎旧式，故穿凿取新”，以致刘宋文坛的特色在“讹而新”①。鲍诗可谓个中翘楚。避熟就生本为创作必有且应有之现象，而且生、熟犹同一光谱，并无刻板的区隔线，但不容否认，避熟就生这倾向发展到刘宋，有些过分之嫌，鲍照则走火入魔，是以于鲍诗之耕耘，时逾百年，世经四代，误解、不解之处俯拾皆是，遑言如何串讲？善《注》诚喜追溯字词出处，然后生得其迹以学步，而昧于其所以迹，乃陷大愚之泽。于通解鲍诗，格外难以奏效。接闻钱锺书先生尝云：翻译比注释难，因为实属蒙然、注释不出之处，可假此乃常识，不劳辞费搪塞，翻译则一字不容含混。笔者应数校之邀，授鲍诗积年，此感尤深，然迄今仍有数句不详所云。唯冀假我数年，或蒙天启，终克悉数疏通。

(作者单位：台湾“清华大学”中国文学系所)

① 分见《文心雕龙注》，卷六《定势》、《通变》。

# 《李振钧殿试策对卷》校释

方盛良

李振钧(1794—1839),又名燕生,字秉亭,号仲衡、海初等,安徽太湖人。他生于科甲世家,天资聪颖,游历甚广。清道光九年(1829)中进士,殿试一甲一名,曾先后担任翰林院编修、文渊阁校理、顺天乡试同考官等职。著有《味灯听叶庐诗草》《粤行日记》《梓行古文》等。其殿试策对卷文,征经据典、以史为鉴、剖析时弊、高明迭出,真可谓高屋建瓴、纲举目张,行文高迈雅洁。今据《味灯听叶庐诗草》(清刻本,奥肯国际2015年影印),对李氏策对卷初加校注。

臣对:臣闻正俗斯能成化,济运莫如导河,致治在乎得人,怀远期于振德。古帝王夕爽选政,晨旦调风,操天人协应之机,本内外交修之实。以神于变,光被及于万邦;以谨堤防,潴蓄①通乎四渎②;以昭迪简③,典隆于尧乘;招弓以广幅员,道存乎整军经武④。是以《书》纪敕和之训,《易》占利涉⑤之爻,《诗》赓兴宾之章,《传》垂慎守之戒。以暨声教会归⑥大也,以资灌溉飞輓⑦通也,以登俊乂干旌贲⑧也,以严征缮⑨金汤⑩巩也。寰海镜清,方隅砥平⑪,所为涵泳圣藻被歌颂者,此也。

**校注:**

① 蓄洪贮水。宋·苏轼《申三省起请开湖六条状》:"昔之水面,半为葑田,霖潦之际,无所潴畜。"

② 古代江、淮、河、济诸水的总称。见《尔雅·释水》。江、淮、河、济古时皆独流入海,今淮夺于运河,济夺于黄河,四渎仅存其二。

③ 选拔。《书·多方》:"我有周惟其大介赉尔,迪简在王庭。"宋·蔡沈《书集传》:"启迪简拔,置之王朝矣。"

④ 整治武备。《左传·宣公十二年》:"子姑整军而经武乎。"《后汉书·耿弇传赞》:"好畤经武,能画能兵。"

⑤ 顺利渡河。《易·需》:"贞吉,利涉大川。"

⑥ 共同依归的极则。《书·洪范》:"会其有极,归其有极。"谓:"君王聚合诸侯臣民,有其准则;诸侯臣民归顺君王,亦有其准则。"

⑦ 飞刍挽粟。谓迅速运送粮草。《汉书·主父偃传》:"又使天下飞刍挽粟。"颜师古注:"运载刍槁,令其疾至,故曰飞刍也。挽谓引车船也。"唐陆贽《论两河及淮西利害状》:"罢关右赋车籍马之扰,减山东飞刍挽粟之劳。"

⑧ 褒美。《梁书·处士传·何胤》:"昔荷圣王眄识,今又蒙旌贲,甚愿诣阙谢恩。"唐司空图《寿星述》:"英衮赞翘勤之旨,幽人荷旌贲之恩。"

⑨ 征收赋税,整顿武备。《左传·僖公十五年》:"征缮以辅孺子。"杜预注:"征,赋也;缮,治也。"

⑩ 金城汤池,谓城池险固。《汉书·蒯通传》:"必将婴城固守,皆为金城汤池,不可攻也。"颜师古注:"金以喻坚,汤喻沸热不可近。"

⑪ 天下清明太平。唐裴度《铸剑戟为农器赋》:"皇帝嗣位之十三载,寰海镜清,方隅砥平。"《旧唐书·令狐楚传》:"今陛下春秋鼎盛,寰海镜清。"

**钦惟皇帝陛下,德侔帱载[①],治炳登咸[②],则古圣以同民,本至仁[③]以育物。固已匝宇归仁而翕河[④]献颂,弹冠志庆而脱剑[⑤]扬休[⑥]矣。乃圣怀冲挹[⑦],愈切畴咨[⑧],勤葑采[⑨]而听卑,询刍言[⑩]而察迩。进臣等于廷,而策之以敦化[⑪]、治河、简贤[⑫]、振武[⑬]诸大政。臣之愚陋,何足以知体要[⑭]。顾念泰山峻极犹资土壤之微,沧海宏深不遗涓流之细,敢不就平素所诵习者,敬效元资[⑮]之拜献[⑯]乎?**

**校注:**

① 天地之德。《左传·襄公二十九年》:"如天之无不帱也,如地之无不载也。"

② 疑为"登成"。即成熟。《乐府诗集·郊庙歌辞一·汉郊祀歌四》:"登成甫田,百鬼迪尝。"

③ 最大的仁德。《孔子家语·屈节解》:"躬敦厚,明亲亲,尚笃敬,施至仁,加恳诚,致忠信,百姓化之。"

④ 合河而祭之。《诗经·周颂·闵予小子之什》:"嶞山乔岳,允犹翕河。"

⑤ 解下佩剑,喻弃武修文。《礼记·乐记》:"裨冕搢笏,而虎贲之士说剑也。"说,通脱。

⑥ 阳气生养万物。扬,通阳。《礼记·玉藻》:"头颈必中,山立,时行,盛气颠实扬休,玉色。"郑玄注:"扬,读为阳……盛声中之气,使之阗满,其息若阳气之休物也。"孔颖达疏:"使气息出外,如盛阳之气生养万物也。"

⑦ 谦抑,谦退。《晋书·恭帝纪》:"而雅尚冲挹,四门弗辟;诚合大雅谦虚之道,实违急贤赞世之务。"

⑧ 访问、访求之意。《书·尧典》:"帝曰:'畴咨若时登庸。'"孔传:"畴,谁;庸,用也。谁能咸熙庶绩,顺是事者,将登用之。"

⑨《诗·邶风·谷风》:"采葑采菲,无以下体。"郑玄笺:"此二菜者,蔓菁与葍之类也,皆上下可食,然而其根有美时有恶时,采之者不可以其根恶时并弃其叶。"后因以"葑菲"用为鄙陋之人或有一德可取之谦辞。

⑩ 谦词,谓浅陋的言论,卑贱者的言论。南朝宋谢庄《上搜才表》:"臣生属亨路,身渐鸿猷,遂得奉诏左右,陈愚于侧,敢露刍言,惧氛恒典。"

⑪ 谓仁爱敦厚,化生万物。《礼记·中庸》:"小德川流,大德敦化,此天地之所以为大也。"郑玄注:"小德川流,浸润萌芽,喻诸侯也;大德敦化,厚生万物,喻天子也。"孔颖达疏:"孔子所作《春秋》,若以诸侯小德言之,如川水之流,浸润萌芽;若以天子大德言之,则仁爱敦厚,化生万物也。"

⑫ 选用贤能。《旧唐书·郭子仪传》:"委诸相以简贤任能,付老臣以练兵御侮,

则黎元自理，寇盗自平，中兴之功，旬月可冀。”

⑬ 显扬武力。《国语·晋语六》：“君人者刑其名，成而后振武于外，是以内和而外威。”

⑭ 体统，体制。《宋书·沈攸之传》：“（攸之）谓人曰：‘州官鞭府职，诚非体要，由小人凌侮士大夫。’”

⑮ 疑“先资”。犹先贤。明·唐顺之《钝斋吴公墓碣铭》：“时寓书于情，辄举会试时所命题‘先事后食’为戒，盖款款望情以不愧先资之言也。”

⑯ 礼拜献祭。《隋书·礼仪志一》：“樽俎之物，依于质文，拜献之礼，主于虔敬。”

伏读制策有曰：惟民生厚，因物有迁，兴化善俗，致治之本，而因思夫劳来[①]匡直[②]，辅翼[③]振德之效。此诚勤求上理之大原[④]也。臣谨按，《尚书》契[⑤]作司徒，敬敷五教[⑥]而化成时雍[⑦]，成周忠厚开基，睢麟[⑧]雅化[⑨]起于二南[⑩]。又设官教以三物[⑪]，纠以八刑[⑫]，故风化维持久而弗替。汉承秦敝，首除苛法，后乃置三老[⑬]孝弟[⑭]常员[⑮]，征拜美俗[⑯]使者。唐赐高年[⑰]粟帛，遣使观风[⑱]，皆将以廉顽立懦[⑲]。薰其德而善良犹存，古太史陈诗观风[⑳]之遗意。夫民性非本漓[㉑]也，民俗非本偷[㉒]也，惟父兄之教不先，子弟之率不谨，鲜廉寡耻而俗不长厚也。将欲使之涤瑕荡秽而镜至清，嗜欲源灭[㉓]而礼义心生，固非多设科条、广颁文诰之所能奏效也。昔《吕氏乡约》[㉔]、《袁氏世范》[㉕]，或以牧令而化一邑，或以搢绅[㉖]而教一乡，此犹之匹夫[㉗]为善于家，尚可刑于八口[㉘]也。况乎立端本善则[㉙]之极，操移风易俗[㉚]之原，一人笑颦[㉛]，群黎[㉜]逖听[㉝]，九重[㉞]好恶，四海具瞻，诚有相深于本原[㉟]之地，而潜驱默化于不觉者。故《山枢》[㊱]、《蟋蟀》[㊲]之篇，俟著从狼之咏，非独其风气不古也。国奢则示以俭，国俭则示以礼，未始非亲民[㊳]之吏徒簿书[㊴]之鞅掌[㊵]，而申劝未经心耳。苟能型方训俗[㊶]，俾返浇薄于太初[㊷]，又何虑良莠不齐，或偭规[㊸]而背矩哉！圣天子修和有夏[㊹]，恺泽如春，道昭乎遍德敷文[㊺]，化治乎近光保极[㊻]，海隅日出，安平和亲，喁喁向化[㊼]，盖歌康衢[㊽]而赓《击壤》[㊾]矣。

**校注：**

① 亦作劳徕。以恩德招之使来。《诗·小雅·鸿雁序》：“万民离散，不安其居，而能劳来还定，安集之。”《汉书·平当传》：“使行流民幽州，举奏刺史二千石劳徕有意者。”颜师古注：“劳者，恤其勤劳也。徕者，以恩招徕也。”

② 犹匡正。《孟子·滕文公上》：“劳之来之，匡之直之，辅之翼之。”

③ 辅佐，辅助。《礼记·文王世子》：“保也者，慎其身以辅翼之，而归诸道者也。”孔颖达疏：“辅，相也；翼，助也。谓护慎世子之身，辅相翼助，使世子而归于道。”

④ 根源，根本。《汉书·董仲舒传》：“道之大原出于天，天不变道亦不变。”

⑤ 商朝的祖先。传为舜的臣，助禹治水有功而封于商。

⑥ 五常之教。指父义、母慈、兄友、弟恭、子孝五种伦理道德的教育。《书·舜典》：“汝作司徒，敬敷五教。”孔传：“布五常之教。”

⑦ 亦作时邕、时雝。犹和熙。《书·尧典》：“百姓昭明，协和万邦，黎民于变时雍。”孔传：“时，是；雍，和也。”

⑧《诗经·周南·关雎序》:“然则《关雎》《麟趾》之化,王者之风,故系之周公。”《诗经》有《关雎》《麟之趾》篇。

⑨ 纯正的教化。《晋书·华谭传》:“刑罚悬而不用,律令存而无施,适足以隆太平之雅化,飞仁风于无外矣。”

⑩ 指《诗》的《周南》和《召南》。

⑪ 犹三事。指六德、六行、六艺。《周礼·地官·大司徒》:“以乡三物教万民,而宾兴之。一曰六德:知、仁、圣、义、忠、和。二曰六行:孝、友、睦、姻、任、恤。三曰六艺:礼、乐、射、御、书、数。”郑玄注:“物犹事也。”

⑫ 周代对八种犯罪行为所施加的刑罚。《周礼·地官·大司徒》:“以乡八刑纠万民。一曰不孝之刑,二曰不睦之刑,三曰不姻之刑,四曰不弟之刑,五曰不任之刑,六曰不恤之刑,七曰造言之刑,八曰乱民之刑。”后来总称刑政为八刑。南朝齐王俭《褚渊碑文》:“执五礼以正民,简八刑而罕用。”

⑬ 古代掌教化之官。乡、县、郡均曾先后设置。《礼记·礼运》:“故宗祝在庙,三公在朝,三老在学。”《汉书·高帝纪》上:“举民年五十以上,有脩行,能帅众为善,置以为三老,乡一人。择乡三老一人为县三老,与县令丞尉以事相教。”

⑭ 孝顺父母,敬爱兄长。《论语·学而》:“其为人也孝弟,而好犯上者鲜矣。”朱熹集注:“善事父母为孝,善事兄长为弟。”《孟子·梁惠王上》:“谨庠序之教,申之以孝悌之义。”

⑮ 固定的名额。《魏书·官氏志》:“长德职比中散大夫,无常员。”

⑯ 淳美的风俗。《荀子·王霸》:“无国而不有美俗,无国而不有恶俗。”

⑰ 老年人。汉桓宽《盐铁论·未通》:“扶不足而息高年。”

⑱ 观察民情,了解施政得失。语出《礼记·王制》:“命大师陈诗以观民风。”

⑲ 指高尚的节操可以激励人振奋向上。《孟子·万章下》:“故闻伯夷之风者,顽夫廉,懦夫有立志。”

⑳ 采集并进献民间诗歌。《礼记·王制》:“命大师陈诗,以观民风。”郑玄注:“陈诗,谓采其诗而视之。”孔颖达疏:“此谓王巡守见诸侯毕,乃命其方诸侯大师是掌乐之官,各陈其国风之诗,以观其政令之善恶。”

㉑ 浅薄;浇薄。

㉒ 浅薄;不厚道。《论语 泰伯》:“则民不偷。”

㉓ 班固《东都赋》:“于是百姓涤瑕荡秽而镜至清,形神寂漠,耳目弗营,嗜欲之源灭,廉耻之心生,莫不优游而自得,玉润而金声。”嗜欲,嗜好与欲望。《荀子·性恶》:“妻子具而孝衰于亲,嗜欲得而信衰于友,爵禄盈而忠衰于君。”

㉔ 亦称《蓝田乡约》。北宋吕大忠、吕大钧、吕大临、吕大防兄弟在家乡陕西蓝田制订的乡约。规定同约人要“德业相劝”、“过失相规”、“礼俗相交”、“患难相恤”。朱熹加以修订,称《增损吕氏乡约》。

㉕ 宋代袁采的《袁氏世范》,分《睦亲》、《处己》、《治家》三篇,宣传中庸之道,践行伦理教育,美化风俗习惯。

㉖ 插笏于绅。绅,古代仕宦者和儒者围于腰际的大带。《周礼·春官·典瑞》

“王晋大圭”郑玄注引汉郑司农曰:“晋读为搢绅之搢,谓插于绅带之间,若带剑也。”后用为官宦或儒者的代称。

㉗ 古代指平民中的男子。亦泛指平民百姓。《左传·昭公六年》:“匹夫为善,民犹则之,况国君乎?”《韩非子·有度》:“刑过不避大臣,赏善不遗匹夫。”

㉘ 指一家人。《孟子·梁惠王上》:“百亩之田,勿夺其时,八口之家可以无饥矣。”

㉙ 周敦颐《通书·家人睽复无妄》篇,里面说:“治天下有本,身之谓也;治天下有则,家之谓也。本必端,端本,诚心而已矣;则必善,善则,和亲而已矣。”

㉚ 转移风气,改变习俗。《礼记·乐记》:“移风易俗,天下皆宁。”《孝经·广要道》:“移风易俗,莫善于乐。”

㉛ 亦作笑嚬,欢笑或皱眉。明杨柔胜《玉环记·韦皋代任》:“登山涉水,云梯石凳,隔花笑嚬,墙头红粉多丰韵。”

㉜ 万民;百姓。《诗·小雅·天保》:“群黎百姓,遍为尔德。”郑玄笺:“黎,众也。群众百姓。”朱熹集传:“群,众也。黎,黑也,犹秦言黔首也。”

㉝ 犹逖闻。常表示恭敬。汉司马相如《封禅文》:“率迩者踵武,逖听者风声。”

㉞ 指帝王。唐李邕《贺章仇兼琼克捷表》:“遵奉九重,决胜千里。”

㉟ 根源,根由。《左传·昭公九年》:“我在伯父,犹衣服之有冠冕,木水之有本原,民人之有谋主也。”

㊱《诗经·唐风》中《山有枢》篇。郝懿行《诗问》云:“《山有枢》,风(讽)吝啬也。”可谓一语破的。也有人以为这首诗是“刺俭而不中礼”之作(如清·方玉润《诗经原始》)。

㊲《诗经·唐风》中《蟋蟀》篇。《毛诗序》偏说是“刺晋僖公也。俭不中礼,故作是诗以闵(悯)之,欲其及时以礼自虞(娱)乐也”。方玉润驳之:“今观诗意,无所谓‘刺’,亦无所谓‘俭不中礼’,安见其必为僖公发哉?《序》好附会,而又无理,往往如是,断不可从。”

㊳ 亲近爱抚民众。《管子·形势解》:“道之纯厚,遇之有实,虽不言曰‘吾亲民’,而民亲矣。”

㊴ 记录财物出纳的簿册。《周礼·天官·小宰》“八曰听出入以要会”汉郑玄注:“要会,谓计最之簿书。”

㊵ 谓职事纷扰烦忙。《诗·小雅·北山》:“或栖迟偃仰,或王事鞅掌。”毛传:“鞅掌,失容也。”郑玄笺:“鞅犹何也,掌谓捧之也。负何捧持以趋走,言促遽也。”孔颖达疏:“传以鞅掌为烦劳之状,故云失容。言事烦鞅掌然,不暇为容仪也,今俗语以职烦为鞅掌,其言出于此传也。故郑以鞅掌为事烦之实,故言鞅犹荷也。”

㊶ 教化民众。《子华子》卷上:“吾闻之,太古之圣人所以范世训俗,有恒言者,有曲言者。”

㊷ 亦作“大初”。天地未分之前的混沌元气。《列子·天瑞》:“太初者,气之始也。”或指太古时期。

㊸ 违背正常的法则。章炳麟《文学说例》:“然则纵横近于雄辩,虽言或偭规,而

口给可用。"

㊹ 谓施教化以和合之。《书·君奭》:"惟文王尚克修和我有夏。"孔传:"文王庶几能修政化,以和我所有诸夏。"

㊺ 铺叙文辞。指作文。《晋书·夏侯湛潘岳等传论》:"睹其《抵疑》诠理,本穷通于自天;作诰敷文,流英声于孝悌。旨深致远,殊有大雅之风烈焉。"

㊻ 遵守法则。《书·洪范》:"皇建其有极,敛时五福,用敷锡厥庶民。惟时厥庶民于汝极,锡汝保极。"

㊼ 归服。《后汉书·寇恂传》:"今始至上谷而先堕大信,沮向化之心,生离畔之隙,将复何以号令它郡乎?"

㊽ 称颂盛世之歌。清赵翼《儿辈劝以拙集付梓》诗:"敢追汉殿凌云赋,聊附康衢击壤吟。"

㊾《击壤歌》,古歌名。相传唐尧时有老人击壤而唱此歌。汉·王充《论衡·艺增》:"传曰:有年五十击壤于路者,观者曰:'大哉,尧德乎!'击壤者曰:'吾日出而作,日入而息,凿井而饮,耕田而食;尧何等力!'"

制策又以河流顺轨,漕艘遄行[①],而咨夫一劳永逸之至计。臣尝诵浚畎距川[②]之文,随山刊木[③]之纪,未尝不叹美哉禹功[④],明德远矣。然其时洚洞[⑤]为灾,非独黄河为害。故禹以海为水之归,而治河以通水道,所谓导河积石至于龙门[⑥]者是也。河至汉元光中注巨野[⑦],通于淮泗[⑧],武帝筑宣防[⑨]导之北行。逮永平[⑩]中,王景[⑪]修渠修堤偶合禹功,自汉至唐尚不为害。迨及石晋开运[⑫]年间,河始汛溢,浸汴、曹、濮、单、郓五州境,自北而东。[⑬]宋元丰[⑭]后日趋于南,中牟以下夺汴,徐州以下夺泗,清口以下夺淮,而后注海,禹迹[⑮]遂不可复。欧阳修治河三策[⑯],至今称之。夫治河之法,惟就下之性不可拂,而遏厥狂澜宣泄之宜不可达,而慎其启闭,曰疏曰防,其大要也。然非束清御黄,两坝安能蓄清以刷黄乎。因时启闭,治河即以通漕,河道深通,重空军船北运南旋,岁以为常,咸称利济矣。第扼清黄之要津者,莫如高家一堰。蓄清尤必慎加保旧石堤,摸砌功费浩繁,所以防九折于天来,望千帆之云集,经久之策可勿讲平昔哉。余阙邱浚[⑰]、潘季驯[⑱]虽各有成法,第非明乎地势,而因时制宜,殆未易言法古也。盛世庆奏安澜[⑲],功成作楫,桃花无恙,瓠子不波,河流固屡清矣。

**校注:**

① 速行。清·薛福成《庸盦笔记·史料一·江忠烈公殉难庐州》:"江公以庐州事急,率所部千余人,力疾遄行。"

② 畎,田间小沟。《书·益稷》:"予决九川距四海,浚畎浍,距川。"

③ 随,行走。刊木,砍伐树木。谓行经山林,砍削树木以开辟道路。《书·禹贡》:"禹敷土,随山刊木,奠高山大川。"孔颖达疏:"随行山林,斩木通道。"

④ 谓夏禹治水的功绩。

⑤ 大水弥漫。《孟子·滕文公下》:"洚水者,洪水也"汉赵岐注:"水逆行,洚洞无涯,故曰洚水。"

⑥ 即禹门口。在山西省河津县西北和陕西省韩城市东北。黄河至此,两岸峭壁

对峙，形如门阙，故名。《书·禹贡》："导河积石，至于龙门。"

⑦ 汉元光中，黄河决于瓠子口（在今河南濮阳），河水东南注入巨野泽。后二十余年，汉武帝命堵塞瓠子决口，筑宫其上，名宣房宫。见《史记·河渠书》。

⑧ 泗水，位于山东省中部，是淮河下游第一大支流，常同淮河一块连称淮泗。

⑨ 又作宣房。桓宽《盐铁论 力耕》"洪水滔天，而有禹之绩；河水泛溢，而有宣房之功。"《汉书·沟洫志》作"宣防。"

⑩ 年号。汉明帝年号（58—75）。

⑪ 王景（约 30—85），字仲通，乐浪郡诌邯（今朝鲜平壤西北）人少学《易》，广窥众书，又好天文术数之事，沉深多伎艺，时有荐景能治水者，明帝诏与王吴共修浚仪渠，吴用景坞流法，水不复为害。

⑫ 五代后晋，石敬瑭所建，都开封。开运元年为 944 年。

⑬《五代史 晋书 少帝纪二》：晋开运元年五月，"丙辰，滑州河决，浸汴、曹、濮、单、郓五州之境，环梁山，合于汶水"。

⑭ 北宋神宗年号，元丰元年为 1078 年。

⑮ 指夏禹治水的功绩。

⑯ 宋至和二年（1055），朝廷讨论黄河治理方案，欧阳修连呈三状，认为故道不可复、六塔不可开，力主增治堤防，疏其下流，其治河方案不仅影响北宋一代，也成为后世治河的重要依据。

⑰ 即邱濬，曾主持明代历史上著名的"以工代赈"行动，进行明朝历史上最大规模的黄河治理。

⑱ 潘季驯，为明朝著名的治河专家，发明"束水冲沙法"，深刻影响了后代"治黄"的思想和实践，著有《宸断大工录》《两河管见》《河防一览》等。

⑲ 指河流平静、没有泛滥的现象，亦喻太平。

制策又曰，一代之治必有一代之贤能分任之，其德器必过人，而责效在专其任，斯诚选俊书升之大要也。臣窃惟名世之生，必钟闲气。而群才之策，咸景清时。古者上有放勋重华[①]，下有皋飏夔拜[②]，明良喜起[③]，称极盛三代之隆。伊傅周召，犹堪继轨。而用人则首德行而次才能，可谓法良意美。汉举孝廉及贤良方正，制虽近古，然有举秀才不知书，举孝廉父别居者。安在策于天子、察于州郡、举于学校乎？唐有国学、太学、四门学之制，后乃重进士而轻明经。惟崔佑甫荐举日除数十人，未逾年除吏几八百员，史未尝以为滥。大抵荐剡[④]之贤否，惟视推毂[⑤]者之公私耳。如曰专引知识则嫌于私，将叔向[⑥]之不避亲，鲍叔[⑦]之知我贫，皆私乎。如曰止循资序，未必皆才。将冯唐[⑧]之老为郎，相如之久不迁，非才乎？此宋司马光所欲为设十科，以举士特惜其阻也。皇上四门吁俊，一德旁求，鸾旗[⑨]而芹藻[⑩]生香，鹿野而萍蒿掇秀[⑪]。士之幸逢斯盛者，将黼黻[⑫]尔躬矣。宜何如圭璧尔心也哉？制策又以治平不忘武备，振国威而慑荒服，所以长保太平之治也。臣窃考汉分南北二军，唐有府兵军府折冲彍骑，其制屡易，而训练之法要不过较阅精而赏罚当耳。夫七旬而格有苗，益彰大舜之文命；三年而克鬼方，何损高宗之中兴[⑬]。然必慎固封守，而绥靖边隅者，安不忘危，耀德而非黩武，戢暴正所以安邦也。欲强内以警外，则善将兵莫如善将将矣。夫边帅寄膺阃外，营列细柳乃真将军，纛建高牙[⑭]非假节钺[⑮]。固当壮元老之猷以赵屯田[⑯]为法，无使书生矜纸上谈，如贾谊、晁错、陆贽辈之议其后也。况乎虎帐不喧，豹韬有略，练胆练艺，教目教身，惟在军实日讨，刁斗宵严，士皆挟纩而无敢执水，斯边弗争桑而罔窥牧马矣。圣朝恩覃赤县，威震青徼[⑰]，何殊陈涿鹿之师，而奋扬鹰之烈哉。若此者，端已以齐民，涤源以利运，任贤以佐治，申儆[⑱]以防边。洋洋乎畅鸿庥[⑲]而垂骏业，盖亘古而立隆也。

**校注：**

① 放勋，尧名。《尚书·尧典》："曰若稽古，帝尧曰放勋。"重华，舜的字号。《尚书·舜典》："曰若稽古帝舜，曰重华，协于帝。"唐皮日休《河桥赋》："追乎放勋之世，重华之年，其水怀山，其波浸天。"

②《尚书·益稷》："夔曰戛击鸣球，搏拊琴瑟以咏，祖考来格，虞宾在位，群后德让。下管鼗鼓，合止柷敔，笙镛以间；鸟兽跄跄。《箫韶》九成，凤皇来仪。夔曰：'于！予击石拊石，百兽率舞，庶尹允谐。'

帝庸作歌，曰：'敕天之命，惟时惟几。'乃歌曰：'股肱喜哉，元首起哉，百工熙哉。'皋陶拜手稽首，扬言曰：'念哉！率作兴事，慎乃宪，钦哉！屡省乃成，钦哉！'"

③《尚书·益稷》："'乃歌曰：'股肱喜哉，元首起哉，百工熙哉。'"

④ 指推荐人的文书。明沈德符《野获编·督抚·秦中丞》："盖一时西台诸公痛恨之，遂坐永锢，至今人惜之，荐剡不绝于公车。"后引申作推荐意。

⑤ 举荐，援引。《史记·魏其武安侯列传》："魏其、武安俱好儒术，推毂赵绾为御史大夫。"

⑥ 即羊舌肸，春秋时晋国卿，提倡尊贤使能，不以貌取人。

⑦ 即鲍叔牙，春秋时齐国大夫，曾接济管仲。

⑧ 冯唐，西汉大臣。因出仕较晚，汉武帝求贤时已年过古稀，后世人常用冯唐之事喻有志难酬。

⑨ 天子仪仗中的旗子，上绣鸾鸟，故称鸾旗。《汉书·贾捐之传》："鸾旗在前，属车在后。"颜师古注："鸾旗，编以羽毛，列系橦旁，载于车上，大驾出，则陈于道而先行。"

⑩ 比喻贡士或才学之士。《诗·鲁颂·泮水》："思乐泮水，薄采其芹……思乐泮水，薄采其藻。"

⑪《诗经·鹿鸣》："呦呦鹿鸣，食野之苹。……呦呦鹿鸣，食野之蒿。"

⑫ 为礼服上所绣的华美花纹或比喻人才华横溢，此处意为辅佐。柳宗元《乞巧文》："黼黻帝躬，以临下民。"

⑬《周易》："高宗伐鬼方，三年克之。"《诗经·商颂》中，宋国贵族（商人的后代）称赞祖先殷高宗武丁时说："挞彼殷武，奋伐荆楚。罙入其阻，裒荆之旅。有截其所，汤孙之绪。"

⑭ 牙旗。《文选·潘岳·关中诗》："桓桓梁征，高牙乃建。"李善注："牙，牙旗也。"

⑮ 符节和斧钺，象征帝王的权力。《三国志·魏志·武帝纪》："天子假太祖节钺，录尚书事。"

⑯ 赵充国，西汉著名将领，功在平乱、镇边，屯田，凡事皆重亲身体察。

⑰ 东方的边塞。《文选·张协·七命》："丹冥投锋，青徼释警。"李善注："青徼，东方也。"

⑱ 警戒，亦通"警"。《春秋·宣十二年》："在军，无日不讨，军实而申儆之。"

⑲ 鸿福。明·汤显祖《大司马新城王公祖德赋》："仰燕翼以遥钦，溯鸿休而远托。"

臣尤伏愿皇上，薰轸常调，璇衡默运[①]，风声已树而益凛鞋旒，雪浪不扬而愈筹竹箭，鸩鸾成集而夏屋[②]弥庇，鲸鲵久封而秋防倍警。训俗之道昭焉，济民之功懋焉，作人之化隆焉，正域之规立焉。光玉镜，披金绳，奄[③]九有以来同，总八方而为极。用以德征风动，泽洽露生，衍奕叶[④]以壬林[⑤]，承昊绛[⑥]之申锡[⑦]，则我国家亿万载无疆之庆基此矣。臣末学新进，罔识忌讳，干冒[⑧]宸严[⑨]，不胜战栗陨越[⑩]之至。臣谨对。

**校注：**

① 轸，衡：皆为二十四星宿之一。

② 大屋，《诗经·秦风·权舆》："于我乎大屋渠渠。"

③ 通"淹"。

④ 世代，汉·蔡邕《琅邪王傅蔡郎碑》："奕叶载德，常历官尹，以建于兹。"

⑤《诗经·小雅·宾之初筵》："百礼既至，有壬有林。"

⑥ 汉·扬雄《甘泉赋》："上天之宰"，颜师古注："宰，事也，读与载同。"

⑦《诗·商颂·列祖》："申锡无疆，及尔斯所。"

⑧ 触犯，冒犯。《周礼·秋官·士师》"四曰犯邦令" 汉郑玄 注："干冒王教令者。"宋 范仲淹《代人奏乞王洙充南京讲书状》："干冒圣威，臣无任云云。"

⑨ 帝王威严。宸，北极星所在，借指帝王所居，引申为王位、帝王。

⑩ 摔倒。宋·胡铨《戊午上高宗封事》："小臣狂妄，冒渎天威，甘俟斧钺，不胜陨越之至。"

（作者单位：安徽大学文学院）

# 《通典·职官典》校读札记

黄光辉

杜佑《通典·职官典》是一部系统的官制通史，上起唐虞时代，下迄于唐肃宗时期，且尤详于唐制。《职官典》二十二卷是了解唐肃宗以前官制必读之书。《四库全书总目提要》称《通典》："每事以类相从，凡历代沿革，悉为记载，详而不烦，简而有要，元元本本，皆为有用之实学，非徒资记问者之可比。"①给了很高的评价。笔者在对历代官制的学习探索中，《通典·职官典》成为案头必备之书，从中受益匪浅。但在使用该书时，笔者也注意到其中存在着一定的疏误和错误，有些疏漏可能是杜佑编写时就出现的，有些则可能是流传过程中形成的。本文拟对中华书局1988年点校本《职官典》未纠正的错误略作归纳，并结合相关文献加以考订，不当之处，祈请专家指正。

## 一、系年错误

《职官典》卷五，636页，"户部尚书"条载："大唐永徽初，复改民部为户部，庙讳故也。"考《旧唐书》卷四《高宗纪上》："（贞观二十三年六月）辛巳，改民部尚书为户部尚书。"②，《唐会要》卷五八《尚书省诸司中》记载同，故可知贞观二十三年唐高宗即皇帝位不久，即改民部尚书为户部尚书，故"永徽初"当为"贞观二十三年"之误。《职官典》卷七，700页，"卫尉卿"条载："隋文帝开皇三年，废卫尉寺，入太常及尚书省。十三年复置。"考《隋书》卷二八《百官下》："（开皇）十二年，复置光禄、卫尉、鸿胪等寺。"③《唐六典》记载同，故"开皇十三年"当为"开皇十二年"之误。《职官典》卷十一，798页"大将军"条载"成帝绥和二年，赐大司马印绶，罢将军官"，考《汉书·百官公卿表上》："成帝绥和元年，初赐大司马金印紫绶，置官属，俸比丞相，去将军。"④《后汉书·百官一》记载同，可知"绥和二年"当为"绥和元年"之误。《职官典》卷十二，826页，"太子司议郎"条记载"大唐贞观五年，皇太子上表请置史职，用司箴诫，乃于门下坊置太子司议郎四人，精选名士以居之"，考《唐六典》："太子司议郎四人，正六品上；贞观十八年置。"⑤《唐会要》亦云："（贞观十八年十月四日）门下坊置司议郎四员，以敬播、来济为之。"⑥且《旧唐书·敬播传》云："寻以撰实录功，迁太子司议郎。时初置此官，极为清

---

① （清）永瑢：《四库全书总目提要》，北京：中华书局，1965年，第694页。

② （后晋）刘昫：《旧唐书》，北京：中华书局，1975年，第66页。

③ （唐）魏徵：《隋书》，北京：中华书局，1973年，第792至793页。

④ （汉）班固：《汉书》，北京：中华书局，1962年，第725页。

⑤ （唐）李林甫等撰，陈仲夫校：《唐六典》，北京：中华书局，1992年，第665页。

⑥ （宋）王溥著，牛继清校注：《唐会要校证》，西安：三秦出版社，2012年，第998页。

望。中书令马周叹曰:'所恨资品妄高,不获历居此职。'"[①]考马周为中书令时间,恰在贞观十八年。故可断定"贞观五年"当为"贞观十八年"之误。《职官典》卷十二,838页,"太子旅贲中郎将"条载:"永徽元年,以太子名'忠',改诸率府中郎将为旅贲郎将,其郎将改为翊军",考《旧唐书·高宗纪上》可知,永徽三年七月唐高宗才册封李忠为皇太子,同年九月为避太子李忠名讳,改诸率府中郎将为旅贲郎将[②],故可断定"永徽元年"当为"永徽三年"之讹误。《职官典》卷十五,903页,"京尹"条载"开元元年正月,于蒲州置中都,改州为河中府,至六月而罢",考《旧唐书·玄宗纪》、《唐会要·诸府尹》[③]皆作"开元九年"。

## 二、皇帝名号错误

《职官典》卷五,636页,"户部尚书"条记载"炀帝时,韦冲为民部尚书",然考《隋书·韦冲传》作:"仁寿中,高祖为豫章王纳冲女为妃,征拜民部尚书。"[④]仁寿乃隋文帝年号,故可断定韦冲拜民部尚书当在隋文帝时,"炀帝"当为"文帝"之误。《职官典》卷七,695页,"太常卿"条载:"魏武平荆州,初得杜夔,知音识旧乐,故为此官(协律都尉)",然《三国志·魏书·杜夔传》作:"太祖以夔为军谋祭酒,参太乐事。……黄初中,为太乐令、协律都尉。"[⑤]而黄初为魏文帝年号,故"魏武"当为"魏文"之误。《职官典》卷十一,803页,"杂号将军"条载"汉武帝以田千秋为(奋威将军)",然考《汉书》可知,始授奋威将军当在元帝永光二年八月[⑥],"武帝"当为"元帝"之误。《职官典》卷十一,803页,"杂号将军"条载"汉武帝初以范明友为度辽将军",考《汉书·昭帝纪》作:"(元凤三年)四月,以中郎将范明友为度辽将军。"同卷亦载:"(元凤四年)夏四月,诏曰:'度辽将军明友前以羌骑校尉将羌王、侯、君、长以下击益州反虏,后复率击武都反氐,今破乌桓,斩虏获生,有功。'"[⑦]"元凤"乃汉昭帝年号,故可断定"武帝"当为"昭帝"之误无疑。《职官典》卷十一,803页,"杂号将军"条记载,汉元帝时韩安国、王晏并拜建威将军,考《汉书》可知,王莽居摄,骑都尉王晏始为建威将军。《职官典》卷十四,889页,"州佐"条记载"及后主失政,赐诸佞幸卖官,分州郡,下逮县官,多降中旨",考《北齐书·幼主纪》[⑧]可知,此事发生于幼主时期而非后主时,故"后主"应为"幼主"之讹误。

## 三、职官错误

《职官典》卷三,542页,"宰相"条载,武太后时,姚琫以尚书右丞身份上书,言宰

---

① 《旧唐书》卷一百八十九上《敬播传》,第4954页。

② 《旧唐书》卷四《高宗纪上》,第71页。

③ 《唐会要》卷六十八《诸府尹》,第1017页。

④ 《隋书》卷四十七《韦冲传》,第1270页。

⑤ (晋)陈寿撰,(南朝宋)裴松之注:《三国志》,北京:中华书局,1959年,第806页。

⑥ 《汉书》卷九《元帝本纪》,第290页。

⑦ 《汉书》卷七《昭帝纪》,第229页。

⑧ (唐)李百药:《北齐书》,北京:中华书局,1972年,第113页。

相应撰时政记。考《唐六典》卷九[①],可知,姚琇上书时为"尚书左丞"而非"右丞",《唐会要》亦作"尚书右丞"。《职官典》卷六,660页,"御史台"条载:"贞观末,御史中丞李乾祐以囚自大理来往,滋其奸故,又案事入法,多为大理所反,乃奏于台中置东西二狱,以自系劾。"考《唐会要》卷六十《御史台上》作贞观二十二年二月,李乾祐为(御史)大夫,别置台狱[②],《旧唐书·崔隐甫传》记载同,可知御史台别置台狱时,李乾祐时任"御史大夫"非"御史中丞",且唐太宗时并无御史中丞一职,唐高宗即位后,为避其名讳,才改治书侍御史为御史中丞[③]。《职官典》卷七,701页,"卫尉卿"条载"后汉又有考工令、丞,属太仆,主造兵器,成,付武库令",考《后汉书·百官二》:"(考工令)主作兵器、弓弩、刀铠之属,成,则传执金吾,入武库。"[④]《宋书·百官上》记载同,故可知"武库令"为"执金吾"之误。卷十五,904页,"留守"条记载"武太后临朝,垂拱三年,文昌右丞相苏良嗣为京留守",考《旧唐书·则天皇后纪》可知苏良嗣当时为文昌左相,天官尚书韦待价为文昌右相[⑤]。《职官典》卷十六,933页,"开府仪同三司"条记载"梁沈约为侍中、右光禄大夫,徐勉为约请三司之仪,武帝不许",考《梁书·沈约传》可知,徐勉为其请三司之仪时,其为左光禄大夫,非右光禄大夫。《职官典》卷十六,933页,"开府仪同三司"条载:"普泰初,特以尔朱世隆为仪同三司,位次上公。"考《魏书》卷十一载:"(普泰元年七月)庚寅,以侍中、太保、开府、尚书令、乐平王尔朱世隆为仪同三师,位次上公。"[⑥]《魏书》卷七五《尔朱世隆传》,《北齐书》卷四八《尔朱世隆传》记载同,故可知普泰初尔朱世隆为"仪同三师"非"仪同三司",北魏前废帝为提高尔朱世隆地位与威望,特设"仪同三师"一职,用以安置其人。

## 四、避讳追改

《职官典》卷六,659页,"御史台"条载"后汉蔡邕以侍御史转持书御史","持书御史"实为"治书御史",杜佑为避唐高宗李治名讳而追改。《职官典》卷七,694页,"太常卿"条记载"大唐初有理礼郎四员,掌设板位,执仪行事",考《旧唐书》卷四《高宗纪》:"(贞观二十三年)七月丙午,有司请改治礼郎为奉礼郎,以避上名。"[⑦]《唐会要》同,"理礼郎"实为"治礼郎",杜佑为避唐高宗李治名讳而追改。《职官典》卷七,698页,"光禄卿"条记载两汉有"武贲、左右中郎将",武贲实为"虎贲",杜佑为避唐太祖李虎之名讳而追改。《职官典》卷八,726页,"司农卿"条记载"毋将崇字君房,为执金吾",考《汉书·毋将隆传》云:"毋将隆字君房东海兰陵人。……迁执金吾时,侍中董贤方贵。"[⑧]可知"毋将崇"实为"毋将隆",杜佑为避唐玄宗李隆基名讳而追改。《职官典》卷十一,800页,"车骑将军"条引应劭语"美号加于顽凶",但考应劭原文"美"实为

① 《唐六典》卷九,第278页。
② 《唐会要》卷六十《御史台上》,第888页。
③ 《旧唐书》卷四十二《职官一》,第1786页。
④ (南朝宋)范晔:《后汉书》,北京:中华书局,1965年,第1498页。
⑤ 《旧唐书》卷六,第118页。
⑥ (北齐)魏收:《魏书》,北京:中华书局,1974年,第1669页。
⑦ 《旧唐书》卷四《高宗纪上》,第66至67页。
⑧ 《汉书》卷七十七《毋将隆传》,第3263至3264页。

"显",杜佑为避唐中宗李显之名讳而追改。

## 五、人名误

《职官典》卷四,600页,"左右丞"条记载"刘洽字义瓘,为左丞,准绳不避贵戚,尚书省贿赂莫敢通",然《梁书·到洽传》作:"到洽……迁给事黄门侍郎、领尚书左丞,准绳不避贵戚,尚书省贿赂莫敢通。"①《册府元龟》记载同,可知"刘洽"为"到洽"之讹误。《职官典》卷十二,825页,"太子詹事"条记载"后魏杨昱字元略,为詹事丞",考陕西出土的《杨昱墓志铭》作:"公讳昱,字元晷,弘农华阴潼乡习仙里人也。"②《魏书》卷五十八《杨昱传》记载同,可知"略"为"晷"之形近误。《职官典》卷十一,903页,"杂号将军"条记载"楼船,汉元封三年,以荀彘为之",考《史记》、《汉书》,可知荀彘终其一生未任楼船将军一职,元封年间任楼船将军为杨仆。《职官典》卷十五,909页,"郡太守"条记载武太后时以本官检校刺史者,独常州刺史薛光谦、徐州刺史司马锺二人政绩可称;查《旧唐书》、《资治通鉴》可知,"司马锺"为"司马锽"之形近误。

## 六、品秩错误

《职官典》卷四,549页,"侍中"条载,唐大历二年升侍中为"从二品"。考《唐大诏令集·升中书门下品秩诏》:"侍中、中书令宜升入正二品。门下、中书侍郎历代清贵,所掌要重,多用此官参于枢务,以地则密以阶未峻,宜升入正三品。"③,《旧唐书·代宗纪》同,可知唐大历二年,唐代宗为提高侍中地位和威望升其为正二品,此后宰相衔为"同中书门下二品"。同卷,550页,"门下侍郎"条记载,唐大历二年升门下侍郎为"从三品",考《唐大诏令集·升中书门下品秩诏》可知,大历二年门下侍郎升为"正三品"。《职官典》卷十一,812页,载唐驸马都尉为从五品阶,唐代官阶三品以上分正从,四品以下又分上下阶,驸马都尉为从五品下阶。

## 七、误字

《职官典》卷三,542页,"宰相"条记载"天宝十五年之后,天下多难,勋贤并建,故备位者众",年为载之意误,唐朝玄宗为表示李唐所继承的是唐虞正统,于天宝三年改"年"为"载"④,肃宗至德三年复改"载"为"年",即从公元744年至758年,中间有14年,在唐史上称"载"而不称"年"。《职官典》卷八,558页,"城门郎"条载:"隋氏门下省统城门局,校尉二人。炀帝大业三年,又隶殿中省。"案,"殿中省"当为"殿内省"之误。隋文帝杨坚为避其父杨忠名讳,改殿中监为殿内监,改殿中省为殿内省,故隋并无殿中省一说。《隋书》卷二十八《百官下》作:"城门置校尉一人,降为正五品。后又改校尉为城门郎,置员四人,自殿内省隶为门下省官。"⑤《职官典》卷四,602页,"历代

① (唐)姚思廉:《梁书》,北京:中华书局,1973年,第403至404页。
② 张江寿编:《华山碑石》,西安:三秦出版社,1995年12月,第241页。
③ (宋)宋敏求:《唐大诏令集》,北京:商务印书馆,1959年,第512页。
④ (清)董诰:《全唐文》,北京:中华书局,1983年,第282页。
⑤ 《隋书》卷二十八《百官下》,第795页。

尚书”条记载东晋尚书加侍官者“武官左貂金蝉”,“官”当为“冠”之音近所致误,指官员所衣之衣冠。《职官典》卷四,604 页,“历代郎官”条记载“(尚书郎)其迁为县令,县令秩满自占县,诏书赐钱三万,与三台租钱,余官则否”,考《后汉书》所载:“(尚书令)其迁为县令,县令秩满自占县,诏书赐钱三万,与三台祖饯,余官则否。”①《唐六典》记载同,可知“租钱”当为“祖饯”之形近误,祖饯指一种礼仪待遇。《职官典》卷六,668 页,“侍御史”条载“其举郡国孝廉第四科云:‘有能按章覆问,文中御史。’” 然据《后汉书》卷一百一十四《百官一》所载汉代四科取士:“一曰德行高妙,志节清白;二曰学通行修,经中博士;三曰明达法令,足以决疑,能案章覆问,文中御史;四曰刚毅多略,遭事不惑,明足以决,才任三辅令。”②可知“有能按章覆问,文中御史”为第三科无疑。《职官典》卷七,699 页,“光禄勋”条记载晋“太官令有汤官、果官吏各二人”中之“吏”当为“史”之形近误。《职官典》卷七,713 页,“大理卿”条记载宣帝时置“正平四员”,“正平”当为“廷平”之讹误,因《汉书》:“今谴廷史与郡鞫狱,任轻禄薄,其为置廷平,秩六百石,员四人,其务平之。”③廷平为廷尉左右平之省称。《职官典》卷八,726 页,“司农卿”条记载汉“自乘舆不以给供养,劳赐一出少府”,“一”为“壹”之音近误。《职官典》卷九,768 页,“国子监”条记载唐除授大成“须日试策所习业等十条通七”,“日试”当为“口试”之形近误。《职官典》卷十一,805 页,“监军”条记载“节量诸宜,亦监军之职”,“宜”为“军”之形近误。《职官典》卷十一,811 页,“三都尉”条记载晋宣帝第二女“高陆宣公主”,然考《陈书》卷十七《袁枢传》作“高陵宣公主”④,当是繁体“陸”为“陵”之形近误。

**八、脱落字**

《职官典》卷七,692 页,“太常卿”条记载“景帝六年,更名太常”,考《汉书·百官公卿表上》作“景帝中六年,更名太常”,汉景帝时纪年为武帝时追记,将景帝在位时间分为景帝前六年,中六年,后六年,故可断定“六年”前脱落“中”。《职官典》卷七,700 页,“卫尉卿”条记载“卫尉,秦官,掌门卫屯兵”,考《汉书》卷十九上《百官公卿表上》:“卫尉,秦官也,掌宫门卫屯兵。”⑤,又考其职掌,可知卫尉负责皇宫的守备工作,郎中令主要负责京城的守备工作,“门”前脱落“宫”字无疑。《职官典》卷七,701 页“卫尉卿”条记载“国公及上护军带职事三品若下都督诸州,门各十戟”,考《唐会要》卷三十二《舆服下》:“天宝六载四月八日,敕改《仪制令》……上柱国、柱国带职事三品,上护军带职事二品若中都督、上州、上都护,门十二戟;国公及上护军带职事三品若下都督中下州,门各十戟。”⑥《唐六典》卷四《礼部尚书》同,可知此处“诸”前脱落了“中下”,指中下州,因唐朝根据各个州户口的多少将州划分为上、中、下三个级别,上州门十二

① 《后汉书》卷一百一十六《百官三》,第 3598 页。
② 《后汉书》卷一百一十四《百官一》,第 3559 页。
③ 《汉书》卷二十三《刑法志三》,第 1102 页。
④ (唐)姚思廉:《陈书》,北京:中华书局,1972 年,第 241 页。
⑤ 《汉书》卷十九上《百官公卿表上》,728 页。
⑥ 《唐会要》卷三十二《舆服下》,第 508 页。

戟，中下州门才为十戟。《职官典》卷七，703 页，“宗正卿”条载：“梁天监七年，复置之（宗正），视列曹尚书，主皇室外戚之籍，以皇族为之。”据《隋书·百官上》：“宗正卿，位视列曹尚书，主皇室外戚之籍，以宗室为之。”①《唐六典》卷十六《宗正寺》记载同，“视”前应脱落“位”，“位视列曹尚书”指宗正朝会时的班位视列曹尚书。《职官典》卷十二，827 页，“太子庶子”条记载唐中舍人“拟中书侍郎”，考《唐六典》卷二十六“太子右春坊”条作“（中舍人）职拟中书侍郎”②，故可断定“拟”前脱落“职”，指“太子中舍人”职掌拟“中书侍郎”。《职官典》卷十五，904 页，“留守”条记载“张禹以太尉兼卫留守”，据《后汉书》卷四四《张禹传》：“永元六年，入为大司农，拜太尉，和帝甚礼之。十五年，南巡祠园庙，禹以太尉兼卫尉留守。”③故可知“卫”后脱落“尉”。

## 九、衍字

《职官典》卷九，771 页，“都水使者”条载“汉主爵中尉属官有都船令丞”，“主爵”当为衍字。因汉代主爵都尉掌列侯，其属官并不见都船令丞，而中尉属官有都船令丞④。《职官典》卷十，789 页，“左右金吾卫”条记载“炀帝大业三年，改（左右武候府）为左右武候卫，所领军士名佽飞”，考《隋书·百官下》、《唐六典·诸卫府》⑤，均作“左右候卫”，可知“武”为衍字。《职官典》卷十二，826 页，“太子庶子”条载后汉太子中允“职在中庶子下、洗马上”，“职”当为衍字。《职官典》卷十五，904 页，“郡太守”条载：“汉景帝中元二年，更名郡守为太守。”“元”为衍字。汉景帝时纪年为武帝时追加，将景帝在位时间分为前、中、后三个时段纪年。且《汉书·百官公卿表上》明确记载为“景帝中二年更名太守”⑥《职官典》卷十六，934 页，“特进”条引《隋书》所载：“是特进引见之称，无官定体也。”然考《隋书》卷二十六《百官下》原文并无“进”，可知“进”为衍字。

## 十、倒误

《职官典》卷十二，835 页，“左右卫率府”条载“北齐谓之左右卫率坊”，考《隋书·百官中》可知“率坊”实为“坊率”之倒置。《职官典》卷十四，895 页，“都督”条载节度使“本皆兼度支、营田使”，此处“度支”为“支度”之误，考“度支使”与“支度使”职掌，可知，度支使“掌判天下租赋多少之数，物产丰约之宜，水陆道途之利”，主要领导政府财政工作；而支度使“计军资粮仗之用。每岁所费，皆申度支会计，以长行旨为准”，其职责是供给军资⑦。由此可知，“度支使”与“支度使”为两个不同使职，度支使设在中央，而支度使设在地方。唐王朝将中央的财政长官加度支使，地方财政长官叫支度

---

① 《隋书》卷二十六《百官上》，第 724 页。

② 《唐六典》卷二十六《太子右春坊》，第 670 页。

③ 《后汉书》卷四十四《张禹传》，第 1498 页。

④⑥ 《汉书》卷十九上《百官公卿表上》，第 742 页。

⑤ 《唐六典》卷二十五《诸卫府》，第 638 页。

⑦ 《旧唐书》卷四十三《职官二》，第 1827 页。

使,却是有意识地加以区别,不使两种官名混淆①。《职官典》此处所载为地方的节度使所兼任之职,当为“计军资粮仗之用”的支度使,不可能是兼任主管国家财政的度支使。《职官典》卷十五,909页,“郡太守”条记载武太后时以本官检校刺史者,独常州刺史薛光谦、徐州刺史司马锺二人政绩可称。查《旧唐书》、《资治通鉴》可知“薛光谦”实为“薛谦光”之倒误。

上述罗列《职官典》存在的十类错误,实际上还存在漏载职官机构、材料剪裁不当之弊。下略举几例证之。漏载职官机构:卷三,544页,“门下省”条记载北齐门下省所统六局,只见左右局、尚食、尚药、尚衣、殿中五局,漏载了“斋帅局”。卷五,646页,“工部尚书”条,只记载了隋工部尚书统工部、屯田二曹,漏载了“虞部、水部二曹”。材料剪裁不当:卷三,543页,“丞相长史”条记载“田仁为丞相长史,上书言天下太守,皆下吏诛死。武帝悦,拜仁为丞相司直,威振天下”此段材料剪裁不当,致文意发生改变。据《史记》记载:“田仁至书,言天下郡太守多为奸利,三河尤甚,臣请先刺举三河……三河太守皆下吏诛死。仁还奏事。武帝说,以仁为能,不畏强御,拜仁为丞相司直,威振天下。”②故可知是三河太守皆下吏诛死,而非天下所有太守。

另有漏载机构职掌、混淆史事、史实阙失等问题。鉴于《职官典》存在以上缺陷,我们在使用该书时一定要仔细核查史源,从而不致产生讹误。

(作者单位:中国人民大学历史学院)

① 卞孝萱:《唐代度支使与支度使——新版〈旧唐书〉校勘记之一》,《中国社会经济史研究》,1983年第1期,第59页。

② (汉)司马迁:《史记》,北京:中华书局,1959年,第2781至2782页。

# 两唐书校读札记*

张文冠

新、旧唐书在漫长的流传过程中，文字产生了不少“豕亥鲁鱼”之处。从古至今，很多学人致力于这两部史书的校订工作，较为重要的著作有宋人吴缜所撰《新唐书纠谬》、清人罗士琳等所撰《旧唐书校勘记》、近人张元济所撰《百衲本二十四史校勘记·新旧唐书校勘记》等。建国以后，中华书局推出了点校本两唐书，是当今最为通行的本子。中华点校本问世后，一些校补的文章也常见于报刊。台湾学者詹宗祐先生将相关论文汇为一编，题为《点校本两唐书校勘汇释》，已于2012年由中华书局出版。2012年西泠印社出版了尤炜祥先生的《两唐书疑义考释》，创获良多。上述论著校订了两唐书中的诸多舛误，但仍有一些讹字及脱文未予以揭示。笔者不揣侧陋，试着对两唐书中的几处文字作了考辨，现列于此，结论对二书的利用或有一二可取之处。

**1. 马困斯跌**

《旧唐书·五行志》：“马困斯跌，人穷乃诈，或起为奸盗，或竞为流亡，从而刑之，良可悲也！”①

按：例中“马困斯跌”，黄永年先生主编的《旧唐书全译》译作“马困了会跌倒”②，恐非。《新唐书·宋务光传》则作“马困斯佚”③，疑作“佚”是。“马困斯佚”语本《孔子家语》卷五《颜回第十八》“颜回曰：‘臣闻之鸟穷则啄，兽穷则攫，人穷则诈，马穷则佚。’”④“佚”有“奔逸、逃亡”义，《汉语大词典》“佚”字条：“奔逸；逃亡。……《孔子家语·颜回》：‘鲁定公问于颜回曰：“子亦闻东野毕之善御乎？”对曰：“善则善矣，虽然，其马必将佚。”’《新唐书·宋务光传》：‘马困斯佚，人穷斯诈。’”⑤“马穷则佚”“马困斯佚”皆谓“马在窘迫的情况下就会奔逸、逃亡”。

《孔子家语》中的“马穷则佚”，《群书治要》卷一〇引作“马穷则逸”⑥，“逸”亦义谓“逃逸、逃跑”，《汉语大词典》“逸”字条：“逃亡；逃跑。《左传·桓公八年》：‘随侯逸，斗丹获其戎车，与其戎右少师。’杜预注：‘逸，逃也。’”⑦“马穷则佚”“马困斯佚”“马穷则逸”义同。

---

* 国家社科基金青年项目：中古近代汉语同形字考释与研究（15CYY027）。

① （五代）刘昫：《旧唐书》，北京：中华书局，1975年，第1355页。

② 上海：汉语大词典出版社，2004年，第1111页。

③ （宋）欧阳修等：《新唐书》，中华书局，1975年，第4275页。

④ 《四部丛刊》影明翻宋本，卷五第2页上。

⑤ 《汉语大词典》（卷一），上海：上海辞书出版社，1986年，第1243页。

⑥ 《四部丛刊》影日本本，卷一〇第23页上。

⑦ 《汉语大词典》（卷一〇），上海：汉语大词典出版社，1992年，第1001页。

**2. 譬彼轻舟**

《旧唐书·杜希全传》:"君之任臣,必求一德;臣之事君,咸思正直。……譬彼轻舟,烝徒楫之;亦有和羹,宰夫膳之。"[①]

按:例中"轻"字有异文,吴玉贵《唐书辑校》:"(《太平御览》作)譬彼泾舟,《唐会要》'泾'作'济',文义较长,据正。《旧唐书》、《全唐文》作'轻',疑亦误。"[②]

笔者以为,"轻""泾""济"诸字中,当以"泾"字为是。"譬彼轻舟,烝徒楫之"语本《诗·大雅·棫朴》"淠彼泾舟,烝徒楫之"。又,"譬"当通"淠",义谓"舟行貌"。盖"淠""譬"二字皆为滂母止摄去声开口字,读音相近,故以"淠"作"譬"。

**3. 重示**

《旧唐书·徐齐聃传》:"齐聃又尝上奏曰:'齐献公即陛下外氏,虽子孙有犯,不合上延于祖。今周忠孝公庙甚修崇,而齐献公庙遽毁坏,不审陛下将何以重示海内,以彰孝理之风?'帝皆纳其言。"[③]

按:例中"重示"不辞,颇疑"重"乃"垂"之讹。"重""垂"二字形近,文献中多有互为异文例,如:南朝梁萧衍《古意二首》之二:"当春有一草,绿花复重枝。""重"一作"垂"[④]。唐王维《与卢员外象过崔处士兴宗林亭》:"绿树重阴盖四邻,青苔日厚自无尘。""重"亦一作"垂"[⑤]。唐李白《古风五十九首》之一:"我志在删述,垂辉映千春。""垂",两宋本、缪本皆作"重"[⑥]。唐裴说《闻砧》:"垂垂白练明如雪,独下闲阶转凄切。""垂垂"一作"重重"[⑦]。

"垂示"犹言"赐示",常用作敬词。

检《唐会要》卷五五《省号下·中书舍人》[⑧]、《资治通鉴》卷二〇一《唐纪十七》"高宗咸亨元年"[⑨]、《册府元龟》卷五四三《谏诤部·直谏第十》[⑩],"不审陛下将何以重示海内"皆作"不审陛下将何以垂示海内","重示"可据改作"垂示"。

**4. 寓州**

《旧唐书·张濬传》:"张濬字禹川,河间人。祖仲素,位至中书舍人。父镣,官卑,家寓州……初从乡赋随计,咸薄其为人。濬愤愤不得志,乃田衣野服,隐于金凤山,学鬼谷纵横之术,欲以捭阖取贵仕。"[⑪]

按:例中"寓州",若以地名解之,则于文献无征。《旧唐书校勘记》卷六〇:"'家寓州',沈本'寓'作'寓'。张氏宗泰云:'他本寓作寓,非。'"[⑫]"寓"同"宇",《说文·宀

---

①③ 《旧唐书》,第3922、4998页。

② 北京:中华书局,2008年,第796页。

④ (陈)徐陵编、(清)吴兆宜注、(清)程琰删补:《玉台新咏笺注》,北京:中华书局,1985年,第270页。

⑤ (唐)王维撰、(清)赵殿成笺注:《王右丞集笺注》,上海:上海古籍出版社,1984年,第261页。

⑥ (唐)李白著、瞿蜕园,朱金城校注:《李白集校注》,上海:上海古籍出版社,1980年,第91页。

⑦ (清)彭定求等:《全唐诗》,北京:中华书局,1999年,第8342页。

⑧ (宋)王溥:《唐会要》,东京:中文出版社,1978年,第943页。

⑨ (宋)司马光等:《资治通鉴》,北京:中华书局,1956年,第6363页。

⑩ (宋)王钦若等编纂、周勋初等校订:《册府元龟》,南京:凤凰出版社,2006年,第6210页。

⑪ 《旧唐书》,第4656页。

⑫ (清)罗士琳等:《旧唐书校勘记》,清道光惧盈斋刻本。

部》："寓，籀文宇从禹。"[①]但唐时亦无地名曰"宇州"。

颇疑"家""寓"二字当连读，"家寓"后常接地名，表示寓居于某地，如：《宋高僧传》卷八《唐蕲州东山弘忍传》："释弘忍，姓周氏，家寓淮左浔阳，一云黄梅人也。"[②]《太平广记》卷四三〇"归生"条（出《闻奇录》）："弘文学士归生，乱后家寓巴州。"[③]此其例。

若"家寓"连读，则"州"前当脱一字。例言张濬"隐于金凤山"，唐时确有山名曰"金凤山"，《重修琴川志》卷四："福山在县北四十里，高九十五丈，周五里。本名覆釜山，其似也。唐天宝六载改为金凤山，梁乾化三年又改今名。"[④]"琴川"即常熟之别名，《绍定吴郡志》卷二〇："常熟，世传一名琴川。"[⑤]可知在唐代常熟地区有"金凤山"，而唐时常熟属苏州，《旧唐书·地理志》："苏州上……贞观八年，复置嘉兴县。领吴城、昆山、嘉兴、常熟四县。天宝元年，改为吴郡。乾元元年，复为苏州。"[⑥]据此，"州"前所脱当为"苏"字。

**5. 折皂布、杭子**

《新唐书·地理志》："湖州吴兴郡，上。武德四年，以吴郡之乌程县置。土贡：御服、乌眼绫、折皂布、绵细、布、纻、糯米、……紫笋茶、木瓜、杭子、乳柑、蜜、金沙泉。"[⑦]

按：例言湖州吴兴郡出产的贡品，其中的"折皂布"不知为何物。《嘉泰吴兴志》卷二〇："唐岁贡御服折造布二百一十端，《唐志》作'折皂'，《旧图经》云：'皂当作造。'《统记》云：'折者，浣练精细如折米，取其心尔。'或曰：'以多折少而造取其精致。'按，唐贡顾渚茶亦曰折造，恐无浣练之意也。"[⑧]

《旧图经》所云"皂当作造"，诚是。"折造布"在文献中不乏其例，如：崔致远《进御衣段状》："当道先兼盐铁使织造中和四年已前御衣罗折造布并绫锦等……前件御衣并绫锦绮等，薄惭蝉翼，轻愧鸿毛，然而舒张则冻雪交光，叠积则余霞斗彩。"[⑨]也省作"折造"，唐刘禹锡《为京兆韦尹降诞日进衣》："衣一副四事：黄折造衫一领，白吴绫汗衫一领，白花罗半臂一领，白花罗裤一腰。"[⑩]《唐会要》卷三一《舆服上·杂录》："其孔目、句检、句覆、支对、句押、权遣、指引进库门官等，请许服细葛布、折造，及无纹绫充衫及袍袄。"[⑪]由上三例知，"折造布"应是一种质地上乘的布料，吴兴产有这种布，并作为贡品进献给朝廷。

自南朝起，江南地区实行了一种"折租造布"的制度，即将租税折合成布帛等物品

---

① （汉）许慎撰、（清）段玉裁注：《说文解字注》，上海：上海古籍出版社，1988年，第338页。
② （宋）赞宁撰、范祥雍点校《宋高僧传》，北京：中华书局，1987年，第171页。
③ （宋）李昉等《太平广记》，北京：中华书局，1961年，第3495页。
④ （宋）孙应时《重修琴川志》，南京：江苏古籍出版社，1988年，第185页。
⑤ （宋）范成大撰、陈振岳校点：《绍定吴郡志》，南京：江苏古籍出版社，1999年，第300页。
⑥ 《旧唐书》，第1586页。
⑦ 《新唐书》，第1058页。
⑧ （宋）谈钥：《嘉泰吴兴志》，宋元方志丛刊第5册，北京：中华书局，1990年，第4867页。
⑨ （新罗）崔致远撰、党银平校注：《桂苑笔耕集校注》，北京：中华书局，2007年，第130—131页。
⑩ （唐）刘禹锡撰、陶敏，陶红雨校注：《刘禹锡全集编年校注》，长沙：岳麓书社，2003年第628页。
⑪ 《唐会要》，第576页。

上交给国家[①],“折造”一词可能与此有关。《旧唐书·韦坚传》:“自西汉及隋,有运渠自关门西抵长安,以通山东租赋……坚预于东京、汴、宋取小斛底船三二百只置于潭侧,其船皆署牌表之……晋陵郡船,即折造官端绫绣;会稽郡船,即铜器、罗、吴绫、绛纱……”[②]例中“折造官端绫绣”即指代替租赋的绫绣。“折造布”之名概源自于此。因“折租造布”主要在江南地区施行,故用“折造布”或“折造”来特指江南地区所出产的质量精良的布帛。

从《嘉泰吴兴志》“唐贡顾渚茶亦曰折造”的记载来看,“折造”一词不仅限于表示布帛,其他可以顶替租赋的物产也可称之为“折造”。《旧唐书·职官志》:“凡天下租及折造转运于京都,皆阅而纳之,以供国用,以禄百官。”[③]例中“折造”盖代替租税的布帛、茶叶等物。

又,例中“杬子”颇为费解,疑“杭”为“杬”之形讹。“杬”乃树名,《广韵·元韵》:“杬,木名,出豫章,煎汁藏果及卵不坏。”[④]“杬子”即用杬木汁浸制的咸鸭蛋,《齐民要术》卷六《养鹅鸭第六十》:“作杬子法:纯取雌鸭,无令杂雄,足其粟豆,常令肥饱,一鸭便生百卵。取杬木皮,净洗细茎,锉,煮取汁,率二斗,及下盐一升和之。汁极冷,内瓮中,浸鸭子。一月任食,煮而食之,酒、食俱用。咸彻则卵浮。”原注:“吴中多作者,至十数斛。久停弥善,亦得夏也。”[⑤]《容斋随笔》续笔卷一六“咸杬子”条:“《玉篇》、《唐韵》释‘杬’字云:‘木名,出豫章,煎汁藏果及卵不坏。’《异物志》云:‘杬子音元,盐鸭子也。’以其用杬木皮汁和盐渍之。今吾乡处处有此,乃如苍耳、益母茎干,不纯是木。”[⑥]《老学庵笔记》卷五:“《齐民要术》有咸杬子法,用杬木皮渍鸭卵。今吴人用虎杖根渍之,亦古遗法。”[⑦]《嘉泰吴兴志》卷二〇:“杬,唐贡杬子,以杬木汁煎浸鸭子也。”[⑧]又同卷:“唐岁贡御服折造布二百一十端……单黄杬子一千三百五十颗……重黄杬子一千五百五十颗……《新唐志》湖州土贡:御服乌眼绫、折造布、绵绸布、纻、糯米、……紫笋茶、木瓜、杬子、乳柑蜜、金沙泉。”[⑨]据此条记载,“折皂”“杭子”分别当作“折造”“杬子”明矣。

(作者单位:江苏师范大学语言科学与艺术学院)

① 张荣强:《论江南“折租造布”的中央化历程》,《南京师范大学学报》(社科版)2001年第1期,第61—68页。

②③ 《旧唐书》,第3222、1886页。

④ (宋)陈彭年等:《宋本广韵》,南京:江苏教育出版社,2008年,第31页。

⑤ (北魏)贾思勰著、缪启愉校释:《齐民要术校释》,北京:中国农业出版社,1998年,第456页。

⑥ (宋)洪迈撰、沙文点校:《容斋随笔》,上海:上海古籍出版社,1978年,第410页。

⑦ (宋)陆游撰、李剑雄,刘德权点校《老学庵笔记》,北京:中华书局,1979年,第62页。

⑧⑨ 《嘉泰吴兴志》,第4864、4867页。

# 《长物志　考槃余事》点校订误

林日波

中国古代典籍门类繁多，内容丰富，就清乾隆时所编《四库全书总目》而言，“艺术类”著录要籍 80 余种，依今人概念，“谱录类”“杂家类”中涉及艺术者所在多有，则总数在 200 种左右①，整体上反映了古代文人雅士的才情韵致，士大夫世界的审美趣味。古往今来，其中所包蕴的中国式精巧典雅、潇洒飘逸的气质一脉相承。2011 年 12 月以来，浙江人民美术出版社精心策划、科学选目、分辑推出《中国艺术文献丛书》，影响渐广，已列入国家新闻出版改革发展重点项目库，引起艺术史学界、出版界的瞩目。该丛书“集中国历代各门类艺术文献之大成”，目的之一在“可赏读、可征引、可披览、可珍藏”，因此特别强调“古籍整理的学术规范”，注重精细点校。

《长物志　考槃余事》为第一辑十一种之二，合为一册。《长物志》作者文震亨(1581—1645)，文徵明曾孙，仕途不显，亲历明清易代之苦痛，绝食呕血而亡。明人顾苓《塔影园集》卷一《武英殿中书舍人致仕文公行状》所述其生平较详②。《四库全书总目》称其家风余韵尚存，耳濡目染，故与矫言雅尚者不同，书中“凡闲适玩好之事，纤悉毕具”，“所言收藏鉴赏诸法，亦具有条理”③。《考槃余事》作者屠隆(1543—1605)，生当万历中兴之世，诗文雄赡，海内知名，颇有政绩，然遭诬罢官，遂纵情诗酒，卖文维持生计。事见《明史》卷二八八本传。《四库全书总目》对其书评价不高，寥寥数语，斥其“杂论文房清玩之事”，列目琐碎而评论亦欠平允，故归入存目④。据今人欧贻宏考证，《考槃余事》条目大都袭取《遵生八笺》而有一定改造⑤。总体而言，二书通过可视化的描述，使我们了解四百年前的明季士人衣食住行，尤其具体到舟车室庐、几案床榻、笔墨纸砚、琴棋书画、书版碑帖、鼎彝钟磬、杯盏匙箸、蔬果香茗、花鸟虫鱼的艺术生活，进而思考晚明的物质文化状况、营造布置艺术，及其背后的现实苦闷和精神追求，具有重要的文献价值。

前后月余，将二书披览一遍，未及沉潜旁通，认识不免浅显。首先需要指出的是，根据文震亨、屠隆的生卒，宜将《考槃余事》编排在《长物志》前。以下则就所见标点、校勘问题择要辨析，以期对读者有所助益。古人讲“离经辨志”，习读白话已久的我们，读古书而不明版本，不讲句读、校勘，难免会囫囵吞枣，不辨其中滋味，甚至以讹传讹，曲解文义，遑论“理解之同情”。

---

① (清)永瑢等:《四库全书总目》卷一一二至一三四，北京:中华书局，1965 年版，第 952—1140 页。

② (清)顾苓:《塔影园集》，上海:华东师范大学出版社，2014 年版，第 22—24 页。

③ 《四库全书总目》卷一二三，第 1059 页。

④ 《四库全书总目》卷一三〇，第 1114 页。

⑤ 欧贻宏:《〈考槃余事〉与〈遵生八笺〉》，《图书馆论坛》，1998 年第 1 期，第 78 页。

1.《蔷薇　木香》:木香架木为轩,名木香棚。(第37页)

按,"木香"二字为整理者所加,其校勘记称:"'木香',各本俱脱,据文意补。"其实不必补,原文当是承下"木香棚"而省。

2.《菊》:种菊有六要、二防之法,谓:胎养、土宜、扶植、雨旸、修葺、灌溉、防虫,及雀作窠时,必来摘叶,此皆园丁所宜知,又非吾辈事也。(第48页)

按,前文言"六要""二防",然后文一气顿号,遂混淆六、二之分。审文意,"防虫"当属"二防"之一;又"及"为连词,其前不宜标点,故相应部分标点应改作:"……灌溉,防虫及雀作窠时必来摘叶……"

3.《地泉》:泉不难于清,而难于寒,土多沙、腻泥凝者,必不清寒。(第54页)

按,"土多沙"易明,"腻泥凝"费解,查明高濂《遵生八笺》卷十一《饮馔服食笺·清寒》:"石少土多,沙腻泥凝者,必不清寒。"[①]屠隆《考槃余事》卷四《择水》(第328页)袭取之。据此知,《长物志》省略"石少"一词,遂使"多"孤立无应,因此标点宜顺势改作"土多、沙腻、泥凝者"。

4.《藏画》:以杉、桫木为匣,匣内切勿油漆,糊纸恐惹黴湿。(第78页)

按,油漆、糊纸均能使画黴湿,二者并列,不宜点断。故标点宜改作:"匣内切勿油漆、糊纸,恐惹黴湿。"屠隆《考槃余事》卷二《藏画》(第243页)同句标点当照改。

又,《赏鉴好事》:书画有赏鉴好事二家,其说旧矣。(第236页)

按,既然称"二家",则"赏鉴""好事"间宜加顿号。

又,《箫》:湘竹眉绿,九节者,尤更难得。今会稽胡了凡,云间戈蓼汀所制,可称江南二绝。(第295页)

按,湘竹,即湘妃竹。清初陈淏子《花镜》卷五《藤蔓类考·竹》:"湘妃竹,产于古辣,其干光润,上有黄黑斑点,纹旋转而细,如珠泪痕状。"[②]眉绿,或称"眉禄""麋鹿""梅绿"。《花镜》"竹"条又载:"梅绿竹,其干似湘妃而细,皮无旋纹,色亦暗,而大不如,人多取为扇骨。"[③]清王廷鼎《杖扇新录》"眉禄杖"条:"眉禄者,麋鹿竹也。取眉寿福禄,故名眉禄。其质坚挺,色紫赭而有黑斑,斑大小不等,大者如睛,中作旋螺纹,以其似麋鹿之斑,故名。"[④]可见湘竹、眉绿为两种竹子,其间宜用顿号,且"九节者"为湘竹、眉绿二者共有的后置定语,不宜独立为句,所以标点应改作"湘竹、眉绿九节者";同理,胡了凡、戈蓼汀二人并称,其间逗号当改为顿号。参看《长物志》卷七《扇　扇坠》条(第114页)。

又,《杖》:有棕竹、合竹之字竹,俱可作杖。(第301页)

按,"合竹""之字竹"为二物,其间宜用顿号。《汉书》卷六三《昌邑哀王刘髆传》:"贺到济阳,求长鸣鸡,道买积竹杖。"颜师古注引文颖曰:"合竹作杖也。"[⑤]则"合竹"

① (明)高濂著,赵立勋等校注:《遵生八笺校注》,北京:中医古籍出版社,1994年版,第396页。

② (清)陈淏子辑,伊钦恒校注:《花镜(修订版)》,北京:农业出版社,1962年版,第241页。

③ 《花镜(修订版)》,第242页。

④ (清)王廷鼎:《杖扇新录》,黄宾虹、邓实编:《美术全书》,第二册,南京:江苏古籍出版社,1997年版,第1185页。

⑤ (汉)班固撰:《汉书》,北京:中华书局,1964年版,第2764页。

即“积竹”，是将两三根细竹合在一起拧作杖，使其韧而挺。关于“之字竹”，俞樾《茶香室三钞》卷二七《之字竹杖》条按语称：“之字竹今未之见，余闻焦山有竹，其根自然三曲，可以为杖，岂即此欤？”①

又，《杖》：若万岁藤藜藿为杖，形虽奇怪，此为老衲行具，恐非山人家扶老也。（第302页）

按，“万岁藤”“藜藿”亦二物。万岁藤，又名天门冬，为百合科多年生攀援草本植物。根块可入药，《神农本草经》列为上品，称其“主诸暴风湿偏痹，强骨髓，杀三虫，去伏尸。久服轻身，益气延年”②，人盖因其药性取以做杖。藜为一年生草本植物，老茎坚韧轻便，可做杖。“藜藿”合称则指粗劣的饭菜，此处当主要取“藜”字义。明陈沂《询刍录》“菠苋藜”条：“古称藜即灰苋，老可为杖，盖藜杖也。”③清吴其濬《植物名实图考》卷四“灰藋”条：“红心者为藜……其茎秋时伐为杖，轻而有致，髹以漆则坚耐久，杖乡者曳扶至便。”④

又，《数珠》：记念有宋做玉降魔杵，玉五供养。（第308页）

按，“玉降魔杵”“玉五供养”并列，宜改逗号为顿号。参看《长物志》卷七《数珠》条（第113页）。

又，《渔竿》：比之严陵渭水，不亦高哉！（第318页）

按，“严陵”即严光，字子陵。少时曾与汉光武帝刘秀同游学。刘秀即帝位后，“除为谏议大夫，不屈，乃耕于富春山，后人名其钓处为严陵濑焉”。事见《后汉书》本传。“渭水”指姜子牙，《史记·齐太公世家》载其隐居渭水之阳，周西伯出猎，遇之，“与语大悦”，“故号之曰‘太公望’，载与俱归，立为师”⑤。因此“严陵”“渭水”间宜加顿号。

又，《洗茶》：凡烹茶，先以熟汤洗茶，去其尘垢，冷气烹之则美。（第331页）

按，“冷气烹之则美”句意难解，读之再三，“熟”与“冷”对，则知熟汤既去尘垢又去冷气，二者并列，因此标点当改作“去其尘垢、冷气，烹之则美”。

5.《樱桃》：樱桃古名楔桃，一名朱桃，一名英桃，又为鸟所含，故礼称含桃。（第142页）

按，《礼记·月令》载，仲夏之月，“羞以含桃，先荐寝庙”。郑玄注：“含桃，樱桃。”⑥据此，“礼”当指《礼记》，宜加书名号。又，《淮南子·时则训》“羞以含桃”，高诱注：“含桃，莺所含食，故言含桃。”⑦

又，《印章》：不知顾氏印薮六帙，可谓遍括古章。（第287页）

按，“印薮”乃书名，当加书名号。《四库全书总目》著录：“《印薮》六卷，明顾从德

---

① （清）俞樾撰，贞凡、顾馨、徐敏霞点校：《茶香室丛钞》，第三册，北京：中华书局，1995年版，第1390页。

② （魏）吴普等述，（清）孙星衍、孙冯翼辑：《神农本草经》卷一，北京：科学技术文献出版社，1996年版，第11页。

③ （明）陈沂：《询刍录》，《丛书集成初编》本，北京：中华书局，1985年版，第3页。

④ （清）吴其濬：《植物名实图考》，北京：商务印书馆，1957年版，第98页。

⑤ （汉）司马迁：《史记》卷三十二，北京：中华书局，1959年版，第1378页。

⑥ （汉）郑玄注，（唐）孔颖达等正义：《礼记正义》卷十六，（清）阮元校勘：《十三经注疏》，北京：中华书局，1981年版，第1370页。

⑦ 何宁：《淮南子集释》卷五，北京：中华书局，1998年版，第401页。

撰。……是编搜罗古印，摹刻成谱。”[①]其书原名《集古印谱》，王稚登易之为《印薮》。此书成于万历三年(1575)，印行后影响极大。明代沈德符《万历野获编》卷二六“汉玉印”条载：“自顾氏《印薮》出，而汉印哀聚无遗，后学始尽识古人手腕之奇妙。”[②]今有万历三年顾氏芸阁刻本，收入《四库全书存目丛书》子部第75册。

6.《晋帖》:《羊祐岘山碑》。(第207页)

按，“祐”当为“祜”，形近而误。羊祜，字叔子，西晋名将。晋武帝欲灭吴，任羊祜都督荆州诸军事，镇守襄阳。兴振庠序，广施惠政，为百姓称颂。性乐山水，常游岘山，置酒谈咏不倦。事见《晋书》本传。东晋习凿齿《襄阳耆旧记》卷五载：“祜卒后，襄阳百姓于祜平生游憩之所，建碑立庙，岁时飨祀焉。望其碑者，莫不流涕，杜预因名为‘堕泪碑’。”[③]孟浩然《与诸子登岘山》诗有“羊公碑尚在，读罢泪沾襟”[④]之句。

又，《唐帖》:《祭颜杲聊并十三侄文》。(第212页)

按，“聊”当作“卿”，亦属形近而误。颜杲卿，字昕，与颜真卿同为颜勤礼的曾孙。安史之乱时，与其子颜季明守常山，城破遭俘，不屈死。事见两《唐书》本传。事后，颜真卿遣人寻杲卿父子尸骨，只得季明首级，遂作文祭之，文中有“孤城围逼，父陷子死，巢倾卵覆”[⑤]纪实之句。此帖今存台湾“故宫博物院”。

又，《宋帖》:素正已《摩利支天经》。(第217页)

按，“素正已”为“袁正己”之形误。《西京碑林藏石目录》“第五室”中著录：“《摩利支天经》、《皇帝阴符经》并像，宋乾德，李奉珪、翟守素绘，袁正己书，正。”[⑥]

7.《宋帖》:《字源千文十八体》。僧梦英篆书。(第216页)

按，《西京碑林藏石目录》“第四室”中著录：“《篆书目录偏旁并序字源》，宋咸平，僧梦英书，篆。《篆书千字文》，宋乾道，僧梦英篆、袁正已注，篆、正。《十八体篆书》，宋乾德，僧梦英书，篆。”[⑦]据此，《字源》、《千文》、《十八体》为三帖。宋朱长文《墨池编》卷一收录梦英《十八体书》，详列十八体名目及其源流。明赵崡《石墨镌华》卷五《僧梦瑛偏旁篆书》称：“余合数碑观英公书，似当以正书第一，篆次之，分隶又次之。”[⑧]

8.《宋姜尧章兰亭偏旁考》:“歲”字有点，在山之下，戈口之右。(第226页)

按，据“在山之下，戈口之右”的描述，当是“嵗”字，乃“歲”之异体。

9.《剪刀》:有宾铁剪刀，制作极巧，外面起花镀金，里面嵌回回字者，如潘铁，所遗。倭制折叠剪刀，古所未有。(第292页)

按，“如潘铁，所遗。”断句令人费解。参考卷三《压尺》条“近有潘铁，幼为浙人，被

---

① 《四库全书总目》卷一一四，第980页。

② (明)沈德符《万历野获编》，北京：中华书局，1959年版，第659页。

③ (东晋)习凿齿撰，黄惠贤校补：《校补襄阳耆旧记》，郑州：中州古籍出版社，1987年版，第78页。

④ (唐)孟浩然著，徐鹏校注：《孟浩然集校注》卷三，北京：人民文学出版社，1989年版，第145页。

⑤ (唐)颜真卿著，(清)黄本骥编订，凌家民点校、简注、重订：《颜真卿集》“祭文”，哈尔滨：黑龙江人民出版社，1993年版，第196页。

⑥ 陕西省博物馆编：《西京碑林藏石目录》，西安：新中国出版社西安分社印刷，1947年版，第19页。

⑦ 《西京碑林藏石目录》，第10页。

⑧ (明)赵崡：《石墨镌华》，上海：商务印书馆，1937年版，第61页。

掳入倭，性最巧滑，习倭之技，其凿嵌金银倭花样式，的传倭制”（第290页）数语，再三斟酌，则“有……者，如……”句式明朗，所以“如潘铁所遗倭制折叠剪刀”当为句。另，《剪刀》、《压尺》二条乃袭取《遵生八笺》卷十五《论宣铜倭铜炉瓶器皿》、《论文房器具·压尺》，而改“潘铜”为“潘铁”，“铜”“铁”应是以其所造器物质地而称之，非其名。其人具体俟考。

10.《道服》：制如中衣，以白布为之。四边延以细色布，或用茶褐为袍，缘以皂布。有月衣铺地，俨如月形，穿起则披风。以吕公黄丝绦之中空者副之，二者用以坐禅策蹇，披雪避寒，俱不可少。（第312页）

按，此条大体乃节略明高濂《遵生八笺》卷八《游具·道服》：“以布为佳，色白为上，如中衣四边延以淄色布亦可。次用茶褐布为袍，缘以皂布，或绢亦可。……月衣之制，铺地俨如月形，穿起则如披风道服。二者用以坐禅策蹇，披雪避寒，俱不可少。”①两相比较，可知“四边延以细色布”当属上，标点宜改作：“以白布为之，四边延以细色布。”“铺地”当属下，标点宜改作：“有月衣，铺地俨如月形。”惟《遵生八笺》无“以吕公黄丝绦之中空者副之”句，考明王象晋《清寤斋心赏编·书室清供·道服》：“或用茶褐为袍，缘以皂布，以吕公黄丝绦副之。”②据此，则《考槃余事》此句或错简，然现存各版本均如此，难以遽断。另，“穿起则披风”，《龙威秘书》本作“穿起则如披风”，有“如”字，宜出校勘记。

11.《云舄》：以蘘草及棕为之，云头如芒鞋。（第314页）

按，此条乃袭取《遵生八笺》卷八《游具·云舄》，惟“蘘草”作“蓑草”③。考《本草纲目》、《植物名实图考》等，蘘草为姜科植物蘘荷的嫩芽叶，可供入药或食用。蓑草又名龙须草、拟金茅，禾本科植物，其纤维长，抗拉性能强，可编制草席、蓑衣、草鞋。《考槃余事》各版本均作“蘘草”，宜据《遵生八笺》出校勘记。

又，《江水》：杨子南冷，夹石渟渊，特入首品。（第328页）

按，唐张又新《煎茶水记》：“扬子江南零水第一。”④明田艺蘅《煮泉小品·江水》：“杨子，固江也，其南泠则夹石渟渊，特入首品。”⑤据此，“杨”“冷”二字宜出校勘记。参看《长物志》卷三《流水》条（第55页）。

又，《丹泉》：山子艺《煮茶小品》。（第330页）

按，“山”乃“田”之误。田艺蘅，字子艺，浙江钱塘（今杭州）人。生活于明嘉靖年间。曾任徽州训导，罢归。作诗有才调，善为南曲小令。其著述中有《煮泉小品》而非《煮茶小品》，包括源泉、石流、清寒、甘香、宜茶、灵水、异泉、江水、井水、绪谈十部分，对各类水品进行评介。因此“山”“茶”二字应出校勘记。

又，《人品》：唐武瞾博学，有著述才，性恶茶，因以诋之。其略曰……《世说新语》。（第335页）

---

①③　《遵生八笺》，第257、258页。

②　（明）王象晋：《清寤斋心赏编》，《四库全书存目丛书》子部第139册，济南：齐鲁书社，1994—1997年版，第513页。

④　（唐）张又新：《煎茶水记》，《丛书集成初编》本，北京：中华书局，1991年版，第1页。

⑤　（明）田艺蘅：《煮泉小品》，（明）陈继儒辑：《宝颜堂秘笈续集》，上海：明文书局，1922年版。

按,《世说新语》为南朝宋刘义庆编撰,主要记载魏晋名士的逸闻轶事和玄言清谈,而此条开始即称"唐武曌博学",则绝非出自《世说新语》。考唐刘肃《大唐新语》卷十一《褒锡第二十四》:"右补阙毋煚博学,有著述才……性不饮茶,制代茶余序,其略曰……"[①]由此可知,"武曌"为"毋煚"之误,"《世说新语》"为"《大唐新语》"之误,当出校勘记。

12.《采茶》:须在谷雨前后,觅成梗带,叶微绿色而团且厚者为上。(第324页)

按,"觅成梗带"句意费解,细加斟酌,"成梗带叶"当为一词。原标点或是因为"绿叶"组词习以为常,遂不假思索而致误。

13.《茶具》:湘筠焙。焙茶箱盖其上,以收火气也,隔其中以有容也,纳火其下,去茶尺许,所以养茶色香味也。(第336页)

按,湘筠焙即用湘妃竹做成的一种焙茶箱。其形制历代有变化,唐陆羽《茶经》中称之为"育",宋蔡襄《茶录》下篇《论茶器》中称之为"茶焙",并称:"编竹为之,裹以箬叶盖其上,以收火也;隔其中;以有容也。纳火其下,去茶尺许,常温温然,所以养茶色香味也。"[②]《考槃余事》即节取于此。对照可知,标点当改作"焙茶箱,盖其上以收火气也"。

古籍整理关乎中国优秀传统人文精神的继承与发扬,是一份功在当代、利在千秋的事业。《中国艺术文献丛书》为今人追求闲适雅致的生活提供了可资借鉴的文献支撑。然而校书如尘埃风叶,随扫随有,因此古籍整理者必须要有"板凳甘坐十年冷"的精力和耐心;且对已有整理成果,古籍整理者要择优取善,方能后出转精,正所谓为学如积薪,后来者居上。以上例举《长物志　考槃余事》中的点校疏误,目的在于促使古籍整理事业参与者心怀一种精细雕琢的"工匠精神",能在当前快节奏的出版态势下,完成精益求精、可供阅读引用的"定本"理想,更加坚实地走在"让书写在古籍里的文字活起来"的征程上。

(作者单位:江苏凤凰出版社)

① (唐)刘肃撰,许德楠、李鼎霞点校:《大唐新语》,北京:中华书局,1984年版,第166页。

② (宋)蔡襄:《茶录》,上海:商务印书馆,1936年版,第3页。

# 魏晋南北朝会稽地记考论与辑补

张帆帆

魏晋南北朝时期,私著史籍蔚然兴起,地记则是其中一种重要类型。此时期多数地区均有地记存世,地记数量较多的地区,多为当时的经济、文化及军事重心。会稽郡,秦置,汉因之,治山阴,即今浙江绍兴,魏晋南北朝时期隶属当时的文化、经济、军事重镇扬州。今所见会稽地区地记作者可考者有吴朱育《会稽土地记》、晋贺循《会稽记》、宋孔灵符《会稽记》、陈夏侯曾先《会稽地志》等,除此之外,各类书、文集等又征引不著作者之会稽地记数种。

## 一、会稽地区地记作者及版本流传情况

朱育《会稽土地记》,《隋书·经籍志》言一卷,入“地理之记”。朱育,吴时人,尝为侍中,东观令,有《毛诗答杂问》、《幼学》二卷,好奇字,有《字属》一卷。《旧唐书·经籍志》“杂传”类有朱育《会稽记》四卷,《新唐书·艺文志》同,盖即朱育《会稽土地记》。姚振宗《三国艺文志》卷二“朱育《会稽记》”题解言:“孙亮太平三年,育为郡门下书佐,对太守濮阳兴访本郡人物及吴会分郡始末,凡千数百言,即此书之缘起。《隋志》《土地记》一卷,两《唐志》似合人物、土地为一书,故四卷。又以其书人物为多,改入传记类。”[①]此书,两唐书皆录,当其北宋时仍存,但今所见北宋各书未有征引者。此书南宋时不闻,《宋史·艺文志》亦不著录,或亡于两宋之交。

贺循《会稽记》,《隋书·经籍志》言一卷。贺循,东晋时人,《晋中兴书》曰:“贺循,字彦先,博览群书,尤明三礼,为江东儒宗,征拜博士。尝为太常,又有《丧服要》。”姚振宗《隋书经籍志考证》卷二十“《会稽先贤像赞》”题解言贺循《会稽记》与贺氏《会稽先贤像赞》原为一书:“案本志《地理类》有《会稽记》一卷,贺循撰,似与此本(《会稽先贤像赞》)为一书,著录家分人物、名官之类入传记,遂割裂而不相统摄,若是,则《唐志》题‘贺氏’者,循也。”[②]另外,姚书卷二一“《会稽记》”题解则言“《宋书·州郡志》‘会稽始宁令’下引贺续《会稽记》,续,当为‘循’之误。”“或循之后别有修纂者,又疑‘续’为‘循’字之误。又或‘续’上有‘循’字,循盖续朱育之书也。”[③]贺循《会稽记》,南宋《嘉泰会稽志》、《宝庆会稽续志》见引,当南宋时仍存,《宋史·艺文志》不见著录,或

---

① (清)姚振宗:《三国艺文志》,续修四库全书,第914册,上海:上海古籍出版社2002年,第512页。

② (清)姚振宗:《隋书经籍志考证》,续修四库全书,第915册,上海:上海古籍出版社2002年,第207页。

③ (清)姚振宗:《隋书经籍志考证》,第353页。

亡于宋元之交。

孔灵符，刘宋时人，生卒年不详，会稽山阴(今浙江绍兴)人，《宋书》本传载其元嘉末为南谯王义宣司空长史，南郡太守，尚书吏部郎。世祖大明初自侍中为辅国将军，郢州刺史，入为丹阳尹，有治绩。灵符自丹阳出为会稽太守，寻加豫章王子尚抚军长史，又为寻阳王子房右军长史，太守如故。悫实有材干，不存华饰，每所莅官，政绩修理，前废帝景和中犯忤近臣，为所谗构，遣鞭杀之。父孔靖，字季恭，尝为会稽内史。二子湛之、渊之。孔灵符《会稽记》，卷亡，史志不著录。此书南宋时诸书多征引，当南宋时仍存。

孔晔《会稽记》，卷亡，史志亦不著录。南宋诸书时见征引，或其此时仍存。孔晔，诸书征引时"孔皋""孔昱"等，当即孔晔也。《说郛》辑得孔晔《会稽记》五条，黄奭《汉学堂丛书》所辑条目与《说郛》本同，盖直接抄录《说郛》而成。清章宗源《隋书经籍志考证》认为孔晔《会稽记》与孔灵符《会稽记》当为一书："愚按《寰宇记・江南东道》引'射的白斛一百，射的玄斛一千'之语，称孔晔《记》，《御览・地部》同引之，则称孔灵符，疑晔乃灵符名，而以字行，故《宋书》本传祗称灵符也。"[①]鲁迅《会稽郡故书杂集》辑孔灵符《会稽记》，亦言考孔晔当即孔灵符[②]。辛德勇《古地理书辨证三题・孔晔〈会稽记〉与孔灵符〈会稽记〉》则考证孔晔与孔灵符为两人："宋赵明诚《金石录》卷二五有《周孔昌寓碑跋》，谓'右《周孔昌寓碑》，载其世系甚详，云：宣尼父三十六世孙也，十四世祖潜，吴侍中，生晋豫章太守竺，竺生大尚书冲，冲生大司农侃，侃生秘书监滔，滔生江夏太守俟，俟生宋尚书左丞幼，幼生尚书左丞遥之，遥之生中书侍郎晔，晔生齐散骑常侍佩。"而孔灵符父季恭，《宋书》卷五十四载季恭"祖愉，晋车骑将军；父阊，散骑常侍。"又《晋书》卷七十八《孔愉传》谓孔愉"曾祖潜，太子少傅，汉末避地会稽，因家焉；祖竺，吴豫章太守；父恬，湘东太守；从兄侃，大司农。"由此二条可证孔晔与孔灵符为同族，孔竺为晔七世祖、灵符五世祖。孔灵符仕宋官至会稽太守，而孔晔虽为孔灵符族孙，但据《孔寓昌碑》，也是宋中书侍郎，时代相同，二人《会稽记》撰写之先后殊不易断定。[③] 辛德勇此文考证甚详，当是。

夏侯曾先《会稽地志》，卷亡，史志不著录，诸书征引时多作"夏侯曾先《地志》"，考其所记，皆为会稽郡事，当为《会稽地志》。《太平寰宇记》卷九六引夏侯曾先《吴地志》，但观其所记皆为会稽郡事，当为《地志》之误[④]。王十朋《会稽三赋・会稽风俗赋》注"射的山"条，引夏侯曾先《地理志》，此亦应为夏侯曾先《地志》之误。夏侯曾先，生卒年不详。其《地志》中有言梁武帝时事，唐《初学记》征引此书，其当成书于陈隋之间。

---

① (清)章宗源：《隋书经籍志考证》，见王承略、刘心明主编：《二十五史艺文经籍志考补萃编》，第十四卷，北京：清华大学出版社2012年，第115页。

② 鲁迅：《会稽郡故书杂集》，北京：人民文学出版社1999年，第309页。

③ 见辛德勇《古代交通与地理文献研究》一书。北京：中华书局，1996年，第272—275页。

④ 此条详见下文考证。

## 二、诸家会稽地记辑本及存疑条目考

以上诸家地记多亡于宋元时期，亡佚之后，辑佚之作不绝，陶宗仪《说郛》首辑孔晔《会稽记》一卷，凡五条。黄奭《汉学堂丛书》亦辑孔晔《会稽记》一卷，条目与《说郛》同，或即直接抄录《说郛》而成。清杜文澜《曼陀罗华阁丛书·古谣谚卷二十八》存孔灵符《会稽记》“射的山”条，王仁俊《玉函山房辑佚书续编·经籍佚文》所引同。

现代人辑佚会稽地区地记功绩最显者为鲁迅。鲁迅《会稽郡故书杂集》辑有朱育《会稽土地记》、贺循《会稽记》、孔灵符《会稽记》、夏侯曾先《会稽地志》四种。但由于其认为孔灵符与孔晔为一人，所以辑佚时将孔晔《会稽记》均放入孔灵符《会稽记》中。此外，一些不著作者的地记条目，鲁迅多将之附于上述四书之后，或有不确之憾。刘纬毅《汉唐方志辑佚》一书辑得朱育《会稽土地记》、贺循《会稽记》、佚名《会稽郡十城志》、孔灵符《会稽记》、夏侯曾先《会稽地志》五种。其亦将孔晔《会稽记》部分条目纳入孔灵符《会稽记》中，对未标明作者的会稽地记，亦未加区分，多记入孔灵符《会稽记》，其所辑条目亦有遗漏。

后代类书征引各家地记时，或有误者；诸家辑本所辑会稽地记亦有误漏者，兹加以考辨。

### (一) 贺循《会稽记》

> 勾践逆吴，战于五湖中，大败而退。今夫椒山在太湖中洞庭山西北。(《(绍定)吴郡志》卷四八)

此条，《(绍定)吴郡志》言出《史记正义》，其言曰：“《史记正义》：‘越败吴于夫椒。’引杜预曰：‘太湖中山也。’又引贺循《会稽记》云：‘勾践逆吴，战于五湖中，大败而退，今夫椒山在太湖中洞庭山西北。’”《(绍定)吴郡志》所言此条，出《史记·吴太伯世家》“二年，吴王悉精兵以伐越，败之夫椒”句注：

> 二年，吴王悉精兵以伐越，败之夫椒。《集解》：贾逵曰：夫椒越地。杜预曰：太湖中椒山也。《索隐》：贾逵云：越地盖近得之，然其地阙，不知所在。杜预以为太湖中椒山，非战所。夫椒与椒山，不得为一，且夫差以报越为志，又伐越当至越地，何乃不离吴境，近在太湖中。又按《越语》云：败五湖也。(武英殿本《史记·吴太伯世家》三家注)

按，武英殿本《史记》此处所引“杜预”条，出裴骃《史记集解》，非出《史记正义》。《集解》“杜预”条后亦未见征引贺循《会稽记》。此句后司马贞《史记索隐》亦未见引贺循《会稽记》。除武英殿本《史记》外，庆元三注合刻本、彭寅翁本、凌稚隆评林三注合刻本、金陵书局本《史记》皆无此条。泷川本据张文虎《校勘史记集解索隐正义札记》补入此条，张文虎札记亦辑自《(绍定)吴郡志》。观《(绍定)吴郡志》所引《正义》“杜预”条与《集解》“杜预”条同,不知是否为《(绍定)吴郡志》误引[①]。

**(二)孔灵符《会稽记》**

(茬山)在县东北十里,越王种茬于此。(《(万历)绍兴府志》卷四)

此条,《(万历)绍兴府志》言出孔灵符《地志》。《(嘉泰)会稽志》言出《旧经》,不知是否即孔灵符《会稽记》。

北渐于海,东联大江。(《肇域志》卷十二)

按,此条,《肇域志》言出孔灵符《会稽记》,清前书不见引。

孔愉为会稽内史,在郡三年,乃营山阴湖南候山下为宅居之。(《两浙金石志》卷五)

此条,《两浙金石志》言出孔灵符《会稽记》,鲁迅依之,将其纳入所辑孔灵符《会稽记》中,但言此条“未详所本”。考此条内容,最早见于《晋书·孔愉传》,而明代《水经注笺》最早将此条归入孔愉《会稽志》,或是《水经注笺》作者误将《晋书》本传入孔灵符《会稽记》,而阮氏又从其误所致。

鲁迅所辑孔灵符《会稽记》,多有将不著作者之《会稽记》纳入者,如《世说新语·言语篇》“会稽山水”条(此条,《世说》言出《会稽郡记》)、《太平御览》卷五四“郡有禹穴”条。另外,鲁迅将不著撰人的数条《会稽记》皆列于孔灵符《会稽记》后,如《世说新语·赏誉篇》注“白楼亭”条、《史记·五帝本纪》张守节正义“姚丘”条(此条,《正义》引作《会稽旧记》),《太平寰宇记》卷九六“雷门大鼓”条、“高迁亭”条、“赤堇山”条,《太平御览》卷四七“涂山禹庙”条、卷六六“镜湖”条、卷九六“镜湖”条、卷九四三“石华”条(此条,《御览》言出《会稽地理记》),《会稽三赋注》“百官里”条,《嘉泰会稽志》卷一二“余姚城”条,《舆地纪胜》卷一一“王导过江”条。另,唐道宣律师《三宝感通录》卷一引《地记》两条,不著作者,鲁迅将其皆附于孔灵符《会稽记》后。考虑到魏晋六朝人所撰地记作品甚多,且同名地记亦多,似不能将其简单的录入孔灵符《会稽记》中。

刘纬毅所辑孔灵符《会稽记》,又阙以下数条:

余姚江源出太平山,东至浃江口入海。(《艺文类聚》卷八)

其即将孔晔《会稽记》纳入孔灵符《会稽记》,但又漏辑《(嘉泰)会稽志》卷九所引孔晔《记》一条。

山有三足白麃。昔虞翻尝登此山,望四郭,诫子孙曰:“可留江北居,后世禄位当过于我,声名不及尔,然相继代兴。居江南,必不昌。”今诸虞氏由此悉居江北也。山巅有葛仙翁井,及山腰有微泉,未尝竭,名龙泉,在龙泉寺中。(《(嘉泰)会稽志》卷九)

各书不著作者之《会稽记》,刘纬毅多有纳入孔灵符《会稽记》者,如《世说新

① 此条,详见张衍田:《史记正义佚文辑校》,北京:北京大学出版社1985年,第73页。

语·赏誉篇》注“白楼亭”条、《世说新语·言语篇》注“会稽郡特多名山”条(此条,《世说新语》注言出《会稽郡记》)、《太平寰宇记》卷九六“赤堇山”条、“雷门大鼓”条,卷九六三“千秋亭”条,《太平御览》卷四七“东武里”条(此条,《御览》言出《会稽志》)、卷六六“会稽太守马臻”条、“(镜湖)创湖之始”条以及《嘉泰会稽志》卷一二“吴将朱然”条。

### (三)孔晔《会稽记》

江夏太守宋辅于重山南白楼亭立学教授。沛国桓俨避地至会稽,闻陈业贤而往候之,不见,临去,入交州,留书系白楼亭柱而别。(《说郛》卷六一)

按,《说郛》所辑此条,第一句出孔灵符《会稽记》,第二句实出《郡国志》,此二条,《太平御览》卷一九四、《太平寰宇记》卷九六并录,两条内容前后并列,且均孔晔《记》在前,《郡国志》在后,《说郛》作者应是直接从二书中摘录此条内容,但将《郡国志》误当作孔晔《记》,实误。

孙兴公许元度共在白楼亭,共商略先往名达,林公既非所关,听讫云:“二贤故自有才情。”亭在山阴,临流映壑也。(《说郛》卷六一)

按,此条所引前半部分实为《世说新语》原文,仅“亭在山阴,临流映壑也”出《会稽记》,并未言作者。《说郛》不加考辨,将二条全纳入孔灵符《会稽记》,实误。

会稽境特多名山水,峰崿隆峻,吐纳云雾。松栝枫柏,擢干竦条,澄壑镜彻,清流泻注。(《说郛》卷六一)

此条,《世说新语》注言出《会稽郡记》,未著作者,《说郛》言其为孔灵符《会稽记》,不知根据。

陈业,上虞人,为会稽太守,洁身清行,志怀霜雪,贞亮之信,同操柳下。遭汉中微,委官弃禄,遁迹黟歙,以求其志,高邈妙踪,天下所闻。(《水经注笺》卷四〇)

此条,《水经注笺》言出孔晔《会稽志》。按,此条内容,最早见于《三国志·吴志·虞翻传》注所引《会稽典录》,明前书征引时未有言出孔晔《会稽志》者,此条,应是《水经注笺》作者误将《会稽典录》当作《会稽记》所致。

孔愉,字敬康,会稽山阴人,累官尚书左仆射,以论议守正,为王导所衔,出为会稽内史,在郡三年乃营山阴湖南侯山下数亩地为宅,草屋数间,便弃官居之。(《水经注笺》卷四〇)

此条,《水经注》笺言出“孔□《会稽志》”,□,当为“晔”之阙。此条,初见于《晋书·孔愉传》,又见《(嘉泰)会稽志》,或是作者误将施宿《(嘉泰)会稽志》误作孔晔《会稽志》所致。

山遥望之如铺簟也。(《水经注笺》卷四〇)

此条,《水经注笺》言出孔晔,明前书未见征引作孔晔《会稽志》者。

昔葛玄隐于兰芎山,后于此仙去,所隐几化为生鹿而去。此山今有素鹿,三脚。此鹿若鸣,官必有殿黜。(《太平寰宇记》卷九六)

此条,《太平寰宇记》言出《会稽录》,鲁迅言此条为《会稽记》之误,并将其辑入孔灵符《会稽记》,但不言所由。观《太平广记》卷七七"方士"二有"葛玄得仙后几遂化为三足兽,至今上虞人往往于山中见此案几。盖欲飞腾之兆也"。此条,《太平广记》言出"孔怿《会稽记》",其条目与《会稽录》类,"孔怿",当为"孔晔"之讹也。

## (四)夏侯曾先《会稽地志》

夏侯曾先《会稽地志》,各家征引时误、漏较多:

(会稽)南面连山万重,北带沧海千里。(《太平寰宇记》卷九六)

此条,《太平寰宇记》言出夏侯曾先《吴地志》,《太平御览》则言出《吴志》,不著作者,《舆地纪胜》言出《吴地志》,亦不著作者。观此条所载,"南面连山、北带沧海"则为会稽地区地形。会稽南为会稽、秦望诸山,北为浙江、钱塘,此即《汉书》所谓"东接于海,南近诸越,北枕大江,间者阔焉"[①]。其所言地理位置,全与会稽郡合,并非吴地地形。《太平寰宇记》言出夏侯曾先《吴地志》,"吴"字当衍,其应为夏侯曾先《地志》。鲁迅、刘纬毅皆辑入夏侯曾先《会稽地志》。

鲁迅所辑夏侯曾先《会稽地志》,将诸书征引不著作者之《会稽志》辑入,如《初学记》卷八"若耶溪"条、《太平御览》卷四七"东武里"条以及《(嘉泰)会稽志》卷一八"铜牛"条。《太平御览》卷五五九所引"上虞县东南"条言出《会稽郡十城地志》,鲁迅亦将其录入夏侯曾先《会稽地志》。另,唐道宣法师《三宝感应录》卷一所引"许询"条及"阿育王"条,以及《太平寰宇記》卷九七引"舜桥"条,皆言出《地志》,但不著作者,鲁迅将其皆辑入夏侯曾先《地志》[②],或不确。

鲁迅所辑夏侯曾先《会稽地志》除将不著作者之《会稽志》辑入外,漏辑以下数条:

文亭是老尉廨宇筑方丈室,故曰文亭,乃古之军令尉。(《(延佑)四明志》卷八)

(彭城湖)墙下湖,周环一十里,即此湖也。(《(宝庆)四明志》卷一八)

上虞县钓台山,(陶宏景)先生尝乘槎钓于山下潭中。(《(嘉泰)会稽志》卷一五)

以上三条,刘纬毅《汉唐方志辑佚》亦不辑。此外,刘氏所辑夏侯曾先《会稽地志》又漏以下数条:

大隐山口南,入天台北峰,为四明东足,乃谢康乐炼药之所也。晋虞喜三召

---

① (汉)班固撰,(唐)颜师古注:《汉书》,北京:中华书局,1962年,第2789页。

② 如《太平寰宇记》卷九七引"舜桥,舜避丹朱于此,百官从之,故亦名'百官桥'"。此条,《寰宇记》仅言出《地志》,鲁迅将其辑入夏侯曾先《地志》。

不就，遁迹此山，因以为名。(《(宝庆)四明志》卷一六)

(梅澳)湖有溪澳。(《太平寰宇记》卷九六)

余姚县有孝女曹娥，父泝涛溺死，娥年十四，号痛入水，因抱父尸出而死。县令度尚使外生邯郸子礼为碑文，后蔡邕过读碑，乃题八字曰："黄绢幼妇，外孙齑臼"。(《太平寰宇记》卷九六)

(穴湖)在县东一十二里，吴时望气者凿断此山，故以名湖。周六里，西有土门。(《(嘉泰)会稽志》卷一〇)

此外，刘氏所辑会稽地区地记，其先将《太平御览》卷四七"东武里"条以及《初学记》卷八"若耶溪"条不著作者之《会稽记》辑入孔灵符《会稽记》，又将其重辑入夏侯曾先《会稽地志》。

东海圣姑，从海中乘舟张石帆至，二物见在庙中。又有周时乐器名"錞于"，铜为之，形似钟，有颈，映水用芒茎拂则鸣。宋武修庙得古珪，梁武初修之，又得青玉印。(《太平御览》卷四七)

按，此条，《太平寰宇记》卷九六、《(嘉泰)会稽志》卷一三亦引，各书均言出《会稽记》，但皆不著作者，鲁迅《会稽郡故书杂集》所辑数种会稽地记不收此条，刘纬毅《汉唐方志辑佚》将此条纳入孔灵符《会稽记》，并言"梁武初修之，又得青玉印"句为后人羼入。但观《太平御览》、《太平寰宇记》、《(嘉泰)会稽志》三家所引皆有此句，似不为羼。另外，宋王十朋《会稽三赋》注亦引此条，其格式为"《郡国志》云：涂山有石船，长一丈云，禹所乘来。宋元嘉中，于船侧掘得铁履一双。《会稽记》云，梁初又得青玉印。"[①]按《会稽三赋》注所引格式，"梁初又得青玉印"句应是作者从《会稽记》中直接摘录而成，其不为衍文明也。其所记梁时事既不伪，则应非孔灵符《会稽记》，其为夏侯曾先《会稽地志》的可能性大。

## 三、会稽地记数种辑补

鲁迅等人所辑会稽地区地记，多将作者不确定的条目附于各家《会稽记》之后，如上文所言其将佚名《会稽记》附于孔灵符《会稽记》后，佚名《会稽志》附于夏侯曾先《会稽地志》之后。但据史书所载，南朝虞愿亦著《会稽记》一种，但诸书不见征引，各家辑佚时皆未提及。虞愿(425—479)，跨宋、齐两代，《南齐书》卷五三言其尝事宋明帝，"齐初，宋神主迁汝阴庙，愿拜辞流涕，建元元年卒。年五十四"又言："愿著《五经论问》，撰《会稽记》、《文翰》数十篇。"[②]今所见各会稽地区地记，未有明言出虞愿者，考虑到一些不著作者的地记条目亦有可能为其所撰，我们似应将作者不确定的地记条目单列，而不应含糊的归入某人记下。

除虞愿《会稽记》外，诸书征引作者不可考之会稽地记尚有佚名《会稽志》、佚名

① (宋)王十朋：《会稽三赋》，影印文渊阁四库全书，台北：台湾商务印书馆，1986年，第589册，第265页。

② (梁)萧子显《南齐书》，北京：中华书局，1972年，第917页。

《会稽记》、佚名《会稽郡十城志》、佚名《会稽地理记》、佚名《会稽郡记》、佚名《会稽旧记》等数种，诸书征引时名称不一，作者皆不可考，为客观起见，今将此数种地记辑补并单列成篇。此数种地记中，《会稽郡记》今存仅一条，并已见上文，此处则不单列，仅将另数种会稽地记列于文末。

## 佚名《会稽志》

**嘉祥寺**　会稽嘉祥寺，寺即右军之旧宅也。后以每年拜墓，便近因移此寺。自右军之坟，及右军叔荟已下，茔域并置山阴县西南三十一里兰渚山下。梁武帝以欣永二人皆能崇于释教，故号所住之寺为永欣焉。(《法书要录》卷三。按，此条，有梁武帝时事，当作于梁后唐前，其为夏侯曾先《会稽地志》的可能性大)

**曹娥**　后汉曹娥父溺死，娥见瓜浮，而得尸。(《全芳备祖》后集卷八)

**夏香**　夏香，有盗刈稻者，香助收之，盗者惭，送以还香，香不受。(《全芳备祖》后集卷二〇)

**东武里**　龟山之下有东武里，即琅琊东武县。山一夕移于此，东武人因徙此，故里不动。(《太平御览》卷四七)

**铜牛铁冶**　铜牛铁冶，越王铸剑之所，以铜滓，不生草木。(《(嘉泰)会稽志》卷一八。此条，《(嘉泰)会稽志》言出“旧经所引《会稽志》”，不著作者)

## 佚名《会稽记》[①]

**镜湖**　汉顺帝永和五年，会稽太守马臻创立镜湖，在会稽、山阴两县界，筑塘蓄水高丈余，田又高海丈余，若水少则泄湖灌田，如水多则开湖泄田中水入海，所以无凶年，堤塘周回三百一十里，溉田九千余顷。(《太平御览》卷六六)

**镜湖**　创湖之始，多淹冢宅，有千余人怨诉于台，臻遂被刑于市，及台中遣使按鞫，忽不见人，验籍，皆是先死亡人之名。(《太平御览》卷六六)

**禹穴**　郡有禹穴，案《汉书·司马迁传》云：“上会稽，探禹穴。”又有禹井。(《太平御览》卷五四)

**始皇像**　始皇崩，邑人刻木为像祀之，配食夏禹。后汉太守王朗弃其像江中，像乃泝流而上，人以为异，复立庙。(《(嘉泰)会稽志》卷六)

**铜溪**　昔欧冶子涸若耶之溪而出铜，破赤堇之山而出锡。(《初学记》卷八。又见《太平寰宇记》卷九六。此条，《太平寰宇记》言出《会稽记》，《初学记》言出《会稽志》。当为一书)

**雷门大鼓**　雷门上有大鼓，围二丈八尺，声闻洛阳，孙恩之乱，军人斫破，有

① 此书所含“白楼亭”条，上文已见征引，为避免重复，此条不再纳入。

双白鹤飞出，后不复鸣。(《太平寰宇记》卷九六。此条，《太平寰宇记》作《会稽记》，《舆地纪胜》作《会稽志》，当为一书也)

**孤石** 射的山东北有孤石，高二十丈，广八尺，望之如帆。(《昌谷集句解》卷三)

**兰室山** 上虞兰室山，葛玄所隐之处。有隐几化为鹿，鹿鸣，即县令有罪。(《独异志》卷中)

**舍利塔** 东晋丞相王导云：初过江时，有道人神采不凡，言从海来相造。昔与育王共游。鄮县下真舍利起塔镇之。育王与诸真人捧塔飞行，虚空入海。诸弟子攀引，一时俱堕，化为乌石。石犹人形，其塔在铁围山也。(《法苑珠林》卷三八)

**千秋亭** 汉议郎蔡邕避难，宿于此亭，仰观榱竹，知有奇响，因取为笛，果有异声。(《太平御览》卷一九四)

**余姚** (余姚)吴将朱然为令时所筑。(《(嘉泰)会稽志》卷一二)

**百官里** 上虞有百官里，百官者，丹朱从舜于此。(《会稽三赋·会稽风俗赋》注)

**蕺山** 王羲之居于是，墨池、鹅池存焉。(《海录碎事》卷三上)

**梅市** 在会稽县下，梅福为吴市门卒。(《海录碎事》卷一五)

## 佚名《会稽地理记》

**石华** 鄮县滨多石华。(《太平御览》卷九四三)

## 佚名《会稽旧记》

**姚丘** 舜上虞人，去虞三十里有姚丘，即舜所生也。(《史记正义·五帝本纪》张守节正义)

**千人坛** 禹葬茅山，有聚土平坛，人功所作，故谓之"千人坛"。(《(嘉泰)会稽志》卷一八。此条，《嘉泰会稽志》言《史记正义》引《会稽旧记》，并不言出自何卷，考《史记》清武英殿本及金陵书局本，皆无此条。或版本不一所致)

## 佚名《会稽郡十城地志》

上虞县东南有古冢二十余坟。宋元嘉之初，潮水坏其大冢。初坏一冢，砖题文曰："居在本土，厥姓黄，卜葬于此大富强，《易》卦吉，龟卦凶，四百年后堕江中。"当坠，值王颙县令皮熙祖取数砖置县楼下池中，录之，怅然而已。(《太平御览》卷五五九)

## 结　语

魏晋南北朝地记,作为彼时史部文献的一种重要类型,为我们研究彼时历史、地理提供了第一手材料。唐宋以后,诸家地记逐渐亡佚,元代以来的诸家辑本为还原六朝地记原貌起了重要作用。但各家辑本囿于条件限制,所辑部分作品条目或有误、漏之处。对其条目进行重新整理、考证,无疑具有重要意义。

(作者单位:山东大学文学与新闻传播学院)

# 汪藻疑诗考辨

戎 默

汪藻(1079—1154),字彦章,号浮溪,饶州德兴人,宋代南渡时期十分杰出的文学家和学者。其骈文尤为当时人所重,号为"中兴第一"。其诗歌虽不及其骈文的影响力大,但时人及后世论者亦多有称道者,孙觌在《宋故显谟阁学士左大中大夫汪公墓志铭》中云:"以大手笔称天下,典册施于朝廷,乐歌见于郊庙。鸿文硕学,暴耀一世,人知其名,家有其书。而诗律高妙,兴寄深远,亦非近世诗人之所能及。"[①]即以诗文双美称之。而后世诗论家亦多褒扬其诗之语,吕留良《宋诗钞》论其诗云:"高华有骨,兴寄深远。"[②]贺裳《载酒园诗话》称其诗"意气高旷,一往俊逸,亦与大苏仿佛。"[③]而钱钟书先生也认为他的诗歌能脱出江西风气而学苏,并可称当时之佼佼者,他言道:"北宋末、南宋初的诗坛差不多是黄庭坚的世界,苏轼的儿子苏过以外,像孙觌、叶梦得等不卷入江西派的风气里而倾向于苏轼的名家,寥寥可数,汪藻是最出色的。"[④]在钱先生的中文笔记中,又论其诗云:"彦章五七古亦雅练,五七律工于对仗,自是四六作手本色。七律尤俊健。"[⑤]钱先生论诗向来独具慧眼,颇有见解,可见,汪藻的诗歌创作水平很高,得到了当时及后世论者的认可,在其所处的时代当称一流。

关于汪藻的诗歌,亦有一较为著名的公案,即其诗集中一些诗歌的归属问题。汪藻诗集中的部分诗歌亦见于石敏若的《橘林集》中,《苕溪渔隐丛话》卷五十三云:

> 苕溪渔隐丛曰:石敏若《橘林文》、汪彦章《浮溪集》今并行于世,二集之诗相犯甚众,不可概举。如"鸟声应为故人好,梨雪欲将春事空""山色总兼溪色好,松声长作雨声寒""负郭生涯千亩竹、长年心事四愁诗""千里江山渔笛晚,十年灯火客毡寒""日边人去雁行断,江上秋高风叶寒""天阔鸟双下,山寒人独归"、及《阻风余干渡》、《咏水晶数珠》、《次苏养直韵》、《寄黄元功》、《阻风雨辟邪渡寄王仲诚》、《客至》、《夏夜示友人》等诗,皆全篇见于两集,未知果谁作邪?设或此诸诗皆彦章作,则《橘林文》中好诗本来无多子,傥去此,遂空冀北之群矣。[⑥]

胡仔记录了其时汪诗与石诗"相犯甚众"的情况,还列举了六联断句与七首诗题,言"皆全篇见于两集,未知果谁作邪",可见汪石二人诗集中颇有互见重出之诗,而生

---

① (宋)孙觌:《鸿庆居士集》,《全宋文(一六一)》,上海:上海辞书出版社,合肥:安徽教育出版社,2006年,第14页。

② (清)吕留良等:《宋诗钞》,北京:中华书局,1986年,第1491页。

③ 郭绍虞编选、富寿荪校点:《清诗话续编》,上海:上海古籍出版社,1983年,第440页。

④ 钱钟书:《宋诗选注》,北京:人民文学出版社,1958年,第135页。

⑤ 钱钟书:《钱钟书手稿集·中文笔记(二)》,北京:商务印书馆,2011年,第275、276页。

⑥ (宋)胡仔:《苕溪渔隐丛话前集》,北京:人民文学出版社,1962年,第362页。

于北宋末年而生活在两宋之际的胡仔[①],已不能辨这些诗的究竟是谁了。

石敏若即石懋,字敏若,芜湖人,工诗,尝为黄庭坚所赞赏,称其云"才似谪仙惟欠酒,情如宋玉更逢秋",自号橘林居士,有《橘林集》。《(嘉庆)芜湖县志》卷十三《人物志》记其事迹最详,言"弱冠登元符三年进士",元符三年(1100)石懋当是二十岁左右,则其生年为元丰三年(1080)左右,与生于元丰二年(1079)的汪藻所差无几,石懋"卒年三十四",自元丰三年(1080)后推三十四年,乃政和四年(1114),则石懋的卒年当在此时前后,即徽宗政和年间。石懋英年早逝,未经历宋室南渡的岁月,但与汪藻生年相近,属于同辈。

从这则材料的最后一句看,胡仔似乎比较倾向将这些诗归于汪藻名下,然其又用了"设或"一词,表明了他对此莫衷一是的态度。此后一些诗话、诗歌总集中亦有涉及此条公案者,如魏庆之《诗人玉屑》卷三《宋朝警句》中即将"负郭生涯千亩竹、长年心事四愁诗""千里江山渔笛晚,十年灯火客毡寒"二句选入,下注"石敏若",认为诗句的作者是石懋,但未作出说明[②]。《宋诗纪事》卷三五"石懋"条下则引《苕溪渔隐丛话》中所举诗句,但又并引《苕溪渔隐丛话》此条,则知其对诗句的作者归属亦不能判断[③]。而今人编《全宋诗》时,虽未将《丛话》中提到的诗句收入石懋名下,但在石懋"雁南雪花大于掌"句下加按语云:"《丛话》前集卷五三'汪彦章'条,收有石懋《橘林文》断句六联,并指出与汪藻《浮溪集》相犯。今这六联已入汪藻诗,故不再收入。"[④]亦对此事采取两可的态度,并未深考。

石懋的《橘林集》早已亡佚,集中收诗的情况已不可考,而今本的汪藻《浮溪集》乃四库馆臣从《永乐大典》中辑佚而成,亦非当时原本,所以,考证当时文本收诗情况已不可能,似乎对这些诗的作者问题已经不可再进一步深入讨论。不过,今本《浮溪集》收入了一部分《丛话》所提及的疑诗,尤其所举的六句断联,其全诗都可见于今本《浮溪集》。那么,也许可以换个角度,从文本本身出发,结合汪藻与石懋的生平事迹,考察一下这些诗的写作背景,也许从而可以判断诗的作者。本此,笔者试对今本《浮溪集》中收录的疑诗的写作背景进行考察,以期可以确定诗的作者:

一、"鸟声应为故人好,梨雪欲将春事空"一联,见《浮溪集》卷三一,全诗题作《喜汪发之见访并简婺源江明府》,诗云:"怪底青灯缀玉虫,忽传车马到溪东。鸟声应为故人好,梨雪欲将春事空。老去渊明三径在,病来弥勒一龛同。总持相见问生死,为报百忧如梦中。"[⑤]汪发之,婺源人,处士。《浮溪集》卷一八有《翠微堂记》文,云:"吾宗发之以豪自喜,读书强记,谈笑多闻,颇欲以事业文章见世。一旦悉弃去不学,学所以治心养性者,买田三灵山之阳,前瞰大川,旁眺诸岭,筑翠微堂以居,艺兰种竹其下,

① 胡仔生于宋徽宗大观四年(1110)卒于宋孝宗干道六年(1170),年辈稍晚于汪藻。可参看叶当前《胡仔生平考述》(《湖州师范学院学报》2006年第6期)一文。

② (宋)魏庆之:《诗人玉屑》,上海:上海古籍出版社,1959年,第84页。

③ (清)厉鹗:《宋诗纪事》,上海:上海古籍出版社,1983年,第904页。

④ 傅璇琮等:《全宋诗(二五)》,北京:北京大学出版社,1995年,第16885页。

⑤ (宋)汪藻:《浮溪集》,《四部丛刊初编》影印武英殿聚珍版丛书本,上海:上海书店,1989年。以下引《浮溪集》处皆用此本,不再出注。

日与宾客饮酒赋诗，徘徊周览，盖将老焉。其意以谓世之有声有色者，未有不争而得，亦未有不终磨灭者。惟山水之娱人，无事于争，且庶几可以长存，故吾有以取之，盖不学渊明而暗与之合……若夫山间之四时朝暮，可喜可愕，他日与发之共之者，酒杯流行，尚能赋其一二。”“吾宗发之”即汪发之，按此文可证汪藻与汪发之二人交游颇深，相约饮酒、赏景、作诗。又将汪发之比作陶渊明，正与诗中言“老去渊明三径在”一语合，可见这首诗与汪藻的交游情况及经历较为符合。石懋资料过少，虽不能排除其与汪发之亦有交往的可能性，但汪发之为处士，并无仕宦经历，交游面甚窄，与汪藻有交往乃因与其同宗关系，与石懋有交往的可能性很小。因此，这首诗是汪藻写的可能性较大。

二、“山色总兼溪色好，松声长学雨声寒”一联，见《浮溪集》卷三一，全诗题作《傅冲益久不得书》，诗云：“经年坐久一蒲团，幽鸟时呼到曲栏。山色总兼溪色好，松声长学雨声寒。那将俗物关心事，只拟晴窗想鼻端。已作生涯蚕事老，故人谁肯报平安。”按孙觌《鸿庆居士集》卷三四《宋故左承议郎权发遣和州军州事傅公墓志铭》云：“余政和间，蒙恩校中秘书，而傅公冲益亦以编修《九域图志》寓直省中，与余为同舍郎，相好也。”①则知傅谅友在政和年间入秘书省之《九域图志》所编修《九域图志》。而同卷《宋故显谟阁学士左大中大夫汪公墓志铭》言汪藻“除《九域图志》编修官，改宣德郎。遭陈国夫人之丧，免丧”②。据《浮溪集》卷二十五《夫人陈氏行状》汪藻母亲卒于政和五年，则汪藻入《九域图志》所亦在政和年间，故汪与傅同入《九域图志》所，当有所交往。《（嘉庆）芜湖县志》卷十三《人物志》中关于石懋事迹的记载，石懋虽年少登第，又中博学宏词科，不久便得罪梁师成，排摒远州，又早卒，似与傅谅友的交往机会不大。因此，这首诗应为汪藻所作。

三、“负郭生涯千亩竹，长年心事四愁诗”一联，见《浮溪集》卷三一，全诗题作《次韵李元亮》，诗云：“水宿山行十日归，李侯应恨尺书迟。遥知雨别风流后，直到秋高木落时。负郭生涯千亩竹，长年心事《四愁诗》。与君家世如兄弟，岁晚同为丘壑期。”李元亮，建昌人，《紫微诗话》言元亮字光祖③，《观林诗话》则云字光禄④，未知孰是。祖父李莘字野夫，为李常之兄，黄庭坚伯舅，黄《送舅氏野夫之宣城》中的“舅氏野夫”即是李莘。《容斋随笔》卷三“李元亮诗启”条，叙其与蔡薿交游事及笺启为蔡薿所赏事甚详。按向子諲《水调歌头序》云“大观庚寅，闰八月秋，芗林老、顾子美、汪彦章、蒲庭鉴时在诸公幕府间，从游者洪驹父、徐师川、苏伯固及李商老兄弟。是夕，登临赋咏，乐甚。”⑤张元幹《苏养直诗帖跋尾》亦云：“往在豫章，问句法于东湖先生徐师川，是时洪刍驹父、弟琰玉父、苏坚伯固、子庠养直、潘淳子真、吕本中居仁、汪藻彦章、向子諲伯恭为同社诗酒之乐，予既冠矣，亦获攘臂其间，大观庚寅、辛卯岁也。”⑥则知汪藻在大观四、五年间任江西提学时，尝与徐俯、苏坚、苏庠、李彭、向子諲、洪刍等人在豫章

①② 《全宋文(一六一)》，第10、14页。

③ (清)何文焕：《历代诗话》，北京：中华书局，2004年，第374页。

④ 丁福保：《历代诗话续编》，北京：中华书局，2006年，第125页。

⑤ (宋)向子諲《酒边词》卷上，明刻宋名家词本。

⑥ (宋)张元幹《芦川归来集》卷九，《全宋文》第182册，第415页。

结社唱和,而洪刍《老圃集》卷下有《次李元亮韵》一首:“邂逅何曾十日饮,乖离细数七年迟。鄮侯庙下相逢处,扬子桥头握别时。犹喜夫君诵新作,自怜衰病岂能诗?平生流水高山意,绿绮朱弦付子期。”[①]与汪藻用韵相同,李彭《日涉园集》卷八有《次韵答仲兄元亮》:“杨柳江头人迹稀,心随钟度远山迟。忽传忆弟看云句,想见流觞曲水时。人比封胡终有恨,韵低徐庾敢言诗?青春欲谢子规叫,莫惜归帆赴后期。”[②]亦用此韵,此外李彭集中同卷尚有《用元亮韵寄驹甫》、《用元亮韵答师川篇末见寄》、《复用迟字韵呈元亮》[③],皆用此韵,可知“迟字韵”乃这次豫章唱和反复唱和之韵,李元亮亦参与到这次唱和中,当是向子諲《水调歌头序》所云“李商老兄弟”之一。汪藻亦列豫章唱和的诗人名单之中,则此《次韵李元亮》诗当是汪藻参与迟字韵唱和时所作。

四、“千里江山渔笛晚,十年灯火客毡寒”一联及“日边人去雁行断,江上秋高风叶寒”一联,见《浮溪集》卷三一,题作《次韵向君感秋二首》,其一:“且欲相随苜蓿盘,不须多问沐猴冠。菊花有意浮杯酒,桐叶无声下井栏。千里江山渔笛晚,十年灯火客毡寒。男儿几许功名事,华发催人不少宽。”其二:“向侯拄笏意千里,肯为俗弹头上冠。何时盛之青琐闼,妙语付以乌丝栏。日边人去雁行断,江上秋高枫叶寒。向来叔度傥公是,一见使我穷愁宽。”此处“向君”指向子諲,子諲字伯恭,开封人。哲宗元符三年以外戚恩补假承奉郎。徽宗宣和初,除江淮发运司主管文字。七年,为京畿转运副使兼发运副使。高宗建炎二年,知潭州。绍兴元年知鄂州,主管荆湖东路安抚司,因曹成兵变事,提举江州太平观。起知广州,未几致仕。寻起知江州,改江东转运使。绍兴八年,徙两浙路转运使,除户部侍郎,寻出知平江府,后以不肯拜金诏致仕。卜居临江军,号所居之处为“芗林”。汪应辰《文定集》卷二一有《徽猷阁待制直学右大中大夫向公墓志铭》、胡宏《五峰集》卷三则有《向侍郎行状》,《宋史》卷三七七有传。向子諲《酒边词》卷上《水调歌头序》中记录了与汪藻等人于大观四年前后在豫章结社唱和之事,盖当时汪藻与之相识。又《宋史》卷三七七《向子諲传》:“金使议和将入境,子諲不肯拜金诏,乃上章言:‘自古人主屈己和戎,未闻甚于此时,宜却勿受。’忤秦桧意,乃致仕。”[④]又《建炎以来系年要录》卷一二三:“(绍兴八年十一月),徽猷阁直学士右朝议大夫知平江府向子諲转一官致仕。时金人所遣诏谕使将入境,子諲不肯拜敌诏,乃上章乞致仕,秦桧许之。”[⑤]则知向子諲绍兴八年因不拜金诏忤秦桧而罢官。是二诗中,“且欲相随苜蓿盘,不须多问沐猴冠”一联,用《唐摭言》中薛令之及《汉书·项籍传》“沐猴而冠”的典故,言向君甘守贫困而不愿尸位素餐。而“向侯拄笏意千里,肯为俗弹头上冠”上句则用《世说新语》王子猷的典故,赞扬了向子諲不同世俗的精神,下句则用了《汉书·贡禹传》中“贡禹弹冠”的典故,颜师古注云:“弹冠者,且入仕也。”表明了向君此时未仕的身份,与向子諲绍兴八年致仕的经历亦较为相合。则是诗即有可能是作者与致仕之后的向子諲相互酬答之作,汪藻与向子諲于大观年间早有交游

---

① 傅璇琮:《全宋诗》第22册,第14486页。
② 傅璇琮:《全宋诗》第24册,第15940页。
③ 以上三首分别见《全宋诗》第24册,第15940、15941页。
④ (元)脱脱等:《宋史》,北京:中华书局,1985年,第11643页。
⑤ (宋)李心传:《建炎以来系年要录》,北京:中华书局,2013年,第2303页。

唱和的事迹可考，绍兴八年亦尚在世[1]，而石懋卒于北宋政和年间（见前），亦未见向与之交游的材料，故这两首诗亦基本可以确定是汪藻所作的。

五、“天阔鸟双下，山寒人独归”一联，见于《浮溪集》卷三十，全诗题作《过临平》，诗云：“一别九霄路，风烟长满衣。已成身老大，无复世轻肥。天阔鸟双下，山寒人独归。晓来何似雨，春水半岩扉。”按是诗透露出可考稽生平事迹的信息不多，似不好判断。但诗云“一别九霄路”，而“九霄”在古人诗文中多指帝王近边，此句似透露出作者乃作于自帝王近边出外的途中，诗题言“过临平”，则临平当据都城或行在不远处。《咸淳临安志》卷二十《疆域五·诸镇》：“临平镇，在府之东四十五里。”可知临平在临安附近。按高宗南渡后初期，曾移跸数地，绍兴后，行在亦曾在越州（绍兴元年改名绍兴府）、临安等地转换，绍兴八年方定都临安。则似《过临平》的创作时间当在行在在临安时，即南宋绍兴以后。而前文言石懋卒于北宋政和年间，则此诗为石懋创作的可能性很小，应该是汪藻作的。

六、《阻风雨辟邪渡寄王仲诚》，见《浮溪集》卷三十，题作《阻风雨辟邪渡寄王仲成》，王仲成或王仲诚，人不可考，诗中亦无甚信息可考见作者交游行迹，不能判断诗为谁作，惟《（同治）南昌府志》云：“武阳渡，在长定乡，去城三十五里，即辟邪渡也。通进贤、抚州大路。”则辟邪渡在今江西南昌附近（宋时属洪州），汪藻为曾于大观元年为江西提举学事司干当公事，正在洪州，有写此诗的可能。《咏水晶数珠》见《浮溪集》卷三十，题作《水晶数珠》诗，乃一首咏物诗，不可考其写作背景。

另外，《阻风余干渡》、《次苏养直韵》、《寄黄元功》、《客至》、《夏夜示友人》数首则不见今本《浮溪集》，无从考证，不过《次苏养直韵》中的苏养直，即苏庠，正是汪藻于大观四五年间于豫章结社唱和的诗人之一（详见上文引向子諲《水调歌头序》及张元幹《苏养直诗帖跋尾》），可能也是汪藻所作。

综上可见，《苕溪渔隐丛话》前集卷五三所记载的汪藻与石懋诗相犯之诗，从今存汪藻《浮溪集》中尚有的篇目来看，其中多数是汪藻所作可能性大，当属汪藻为是；另有数首则不可考，不能判断为何人所作，但亦无为石懋所作的证据。

（作者单位：华东师范大学古籍研究所）

---

① 汪藻卒于宋高宗绍兴二十四年，见孙觌《宋故显谟阁学士左大中大夫汪公墓志铭》。

# 李东阳诗文辑佚

蓝 青

李东阳(1447—1516),字宾之,号西涯,湖南茶陵人,明代文学史上最重要的作家之一,一生交游广泛,著述宏富。岳麓书社出版的《李东阳集》(周寅宾校点,1984年版)[①]与《李东阳续集》(钱振民辑校,1997年版)[②]是目前所见收录李东阳著作最为完备的集子。然而,李东阳交游广泛,所作的题赠诗文颇多,偶有失收,实属难免。近年来,李东阳集外诗文辑佚备受关注,如司马周《李东阳佚文一则》[③]、丁延峰《李东阳佚作辑考》[④]、崔建利《明初李东阳奏疏二则》[⑤],嘉惠学林,功莫善焉。笔者近年来觅得李东阳佚文4篇、佚诗1首,这些作品均未被李东阳集及有关李东阳辑佚之作所收录,亦未见其他著述征引。现将所得辑录如次,以飨同好。

## (一)《书〈介庵王公奏稿〉后》

往在宪宗朝,闻三原王公为南京部台。章奏迭至、奉旨施行者,固已录之,有司播之四方。其留中不报者,世莫得而传也。公既为今天子简用,复起为吏部,有传其家所藏奏稿者,盖自为评事,为知府,为布政,凡所尝陈奏举劾者皆在焉。观其剖析事理,论法断狱,人或能之,至於批鳞苦口,排大奸,摧巨敌,身任天下而不为私谋者,则卓乎不可及也。夫内告外顺,见于君,陈之命,先儒以为此固成王之言,非文武之言也。中古之世或匿谏草而不以示人,甚则焚之,世俗相传以为美事,议者则以为孔光之徒匿奸钓誉之为者,故韩魏公《谏垣存稿》宁不避卖直之嫌,而彰人主从谏之美,岂无所见而然哉?若王公所谏奏所举劾,盖有削兵权,黜侍近,而元恶大憝亦有肆诸市朝者,则公之忠先帝固鉴之深矣。虽有危言极论,未暇宣布,然亦优而容之,未始有谴怒呵责之语。盛德所在,亦岂容掩而不彰哉?使天下传之,后世传之,谓公之言如此,而先帝之所以容之如此,则未必非是稿之助也。

弘治壬子四月六日中顺大夫太常寺少卿兼翰林院侍讲学士经筵讲官兼修国史长沙李东阳书

**按**:此跋作于弘治五年(1492),见王恕《太师王端毅公奏议》末,明正德十六年(1521)三原王氏刻本,北京大学图书馆藏。书末除李东阳跋外,尚有陈懋、杨循吉、程

---

① 李东阳撰,周寅宾校点:《李东阳集》,长沙:岳麓书社,1984年。

② 李东阳撰,钱振民校点:《李东阳续集》,长沙:岳麓书社,1997年。

③ 司马周:《李东阳佚文一则》,《江海学刊》,2004年第4期,第162页。

④ 丁延峰:《李东阳佚作辑考》,《古籍整理研究学刊》,2009年第2期,第43—48页。

⑤ 崔建利:《明初李东阳奏疏二则》,《历史档案》,2014年第4期,第4—5页。

启充、崔铣之跋。

王恕(1415—1508),字宗贯,号介庵,晚号石渠老人,陕西三原人。正统十三年(1448)进士,选为庶吉士,授大理寺左评事。景泰间迁左寺副,未几擢扬州知府。天顺间迁江西右布政使,成化间官南京兵部尚书,卒赠太师,谥端毅。王恕为人"磊落洞达,遇事敢为"[①],弘治六年(1493)致仕,于邑城外筑草堂,"优游山林,著述不辍"[②]。著有《王端毅公奏议》、《王端毅公文集》、《石渠意见》、《玩易意见》等。李濂序其文集曰:"公平生所作多不刻意,虽或出于信笔为之,而其要归,必本诸仁义忠孝,有补于天下国家。"[③]清代四库馆臣评其诗文曰:"平实浅显,无所雕饰,如其为人。"[④]李东阳对王恕之人品与学问颇为欣赏,《怀麓堂集》卷六十四有《寿太子太保吏部尚书王公九十诗序》、卷八十有《明故光禄大夫柱国太子太傅吏部尚书致仕赠特进左柱国太师谥端毅王公神道碑铭》。

**(二)《〈夏忠靖公集〉跋》**

右夏忠靖公集二卷,公子南京太常少卿瑄所藏,以畀公孙南京通政参议崇文者也。东阳晚达,尝景仰乡先正之德量勋业,得诸国史家乘者为多,惟文章制作未获多见,见兹帙而有感焉。愧寡陋之无闻,而大人君子之不易识也。公治水东吴,功泽尤著。今巡抚都御史彭君礼奏请立祠,巡按御史袁君经因取兹文刻于苏郡。予既为公传,颇悉其事,不敢复有赘述,敬识数语于后云。

弘治辛酉正月廿八日资政大夫太子少保礼部尚书兼文渊阁大学士知制诰经筵国史官会典总裁茶陵李东阳书

按:此跋作于弘治十四年(1501),见夏原吉《夏忠靖公集》末,明弘治刻本,国家图书馆藏。题名为笔者所拟。书末除李东阳跋外,尚有王恕、何乔新、钱福、袁经之跋。

夏原吉(1366—1430),字维喆,湖南湘阴人。洪武二十三年(1390)以乡荐入太学,后选入禁中,授户部主事。建文初,擢户部右侍郎。永乐初,升户部尚书,平治浙西、苏、松诸郡水患。永乐八年,兼掌六部都察院大理寺事。洪熙间复户部尚书,进少保,兼太子少傅。卒赠太师,谥忠靖。夏原吉生平"德行高迈,问学该博"[⑤],著有《忠靖集》6卷。杨溥序其集曰:"诗文平实雅淡,不事华靡,观者亦可想见其为人也。"[⑥]王恕评其文曰:"公之文皆足以华国体、扶世教,乃有德者之言,非徒务雕刻逞浮词者之可比也。"[⑦]清代四库馆臣称:"致用之言,疏通畅达,犹有淳实之遗风,以肩随杨士奇、

① 过庭训:《本朝分省人物考》卷103,《续修四库全书》第536册,上海:上海古籍出版社,2002年,第37页。

② 雷礼辑:《国朝列卿纪》卷25,《四库全书存目丛书》史部第93册,济南:齐鲁书社,1996年,第50页。

③ 李濂:《王端毅公文集序》,王恕:《王端毅公文集》卷首,《四库全书存目丛书》集部第36册,济南:齐鲁书社,1997年,第166页。

④ 永瑢等撰:《四库全书总目》下册卷175,北京:中华书局,1965年,第1558页。

⑤ 袁经:《跋重刻夏忠靖公集》,夏原吉:《夏忠靖公集》附录,国家图书馆藏明弘治刻本。

⑥ 杨溥:《忠靖集序》,夏原吉:《忠靖集》卷首,《文渊阁四库全书》集部第179册,台北:台湾商务印书馆,1986年,第483页。

⑦ 王恕:《书夏忠靖公集后》,夏原吉:《夏忠靖公集》附录。

黄淮诸人,固亦无愧也。"[1]李东阳对乡先哲夏原吉颇为景仰,《夏忠靖公小像赞》(《怀麓堂集》卷七十三)赞其:"不娇以为异,不比以为同。其大则君子之不器,其正则王臣之匪躬。德与齿而俱尊,名与世而无穷。"[2]另有《夏忠靖公传》(《怀麓堂集》卷三十五)一文,对夏原吉之德行与功业推崇备至。

### (三)《王文肃公传》

公姓王氏,讳㒜,字廷贵,常之武进人也。祖友谅,福建延平府同知,有惠政。父守正,兵部武进主事,以廉慎闻。皆累赠南京吏部尚书。公十岁能为诗,正统甲子以县学生举南京乡贡,景泰辛未举礼部会试,赐进士及第第三人,授翰林编修,被旨偕诸庶吉士读中秘书,给酒馔笔札诸物。癸酉旱,代祀东岳,雨辄降。甲戌以父忧去,天顺丁丑仍旧职,庚辰同考礼部,充太子讲读官。辛巳预修《大明一统志》,成,有白金彩币之赐。癸未再考礼部,得人尤多。秩满,迁侍讲。甲申宪宗登极,录侍从劳,擢左春坊左庶子,仍兼侍讲。时始开经筵,敕公充讲官,复赐金币。又敕修《英宗实录》,分掌礼馆,纂述详慎,得史臣体。公念母老,求便养,成化乙酉李文达公荐公名改南京翰林学士,乃迎养于官。丁亥《实录》成,复以旧劳赐金币。戊子以母丧去,辛卯服阕,适南京国子监缺祭酒,朝廷用吏部荐。即公家起之时,教法久弛,公严立程制,核勤惰,为惩劝诸司。差遣一按名籍,不为私假,又条奏便宜数事。壬寅秩再满,擢南京吏部右侍郎。吏弊滋甚,凡差拨则庭哄不可制,公酌为定规,弊始息。丁未召户部左侍郎。今上嗣位,迁南京户部尚书,寻改吏部,考诸司官属,诹访去取,务合舆论,又奏其有小过而才可用者若干人,得降秩补外,俾图自励。又上疏陈八事,多见采纳。自余庐舍工役之细,悉为综理,咸得其宜。弘治癸丑,年七十,疏请致仕,上优诏勉留,再上亦如之。甲寅,公以两考去,还乡卧病,疏复上,辞益恳。上重违其意,许之。又念公旧臣,进阶荣禄大夫,命有司岁给廪粟舆隶,以示优异。报至,公已疾笃,越二日卒,乙卯五月二十二日也,年七十有二。计闻赠太子太保,谥文肃,遣官谕祭,赐葬于定安西乡之原。公娶吴氏,江西左布政使润之女,早卒,累赠夫人。继娶孙氏,尚宝丞仲微之孙,封夫人。皆有内行。子二。长沂,成化乙未进士,累官湖广右布政使,以才行世其家。次洛,输粟赈饥,授镇江卫指挥使。女五。长早卒。次适承事郎邹堂,次适乡贡士朱昶,次适府学生段瑞,次适中书舍人徐元概,令少傅公子也。孙五。女孙四。曾孙女二。公奉亲极孝,养事伯兄廷彦甚谨,以三品恩移荫兄子澄为国子生,岁出所积谷赡族人者若干斛,遇乡党子弟有恩。尝购得杨氏别业,有世墓,慰令勿徙缺其垣,俾岁时往祀焉。公博学高识,为文章雅健有法,著《思轩稿》若干卷,兼精吏事,敏而能勤,久在散地,老虽居重位,又不值繁剧,人以为未尽其用云。

赞曰:观室者必观其隅,顾不信哉。公风采凝峻,廉角峭厉,素善弈,且所酷

---

① 《四库全书总目》下册卷 170,第 1484 页。

② 《李东阳集》第 3 册,第 188 页。

嗜，及为祭酒，辄绝不复事，其克制操执不为俗变类如此。故教法修整，群士皆敛衽钦服，凛然称严师焉。使公前为翰林，获司密勿，侍天子左右，后为吏部，获近辇毂，居庙堂进退，百官其所树立匡救岂少哉！谥法正已摄下曰肃，文固公余事也。谥之曰肃，不亦称情矣乎。

嘉议大夫礼部右侍郎兼翰林院侍读学士知制诰经筵官兼修国史长沙李东阳撰

按：此文录自王㒜《王文肃公集》卷首，明正德刻本，北京大学图书馆藏。王㒜(1424—1495)，字廷贵，号思轩，江苏武进人，景泰二年(1451)进士，授翰林院编修，先后与修《大明一统志》、《英宗实录》。成化间，官历左春坊左庶子、南京国子监祭酒、南京吏部右侍郎、南京户部左侍郎、南京户部尚书、南京吏部尚书。卒赠太子太保，谥文肃。王㒜与程敏政、柯潜、秦夔、张弼等人多有往来，著有《思轩文集》23卷、《王文肃公集》12卷、《毗陵志》40卷。曾彦评其诗文曰："发为文章，形诸诗歌，义精而密，辞确而畅。……道宗周程张朱，词兼韩柳欧苏。"[①]李时远称其："为诗清雅，间出悲壮之音。"[②]

## (四)《〈龙溪书屋图〉序》

龙溪书屋者，宋氏献翁之所作也。翁旧家麻城，世守儒业。翁嗜学，博涉经史，买书数千卷，置书屋于溪上，以为藏修之所。又延师置塾，聚宗族乡党之子弟而教之。暇则挹清流，玩群芳，游咏以自适，如是者若干年。翁老且卒矣，其子兑以乡贡士作宰于潍，宗党子弟亦多出就事业，而宋氏之遗书尚存，嗣其业者未已也。兑在潍三年，遣其子文杰上京师，征诸大夫为龙溪书屋之诗若干篇介，熊进士载道请予序。夫人之材质不同，而亦各系其地。内有贤父兄而其子弟幸而生乎其家，外有宿儒老师而其后进者幸而出乎其乡，则所以育德成业者易矣。令尹君得以成其仕，麻城之士得以成其业者，皆龙溪之教，其及于一家一乡者不既多乎？今使人过其地，登其堂，取其书读之，想见其为人，盖有勃然而兴者矣，而况其乡人乎？况其子孙乎？有父书而能守，守而能读，读而行之者，令尹君之志而子孙之事也。若溪山之奇胜，庭宇之宏丽，则世之恒事，人之所共有者，岂足为宋氏重耶？诸诗皆叙景兴事，而其归在乎问学行业之间，予以为犹有引而不发于此者，故比论之以为序。

按：此文录自卢浚《(弘治)黄州府志》卷9，明弘治刻本，国家图书馆藏。该文篇名下署："李东阳"，小字注："学士。"卢浚，字希哲，号赤城山人，天台人，成化二十三年(1487)进士，授刑部主事，历员外郎，弘治间官黄州知府，纂《(弘治)黄州府志》10卷。

---

① 曾彦：《思轩集后序》，王㒜：《思轩文集》，《续修四库全书》第1329册，上海：上海古籍出版社，2002年，第677—678页。

② 朱彝尊辑录：《明诗综》第2册卷21，北京：中华书局，2007年，第1048页。

**(五)《辱与东曹联句见贶,依韵奉答三首。方惜□[①]力东曹不及另书,幸为传致同加郢正病中草草(二首之二)》**

两雄酣战拥霜毫,怒遣吟髭作猬毛。笔阵忽惊飞鸟变,诗场不数斗鸡豪。君才定许标谁夺,我怯犹惭毂未膏。闻道合从谋未已,鼎分何敢望孙曹。目病不能作陪,客莲花诗不敢更和,恐为藕丝所绊也。壶觞别期之说,惟东曹善自图之。

按:此诗录自秦夔《五峰遗稿》卷23,明嘉靖元年(1522)秦锐等刻本,上海图书馆藏。原处共有二首,之一已见《怀麓堂集》卷十四,题为《廷韶、文敬联句见寄,叠前韵一首》。该诗末署"李东阳"[②]。秦夔(1433—1495),字廷韶,号中斋,无锡人。天顺间进士,授南京兵部主事。成化间官武昌知府、江西右布政使。秦夔自幼龄即工赋咏,"遇山川胜处,登临怀古,形之赋咏尤多",著有《五峰遗稿》24卷。邵宝序其集曰:"公始爱柳,继充之以苏,又益之以欧。诗始驰骛中唐,久之得其风格,既而读杜,时取而出之,复参诸苏黄以下数家,故所就如此。"[③]程敏政评其诗文曰:"清丽丰蔚,由二秦以趋盛唐,不名一家。至其博览群籍,发为文章,亦条鬯雅赡,可诵而传也。"[④]秦夔与李东阳交谊甚厚,诗歌酬唱往来频繁,如《怀麓堂集》卷十一有《送秦武昌廷韶》、卷十四有《次韵秦武昌见遗之作》、《无锡殷氏婢守节,秦武昌廷韶有传,识之以诗》。二人亦时常相聚联吟,如成化十七年(1481),秦夔等人至李东阳尔耳亭,"偶发小兴"[⑤],联句为乐。

(作者单位:山东大学文学与新闻传播学院)

---

① 此处字迹模糊。

② 秦夔:《五峰遗稿》卷23,上海图书馆藏明嘉靖元年秦锐等刻本。

③ 邵宝:《五峰遗稿序》,《容春堂集》续集卷12,《文渊阁四库全书》集部第197册,台北:台湾商务印书馆,1986年,第604页。

④ 程敏政:《中奉大夫江西等处承宣布政使司右布政使致仕秦公神道碑铭》,秦夔:《五峰遗稿》附录。

⑤ 《五峰遗稿》卷10。

# 魏裳《云山堂集》佚文二篇

罗　恰　王　丽

魏裳(1519—1574),字顺甫,蒲圻(今湖北赤壁)人,明嘉靖二十五年(1546)中举,二十九年庚戌(1550)中进士,官至济南知府、山西按察司副使。魏裳出于王世贞门下,与南昌余曰德、歙县汪道昆、铜梁张佳胤、新蔡张九一合称"后五子",是明代后期以"后七子"为代表的复古派的重要成员,其创作沿袭了"后七子"拟习汉唐,注重法度的主张。徐学谟称其:"为人外若温然长者,而中特耿介,未尝以纤细苟阿于俗,故世罕知之者。诗文极意模拟,几于呕肝,即词指艰涩无雄浑跌宕之气,亦自成一家言。"[①]据《千顷堂书目》记载,魏裳著有《楚史》七十六卷,《湖广总志》九十八卷(与徐学谟同修),《蒲圻县志》四卷及《云山堂集》六卷。其中《云山堂集》为其诗文总集,这个集子收录魏裳诗文最全,有明万历七年魏文可刻本流传至今,是研究魏裳的基本资料。笔者迩来翻检资料,发现尚有墓志铭一篇和赋一篇归于魏裳名下,为《云山堂集》所未收,现加标点,逐录并略考如下:

## 一、明通城王继室邵氏墓志铭

邵夫人逝于隆庆辛未季秋廿有壹日之戌时也,停柩于堂,越壬申仲冬,择廿日之戌时扶葬于城东山之原,且请其志与铭也。按状,夫人父讳榆,母邓氏,贯山西定安县,洪武初扈从昭祖之楚,蔓延迄榆。以正德丁巳年捌月初陆日寅时而夫人生焉,及笄,通城王英焀聘入宫。迨王妃徐氏逝,夫人以淑德正位后宫,与王敌体,实继妃也。自是夫人□善修德,果然益扬励内助,事上礼下,宽猛□并。始王弗得志于宗长,愍王且□焉。夫人治家勤劳,《诗》所谓:"何有何亡,黾勉求之。"愍王薨,朝廷论德望,佥同敕王摄国。□□辜一人,不织一线,□□□事而举动光明。岂惟宫中府中知之,抑且行道□□□之。夫人相导劝勉□□□多。嘉靖甲子年拾壹月初贰日,王薨。夫人治宫闱益严肃,教子训女不□□之调熊者。惜王喜盛费作佛事,致囊箧潇然,不能为夫人封继妃,以故为□□人者饮恨,然得以正终其天年。当仙逝时,子孙满前,语话了了,不作时人恋生态。呜呼!孰谓天之报之不称其施也。夫人生贰子,曰华玲,曰华封,皆镇国将军;叁女,长适马震,次适林舜朝,叁适李美,皆县主,婿得封亚中大夫;孙子伍,孙女伍。以冲质忌藏,字于墓姑,不息用如左。年月日时葬于王之墓侧。乃铭之曰:东山之阳,郁郁苍苍,是惟邵夫人之窆,封土于通城王之旁。既固既安,永祚胤于未艾。千斯万斯,配王塚之堂堂。赐进士朝列大夫副山西按察司事南川魏裳撰。皇明隆庆壬申之岁

① (明)徐学谟撰:《徐氏海隅集》卷40《志·湖省》,明万历刻本,第20页a。

仲冬月吉日。

按:此篇墓志铭出土于明通城王朱英熔家族墓地[①],惜墓志多有漫漶剥蚀之处,文字不能尽识,且错讹较多[②],然由此文大概可见魏裳文风之一斑。王世贞《魏顺甫传》云魏裳"于文尤精刻削,法森森立,不以藻竞"[③]。审此铭文风格,其言不诬。此篇墓志铭落款时间为隆庆壬申之岁,亦即公元1572年,为魏裳暮年之作,其时魏裳已辞官闲居乡里。魏裳之仕履情况,于王世贞《魏顺甫传》中所记尤详,各史料文献及学人著作大抵沿袭《魏顺甫传》之说法,而此墓志铭所署"朝列大夫"之衔名均未见载。朝列大夫在明代为从四品初授之文散官。墓志铭中的记载可补魏裳生平仕履资料之阙,为我们研究魏裳生平提供了一条重要材料。

此篇墓志铭字体拙劣,不知何人书丹,凿刻也甚为粗糙,且错讹屡出,非出自良工之手,或与墓志铭中所说朱英熔"囊箧潇然"有关。

## 二、济美桥赋

岁在著雍,辰次涒滩,月临仲吕,日旋离南。肆我济川君,桥六水,拯民艰。爰有句廉逸翁、方壶仙子,胥与骖白螭,驾元鲸。泝赤马之清流,蹑龙翔之碧岑。访洼尊之往迹,飏紫虚之幽芬。放浩歌于岌业,挹瑞霭于空冥。句廉翁曰:"粤稽邃浑,泽溢九滨。河图效乾,洛书流坤。阳侯舒灵于岛屿,力墨贡技于沧溟。时则有若乘龙之圣,陟荆岭而抵天津。姬运肇启,敷德闳休。川衹锡美,海若呈幽。烛夜光于跳沫,灿明月于蜃楼。时则有若钓璜之叟,载后车而鸣苍球。炎刘嗣祚,霏英蔚华。郎官澄练,东井绯霞。矗士沉几于授履,神人韬采于星槎。时则有若乘驷之儒,含珠玉而阐奇葩。晋阳绍统,凤翥蛟翔。昆邻濯异,咸池浴光。陆子击廻湍而厉志,罗公掷拄杖而徜徉。时则有若酌泉之彦,甘冰蘖而漱瑶芳。神君濬有熊之璿源,沛尚父之膏泽,焕司马之懿文,操隐之之奇节。乃兹懋绩于斯桥也,不有媲美于若人者乎!"济川君曰:"子之言,古也,非今也。"方壶子曰:"吾闻曲阿朏明,衡阳熙燠。荣若华于崦嵫,烂扶英于蒙谷。乃有飞沙走石,风驰电逐。宛云龙之夭矫,架仙梁于海屋。繄若望舒营魄,纤阿晰灵。挽倒景于桑榆,炳宵耀于西冥。乃有霓裳舞列,羽衣遐征。晻精光而夺目,恍银桥于广庭。粤若云英之遇,符合缅连;晨餐沆瀣,夕奏钧天。阿母发瑶川而独运,青童驭宝婺以争妍。酌元霜兮清隽,神嘉会兮泰元。亦若广陵之景,流丹泬寥;浣衣星渚,涤玉云涛。肆神珠之弄蕊,暨玉田之生苗;通元极兮无垠,陈灯火兮逍遥。神君旭海岱之青阳,萃巨阙之灏气;昭云英之贞符,显广陵之嘉际。乃兹赫灵于斯桥也,不有潜达于至理者乎!"济川君曰:"子之言,物也,非我也。"于是句廉翁、方壶子莞然而笑,喟然而叹曰:"噫嘻!天乎吾辟,孰握其扃?地乎吾翕,孰测其贞?何

① 墓志铭文拓片见武汉市博物馆:《武汉市明通城王朱英熔家族墓地发掘简报》,《江汉考古》,2014年第6期,第35页。

② 校补文章可参见罗恰、杜洁:《明通城王朱英熔家族墓地出土墓志铭文校补》,《江汉考古》,2015年第4期,第119—121页。

③ (明)王世贞撰:《弇州山人四部稿》,台北:伟文图书出版社,1976年,第3905页。

道非古,何道非今,何物非我,何我非神。乃若利涉之渊也,其水则三山源净,龙潭湍潆。上黄汇流,壶头焕文。宣父溢川而兴叹,孺子濯缨而怡神。若君子之邃学,思渊泉其静深。其浒则冯夷艳日,江妃丽霞,姚黄芬馥,魏紫交加。挺挺乎彭泽之柳,灼灼乎河阳之花。若至人之育物,恩浩荡以无涯。其下则隋珠含珍,和璞澄辉,蜃珧缀玉,骊龙示玑。符公兴兰陵之詠,雍伯显天授之奇。若髦士之摛藻,若太乙之青藜。其上则属玉栖烟,珍禽郁翠,止者忘机,飞者奋翼。振蜚声于重泉,播鸿勋于孝义。若懿政之怀思,拥行车于非类。乃兹厥功之成也。经始兮,则痌瘝而衷,轸念而人。吊伍子胥于胥涛,泣三闾于湘魂。裁制兮,则官无攸费,民无攸厉。廓孟津之嘉谋,敷刺史之康济。襄猷兮,则富者捐赀,能者效勤。迈赵老之鸿绩,迪杨令之忠贞。树烈兮,则山灵显瑞,河伯降祥。咏垂虹于南极,昭遗爱于洛阳。若夫危楼拱北,结构康庄;厥覆耽耽,厥基堂堂。东枕丰财,西连蒲冈,南眺金紫,北望龙翔。沉桂虚涵乎天日,黄龙荡漾乎星芒。鸣宫商于鼓笛,汇峻彩于西良。豁江山之一览,传美惠于无疆。在昔包公,振扬风纪,拯兹黔黎,锡之繁祉。爰有焦贤,矢心赞理,险阻既彝,流光青史。粤若蔡公,宣化兹土,奠丽辑和,贞石不朽。爰及张侯,忧勤绥抚,德化旁敷,人获我所。神君绍贞柏之遐轨,嗣鳌禁之徽音。淬景倩之锋芒,负紫芝之奇珍。乃桥斯域而济厥美也。不将视古今于一息,胥物我于两忘矣。”言毕,句廉翁歌曰:“三嵏兮恢恢,九嶷兮巍巍,于嗟拱北兮云汉昭回。”方壶子亦歌曰:“阳曲兮汪汪,渤澥兮汤汤,于嗟济美兮江汉悠长”济川子赓载歌曰:“拱辰独峙兮,凤山之阳。作德高明兮,长发其祥。于嗟此心兮,永无负于明良。”

按:此文见于乾隆重修《蒲圻县志》卷之十五《艺文志·赋》,《湖北文征(全本)》亦有收录。乾隆重修《蒲圻县志》卷之二《山川志·桥梁》载有济川桥,此赋当为是桥而作。此篇赋明显具有汉赋的一个特点,即虚构几个人物进行对话,从对话中展开创作意图,敷衍出一篇文字。这篇赋使用了主客问答体,比较多地倾向于使用铺陈手法。“岁在著雍,辰次涒滩,月临仲吕,日旋离南”一句指明了此赋所作时间,《尔雅·释天》:“太岁在戊曰著雍”,“太岁在申曰涒滩”,著雍涒滩即戊申年,亦即嘉靖二十七年(1548),是时魏裳尚未中进士,正是而立之年,而其英姿勃发、才气逼人之状于此文可见一斑。

以上魏裳二篇佚文,一为其晚年所作,一为其少年所作,两相比对,可见风格之不同,对于研究其文学创作思想具有一定意义,亦可为《云山堂集》之补充。

(作者单位:湖北省博物馆、武汉革命博物馆)

# 王士禛佚文辑考*

王定勇

王士禛是清初著名诗人，主持风雅近五十年，文章宏富，版本繁多。晚年编订《带经堂集》，对早年诗文集加以修订，抽换和删削部分作品，以致许多诗文遗佚。后人代有辑佚，如乾隆间张承先辑王士禛古今体诗一百二十余首，编为《渔洋山人集外诗》二卷(有乾隆四十二年钱大昕序刊本及光绪二十年《观自得斋丛书》本)。今人整理的《王士禛全集》①全面辑录了渔洋诗、文、杂著等作品，被誉为“一代诗宗著作的全景展示”②。《王士禛全集》辑入王士禛佚诗约800首、佚文77篇、书札146通，抉幽搜奇，厥功甚伟。然王士禛著作篇章甚富，《全集》尚有遗珠之憾，后之学者续有拾遗补阙③。王士禛名高天下，“海内公卿大夫、文人学士，无远近贵贱，识公之面，闻公之名者，莫不尊之为泰山北斗”④，一生题序甚多。其中不少篇什不入文集，而随他人文集传世。今从清人集部中辑得渔洋集外序文十一则，以作年先后编次如下。

## 一、燕笺诗集序

读坦翁先生《燕笺》，短歌纪之。

新乡司马真人龙，挥毫落纸如飘风。安丘相公志复同，龙吟鸾答相噌吰。一时文苑推两雄，八骏腾踏凡马空。百弩射潮江海东，文城百尺屹高墉，尔乃破坚直造如临冲。孟津学士人伦宗(觉斯先生)，今日杜陵推薛公(行屋先生)，登坛左右挽桃菊。旌旗壁垒何熊熊，和歌击筑渐离市，壮气欲开滹沱水。渔阳上谷寒正隐，高秋笔墨相凭凌。蚕丛鸟道不知几千里，凿山巨手今五丁。中原从此有正始，纷纷江黄弦顿何敢附宗盟。薛公玉堂安丘相，司马分陕临东封。蜀有孟津骑龙天上去，莲花玉女常相从。旧日蓟门高会殊寂寞，萧条长乐闻疏钟。司马语此意慷慨，嗟予小子真凡庸。泰山拔地青万仞，区区何足知云亭。幸兹一卷冰雪怀袖中，聪明欲尽神相通。门人王士禛沐手具草。⑤

---

* 基金项目：江苏省高校社科基金一般项目：《尺牍友声》、《偶存》整理与研究(2014SJB768)。

① (清)王士禛著、袁世硕主编：《王士禛全集》，济南：齐鲁书社，2007年。

② 桑圣彤：《一代诗宗著作的全景展示，清初文学研究的珍贵史料——评齐鲁书社〈王士禛全集〉》，《书坛话语：2008—2009年山东出版研究论文选编》，济南：泰山出版社，2009年，第178页。

③ 闵丰：《王士禛佚诗辑考》，《中国诗学》第12辑，北京：人民文学出版社，2008年，第25—33页；杨晓斌：《王士禛集外诗与其诗文集的删定问题》，《文献》，2012年第4期，第180—183页。

④ (清)王掞：《诰授资政大夫经筵讲官刑部尚书王公神道碑铭》，《王士祯年谱》，北京：中华书局，1992年，第99页。

⑤ (清)张缙彦：《燕笺诗集》卷首，《清代诗文集汇编》，第12册，上海：上海古籍出版社，2010年，第627页。

《燕笺诗集》五卷,张缙彦撰,清顺治刻本。此集有"顺治癸巳年家弟安丘刘正宗题""蜀仙井胡世安书""顺治甲午仲春琅琊治民门下士丁耀亢谨题于稷下趵泉之西"等三篇序文及"门人王士禛沐手具草"的七言古诗。顺治十一年(1654),张缙彦到杭州任浙江左布政使,顺治十五年改任工部右侍郎离开杭州。此集卷尾有"西湖隐民孙从龙校监梓",可知刻于浙江布政使任上。刘正宗序作于顺治十年癸巳(1653),丁耀亢序作于顺治十一年甲午。王士禛诗当作于此际。

缙彦(1599—1670)字濂源,号坦公,河南新乡人,明朝任兵部尚书,甲申围城中开门迎降,后又降清,最后流放宁古塔,死于塞外。张缙彦与刘正宗(字可宗,号宪石,山东安丘人)、王铎(字觉斯,号痴庵,河南孟津人)、薛所蕴(字子展,号行屋,河南孟县人)往来密切。当时清廷有南北党争,南党以秘书院大学士陈名夏为首,北党以文华殿大学士刘正宗为魁。顺治十七年(1660)北党失势,刘正宗革职,张缙彦遣戍。王士禛诗中,"新乡司马"指张缙彦,"安丘相公"指刘正宗,觉斯先生、行屋先生分别指王铎、薛所蕴,对北党中人极尽吹捧,稍嫌露骨。王士禛顺治十五年(1658)举进士,任扬州府推官,由此长诗可知他当时是奔走于刘、张门下的。此集作序者除王士禛年辈较晚,其余都是贰臣。青年王士禛在政治上与诗歌创作上都是北派嫡传,可是后来脱离羁绊,改奉钱牧斋、吴梅村为宗主。该诗透露了王士禛早期诗歌的渊源流变,其不入文集或与清初党争有关。

## 二、渍枧堂集唐弁言

余壬辰、癸巳间,与家兄西樵先后为《香奁诗》数十篇。自序有云:玉溪、玉山之流,款腻浓躁,不必与体格为合,而反与三百五篇为近,芑山张氏当叹绝以为知言。今年与彤臣作客都门,予弹铗书空,意兴都尽。而彤臣乃于登高作赋之余,戏辑唐句为《春闺诗》,不旬日遂至百首。读之如古官锦阅数十百年,忽着蜀江一濯,丝理文彩颇若别经机抒。昔菏泽李弃和父作《翦绡集》,说者以为巧夺天工。然弃之所采,无过飞卿数家,岂若此集之网罗百氏,使李、杜、元、白共归一冶,初、盛、中、晚无复殊观!令与和父较其工拙,吾不知古今人度越何如,正恐积薪之叹所不免耳。戊戌七夕日,同里年盟弟王士禛拜题于萧寺。①

《渍枧堂集唐》一卷,傅扆撰,清顺治刻本,有王士禛所作弁言。弁言作于顺治十五年戊戌(1658)。

扆(1614—1684)字兰生,一字彤臣,顺治乙未进士,山东桓台新城镇人。著有《渍枧堂集唐》,乃集唐人诗句之作。王士禛序先从自己兄弟写作《香奁诗》叙起,称李商隐、韩偓的诗歌"反与三百五篇为近",其实也是为自己的诗歌张本。他将这样的内容写在傅扆的诗序里,显然也是以此评价《渍枧堂集唐》的。王士禛较傅扆年轻 20 岁,幼年时即得其奖掖,交谊深厚。傅氏一生著述颇丰,《渔洋诗话》卷下誉其"博雅能诗,作词曲亦跌宕有致",并录其诗数首。傅扆殁后,王士禛为撰墓志铭,称"三十年来,道

① (清)傅扆:《渍枧堂集唐》卷首,《四库未收书辑刊》,第七辑 23 册,北京:北京出版社,2000 年,第 265 页。

德相勖,文章相益,过失相规,交谊庶几近古”[①]。

## 三、志壑堂诗集序

秋水轩唱和《贺新郎》词,自曹顾庵始,而合肥公继之,伯紫、荔裳、西樵更倡迭和,遂成卷帙。栎园刻之白下,大江南北和者又十数家。济武先生十余阕最后出,顿挫浏漓,抑扬爽朗,卓尔大雅,莫之与京,自南渡辛、刘后,五百年无此作矣。惜也未及三载,而芝麓、荔裳、栎园皆已观化,先兄西樵亦捐宾客,不能起之九原。快读斯制,击筑和歌,点笔一过,不胜死生契阔之感。先生不云乎:“此事只堪拍手笑,叹痴人痛哭情何浅。”不觉洒然一笑,曰命之矣。后学王士正贻上敬书。[②]

《志壑堂诗集》十二卷,唐梦赉撰,清康熙刻全集本,其中收词作一卷,王士禛作序。该集另有汪懋麟序,作于康熙十七年戊午(1678),王士禛序当作于同时。

梦赉(1627—1698),字济武,号岚亭,别号豹岩,山东淄川人,顺治进士,授翰林院庶吉士,后因事罢归。王士禛为其编定《志壑堂集》并作序,称“其文近于蒙庄,而其诗近于东坡”[③]。《渔洋诗话》卷中称其“其诗源出苏、陆”,并录诗数首。梦赉殁后,王士禛为撰墓志铭,誉其“发为文章,世间世出,左右逢源,若悬河决溜,一息千里而莫之能御也。论诗以苏、陆为宗,跌宕排奡,上轶旁出。”[④]《志壑堂诗集》收入词作一卷,“此事只堪拍手笑”二句出自《贺新郎·漫兴》,乃秋水轩唱和之作。“秋水轩唱和”是清代词坛一大盛事。康熙十年(1664),周在浚寓居京城秋水轩,曹尔堪(号顾庵)作《贺新郎》题壁。当时名流龚鼎孳(号芝麓,世称“合肥公”)、纪映钟(字伯紫)、宋琬(号荔裳)、王士禄(号西樵)、唐梦赉(字济武)等,纷纷唱和,历时一年,波及大江南北。周在浚结集《秋水轩唱和词》二十六卷,共收26位词人176首词,其父周亮工(号栎园)刻之于白下(今属江苏南京)。秋水轩唱和鼓吹“稼轩风”,是清初词风转捩的关键。

## 四、慎余堂诗序

古之作者,其诗虽本于性情,然渊源莫不各有所自。不古人是师而能显当时、垂后世者,未之闻也。故源于《楚辞》者,李陵;源于《国风》者,曹植;源于《小雅》者,阮籍;源于应玚者,陶潜;源于刘桢者,左思。至王粲则又源于李陵,陆机、谢灵运则又源于曹植,潘岳则又源于王粲,张协则又源于陆机,郭璞则又源于潘岳,储光羲、韦应物、柳宗元之徒,则又源于陶潜。此所谓各有专师者也。若夫江淹拟古,体兼众长,靡不宛肖。太白清新俊逸,既似庾鲍,其古风复宗子昂。少陵上薄风雅,下该沈宋,才夺苏李,气吞曹刘,岂非无所不学而集大成者乎!今之君子,不师古人,而惟心是师,诩诩自多,傲睨曩哲;其有稍知师法者,亦不过奉近代一二人为职志,而不识汉魏三唐之有其真也,是何异适越而北其辕哉!吾家良

---

① (清)王士禛:《山西道监察御史彤臣傅公墓志铭》,《王士禛全集》,第1639页。

② (清)唐梦赉:《志壑堂诗集》卷首,《四库全书存目丛书》,集部217册,济南:齐鲁书社,1997年,第181页。

③ (清)王士禛:《志壑堂集序》,《王士禛全集》,第1777页。

④ (清)王士禛:《翰林秘书院检讨豹岩唐公墓志铭》,《王士禛全集》,第2179页。

辅,天姿俊异,风骨嶷然,且能学于古人。自三百篇而下,讫于李唐之作,口诵心惟,含华咀蔵,得其神理,故发为诗歌,绝去俗下淫哇之习。古诗歌行似太白、高岑,近体得少陵家法,绝句又兼元白、梦得、义山之妙,不名一家,而词各有本。昔人云:"别裁伪体亲风雅,转益多师是汝师。"良辅近之矣。余少而嗜吟,志切追古,仅望见其堂皇,而未窥其奥窔,嘉良辅之能自得师,将日进而未有止也,于是乎言。康熙庚申冬日,叔士禛阮亭甫序。①

《慎余堂诗集》五卷,王元弼撰,清康熙刻本,有王士禛序。该序作于康熙十九年庚申(1680)。

元弼字良辅,奉天(今辽宁沈阳)人。此集康熙二十年辛酉(1681)自刻,施闰章、叶方霭、王士禛等为之评定。元弼祖籍琅琊,新城王氏承续琅琊王氏,故王士禛自称叔辈。元弼于康熙十八年(1679)赴任湖南零陵县令,王士禛作《湘水行送良辅宰零陵》诗赠之,有"子今年少去为吏,况有诗笔人所知"之句,见《渔洋续诗集》。

## 五、息庐诗序

江东汪于鼎与其弟文治,少通轻侠,游名场,寻厌去,归卧黄山始信峰,与山中二三逸叟老衲究天人性命之旨,甚乐也。然精气光怪,弗能自掩,间发为歌诗以自娱。其兄舟次太史时时为余言之。今年春从吴太史楞香箧中得其所著诗一卷,率清真而峭劲,雄深而雅健,不牵时俗趋舍,知其性情得诸山川移易为多。夫溪谷林麓中,云霞日月出没变幻,萦清绕紫,山中人望之为朝夕,往往结为痼疾,托诸晤歌吟啸而不自知。况黄山峥陵峭壁,奇秀甲天下,倜傥非常之士,眠食其中,邈然与世人相绝,则于鼎之诗,其视辈流擘笺染翰者,讵可以尺寸挈量哉?今海外悉臣,兵革休息,民气和乐,岩栖谷饮之士,以次入承明之庐,赞襄文治。于鼎其肯舍山林而游廊庙乎?睹天府之藏,发兰台之秘,其鸿博巨鹿,多有山泽之臞所未覯者,于是作为雅颂以歌咏,盛朝功德刻诸金石,播之乐府,吾又将聆清庙遗音,一唱而三叹也已。济南王士禛撰。②

《息庐诗》六卷,汪洪度撰,清康熙刻本,有吴苑、王士禛序。据惠栋《渔洋山人年谱补》,康熙二十二年辛酉(1681)王士禛选《息庐诗》。该序当作于是年。

洪度字于鼎,号息庐,安徽歙县人,寓居扬州。与其兄汪楫(字舟次)同受业于王士禛,与吴苑(号楞香)、孙枝蔚、吴嘉纪等往来。王士禛与汪洪度过从甚密,诗文中多有提及。有《王贻上与汪于鼎手札》十五通存世,今人辑入《王士禛全集》。《古夫于亭杂录》卷一录洪度《铁券叹》《建文钟》二诗,评曰:"革除一案,万古公愤,右二篇发挥痛快,故备录之。于鼎,新安歙人,余门人也,其《息庐诗集》,余所论定。"《渔洋诗话》卷下:"余尝定其全集,歌行如《建文钟》《湖熟菜》等篇,皆是史笔,非苟作者。"

① (清)王元弼:《慎余堂诗》卷首,中国国家图书馆藏。
② (清)汪洪度:《息庐诗》,中国国家图书馆藏。

### 六、完玉堂诗集题辞

严沧浪以禅论诗，千古不拔。汉、魏、陶、谢以及盛唐，白牛上乘也。大历已下，逮乎宋元，羊鹿等车也。借公从儒入释，勇猛精进，早岁闻道，又能亲炙作家，虚怀访问，善于运化。自会稽入都，以诗来贽，读其诗，如其人。信乎，钝翁称许为不谬！其笔秀骨清，造境闲而远，悟性空而灵。盖有得于蒲团竹篦之工，沃以烟霞神韵，此真禅河香象也。①

《完玉堂诗集》十卷，释元璟撰，有清初刻本，收入《清代诗文集汇编》；又有清雍正刻本，收入《四库全书存目丛书》。均有王士禛序，二本文字相同。卷首有作者自序及汪琬(号钝庵)、王士禛等二十余家题辞。

元璟字借山，号晚香老人，资性贞敏，曾于杭州结"西溪吟社"，与康熙间名士多有交往。康熙三十年辛未(1691)元璟进京，《完玉堂诗集》卷三《辛未除夕》有"京国交游云不定"之句。其在京与王士禛结交，同书卷三有《西城别墅诗王阮亭少司寇属赋》。王士禛《居易录》卷十七云："会稽释子元璟，字借山，平湖人，投诗为贽，颇有秀句。"并摘录元璟佳句。王士禛所摘之句，被元璟特列于《完玉堂诗集》卷三末尾处。此题辞当作于康熙三十年。惠士奇(天牧)《题完玉堂诗集》："其诗精警淡远，惜乎钝庵不及见也。"汪琬卒于康熙二十九年庚午(1690)，元璟诗集编成于是年之后。此亦可为旁证。

### 七、箧衍集序

古人说诗不一家，若刘勰、钟嵘、殷璠、严羽，洎近代昌谷徐氏，予皆有取焉。若齐己《诗格》、谢榛《诗说》，则无取乎尔。故诸经皆有故训，而善说诗者唯以意逆志，自得于永言声律之表，此物此志也。唐人选诗，自《英灵》《间气》诸集，犹存古意，不必篇目之众多也。至《鼓吹》《三体》以来，浸失之尔。后得其旨者，如杨升庵之《明诗》、杨梦山之《弘正诗》、顾玄言之《国雅》，譬诸清庙朱弦，独闻疏越，其去淫哇嘈囋之音，固有辨矣。顺治末，南城陈伯玑尝续《国雅》，意存矜慎。予读而善之，嘉其始而勖其终，伯玑不能从也。钱牧翁有《吾炙集》，施愚山有《藏山集》，叶讱庵有《独赏集》，皆秘不示人，意其于唐人之旨必有合者，而惜予之未及见也。陈其年太史撰《箧衍集》，时官京师，不旬日与予辄相见，未尝一语及此书。殁将十年，而其同里蒋子京少始得于敝簏而传之。先以质予，予曰："此古琴瑟疏越之遗也。后有赏音，庶无闻古乐而思卧，诗教其兴欤！"康熙壬申长至雪夜，济南王士正序。②

《箧衍集》十二卷，陈维崧编，有清康熙三十一年刻本、康熙三十六年蒋国祥刻本、乾隆二十六年华绮刻本，兹从乾隆华绮刻本辑得王士禛序。该序作于康熙三十一年壬申(1692)。今人刘和文先生以乾隆华绮刻本为底本点校《箧衍集》(安徽师范大学

---

① (清)释元璟:《完玉堂诗集》卷首,《四库全书存目丛书》,集部第211册,第538页。

② (清)陈维崧:《箧衍集》卷首,《四库禁毁书丛刊》,集部第39册,北京:北京出版社,1997年,第329页。

出版社 2015)，亦录有此序。刘氏点校本与笔者所见文字相同，惟署名作“王士禛”，当是据现下通行说法而改。

维崧(1625—1682)字其年，号迦陵。宜兴(今属江苏无锡)人。《箧衍集》所收为陈氏交游所作，高雅恬淡、沉郁顿挫、古拙质朴、清新明朗、婉丽流畅等不同风格均有作品选入，基本上反映了顺、康时期的诗坛面貌。因其体例成熟、评论公允，在清代诗坛颇受重视。沈德潜论及清初诗歌选本曾云：“国朝选本诗，或尊重名位，或借交游结纳，不专论诗也。陈检讨《箧衍集》较诸本为善。”①在清初的清初诗选本中，王士禛《感旧集》、陈维崧《箧衍集》别具一格，选诗以记录个人交游为主。两书还有一个共同之处，王、陈有生之年并未刊刻，而是身故多年方得以梓行。张元济《岭南诗存跋》指出：“明末遗老脍炙人口之句，亦仅散见于《感旧》《箧衍》集中”②，遗民文字触忤时禁，大概是当年未付梓刻的原因。《感旧集》凸显了王士禛讲根柢、重性情的诗学观，亦是其“以意逆志”诗学理论的实践，陈氏《箧衍集》异曲而同工，故激赏之。一般选家往往以个人趣味决定作品的取舍，“其病在于以己律人，而不能各随人之所长以为去取，似尚不如《箧衍集》《感旧集》之不拘于一格也。”③

## 八、敦好堂旅草序

金陵古都会，江山雄丽，风气清华，由来尚矣。六代以往不具论。有明嘉靖中，顾华玉、盛仲交与皇甫子循、何元朗、黄淳父之流，更倡迭和。万历间，陈子野、许石城继之，盛太古与曹能始、臧晋叔辈又继之。百余年间，金陵、青溪诸社，照映江左，称极盛焉。五十年来，地主无人，寓公亦鲜，风雅寥落，与残山剩水同增有心者之惋叹而已。二十年前，予客金陵，尚及与犛庵、戆叟、涂山、茶村、曼翁诸遗老游，处一筇一笠，相从于栖霞、牛首之间。一弹指顷而诸贤乃尽，予亦齿发就衰矣。今乃得一思远，诵其诗，仿佛二十年前旧游，而嘉、万间前辈风流如可交臂遇之也。思远有子振先出予门，以集来乞序，屡请而未暇报也。冬夜取读一过，枨触旧游，题而归之。思远其亦有感于予言乎？济南王士禛序。④

《敦好堂旅草》一卷，清马迅撰，清康熙刻本，有方孝标、王士禛、宫梦仁、米汉雯、马教思、陈菁、陈悦储序。宫序作于康熙三十二年癸酉(1693)，王序当在此时。

迅字思远，江宁(今江苏南京)人，生平事迹不详。《贩书偶记》卷十四著录：“《敦好堂旅草》一卷，石城马迅撰，康熙壬申刊。”

## 九、菀青集序

往与西河毛检讨谈诗，若文即为陈青崖编修首屈一指。乃文自宗伯慕庐先

---

① (清)沈德潜：《清诗别裁集》，上海：上海古籍出版社，1984年，第1页。
② 张元济：《涉园序跋集录》，上海：古典文学出版社，1957年，第265页。
③ (清)洪亮吉：《北江诗话》卷一，北京：人民文学出版社，1983年，第8页。
④ (清)马迅：《敦好堂旅草》卷首，中国国家图书馆藏。

生而后,海内已寖寖乎日新月盛。诗则竞效轚剑南、石湖,放弃三唐、魏晋,愈趋愈下,捉衿肘见之态,有不可以终日者,而温厚和平之旨顿失。青崖殆天才,浚发而不惑于流俗者欤!时或以余言为阿好者,会丁丑成进士,钦选庶常,桐城相国特奏青崖为知名士,竟得与选。夫人往往绌于不知己,而信于知己。桐城此举,何其与余平昔所言适相吻合耶!而青崖复辑其近稿,请叙于余。余既自喜畴曩之言信而有征,而尤喜青崖圣眷日隆,一切纂选多总其成。其转移风气,他日亦必如慕庐先生之于文,有寖寖乎日新月盛者,余将拭目俟之。遂述昔言以弁其端焉。新城王士禛阮亭拜撰。①

《菀青集》二十一卷,陈至言撰,清康熙四十八年芝泉堂刻乾隆二十六年重印本,有毛奇龄、韩菼、王士禛、黄宗元、赵泰生、孙勷序。

至言(生卒年不详)字青崖,号山堂,浙江萧山人,康熙丁丑(1697)进士。《菀青集》卷首有毛奇龄(号西河)、韩菼、王士禛序。韩菼(号慕庐)为清代八股文大家,首开清代八股文的盛世之音。《四勿斋随笔》云:"国朝制艺,自以韩慕庐宗伯为第一。"李调元《淡墨录》:"自明末制艺之衰,至我朝韩慕庐先生而翕然一变淡滑之习。"乾隆谕旨:"其所撰制义,清真雅正,实开风气之先,足为艺林楷则。"②王士禛此序既揄扬陈至言,也推崇了韩菼,可谓左右逢源。此序作于陈至言登科之后,当在康熙三十六年丁丑(1697)或稍后。

## 十、出塞诗序

虞山徐生兰,字芝仙,以才名称于其侪。初,余见其所作《六镜诗》而赏之。游余门者五稔矣,嗣是读书城北,过从甚稀。去年冬,以《出塞诗》一通来贽,且请序。盖由居庸关至归化城,往返三千余里,所得诗若干篇。夫归化为塞外雄镇第一,阴山、黑河、瀚海皆在焉。其经行之地,则汉唐辽金元明累代遗迹所至而有,宜可以广见闻而被之歌咏。顾瓯脱之区,黄沙白草,弥望惨沮,既非若中原胜地,足以供登临瞻眺之乐,而且戎马倥偬,穹庐辽阔,即欲稽旧迹、搜佚闻,亦苦茫昧而无从自。非抱放旷不羁之才,而又济以闲情胜致,鲜不交臂而失之。生年少气盛,富于学殖,每遇一事,辄考按图经,遍询其遗老退卒;断碑残碣,亦必摩挲剔抉,务得其实。凡山川之险易,历朝之兴废,如白登、土木战伐之墟,明妃、典属、都尉羁栖之所,下逮风土人情、物产饮食之殊异,悉寓于诗。故于边塞之情状,了如指掌,他日虽以之补传志、备图牒可也,岂仅擅场格律已哉!即以诗论,精悍雄拔,其高者似供奉、嘉州,下者亦在樊川、昌谷之间。余生平不妄许人,于是编既喜生用心之勤,且以叹向之所见,为知生之才之不尽也。今圣天子德畅八荒,威詟穷发,一时馆阁词臣相与作为铙歌、乐府,力追雅颂。而生以布衣诸生,载笔戎行,上与名公卿更唱迭和,于以见国家武功既轶前古,而文教之盛,涵濡于学士大夫者尤深。故以生之才,幸生右文之世,得于出塞之役一发之也。生虽怀才未

① (清)陈至言:《菀青集》卷首,《清代诗文集汇编》第195册,上海:上海古籍出版社,2011年,第102页。
② (清)梁章钜:《制艺丛话》卷九,上海:上海书店出版社,2001年,第158页。

遇，亦足以豪矣。渔洋山人王士祯序。①

《出塞诗》一卷，徐兰撰，清道光丙辰娜嬛仙馆刻本，有王士禛、万斯同、姜宸英、汪灏序。《出塞诗》刻于康熙三十七年(1698)，该序当作于此时。

兰(生卒年不详)字芝仙，号芬若，江苏常熟人。少负才名，善吟咏，从王士禛学诗，诗艺大进。康熙三十五年(1696)随安郡王出塞，由居庸关至归化城，成《出塞诗》，另有《芝仙书屋集》。《居易录》卷二十九云："门人徐兰，吴人，字芝仙，能诗，工绘事。从安郡王出塞，尝见祁连山中花十数种，皆艳绝不知名，中土所未有也。曾画便面贻余。又有《出塞诗》数十篇，闻见诡异，足备塞外风物考证云。"王士禛为《出塞诗》作序，还为之点评，极力润色康熙盛世的文治武功。

## 十一、木田诗钞序

诗学宗李、杜，太白激昂豪宕，少陵沉郁顿挫。所遇不同，舒响亦异。树瘿蚌疴，翻成奇采，不处其境无其诗，善哉！天池生之论曰："优孟似孙叔敖，岂并其须眉躯干而肖之耶？亦取诸其意气而已。"诗人自有性情，自有发泄，袭于貌失其神，外强中干，奚取焉？夫以少陵、太白居辋川，登华子冈，步辛夷馆，隐约肆志，啸咏风物，其悲愤忧郁，亦无自而生，即襟抱超朗，远驾右丞，而《蜀道难》《公无渡河》《哀王孙》《秋兴》《七哀》诸作，不得复有意，唯出于和平中正、潇洒闲旷耳。余爱江都顾书宣太史《雄雉斋诗》，每过从商榷。见棐几《木田诗卷》，有"畏事浑如鹢退飞"之句，感而哦咏。书宣为道木田门阀、行谊、学力与姻娅、至好，始亦谓奖誉乐善之常。余固无由晤木田，木田亦无由知余之欲见也。戊子秋，木田至金台，余得倒履。书宣已歌《薤露》，是又可哀也。夫木田既晤，亟索其橐，得数百首，因以评与序，相属受而长吟，渊渊乎金石之声而芳兰之韵也。适余于役于外历半载，携在行笈，古驿秋灯，点次于萧森落叶中。夫木田负奇气不遇九方，筮仕又不就，其感愤无聊、侘傺不平，宜也。而音响节族之间，粹然穆然，非深有见于道而能之与？虽然，忠臣羁客值景兴怀，号呼感发，情不容已，沉郁激宕，无非醇雅。诗云："神之听之，终和且平。"洵无愧焉。若木田怀瑜待知，尔鼎自爱，百城坐拥，泉石花鸟，寄其徜徉，天机轻妙，良有素心，是中深趣，愿言与共，此其词之清和纯粹，独步一时，而非貌为大家，亦非掇拾长庆、剑南可比矣。夫三百篇中，吴楚无诗，汉魏以下，江左为胜。《孔雀东南飞》乃五言鼻祖，唐时许仲晦、张文昌、陆鲁望、杜彦之称名最著，元顾阿瑛玉山雅集，名甲天下，有明合肥、常熟、太仓，号三大家，诗学之盛，近在东南。木田振响其间，余盖厚有望与。康熙戊子十一月济南王士禛阮亭撰。②

《木田诗钞》七卷，张丕扬撰，清雍正刻本，有王士禛、田实发序。该序作于康熙四十七年戊子(1708)。

丕扬(生卒年不详)字北溟，一作伯鹰，号木田，泰兴人，贡生，官内阁中书，工

① (清)徐兰:《出塞诗》卷首，清道光丙辰娜嬛仙馆刻本，常熟市图书馆藏。

② (清)张丕扬:《木田诗钞》卷首，中国国家图书馆藏。

诗。《淮海英灵集》乙集卷一载其"与江都殷彦来、顾书宣交"。顾图河(1655—1706)字书宣,一字花田,号花翁,江都人,康熙甲戌进士,官至湖北学政,著有《雄雉斋诗集》。《光绪泰兴县志》卷二十一载:"新城王士祯赏其诗,以为'粹然穆然,见道之言'。"

(作者单位:扬州大学文学院)

# 春秋青铜戈虫书铭文考识

吴锋钢

宁波市镇海区文物保护管理所藏有一件春秋时期的青铜铭文戈(下文称青铜戈),青铜戈通长 18 cm,通宽 6 cm,厚 0.7 cm。重约 115 g。通体黑色,器面有铜锈,援部平脊,援至胡部过渡圆滑,援、胡顶端略损,阑侧一大一小两穿,内上也有一方一圆两穿,单面刻划铭文(如图一)。根据青铜戈的大小和现有铭文的布局,发现其援近锋处没有余地排列两行字,且在相应部位并未发现笔划,所以推断,援顶端只有接近下刃处才有字,上刃处无字,因此青铜戈铭文应为六字。援部顶端近锋处为单行两字,至接胡处渐宽,出现两行两字。这与《殷周金文集成释文》11136 之玄镠戈排列相近,只是一个单行两字出现在在援部,一个单行两字在胡部。由于铭文的书写文字为春秋时期鸟虫书,且器体表面部分锈蚀,六字为何字需一一考识。按照青铜戈铭文的读取方式"凡援部有双行铭文者,均应先读近上刃处。再读近下刃处,然后接读胡部[①]"的顺序,从前至后,分别以 A、B、C、D、E、F 代称六字,以便叙述。

## 一、考识

六字中 A、B、D、F 四字较清晰且能清楚辨认全部笔画,C、E 两字因锈蚀,只能看到部分笔画。参照已经发现的青铜器铭文,发现 D 字与越王剑上的鸟虫篆"乍"字极为相似。青铜戈 D 字作,越王州句剑中作(《吴越徐舒金文集释》[②]242 页,越王州句剑五)、越王句践剑作(《商周金文选》[③]163),另两把越王州句剑作(《吴越徐舒金文集释》238 页)和(《吴越徐舒金文集释》236 页,越王州句剑一)、越王州句错金铜剑中作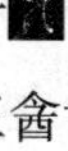(《越地范金》[④]71 页),另外越王州句矛中作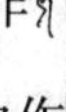(《吴越徐舒金文集释》247 页),楚王酓肯盘中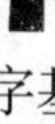(《商周金文选》206)、"自作用戈"中作(《殷周金文集成释文》[⑤]11028),以上"乍"字基本笔画相似,只是在已发现的鸟虫篆中个别笔画比 D 字更为繁杂,但将其中的鸟头,鸟脚等部加以简化与 D 字还是相通的。《鸟虫书通考》中详

---

① 曹锦炎:《鸟虫书通考》,上海:上海书画出版社,1999 年。下同

② 董楚平:《吴越徐舒金文集释》,浙江:浙江古籍出版社,1992 年。下同

③ 曹锦炎:《商周金文选》,杭州:西泠印社出版社,2011 年。下同

④ 梅丛笑、梁晓艳、黎毓馨:《越地范金》,杭州:浙江古籍出版社,2009 年,第 71 页。

⑤ 中国社会研究院考古研究所:《殷周金文集成释文》,香港:香港中文大学出版社,2001 年。下同

细描述了鸟虫书的构形,有增一鸟、增双鸟、寓鸟形于笔画之中、增简化之鸟虫形、增虫爪形、增其他纹饰六种结构[①]。所以将鸟、爪作为附饰应是常见的。特别是越王州句剑二与越王州句剑五,将其鸟头和鸟脚加以省略和简化后,只在中间部分与D字略有不同,但同时也发现其他鸟虫篆中关于“乍”的书写中间部分也是各不相同,所以表明中间部分在鸟虫篆中并没有统一的写法,青铜戈D字的中间部分可以看作是结合了越王句践剑与越王州句剑五而成,因此可基本确定D字为“乍”字。只是D字将部分鸟形的笔画简化为弯曲的线条。

E字已锈蚀,但下部笔画清晰,作,与“楚王酓璋戈”之“用”(《战国文字编》[②]213页)的下部极为相似,另外越王州句矛中的(《吴越徐舒金文集释》247页),越王句践剑中的(《商周金文选》163)下部也十分类似,以上已发现的这些字都为“用”字。参照其他鸟虫篆写成的“用”字,如吴季子之子逞剑中的“用”字作(《殷周金文集成释文》11640)、王子午鼎中“用”作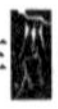(《商周金文选》200),[illegible]子剑中作(《战国文字编》213页)这几个用字,都为鸟虫篆所书,都是将用字本体写于上部,下部再加笔画而成,在鸟虫篆中其“用”字,正如《鸟虫篆通考》中分析的构形一样,基本多将本字写于上或下,再附加些鸟虫形线条笔画而成,以显示庄重华丽。E字最有可能写作,即为虫书的“用”字。因此D、E两字基本推测为“乍”“用”二字的虫书体。春秋时越地重要的铭文中也多流行此种写法。

青铜戈最后一字F字为,其笔画清楚,左下戈部明显,且刻于青铜戈上,之前虽未见过此种写法的戈,但可以确定,F字即为虫书的“戈”字,写法与越王州句矛中的“矛”字(《吴越徐舒金文集释》247页)同理。左下为本字。其余多为附饰。上述D、E两字也是一样,在鸟虫篆与金文中虽未见一模一样的写法,但通过分析比照也可以确定为“乍”“用”两字的,再者在已发现鸟虫书中也不存在一模一样的两字。至此D、E、F三字可推断为“乍”“用”“戈”。

C字因腐蚀严重,笔画难辨,但按照当时青铜铭文写作格式及青铜戈的文字排列,此戈铭文最可能作“□□自作用戈”。据此C字极有可能为“自”字,C字残留笔画作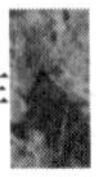,其下左右两划与现发现的越王剑的“自”作(《商周金文选》163)、越王句越王州句剑“自”作(《殷周金文集成释文》11623)的下部也是符合的。在鸟虫篆中“自”字下部一般都作两竖画,且从句意也是解释得通。初步推断C字即为“自”字。

至此还剩下A、B两字,A字作,B字作,按句意分析A、B两字极有可能为

① 《鸟虫书通考》,第16—17页
② 汤余惠主编:《战国文字编》,福州:福建人民出版社,2001年。下同

人名或官职名。因此无法从句意推测，只能从字形加以分析。A字左右结构很明显，且右上工部也很清楚，因此有推测为江字，任字，余字等，首先A字左边从水的可能性不大，最有可能像的是《殷周金文集成释文》中10160伯戋盘中的江字，其作，但我们还是发现青铜戈中工字下还有一撇没有显示，且伯戋盘中的江字左偏旁与青铜戈也是明显不同的。除此之外当时的江多作规范的水旁江。如（《郭店楚墓竹墓.老子甲》[①]2）、（《古玺汇编》[②]0101）、（《古玺汇编》2590）。推测为任、余多将左偏旁理解为单人旁了，金文中人字单独多作（《商周金文选》124）、（《包山竹简》7）、（《郭店楚墓竹墓·老子甲》6），作偏旁时如“仁”字包山楚简作（《包山楚简》[③]180），“保”字郭店楚墓竹简作（《郭店楚墓竹简·老子甲》2）、“仕”字作（《古玺汇编》1463），很明显青铜戈中的左旁下还多一折，另外一般的“壬”“王”作“工”写时是有特殊语境的，如“壬”作“工”一般是单独出现作日期记载。“王”也只有单独写是才有写作“工”的，一般上述字在“工”时，中部也有明显的一点加粗以示区别，“任”字在金文中也多作（《殷周金文集成释文》5300）。“余”字金文一般写作（《商周金文选》120）或（《商周金文选》98），其写法明显与A字不同，至此A字的左边最有可能从“弓”，“弓”字单独写是为（《商周金文选》121），作偏旁是写作（《商周金文选》91），与青铜戈A字的左边极为相似，因此可以断定A字的左边为“弓”旁，至于右半边有将其解读为“乎”的，“乎”字金文中作（《商周金文选》125），“乎”字在金文中有省最上面一横的（《商周金文选》88），也有省中间一小竖的（《商周金文选》110），但省“乎”中间的两点的却没有，所以与A字右边的笔画还是无法对应。笔者认为A字的右边最有可能从“于”，“于”字在金文中作（《商周金文选》121）。仔细观察此字可以发现上面的“工”与下面的一撇是分开写的。最明显的是（《商周金文选》157），进一步观察商周时期的青铜铭文还发现，几乎所有的“于”字下面一撇多少有点偏离“于”上面的一竖，很明显“于”字的上部中间一竖与下面一撇不是一笔下来的。即便是对得十分齐的“于”字，如（《商周金文选》125），其中间两笔交汇处还是比其他地方线条粗，因此可以断定“于”字在商周时期的金文中就是先写“工”部再写下面的一撇的。这也与“乎”字的写法类似，中间一竖在当时并不是一笔写成的。因此A字右边为“于”的可能性很大。只不过下面一撇，相较于已发现的“于”字，离开更远了，其实这也可以解释，该件青铜戈是先铸后人工刻划铭文而成，笔画稍有偏离也是可能出现的，而且将“于”字作为组成结构来写，现有的例子也不多。如（《商周金文选》

① 荆门市博物馆：《郭店楚墓竹简》，北京：文物出版社，1998年。下同
② 罗福颐：《古玺汇编》，北京：文物出版社，1981年。下同
③ 湖北省荆沙铁路考古队：《包山楚简》，北京：文物出版社，1991年。下同

27)其左部也为“于”字,可见其下面一撇也是离开较远,与A字的右边相似。因此可以推断A字为“弙”字。

弙与(《商周金文选》2),第二个字即金文中的“于”字,多出现于商晚期至西周中期金文中。从简化的字体来看,二者似乎相似,其实不然,“弙”字与在金文中是完全不同的两个字,一个左边从“弓”,多作,而第二个“于”字左边非弓部,在商周时期“于”字也多作(《商周金文选》27),与金文中的“弙”字完全不同,并且在西周中期以后,字就逐渐简化为,到了春秋晚期,第二种“于”字基本不见。所以肯定A字为“弙”而非“于”。

B字作,根据B字的笔画,推测为“既”“即”或“限”的其实只看到左上部,B字的右下明显是象右手形,结合上半部分右边最有可能从“殳”,所以推测为上述字的可能性是没有的。也有推测为“毁”即“簋”字。虽然左上与右下都对了,但金文的“毁”多作(《商周金文选》94),或(《殷周金文集成释文》4357),但不管哪种写法,其左下多作圆形曲,这与“既”、“即”类似,“厶”或“匕”部在下部时多作曲圆形。“既”多作(《殷周金文集成释文》4430),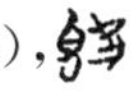(《包山竹简》80)、(《包山竹简》206)。“即”多作(《殷周金文集成释文》4469)、(《郭店楚墓竹墓.老子丙》1)。所以B字的左下部分不可能为“厶”部或“匕”部。那么B字可不可能为“殷”呢?先从笔画上看,“殷”字的上下左右各部分都与B字的笔画是相符,且与已发现的金文“殷”字也较为相似,有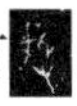(《殷周金文集成释文》4589)、有(《殷周金文集成释文》10128)、有(《商周金文选》49)、有(《商周金文选》26),此外甲骨文中“殷”字也有作。对照B字笔画与第一种“殷”字最为相似,且“殷”在金文中也多写作第一种。可以推定B字为“殷”。因此青铜戈上的全部铭文应为“弙殷(自)乍(用)戈”具体排列如图二。

## 二、余论

关于“弙殷”,为人名抑或官职名。从文意上理解,应为人名,至今还未发现作弙殷的官名,且一般官职名后也会有人名。弙殷为何人,因未能在史料与考古中找到一模一样的人名,只能加以分析。弙,《说文解字》解释为“满弓有所向也。从弓于声”①。《广雅》解释为“张也”。《玉篇》“持也,指麾也,引也”②。因此弙字有张持,指

① (东汉)许慎:《说文解字》,北京:九州出版社,2001年,第752页。

② (清)张玉书等著,汉语大词典编纂处整理:《康熙字典》,上海:世纪出版集团汉语大词典出版社,2002年,第300—301页。

挥之意。古音读作"于"。殷，作乐之盛称殷。从㐆从殳。《易》曰："殷荐之上帝。"[①]本义为盛乐。《正韵》，"於谨切，音隐。雷发声也"。《韵会》，"於巾切，音咽"[②]。因其左半为㐆，在金文中殷字也有写作"衣"的(如《商周金文选》19)。殷、衣两字在上古音中同属喉音且同影母，所以上古韵母相同，声母相近，可通[③]，所以两字音相似。因此"玡殷"二字古音应读"于隐"或"于衣"。根据音近字通[④]的原理，玡殷极有可能为与夷。与夷，《越绝书》[⑤]卷八载："允常子句践，大霸称王，徙琅玡，都也。句践子与夷，时霸。"根据记载，与夷即勾践之子。从已发现的铭文中也可知勾践之子也称越王者旨於睗。现在发现有其名的钟、戈、矛、剑共有十余件之多。者旨即"诸稽"[⑥]，於，《正韵》"衣虚切，音淤"。语辞也。《博雅》："於，于也。"按《说文》于训於也，盖于於古通用。凡经典语辞皆作于[⑦]。睗，《说文解字》："目疾视也。从目易声。"[⑧]且在在金文中赐(商周文选156)、锡(《商周金文选》63)、扬(《商周金文选》109)都写作"易"。《商周金文选》120中"锡"也写作"汤"，《商周金文选》121中"赐"也写作"睗"，可以看出以上各字虽然分属不同部，但都从"易"声，在一定程度上可以通借。《说文解字》易部的解释"易：蜥易，蝘蜓，守宫也。象形。《秘书》说：日月为易，象阴阳也。一曰从勿。凡易之属皆从易[⑨]"。根据上述推测，发现的"越王者旨於睗"应读作"越王诸稽于易"，"者旨"读为"诸稽"，是越王的氏，"於睗"是名与"与夷"为同音通假字[⑩]。因此於睗、与夷与玡殷在古越语上可以通用。根据吴镇烽先生的解释：者旨於睗，越国国王，越王勾践之子《史记·越世家》作鼫与，《国语·吴语》作诸稽郢……《越绝书》作与夷，鼫与是者旨於睗的急读音，诸稽是者旨於睗的对音，於夷是於睗的对音。者旨於睗于公元前464年即位，在位六年[⑪]。这也进一步证实了我们的推断。这与"鸠浅"与"勾践"为同一人(《殷周金文集成释文》11621)，"州句"与"朱句"为同一人(《商周金文选》164)、"工𪒠(吾)"与"句吴"通用(《三代吉金文存释文》[⑫]附录卷上)一样，都属于"同音相假也"[⑬]，说明这种写法在当时是允许和常见的。且玡字与於字都有音读作"乌"。於，《集韵》、《韵会》、《正韵》"汪胡切，并同乌"。《周颂》"於乎不显"，按或作呜乌，音义皆同[⑭]。玡，《集韵》汪胡切。音乌[⑮]。因此可以推测"玡殷"即为句践之子者旨於睗。

关于青铜戈铭文的形制，《说文解字》中载"秦书有八体，一曰大篆，二曰小篆，三

---

①⑧⑨ 《说文解字》，第472－473、193、549页。

②⑦ 《康熙字典》，第534－535、430页。

③ 刘波：《释楚郾客铜量中的"故"字》，《江汉考古》2012年第1期，第109页。

④ 于省吾：《泽螺居读诗札记》，《文史》1962年第1辑，第127页。

⑤ (东汉)袁康著，刘晓东等点校：《二十五别史·越绝书》，济南：齐鲁书社，2000年，第43页。

⑥ 《商周金文选》，第141页。

⑩ 曹锦炎、马承源、李学勤等：《浙江省博物馆新入藏越王者旨於睗剑笔谈》，《文物》，1996年第4期，第4页。

⑪ 吴镇烽：《金文人名汇编》，北京：中华书局，2006年，第183页。

⑫ 罗福颐：《三代吉金文存释文》，香港：问学社，1983年，附录卷上。

⑬ (东汉)许慎撰，(清)段玉裁注：《说文解字注》，上海：古籍出版社，1981年，第884页

⑭⑮ 《康熙字典》，第430、300页。

曰刻符,四曰虫书,五曰摹印,六曰署书,七曰殳书,八曰隶书[①]”。其中之一便为“虫书”。《汉书·艺文志》中载“六体者,古文,奇字,篆书,隶书,缪篆,虫书,皆所以通知古今文字,摹印章,书幡信也[②]”,其中也有一体为“虫书”,后来的学者基本认定虫书便是鸟虫书,春秋是政治处于变革时期,文字也在发生着剧烈的变化,吴、楚、越之地留下来的青铜铭文便以鸟虫书为特征。此件青铜戈上的铭文中未见鸟形,多为弯曲线条,最明显的是“自乍用戈”四字与真正的鸟虫书既有相似又不同,笔画相似,未见鸟形,将鸟形作弯曲的虫形。且与真正的金文又不相同,一般“自”、“乍”、“用”、“戈”在同时期的金文中多作(《殷周金文集成释文》11400)、(《殷周金文集成释文》5338)、(《殷周金文集成释文》5334)、(《殷周金文集成释文》11021)或(《殷周金文集成释文》11020)。即便是“玡殷”二字,也与已发现的金文有所不同,其笔画多作更多的弯曲延伸。可以推测青铜戈中铭文字体与已发现的鸟书有相似复杂笔画,但又不见鸟形,极有可能为史料记载中的“虫书”。至于鸟书与虫书是否同体,笔者认为鸟、虫书本来就是用作特殊用途的文字,多用作在象征意味的铭文器或作印幡专用,所以其写作有一定的规格。鸟书与虫书两种字体应该是同时出现并流行的,除了简单的装饰意义外,其也有特别的标识意义,二者所使用的级别应不一样,像高级别的多使用鸟书,稍低级别的多使用虫书,再低级别的就不允许使用鸟虫书了。从现在发现的青铜铭文器中,除了正常书写的金文外,像已经发现的越王句践剑、越王州句剑,越王州句矛、楚王孙渔戈、楚王璋戈、攻敔王光戈等,多出现了鸟形,而其他如张掖都尉启印、蔡公子果戈、蔡侯申之用戈等多为虫书,不过在后期因礼法混乱,其使用也没有再严格了。至于这件青铜戈中玡殷为什么没有用鸟书而使用的是虫书,应该此时的玡殷还只是个王储并未成为君王,而且也要看当时的政治条件是否允许,因此其名前也没有自己的封号或官名。

(作者单位:宁波市镇海区文物保护管理所)

① 《康熙字典》,第877页。

② (东汉)班固:《汉书·艺文志》,北京:中华书局,1962年,第1721页。

# 清华简《系年》第一、二章校读(十则)

王恩田

《清华大学藏战国竹简》(贰)著录的《系年》共有138支简,整理者拟题为《系年》,并根据全篇的二十三个段落,划分为二十三章。其中前四章述及西周史实,李学勤教授亲自操刀,他所做的准确隶定和精彩的释文、注释,为通读简文和进一步研究奠定了基础。本文拟在此基础上,再续貂几点求正。

## 第一章

**一、昔周武王监观商王之不龏(恭)上帝。**

按:“观”从简文看,应是从“见”,“瞿”声。隶为“觀”,有误。瞿,见母鱼部。厥,见母月部。双声通转,此字应读作“厥”。厥,指示代名词,其也。这里指商纣王。

**二、禋祀不寊**

注二:寊,读为寅。《尔雅·释诂》:“敬也。”

按;上文已经谈到“不恭”,这里又说“不敬”。语意重复,非是。“寅”当读作“肆”。“寅”与“肆”均为邪母微部,“寅”通“肆”。《广雅·释诂》:“肆,置也。”《诗·维清》郑笺:“禋者,祭天之名。”疏:“周礼以禋祀祀昊天上帝。”“禋祀不寅”,倒装句,意为不设置、不使用禋祀祭祀昊天上帝。与上句“不恭上帝”相呼应。

**三、乃作帝钕(籍)**

注三:籍,《国语·周语上》注:“借也,借民力以为之。”

按:对“籍”的解释是对的。但并未说明“籍”何以书作“钕”。其实,“钕”是“籍”的假借字。声符“乍”与“籍”均为从母铎部,双声叠韵,“钕”可读作“籍”。

## 第二章

**四、周幽王取(娶)妻于西申,生平王。王或(取)孚(褒)人之女。**

按:“娶妻”的“取”,从耳,从又。下面的“取”作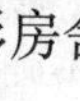,也隶为“取”,不妥。此字从,从又。“”是官字初文,字形像两间并列的圆形房舍。无数事实证明,官字本意

指房舍,不指官吏。"官"通"馆"。《说文》:"馆,客舍也。"[①]"官"与"懽"均见母元部。"官"读作"懽",古"懽"、"欢"同字。《广雅·释诂》:"欢,喜也。"《说文》:"欢,喜乐也。""或",副词,又也。"王或□褒人之女",意为幽王又喜欢褒人之女。与"取妻于西申"是并列句。

**五、曾(缯)人乃降西戎,以攻幽王。**

按:"曾人乃降西戎"一语,整理者并未出注。其实,这句话颇为唐突费解,很值得研究。甲骨文中"降"大多数情况用作升降之降,偶尔也可以用于投降的降。只承认升降的降,而否定投降的降是不对的[②]。简文中的"降"当然不会是升降的降,但也未必就是投降的降。投降的降一般都因战败而投降。简文并没有说曾人与西戎交战,也没有说曾人被西戎战败。如把简文的"降"解为投降,显然并不符合简文的原意。颇疑"降"当读作"纠"。降,见母中部。纠,群母幽部。见、群均牙音,幽与中阴阳对转。"降"读作"纠",应是可信的。《后汉书·荀彧传》注:"纠,合也。""曾人乃降西戎,以攻幽王"。意为曾人纠合西戎,以攻幽王。不能理解为投降了西戎。

**六、幽王及伯盘乃灭,周乃亡。**

按:《公羊传·庄公廿六年》:"君死乎位,曰灭。"《春秋·昭公年三年》:"吴败顿、胡、沈、蔡、许于鸡父,胡子髡、沈子逞灭。"注:"国虽存,君死曰灭。""灭"指在位的国君死亡。吴国虽然打败胡、沈等国的军队,而且胡子髡和沈子逞已经都死亡了,但胡、沈二国并没有灭亡。因此,《系年》说幽王死于君位,"国乃亡",既不符合史书叙事条例,也不符合历史事实。

**七、邦君诸正乃立幽王之弟余臣于虢。**

注六:《正义》引《纪年》云幽王死,虢公翰"立王子余臣于携"。简文"虢"当指其时可能已迁至今河南三门峡的西虢。

按:简文"虢"可有二解,一是《纪年》中所说的虢公翰。简文误人名为地名。二是《左传·昭公二十六年》引《纪年》:"(伯盘)与幽王俱死于戲。"虢与戲字形相近致误。但无论是哪种情况,都是简文自身的错误,没有必要为其弥缝开脱。如果把简文的虢解为"已迁至今河南三门峡的西虢",将会出现一系列的矛盾。第一,西虢位于陕西雍县,即今之宝鸡一带。三门峡之虢称南虢,从不称"西虢"。《太康地记》:"雍县,虢叔之国。有虢宫。平王东迁,叔自此至上阳为南虢。"[③]第二,三门峡虢国墓地第二次发掘,发现了虢季、虢仲两座国君的大墓,加上被晋所灭逃亡他乡而没有葬入墓地的虢公丑,东迁后的虢国共有三位国君在位。如果三门峡虢国是从幽王死后(前771年)

---

① 王恩田:《释□(𠂤)、□(官)、□(师)》,《于省吾教授百年诞辰纪念文集》,长春:吉林大学出版社,1996年9月。

② 王恩田:《释降》,《古文字研究》第二十二辑,北京:中华书局,2000年。

③ 《汉唐地理书钞》,北京:中华书局,1961年9月,第167页。

东迁的,则至虢被晋所灭(前655年),长达112年的时间内,周王朝共有7位周王在位。鲁国有6侯在位。郑国有8位国君在位。晋国有10位国君在位。而虢国只有三位国君在位,显然不符合情理。第三,《左传·隐公元年》:“我周之东迁,晋郑焉依。”如果平王东迁时,三门峡的虢国也已经东迁,为什么不说“晋、郑、虢焉依”呢?因此,幽王死后“立余臣于虢”的“虢”,“当指其时可能已迁至今河南三门峡的西虢”的设想,是不成立的。第四,《左传·隐公三年》:“王贰于虢,郑伯怨王。”即周平王打算让虢国担任执政,不愿再由郑国独专周之政事,导致周王与郑的关系恶化,以致兵戎相见。足以证明幽王时的虢还没迁到河南三门峡。因为幽王时的虢石父和拥立携王的虢公翰早已是周王室的卿士了。为什么平王迁洛四五十年以后的平王晚年,才考虑让虢公担任卿士,与郑庄公共同执政呢。[①]

**八、是携惠王**

注七:雷学淇《竹书纪年义证》卷二七云:“携,地名,未详所在。《新唐书》所载《大衍历议》谓丰、岐、骊、携皆鹑首之分,雍州之地,是携即西京地名矣。”

按:《新唐书》《大衍历议》所谓“携即西京地名”的说法是对的,但携地的地望需要讨论。

《汲冢书纪年》:“(伯盘)与幽王俱死于戏……幽王既死,而虢公翰又立王子余臣于携,周二王并立。”(《左传·昭公二十六年》《正义》引)

《路史·国名纪甲》:“戏,骊山之北,水名。今新丰有戏亭(注:《郡县图志》昭应东北三十有古戏亭。皇甫谧云:新丰东二十,韦昭云:有戏山。)幽王死焉(注:章邯入关,至戏。苏林云:县南四十里。)”

上引《纪年》“戏”与“携”,同地而异名。携,群母支部。戏,晓母鱼部。声母为旁纽,韵部旁转。“戏”通“携”。《汉书·地理志》:京兆尹·新丰,班固自注:“骊山在南,故骊戎国,秦曰骊邑。”唐析新丰、万年置会昌县。改曰昭应。宋改曰临潼。《路史》说戏在新丰、昭应,即临潼。陕西临潼曾出土秦代“儁亭”陶文[②],证明“携”地应在今临潼境内。同时证明携与戏应是同地而异名的拙说是可信的。

还应指出,简文称“携惠王”,余臣谥为“惠”,是错误的。根据葬谥制度,谥号是在下葬当天授予的。凡是有谥者,都是经过正规下葬的。反过来说,无谥者都不曾正规下葬,也不可能被授予谥称。如幽王被杀,继幽王之后嗣位的余臣,可以为幽王举行下葬仪式,并授予谥称“幽”。但余臣为晋文侯所杀,西周灭亡,没人给余臣举行下葬仪式并授予谥称,余臣不可能谥为“惠”,《系年》显系杜撰。

**九、立廿又一年,晋文侯仇乃杀惠王于虢。**

注八:“立廿又一年”,指携惠王在位年数。《左传·昭公二十六年》《正义》引

① 王恩田:《“二王并立”与虢国墓地年代上限——兼论一号、九号大墓即虢公忌墓与虢仲林父墓》,《华夏考古》,2012年第4期。

② 王恩田:《陶文图录》(五),济南:齐鲁书社,2006年,第2246页。

《纪年》:“二十一年,携王为晋文公所杀,以本非适,故称‘携王’。”“二十一年”与简文一致。王国维《古本竹书纪年辑校》等以为晋文侯纪年,非是,今本《纪年》及朱右曾《汲冢纪年存真》则较正确。

按:任何编年体史书,都只能使用一个国家的纪年。如《春秋经》就只使用鲁国纪年。《古本竹书纪年》从晋殇叔开始使用晋国纪年。三家分晋以后,使用魏国纪年。《左传·昭公二十六年》正义既然引的是《古本竹书纪年》“二十一年”,必然是晋国纪年的晋文侯二十一年,不可能是“惠携王廿又一年”。《今本竹书纪年》和朱右曾《汲冢纪年存真》都认为“二十一年”是“周平王二十一年”,与携惠王毫不相干,李注误。

“⿰求戈”字,不宜径释为“仇”,疑原本作⿰求戈,形近致误。求与仇均群母幽部,⿰求戈读作仇。

“晋文侯仇杀惠王与虢国,周亡”。如前所述,余臣无谥。不得称“惠王”。“虢”应是“虘”字,因形近致误。简文所说的“周亡”,即西周王朝的灭亡。诚如整理者注八所说,晋文侯杀余臣,结束“二王并立”的局面。故《郑语》云:“晋文侯于是乎定天子。”或有论者肯定《系年》的这段漏洞百出的话,却据此否定《竹书纪年》有关“二王并立”的记载,当然也只能是本末倒置,不足凭信。

**十、周亡王九年,邦君诸侯焉始不朝于周。**

注九:周亡王九年,应指幽王灭后九年。

按:如前所述,幽王被杀,不能称为“周亡”。因为“邦君诸正”又立余臣为王。只有晋文侯杀余臣,才真正标志着西周王朝的灭亡。把“周亡王九年”解为“幽王灭后九年”,显然是错的。既然幽王、携王都已经被杀了,邦君诸侯当然不会再来朝见周王。何必要等到“周王亡九年”才不朝于周呢?简文显然是画蛇添足,多此一举。

(作者单位:山东省博物馆)

# 简牍"毁"字补说

蒋伟男

北京大学藏秦简有珍贵数学文献《鲁久次问数于陈起》(下简称《陈起》)一篇[①],韩巍先生曾撰文介绍并详加考证[②]。

《陈起》篇共32简,816字(含重文),韩巍先生据内容将是篇分为三段。文章以鲁久次与陈起的问答来阐释"数"的重要性以及"数"的学习方法和要领。第三段有如下几句简文(释文从韩巍先生,宽式写定):

> 故夫数者必颁而改,数而不颁,毋以知民之患。故夫学者必前其难而后其易,其知乃益。故曰:"命而毁之,甾(锱)而垂(锤)之,半而倍之,以物起之。……"

引文画线句,韩巍先生认为:"以上四句,形式类似口诀,概括了数学学习的要领,其内涵值得深入探讨。"实为中的之语。

"命而毁之",韩先生考释:"'毁'有'减损'之义,'命而毁之'似指减法、除法一类的算题。"按《陈起》篇第三段为总分总结构,鲁久次以"临官莅政,立度兴废,何数为先"发问,陈起以"数无不急者"作答,总领全段。紧接着,陈起以官员治事、度量运用、兵甲修制、建筑测量等一系列具体事项来分别强调"数"的具体运用。文中并未涉及加减乘除之类的具体数学运算,故韩先生以"'毁'有'减损'之义"而言其为"减法、除法一类算题",似有未妥。

我们认为简文中的"毁"应当是先秦数学中的用语,表示对"数"的运用、处置,泛指数、量的各种运算。冯胜君先生在《说毁》(下简称"冯文")一文中,据文献梳理出"毁"在常见的"毁坏""减损"义之外,还有"改造""改作"之义[③]。冯文指出:"'毁'的意义还体现为对事物的改造、改组,而这种改造和改组也同一定的折算比率相联系。"为方便起见,兹将冯文所引部分文献及对"毁"与"一定的折算比率相联系"的论述转录于下:

> 心所说毁舟为杕,心所欲毁钟为铎。《淮南子·说林训》

---

① 北大藏秦简的概况及相关数学文献简介参北京大学出土文献研究所:《北京大学藏秦简牍概况》,《文物》,2012年第6期,第65—73页;韩巍:《北大秦简中的数学文献》,《文物》,2012年第6期,第85—89页。

② 韩巍、邹大海整理:《北大秦简〈鲁久次问数于陈起〉今译、图版和专家笔谈》,《自然科学史研究》,2015年第2期,第232—266页。韩巍:《北大藏秦简〈鲁久次问数于陈起〉初读》,《北京大学学报(哲学社会科学版)》,2015年第2期,第29—36页。《鲁久次问数于陈起》图版见于《北大秦简〈鲁久次问数于陈起〉今译、图版和专家笔谈》,释文及考释见《北大藏秦简〈鲁久次问数于陈起〉初读》。下文所引韩巍先生的考释内容,不再另出注。

③ 冯胜君:《说毁》,《"战国文字研究的回顾与展望"国际学术研讨会论文集》,复旦大学出土文献与古文字研究中心自印本,第52—56页。

白玉不毁,孰为圭璋。《庄子·马蹄》

毁庙之主陈于大祖,未毁庙之主皆升,合食于大祖,五年而再殷祭。《公羊传·文公二年》

车五十乘,岁一返。毋载金、革、黾、箭。如牛如马如㒞,屯十以当一车;如担徒,屯二十以当一车。以毁于五十乘之中。 鄂君启车节 《集成》12110

万物周事而圆方用焉,大匠造制而规矩设焉,或毁方而为圆,或破圆而为方。《周髀算经》卷上

"车节规定运载货物的数量,以'车五十乘'为限。有的货物适宜以车运输,则其数量自然可以用'车'来计算。有的货物如马、牛、奴仆(引按:即㒞)等,不适合用车来运输;还有的货物只适宜用担挑,这些货物都要折算成'车'。其换算关系是马、牛、奴仆每十个算一车(10:1),而担挑的货物,每二十担算作一车(20:1)。折算之后,都编组在货物总量五十乘之中。或者可以反过来说,在五十乘运货额度中,拿出一部分改编、改组为不合适车运的马、牛、奴仆、担徒。这种关系同样可以概括为毁A为B。"

"……'毁方而为圆'的字面含义是将方形改造为圆形。如果从数学计算的角度考虑,应该就是有关求取正方形内切圆面积的运算。……'毁方为圆'同样是'毁A为B'句式,而且正方形与其内切圆面积,当然有固定的比率关系(4:π)。可见'毁'的这一用法相当固定,而且沿用了不短的时间。"

冯文指出"毁"有"改造""改组"的义项,并将之与数学运算中的比率关系联系起来,论说有据,实可信从。简文"命而毁之"之"毁"是表述数学运算的概括性用语,其语义来源应是冯文指出的"改造""改组"一类义项。"毁A为B"是将A改造为B,这种改造是具有特定规律性的(冯文称为"承继性、接续性"),从而异于"毁"常表的"破坏"义。前举鄂君启节铭文以及《周髀算经》的"毁",都明确与数学运算相关,表事物之间的换算比率关系,这正是"数"的规律性体现。《陈起》通篇讨论的都是"数"的重要性以及对现实生活诸方面的指导作用。简文此句实际上是省略了"命"的宾语"数",简文应理解为"命(数)而毁之","命"与"毁"都是"数"的谓语。类似句法典籍常见:

颜渊炊饭,尘落甑中,欲置之则不清,投地则弃饭,掇而食之。《论衡·知实》

狗彘食人食而不知检,涂有饿莩而不知发;人死,则曰:"非我也,岁也。"是何异于刺人而杀之,曰:"非我也,兵也。"《孟子·梁惠王上》

孔子曰:"汝闻瞽叟有子名曰舜,舜之事父也,索而使之,未尝不在侧,求而杀之,未尝可得。"《说苑·建本》

从内容上看,"毁"表示对"数"的处置运用,简文后两句"锱而锤之,半而倍之"则是"毁"对"数"处置的举例说明。

锱锤,韩巍先生引《算书》"锱六铢也""锤八铢也"指出二者为重量单位。按,锱锤用为小于两的重量单位,典籍常见。《说文》:"锱,六铢也。""锤,八铢也。""铢,权十分

黍之重也。"[①]但据学者考证,锱锤在表示重量单位之外还可指数词。李学勤先生据清华简《算表》指出"锱"即四分之一;刘刚先生将楚文字材料中的"圣朱"释为"锤铢",并且指出"锤"有表示三分之一的用法。李天虹先生同意二位先生的说法,并结合严仓楚简遣策内容对锤铢表示分数的用法做了进一步阐述[②]。如此,简文中锱、锤、半、倍即可理解为四分之一、三分之一、二分之一、一倍,四者之间的递增关系一目了然。这种递增关系体现了数的规律性变化,是对"毁"的举例说明。所以"毁"应当是先秦数学中的常用语,用以概括数、量的各种运算,而非韩巍先生推测为"减法、除法一类的算题"那样具体。"以毁于五十乘之中""毁方而为圆"都可以视为具体的运算,前者为求货物总和,后者为求正方形的内切圆面积。

第四句"以物起之",韩巍先生注:"'物'或指具体的题例。'起'有启发、开导之义……'以物起之'似指传授数学者用题例来引导、启发学习者。"韩先生指出"起"有启发、开导之义,是完全正确的。"物"指具体事物,当然也包括数学上的种种计算问题,如"以毁于五十乘之中""毁方而为圆"。如果说"锱而锤之,半而倍之"是对"命而毁之"的举例说明,那么"以物起之"则是强调对"命而毁之"这一数学思维或数学观念的具体运用,就是用具体的"物"来启发"数"。本段鲁久次以"临官莅政,立度兴废,何数为先"发问,陈起答以"数无不急者",复以官员治事、度量运用等具体事项来分别强调"数"的具体运用,然后以"民若不知度数,无以知百事经纪"来总结之前的分论。简文第三段的最后一部分就是强调"数"的学习方法。"命而毁之,锱而锤之,半而倍之,以物起之"正是这些方法中重要的一条,它强调的正是要将"数"运用到具体的事物之中,前列的兵甲修制、建筑测量等事项都可以算作"以物起之"的具体表现。

如前所论,我们认为简文可直译作:

> 所以说:"(对数)进行种种的变化运算,(比如)从四分之一到三分之一,从一半到一倍,要在具体的事物之中引导出'数'的含义。"

这里再略谈清华六中的一个"毁"字。清华六《郑武夫人规孺子》开篇有如下一段话(释文取宽式):

> 郑武公卒,既肂,武夫人规孺子,曰:"昔吾先君,如邦将有大事,必再三进大夫而与之偕图。既得图乃为之毁,图所贤者焉,申之以龟筮,故君与大夫晏焉,不相得恶。……"[③]

整理者注"乃"为"却",训"毁"为"败",认为划线句义为"谋划实施却失败"。

---

① 锱、锤的具体重量,文献记载素有不一,读者可参段玉裁《说文解字注》锱、锤、铢等条目。

② 李学勤:《释"釨"为四分之一》,《三代文明研究》,北京:商务印书馆,2011年,第136—137页;刘刚:《楚铜贝"圣朱"的释读及相关问题》,《出土文献与古文字研究》第五辑,上海古籍出版社,2013年,第444—452页;李天虹:《从严仓楚简看战国文字资料中"才"、"圣"两字的释读》,《简帛》第九辑,上海古籍出版社,2014年,第23—32页。

③ 清华大学出土文献研究与保护中心编、李学勤主编:《清华大学藏战国竹简(六)》,上海:中西书局,2016年,第104—106页。

网友“暮四郎”：

“乃”处于“既……，乃……”结构中，只是普通连接词，无烦另训别解。“毁”的意义不是败，而是减损。“既得图，乃为之毁”大概是说得到了好的策略之后，则为之减损衣服、食物等。其意大概和祭祀前斋戒类似，是为了表示郑重、敬谨。“图所贤者焉申之以龟筮”，按我们的理解，可以进一步断读为“图所贤者，焉申之以龟筮”，意思是说，君与大臣谋划过程中认为很好的方案，就进一步付诸占卜，以视其吉凶。①

网友“厚予”：

整理者，毁，训“败”，谓“计划实施却失败”。于上下文意稍显突兀。暮四郎兄训“减损”，谓“为之减损衣服、食物等(其意大概和祭祀前斋戒类似，是为了表示郑重)”。稍有增字之嫌。

窃疑，毁或通“燬”。《诗·周南·汝坟》“王室如燬”，《列女传》二引作“毁”。《楚帛书》丙：“昜(阳)，不□燬事”，燬事即毁事。是其证也。《毛传》燬，火也。“王室如燬”，意即王室征伐之事酷烈，如火之急盛。此处“为之毁(燬)”，或即为之急。②

网友“鱼游春水”怀疑“毁”字属下读。“得图”是君臣意见一致认可的，就“为之”。“毁图”就是有人反对，所以求助于龟策③。网友“楚竹客”断句为：“既得图，乃为之；毁图所贤者，焉申之以龟筮。”并认为“毁”属下读，应训为“批评”：

“毁图”就是对计谋的批评意见，“所贤者”就是说这些意见中尚有善而可从者。……整句意思就是说，对于计谋的批评意见有善而可从者，就再“申之以龟筮”，用龟筮来检验它们。后句的“焉”字当训为“乃、则”，《大戴礼·王言》“七教修，焉可以守，三至行，焉可以征。”《家语》作“然后可以守”“然后可以征”(看《虚词诂林》第631页)。又清华简《系年》简53：“乃立灵公，焉葬襄公。”皆是此类用法。④

按，整理者注“乃”为“却”，于文义未安，“暮四郎”“厚予”二先生已指出。典籍中“乃”虽可作转折副词，然“乃为之”为典籍之中习见的表动作相承的搭配：

陈辕宣仲怨郑申侯之反己于召陵，故劝之城其赐邑，曰：“美城之，大名也，子孙不忘，吾助子请。”乃为之请于诸侯而城之，美。《左传·僖公五年》

化人以为王之宫室卑陋而不可处，王之厨馔腥蝼而不可飨，王之嫔御膻恶而不可亲。穆王乃为之改筑。《列子·周穆王》

平正擅匈，论治在心，此以长寿。忿怒之失度，乃为之图。《管子·内业》

礼、德、义、杀、刑尽失，而填星乃为之动摇。《史记·天官书》

---

①②③ 简帛论坛“《郑武夫人规孺子》初读”http://www.bsm.org.cn/bbs/read.php? tid=3345&page=1

④ 复旦大学出土文献与古文字研究中心网学术讨论区“清华六《郑武夫人规孺子》札记一则”http://www.gwz.fudan.edu.cn/forum/forum.php? mod=viewthread&tid=7828。

可知简文“乃”应训为表承接的副词“于是”，如此“毁”训“败”也就难以落实。以上诸说皆从“毁”的“减损”“批评”之义入手，“鱼游春水”“楚竹客”二先生并将“毁”属下读。我们认为整理者的句读可从，不必另断，而“毁”的训释或可换角度思考。

古文字中“毁”多表“破坏”“诋毁”之义①，但简文与前举鄂君启节铭文中的“毁”应是异于常义的义项。我们认为此处“毁”与前文冯先生指出的“改造”义相关。“毁舟为杕”“毁钟为铎”“毁方为圆”等“毁”体现出的是对具体事物的规律性“改造”，鄂君启节“毁于五十乘之中”则是数量转换计算。此处简文开篇以“邦有大事”而先君与大夫共“图”，细揣文义，“毁”应是“图”义近的递进说明。君臣共谋由“图”而至于“毁”，是对计策的进一步谋划。“图所贤者焉”则是指慎重考虑计策之中更善者，再“申之以龟筮”，才得“君与大夫晏”。“图谋”也是一种具有规律性的活动，可理解为思维的运用和改造，“毁”在改造具体事物（钟、方）的具体含义之上引申出对思维的改造也是合于情理的。此处如将“毁”理解为与“图”语义相近的“计划”“图谋”则句意更加契合。故此段内容可理解为：“（君臣）反复谋划，慎重考虑计策之中更善者，告以占卜，因此君上与大夫相安，不相交恶。”

总之，“毁”在先秦文献中，除了“毁坏”“诋毁”的常见义外，应还有“改造”“改作”的含义。这类义项可从对具体事物的改造，引申出对思维活动的改造，再运用到数学领域可泛指各种数学运算。

以上我们试就简牍中的两处“毁”及相关句意略作讨论，失当之处祈请方家赐正。

【附记】小文写作过程当中承蒙刘刚先生指点，拙稿草就之后，复蒙徐在国师审阅指正，在此特向二位先生致以谢忱！

（作者单位：安徽大学文学院 出土文献与中国古代文明研究协同创新中心）

① 徐在国：《上博楚简文字声系》，合肥：安徽大学出版社，2013 年 12 月，第 2346－2347 页；王辉主编：《秦文字编》，北京：中华书局，2015 年 4 月，第 1894－1895 页。

# 挚虞行年考略

徐昌盛

挚虞是西晋重要的礼学家、史学家和文学家。在礼学方面，他主持修订了荀颉的《新礼》，其议礼文字在《晋书·礼志》中占有重要的篇幅。他的史学著作，为《隋书·经籍志》著录或提及的有《族姓昭穆记》、《畿服经》、《三辅决录注》和《文章志》等。他还是贾谧"二十四友"的成员，参加尚书省同僚的诗歌唱和。他所编撰的《文章流别集》，是我国历史上第一部诗文总集，其中的文论部分，考镜源流、辨别文体，在文体学史上具有重要的地位。

挚虞的生平行迹，《晋书》本传是唯一的参考，但本传多征引文章，传主事迹记载反失阔略，《晋书》成书于唐初，彼时史臣已难明其详。今人也做过一定程度的探究，取得了重要的进展：陆侃如的《中古文学系年》，发轫之功诚不可没；邓国光的《挚虞研究》，是首部全面研究挚虞的著作，钩沉索隐，用力良深；俞士玲的《西晋文学考论》，间有涉猎，亦颇多发明。拙文《挚虞生平补考》(《中国典籍与文化》，2015年第3期)，也就一些聚讼纷纭的重要问题粗陈鄙见。兹在前哲时贤的基础上，梳理挚虞的生平行迹，详于所略，略于所详，力求全面准确地反映挚虞生平的整体面貌，以期给魏晋文学、史学和礼学的研究提供参照。

**魏正始六年(245)　一岁**

**挚虞出生。**

挚虞的生年，限于史料，很难论定，兹斟酌诸说，证之古礼，推论如下。陆侃如说："虞生年，史无明文。惟知卒于三一一年，举二六八年贤良前已为郡主簿，则当生于二四〇年左右。今系从谧受业于本年(按，指260年)，时虞年约二十。"[①]陆先生没有提供确定从学年份的依据，又误挚虞于泰始四年(268)举贤良，实际是泰始七年(271)，因此推测的生年误差较大。俞士玲认为挚虞"约魏正始六年(245)生"[②]，则挚虞从学在十岁或稍前，惜无论证。邓国光注意到挚虞称潘岳为后生，潘岳生于247年，则挚虞生年必早于兹，故将其生年限定于240—247之间。又据《春秋公羊传》何休注"十五受大傅，教之以大学"，假设挚虞年十五从皇甫谧学，"以二六零年从学始计，上推十五年"[③]，则以魏正始六年(245)为挚虞生年。但260年师事皇甫谧本系陆先生推断，

---

① 陆侃如：《中古文学系年》，北京：人民文学出版社，1998年，第599页。
② 俞士玲：《西晋文学考论》，南京：南京大学出版社，2008年，第203页。
③ 邓国光：《挚虞研究》，香港：学衡出版社，1990年，第5页。

其正确性有待考察；又王肃是晋武帝的外祖父，其学在魏时已列学官、颇受推崇，王肃曾解《左传》却无《公羊》，而挚虞议礼主于王学[①]，又著《左丘明赞》、赞赏《左传》和杜预的《春秋释例》[②]，显然宗尚左氏，因此不太可能笃行何休《公羊》注的礼说。

结合皇甫谧的生平经历进行讨论，可以获得更加细密的结论。皇甫谧的生卒年，史有明书，生于215年，卒于282年。据《晋书》本传记载，皇甫谧是安定朝那人，出继给后叔父，故迁徙至河南新安。安定郡在雍州东北部，河南郡在司州中部，两地相距较远。挚虞是京兆长安人，在雍州的东南部，且新安县在长安与洛阳间，是雍州前往京城的必经之地，往来其间最为便利。又其父挚模在曹魏首都洛阳任职，《晋书》记其最后官职是太仆卿，挚虞或随父居于洛阳。本传称皇甫谧"年四十丧所生后母，遂还本宗"[③]，则应该在254年返回安定郡。本传又载"时魏郡召上计掾，举孝廉；景元初，相国辟，皆不行"（同上，第1411页），三国时的魏郡在司州的东北部，皇甫谧不当在此举孝廉，雍州有下魏郡，且与安定郡相邻，似更合情理，故疑"魏郡"乃"下魏郡"之误。本传载"其后乡亲劝令应命"云，据此可以推断254年之后，皇甫谧当居于安定郡朝那县。挚虞师事皇甫谧，当以谧在新安县时最为方便，待谧返回安定，路途迢遥，很难慕名从学了。因此，挚虞从谧学习的时间应该在254年谧还本宗之前。

《世说新语·赏誉》刘孝标注引《赵吴郡行状》载司马越与赵穆、王承、阮瞻、邓攸之书说："《礼》：八岁出就外傅，十年曰幼，学。明可以渐先王之教也。"[④]又《礼记·曲礼》曰"人生十年曰幼，学"[⑤]，《内则》说"十年，出就外傅，居宿于外，学书计"（同上，第440页），则刘注所引"八岁"应是"十岁"之误。司马越活跃在西晋而修书征引《礼记》，说明当时人注意恪守礼仪规范。挚虞主要以礼学著名，少时自然笃学躬行礼仪。即使以下限计，将挚虞师从皇甫谧定于254年，他出生也不晚于245年。邓国光已指出挚虞称潘岳为后生，《尔雅·释亲》称"男子先生为兄，后生为弟"[⑥]，又潘岳生于247年，挚虞生年必早于247年。总之，挚虞的生年应在245年之前，姑系于本年。

**字仲治。**

《晋书·挚虞传》："挚虞字仲洽，京兆长安人也。"[⑦]仲洽，或作仲治，盖形近而讹。邓国光引六朝诸书，证为"仲治"，这是正确的；但引杨明照在《文心雕龙校注拾遗》中的判断，即"钞本《御览》引作冶"，而否认"冶"是"治"的讹误，以为是阙笔之讳，恐有未当[⑧]。《太平御览》始出于宋代，宋人焉得避唐讳；又影印南宋绍兴本的《艺文类聚》之卷三二中，有同时作"冶"与"治"的，盖造书者不慎，偏旁连笔而致误。程章灿的《挚虞

---

① 《晋书》卷一九《礼志上》载挚虞表曰"可依准王景侯所撰《丧服变除》，使类统明正，以断疑争，然后制无二门，咸同所由"。北京：中华书局，1974年，第582页。

② 《晋书》卷三四《杜预传》载挚虞曰"左丘明本为《春秋》作传，而《左传》遂自孤行。《释例》本为《传》设，而所发明何但《左传》，故亦孤行"。第1032页。

③ 《晋书》卷五一《皇甫谧传》，第1410页。

④ 余嘉锡：《世说新语笺疏》，北京：中华书局，2007年，第521页。

⑤ （清）朱彬：《礼记训纂》，北京：中华书局，1996年，第8页。

⑥ （晋）郭璞注：《尔雅》卷上，《续修四库全书》影印国家图书馆藏宋刻本，第7—8页。

⑦ 《晋书》卷五一《挚虞传》，第1419页。

⑧ 参见邓国光《挚虞研究》，第7页。

字仲治考》[①]专门讨论了这个问题。作者先引六朝至唐的文献,发现多作仲治;又判断产生讹误的原因或是各本《晋书》出于同一个祖本,后来唐修《晋书》和张溥的《挚太常集》成为人们的常用书,两书皆作"仲洽",故这种错误意见为人们所沿用。程章灿又引王佩诤的"唐虞之治,殷周之隆"之意见来说明古人名与字之间,往往有对应的关系。当然这只能是补充论证,因为也有反例,比如吉常宏等在《古人名字解诂》中也从名和字的关系作过一番解释:"汉刘向《说苑·建本》:'日以自虞。'《玉篇·虍部》:'虞,乐也。'《诗·大雅·江汉》:'矢其文德,洽此四国。'孔颖达疏:'又施布其经纬天地之文德,以和洽此天下四方之国,使皆蒙德。'和洽、欢乐义相近,故相协。"[②]吉氏支持"仲洽"说,但其中联系略显曲折。

**京兆郡长安县人。**

京兆郡,汉时已置,因是帝王所都,时称京兆尹。京兆与扶风、冯翊并称"三辅"。汉武帝置司隶校尉时,京兆尹为其管辖;东汉光武于关中置雍州,后罢,复置司隶校尉,统辖三辅如故;光武都洛阳,因置河南尹,因"三辅陵庙所在,不改其号,但减其秩,与太守同"[③],则京兆尹未改名号,与扶风、冯翊同属司隶校尉统辖;至献帝时重置雍州,三辅又俱属雍州管辖。曹魏时设置司州统五郡(不含京兆),三辅仍属司隶,因首都在洛阳,故改京兆尹为郡太守。晋初武帝仍居魏都洛阳,"于长安置雍州"[④],将"三辅还属雍州"(同上,第415页),则京兆郡重属雍州,但分京兆郡的南部而新置上洛郡,归司州管辖。长安县是京兆郡的治所。

挚虞的《雍州诗》系赞美乡土之作,曰:"於皇先王,经启九有。有州惟雍,居京之右。土载奥区,上状神薮。嘉生惟繁,庶类伊阜。悠悠州域,有华有戎。外接皮服,内含岐丰。周余既没,夷德未终。莫不慕义,易俗移风。"[⑤]

**祖上颇有高风。**

京兆挚氏知名者,西汉有挚峻,与司马迁交好,高尚不仕,号曰居士;东汉有挚恂,系挚峻十二世孙,皇甫谧《高士传》说他"明《礼》、《易》,遂治五经,博通百家之言。又善属文,词论清美。渭滨弟子扶风马融、沛国桓驎等自远方至者十余人。既通古今,而性复温敏,不耻下问,故学者尊之。常慕其先人之高,遂隐于南山之阴。初马融从恂受业,恂爱其才,因以女妻之。融后果为大儒,名冠当世,世以是服恂之知人。永和中,和帝博求名儒,公卿荐恂行侔曾闵,学拟仲舒,文参长卿,才同贾谊,实瑚琏器也,宜在宗庙,为国真辅。由是公车征,不诣,大将军窦宪举贤良,不就,清名显于世。以寿终,三辅称焉"[⑥]。又有挚茂,《三辅决录》:"以茂才为郡法曹,治财致大富,悉散以分宗人,先从贫始,以寿终。"(同上)则挚峻、挚恂洵为高士,挚茂也有先祖之遗风。

---

① 程章灿:《汉魏六朝文学五考》,《古籍整理研究学刊》,1994年第5期,第2—3页。

② 吉常宏、吉发涵著:《古人名字解诂》,北京:语文出版社,2003年,第239页。

③ (南朝宋)范晔:《后汉书·百官志》,北京:中华书局,1982年,第3614—3615页。

④ 《晋书》卷一四《地理志》,第430页。

⑤ 逯钦立:《先秦汉魏晋南北朝诗》,北京:中华书局,1983年,第759页。

⑥ (汉)赵岐撰,(清)张澍辑:《三辅决录》,西安:三秦出版社,2006年,第10页。

**父挚模，官至魏朝太仆卿。**

《晋书·挚虞传》："父模，魏太仆卿。"[①]刘孝标《世说新语注》引王隐《晋书》："祖茂，秀才。父模，太仆卿。"[②]挚虞的祖父挚茂仅是秀才，地位不高，史无记载；父亲虽位至二千石，事迹不显，史不立传。太仆卿的品级，洪饴孙《三国职官表》："太仆卿一人，中二千石，第三品。"[③]而太仆卿的职掌，《后汉书·百官志》载东汉的情况是"掌车马，天子每出，奏驾上卤簿用，大驾则执驭"[④]，魏因之，职掌如故。又太仆卿寺地址及其建置情况，传为张载所注的《魏都赋》里有详细说明，在"其府寺则位副三事，官逾六卿，奉常之号，大理之名，厦屋一揆，华屏齐荣"[⑤]句左，注曰："当司马门南出，道西最北东向相国府，第二南行御史大夫府，第三少府卿寺；道东最北奉常寺，次南大农寺；出东掖门正东，道南西头太仆卿寺，次中尉寺。"(同上)知太仆卿寺是在东掖门外南首第一处。又说"建安十八年始置侍中、尚书、御史、符节、谒者、郎中令、太仆、大理、大农、少府、中尉"(同上)，知太仆卿始置于建安十八年。洪饴孙考出黄初以来担任此职的共有十四人，挚模为殿军。

**兄挚育，凉州刺史。兄子挚瞻，有气节，死于王敦之手。**

《世说新语·言语》："挚瞻曾作四郡太守，大将军户曹参军，复出作内史，年始二十九。尝别王敦，敦谓瞻曰：'卿年未三十，已为万石，亦太蚤。'瞻曰：'方于将军，少为太蚤；比之甘罗，已为太老'。"[⑥]刘孝标《世说新语注》引《挚氏世本》曰："瞻，字景游，京兆长安人，太常虞兄子也。父育，凉州刺史。瞻少善属文，起家著作郎。中朝乱，依王敦为户曹参军。历安丰、新蔡、西阳太守。见敦以故坏裘赐老病外部都督。瞻谏曰：'尊裘虽故，不宜与小吏。'敦曰：'何为不可？'瞻时因醉，曰：'若上服皆可用赐，貂蝉亦可赐下乎？'敦曰：'非喻，所引如此，不堪二千石。'瞻曰：'瞻视去西阳，如脱屣耳！'敦反，乃左迁随郡内史。"(同上，第122页)《挚氏世本》又曰："瞻高亮有气节，故以此答敦。后知敦有异志，建兴四年，与第五琦据荆州以距敦，竟为所害。"(同上，第122页)

**魏正元元年(254)　十岁**

**挚虞师事皇甫谧。**

《晋书·挚虞传》："虞少事皇甫谧，才学通博，著述不倦。"[⑦]《世说新语·文学》刘孝标注引王隐《晋书》说："虞少好学，师事皇甫谧，善校练文义，多所著述。"[⑧]挚虞师事皇甫谧的时间，见前述"挚虞出生"条。

---

①⑦ 《晋书》卷五一《挚虞传》，第1419页。
② 《世说新语笺疏》，第301页。
③ (清)洪饴孙：《三国职官表》，《二十五史补编》，中华书局影印开明书店本，第25—26页。
④ 《后汉书·百官志》，第3581页。
⑤ (梁)萧统撰，(唐)李善注：《文选》卷六，北京：中华书局，1977年，第102页。
⑥ 《世说新语笺疏》，第121—122页。
⑧ 《世说新语笺疏》，第301页。

**魏咸熙二年（265）　二十一岁**

**挚虞为郡主簿。**

《晋书·挚虞传》："郡檄主簿。"[①]京兆郡征召挚虞为主簿，这是他第一次出仕。古时男子一般二十岁出仕，挚虞出身高级官僚家庭，此年开始出仕合情合理。因为是郡主簿，故知此时仍在长安。主簿之职，自太子、三公到郡县皆有设立，《文献通考·职官考》说："盖古者官府皆有主簿一官，上自三公及御史府，下至九寺、五监以至州、郡、县皆有之，所职者簿书，盖曹掾之流也。"[②]《通典·职官典》说州郡主簿的职掌是"主簿一人，录门下众事，省署文书，汉制也。历代至隋皆有"[③]。州郡主簿虽是书记性质的官员，但属近侍之官，颇为尊崇，因此所选者多是年轻的知名人士。挚虞出仕之初，即获此任，当受益于其父的福荫。晋武帝改元泰始是在十二月份，此时挚模已不担任太仆卿（论据详下），因此挚虞出仕应该在改元之前。邓国光将挚虞任主簿定为泰始二年，依据是"晋武帝泰始元年二月始封，则京兆名郡并置雍州，亦应于是年"[④]。查《晋书》所载，该年并无改郡名之议，《晋书·地理志》载魏文帝即位，改京兆尹为太守，则已名郡。

**晋武帝泰始二年（266）　二十二岁**

**挚虞作《思游赋》。**

《晋书·挚虞传》："虞尝以死生有命，富贵在天……故作《思游赋》。"[⑤]挚虞的《思游赋》，接受了《楚辞》的影响，以骚体赋的形式，表达了信天任命的消极人生态度。末句云"乐自然兮识穷达，澹无思兮心恒娱"，挚虞属少年得志，这种情调不符合他的经历。细究起来，史书追录其父最高官职是魏太仆卿，入晋之后行迹未见，《晋书·武帝纪》载泰始元年登基的次日，武帝即"遣太仆刘原告于太庙"[⑥]，则此时太仆已是刘原，挚虞父亲挚模已失官，则挚虞对新朝应该有所怨望。泰始改元是在该年的十二月份，此赋很可能是作于次年，故系于泰始二年。陆侃如以为泰始元年，但称"假定在师事皇甫谧后五年左右"[⑦]，并未提供理由。俞士玲根据赋中的隐喻，结合挚虞丁母忧的史实，认为写于太康四、五年间[⑧]。

**晋武帝泰始三年（267）　二十三岁**

**挚虞作《迁宅诰》。**

《迁宅诰》曰："惟大始三年九月上旬，涉自洛川，周于原阿，乃卜昌水东，黄水西，

①⑤　《晋书》卷五一《挚虞传》，第1419页。
②　（元）马端临：《文献通考》卷六三，北京：中华书局，2011年，第1912页。
③　（唐）杜佑：《通典》卷三二《职官典》，北京：中华书局，1988年，第891页。
④　《挚虞研究》，第29页。
⑥　《晋书》卷三《武帝纪》，第51页。
⑦　《中古文学系年》，第625页。
⑧　《西晋文学考论》，第180页。

背山面隰，惟此良。”[①]既称“涉自洛川”，迁移路线当从东向西经过洛水；“周于原阿”不详，可能指环绕在平原山地之间。昌水，俞士玲引《水经注》卷一五“洛水”条以为“昌涧水”即“昌水”，原文是“洛水又东，有昌涧水注之，水出西北宜阳山而东南流，迳宜阳故郡南，旧阳市邑也，故洛阳都典农治，此后改为郡，其水又南注于洛”[②]。黄水，据《汉书·地理志》：“析。黄水出黄谷，鞠水出析谷，俱东至郦入湍水。”[③]“昌水东，黄水西”，盖在司州南部地区。

## 晋武帝泰始四年（268） 二十四岁

**武帝下令举贤良方正直言之士。**

《晋书·武帝纪》：“（泰始四年十一月）己未，诏王公卿尹及郡国守相，举贤良方正直言之士。十二月，班五条诏书于郡国：一曰正身，二曰勤百姓，三曰抚孤寡，四曰敦本息末，五曰去人事。”[④]武帝下诏时已是十一月，待铨官斟酌名额、布置考试、衡量品级再到武帝亲自策问，不是短时间之内所能完成的，因此挚虞的《贤良对策》必作于其后。

挚虞当是在京兆郡主簿任上，由郡中正负责荐举的。

**荀颉《新礼》完成。**

荀颉咸熙元年（264）受命制订《新礼》，但具体的完成时间史无明载。《晋书·应贞传》：“后迁散骑常侍，以儒学与太尉荀颉撰定《新礼》，未施行。泰始五年卒，文集行于世。”[⑤]则在应贞去世前，《新礼》已经完成，只是未付诸实施，那么完成时间至迟在泰始五年（269）。羊祜是《新礼》制订的参与者，泰始五年二月，武帝“以尚书左仆射羊祜都督荆州诸军事”[⑥]，说明此时《新礼》已经制竣。《应贞传》已指出荀颉时为太尉，挚虞《讨论新礼表》说“臣典校故太尉颉所撰《五礼》”[⑦]，而颉迁太尉是在泰始四年（268）十一月，那么《新礼》完成的时间很可能在泰始四年（268）十一月到五年（269）二月间。姑系之本年。

值得注意的是，与《新礼》同时受命的《晋令》也完成于此时：“凡律令合二千九百二十六条，十二万六千三百言，六十卷，故事三十卷。泰始三年，事毕，表上……武帝亲自临讲，使裴楷执读。四年正月，大赦天下，乃班新律。”[⑧]《晋令》完成于泰始三年，泰始四年皇帝亲自颁布天下。

## 晋武帝泰始七年（271） 二十七岁

**挚虞作《贤良对策》。**

《晋书·挚虞传》：“举贤良，与夏侯湛等十七人策为下第，拜中郎。武帝诏曰：‘省

---

① （宋）李昉等：《太平御览》卷五六，北京：中华书局，1960年，第272页。

② 《西晋文学考论》，第179页。

③ （东汉）班固：《汉书》卷二八《地理志》，北京：中华书局，1962年，第1549页。

④⑥ 《晋书》卷三《武帝纪》，第58页。

⑤ 《晋书》卷九二《应贞传》，第2371页。

⑦ 《晋书》卷一九《礼志上》，第581页。

⑧ 《晋书》卷三〇《刑法志》，第927—928页。

诸贤良对策,虽所言殊途,皆明于王义,有益政道。欲详览其对,究观贤士大夫用心。'因诏诸贤良方正直言,会东堂策问,曰:'顷日食正阳,水旱为灾,将何所修,以变大眚?及法令有所不宜于今,为公私所患苦者,皆何事?凡平世在于得才,得才者亦借耳目以听察。若有文武器能有益于时务而未见申叙者,各举其人。及有负俗谤议,宜先洗濯者,亦各言之。'虞对曰:'臣闻古之圣明,原始以要终,体本以正末。故忧法度之不当,而不忧人物之失所;忧人物之失所,而不忧灾害之流行。诚以法得于此,则物理于彼;人和于下,则灾消于上。其有日月之眚,水旱之灾,则反听内视,求其所由,远观诸物,近验诸身。耳目听察,岂或有蔽其聪明者乎?动心出令,岂或有倾其常正者乎?大官大职,岂或有授非其人者乎?赏罚黜陟,岂或有不得其所者乎?河滨山岩,岂或有怀道钓筑而未感于梦兆者乎?方外遐裔,岂或有命世杰出而未蒙膏泽者乎?推此类也,以求其故,询事考言,以尽其实,则天人之情可得而见,咎征之至可得而救也。若推之于物则无忤,求之于身则无尤,万物理顺,内外咸宜,祝史正辞,言不负诚,而日月错行,夭疠不戒,此则阴阳之事,非吉凶所在也。期运度数,自然之分,固非人事所能供御,其亦振廪散滞,贬食省用而已矣。是故诚遇期运,则虽陶唐、殷汤有所不变;苟非期运,则宋卫之君,诸侯之相,犹能有感。唯陛下审其所由,以尽其理,则天下幸甚。臣生长蓽门,不逮异物,虽有贤才,所未接识,不敢瞽言妄举,无以畴答圣问。'"①

挚虞当堂策问的时间,学者多定为泰始四年,实际上是泰始七年十月。《晋书·阮种传》中武帝策问时提到"朕应践洪运统位,七载于今矣"②,《郤诜传》中说"朕获承祖宗之休烈,于兹七载"③,俱是显证,再将挚虞对策文章与当年水旱灾异比照,即可得知。详细考证参见拙文《挚虞生平补考》。

**晋武帝泰始九年(273) 二十九岁**

**挚虞为太子舍人。**

《晋书·挚虞传》:"擢为太子舍人。"④据《晋书·职官志》载太子僚属:"舍人十六人,职比散骑、中书等侍郎。"⑤陆侃如假设挚虞担任此职"在拜中郎后五年左右"⑥,故系于本年。邓国光以陆侃如所说不合本传,认为挚虞任太子舍人在举贤良之后,说"始擢为太子舍人",又举夏侯湛例说他累年不调,写了《抵疑》后才选补太子舍人,挚虞不用"选补"而用"擢",说明贤良对策之后即获此任⑦。笔者稽之《晋书》本传,未见"始"字,则未必在举贤良之后即获此职;夏侯湛在贤良对策中位列中第,而挚虞是下第,如果太子舍人需从贤良中选出,也应该是夏侯湛更有机会;又"擢"有提拔的意思,"选补"也有遴选的意思,只是迁官方式的不同,其中不必有所轩轾。

---

①④ 《晋书》卷五一《挚虞传》,第1423—1424、1424页。
② 《晋书》卷五二《阮种传》,第1444页。
③ 《晋书》卷五二《郤诜传》,第1439—1440页。
⑤ 《晋书》卷二四《职官志》,第742页。
⑥ 《中古文学系年》,第657页。
⑦ 《挚虞研究》,第30页。

**挚虞作《连理颂》。**

《连理颂》曰："东宫正德之内，承华之外，槐树二枝，连理而生。二干一心，以蕃本根。"①文章写的是东宫内的连理槐，陆侃如以"疑亦作于舍人任上"②而系于泰始十年，因无实据，姑系于迁太子舍人之年。

## 晋武帝泰始十年(274) 三十岁

**挚虞作《答杜预书》。**

《晋书·挚虞传》："元皇后崩，杜预奏：'谅闇之制，乃自上古，是以高宗无服丧之文，而唯文称不言。汉文限三十六日。魏氏以降，既虞为节。皇太子与国为体，理宜释服，卒哭便除。'虞答预书曰：'唐称遏密，殷云谅闇，各举事以为名，非既葬有殊降，周室以来，谓之丧服。丧服者，以服表丧，今帝者一日万机，太子监抚之重，以宜夺礼，葬讫除服，变制通理，垂典将来，何必附之于古，使老儒致争哉。'"③《晋书·礼志中》与《通典·礼四十二》所载此事甚详，交待了杜预、张靖、陈逵、魏舒等人的不同观点，但《礼志》未录挚虞的观点，本传又流于简略，而《通典》则记载了挚虞对杜预奏议的答复，曰："仆以为除服诚合事宜，附古则意有未安。五服之制，成于周室。周室以前，仰迄上古，虽有在丧之哀，未有行丧之制。故尧称遏密，殷曰谅闇，各举其事而言，非未葬降除之名也，礼有定制，孝景之即吉，方进之从时，皆未足为准。盖圣人之于礼，讥其失而通其变。今皇太子未就东宫，犹在殿省之内，故不得伸其哀情。以宜夺志，何必附之于古，钦以旧义哉！"④与本传比较，《通典》所载更接近于挚虞著作的原貌。

又《通典》明言"晋武帝泰始十年，武元杨皇后崩"(同上，第2224页)，而挚虞参与太子谅闇之议，应该是太子僚属，故陆侃如认为此时挚虞正在太子舍人任上⑤，本传将《答杜预书》置于"元康中，迁吴王友"⑥后，误。

## 晋武帝太康元年(280) 三十六岁

**挚虞除闻喜令，作《太康颂》。**

《晋书·挚虞传》："除闻喜令。时天子留心政道，又吴寇新平，天下乂安，上《太康颂》以美晋德。"⑦闻喜在晋代属司州河东郡(《晋书·地理志》)，是春秋曲沃故地，汉时始置，武帝行经此处恰闻南越被攻克的喜讯，遂赐名闻喜(《通典·州郡典》)。邓国光注意到《通典·职官典》所述的晋代县令情况，即"晋制，大县令有治绩，官报以大郡。不经宰县，不得入为台郎"，认为曾任大县之令长，方具资格擢次为尚书郎⑧。挚虞前任太子舍人，属于京官，下放到基层任职，有锻炼治能的性质，然后再迁回朝廷掌

---

① (唐)欧阳询等:《艺文类聚》卷八八，上海:上海古籍出版社，1999年，第1517－1518页。

② 《中古文学系年》，第661页。

③⑥ 《晋书》卷五一《挚虞传》，第1426页。

④ 《通典》卷八二，第2225页。

⑤ 《中古文学系年》，第661页。

⑦ 《晋书》卷五一《挚虞传》，第1424页。

⑧ 《挚虞研究》，第31页。

管实权,因此不久得补尚书郎。又挚虞《赠李叔龙以尚书郎迁建平太守一首》说:“我有良朋,时惟李生。拊翼岐蜀,翻飞上京。明试以功,聿骏有声。三载考绩,剖符建平。”①则以尚书郎转地方长官属常例,是京官外任锻炼的途径,又说“三载考绩”,则任期应是三年,然后进行考核,治绩出色者可能回迁升职。

**挚虞表论封禅。**

本传将挚虞表论封禅事置于补尚书郎之后,陆侃如已指出这是误记。《晋书·礼志下》载“封禅”事仅一则,发生在太康元年九月庚寅,这也见于《晋书·武帝纪》的记载:“(太康元年)九月,群臣以天下一统,屡请封禅,帝谦让未许。”②卫瓘、山涛、魏舒、刘寔、张华等参与了议奏,但未见挚虞的议论,本传明说他“表论封禅”,不知《礼志》何以失录?陆侃如推测挚虞此时尚是太子舍人,“亦参加讨论,后除闻喜令而未终其事”③。又《梁书·许懋传》载许懋说“晋武泰始中欲封禅,乃至太康议犹不定,竟不果行”④,那么讨论封禅之事绝非一次,但以太康元年最为重要。

**晋武帝太康三年(282) 三十八岁**

**挚虞解职丁母忧。**

《晋书·挚虞传》:“以母忧解职。”⑤陆侃如只是假定丁母忧在补尚书郎前三年,确切时间难以考证。挚虞是礼学家,议礼多用王肃,则服丧时间应为二十五个月。当时其父挚模尚在,因为挚模是曹魏最后一任太仆卿,入晋后事迹泯然,但挚虞出仕后并无守丧的记载,说明挚模在妻子去世时仍然在世。按照古礼,父亲若在,儿子只需为母亲服丧期年。母亲去世时,挚虞尚在县令任上,服阕期满后,得以重新任用,因而补为尚书郎,姑系于本年。

**晋武帝太康五年(284) 四十岁**

**挚虞补尚书郎,作《三日曲水对》。**

邓国光根据《晋书·礼志》所说的“太康初,尚书仆射朱整奏付尚书郎挚虞讨论之”,认为挚虞太康初年已补尚书郎。又以同年除闻喜令,旋丁母忧,太康三年即可以除服,履任新职⑥。但陆侃如已根据万斯同《晋将相大臣年表》指出,朱整为仆射,始于太康九年二月,至次年四月止,则太康初确系误记⑦。《晋书·礼志》又记载了太康八年的婚礼之议,朱整时为尚书,应属列曹尚书,次年转尚书仆射。太康九年,挚虞已为尚书郎则无疑问,而选补尚书郎的时间应该更早。傅璇琮《潘岳系年考证》认为“(挚虞)召补尚书郎,最早也当在太康四、五年间”⑧,虽说是推论,但大体时间差不

① 《先秦汉魏晋南北朝诗》,第758页。
② 《晋书》卷三《武帝纪》,第72页。
③⑦ 《中古文学系年》,第692、722页。
④ (唐)姚思廉:《梁书》卷四〇《许懋传》,北京:中华书局,1973年,第577页。
⑤ 《晋书》卷五一《挚虞传》,第1425页。
⑥ 《挚虞研究》,第31页。
⑧ 傅璇琮:《潘岳系年考证》,《文史》第十四辑,第249页。

多，姑系于本年。

《艺文类聚》卷四引《续齐谐记》："晋武帝问尚书郎挚虞曰：'三日曲水，其义何指？'答曰：'汉章帝时，平原徐肇以三月初生三女，至三日俱亡。一村以为怪，乃相携之水滨盥洗，遂因水以泛觞，曲水之义，起于此。'帝曰：'若如所谈，便非好事。'尚书郎束皙曰：'仲治小生，不足以知此，臣请说其始。昔周公城洛邑，因流水以泛酒，故逸诗云："羽觞随波。"又秦昭王三日置酒河曲，见有金人出，奉水心剑曰："令君制有西夏。"及秦霸诸侯，乃因此处立为曲水祠，二汉相缘，皆为盛集。'帝曰：'善。'赐金五十斤，左迁仲治为阳城令。"[①]阳城属司州河南郡。《晋书》不载挚虞左迁阳城，《续齐谐记》属小说家言，"三日曲水"之义容有多说，武帝又岂能因一言而废人？因此唐初史臣编纂《晋书》时不予采信。

关天三月三日祓禊的情况，《晋书·礼志下》介绍说："汉仪，季春上巳，官及百姓皆禊于东流水上，洗濯祓除去宿垢。而自魏以后，但用三日，不以上巳也。晋中朝公卿以下至于庶人，皆禊洛水之侧。"[②]《北堂书钞》卷一五五载："《韩诗》云：三月桃华水下之时，郑国之俗，三月上巳，士女秉兰，雨水之上，招魂续魄，祓除不祥。"[③]又周处《风土记》云："汉末郭虞三女，一以三月上辰，一女以上巳产，亡。时俗以为忌，至是月日妇女皆适东流就远地祓禊，自表濯也。"（同上）纵观当时关于三月三日的说法，挚虞与同时代的周处比较接近，应是当时流行的说法，其他如招魂续魄之说，也见于经传记载，可推测当时应有多种相关解释，因此挚虞回答武帝的那席话是有依据的。恰恰束皙所言，倒像是迎合武帝的无根之谈。如果说挚虞因此左迁阳城令，于理未通。

**晋武帝太康六年（285）　四十一岁**

**挚虞参预尚书台诗文唱和。**

挚虞在太康年间任尚书郎，到永宁元年（301）转少府前，这十多年的时间内，史书上没有记载挚虞官职的变迁，应该一直担任尚书郎。根据《文馆词林》所收的三首赠答诗，我们发现挚虞与尚书省同僚之间存在着诗歌唱和，而挚虞所惜别的褚武良和李叔龙诸人，也与傅咸同样存在着诗歌赠答。因此，尚书台同僚们的唱和绝不是孤立的存在，而是潜藏着一个文人群体，集体参与、彼此唱和，蔚然形成了一股文学风气。

又傅咸在尚书台任职应该在太康六年之前，因为太康六年，他已经出为冀州刺史，而在此之前还担任过尚书右丞。而挚虞太康元年除闻喜令，旋丁母忧，期满释褐为尚书郎，具体时间不详，但不会晚于太康六年。因此，姑将此次唱和系于太康六年。

**挚虞作《赠褚武良以尚书出为安东诗》[④]。**

《晋书·武帝纪》："六年春正月甲申朔……戊辰，以征南大将军王浑为尚书左仆射，尚书褚䂮都督扬州诸军事，杨济都督荆州诸军事。"[⑤]

① 《艺文类聚》卷四，第63—64页。
② 《晋书》卷二一《礼志下》，第671页。
③ （唐）虞世南等：《北堂书钞》卷一五五，北京：清华大学出版社，2003年影印版，第715页。
④ 《先秦汉魏晋南北朝诗》，第758页。
⑤ 《晋书》卷三《武帝纪》，第76页。

傅咸有《赠褚武良诗》[①]。

**挚虞作《赠李叔龙以尚书郎迁建平太守一首》**[②]。

傅咸有《赠建平太守李叔龙诗》[③]。

**挚虞作《答伏武仲一首》**[④]。

傅咸有《赠崔伏二郎诗》[⑤]。

## 晋武帝太康九年(288) 四十四岁

**挚虞受命修订《新礼》。**

挚虞讨论《新礼》的开始时间应该是太康九年(288)。《晋书・礼志》"太康初,尚书仆射朱整奏付尚书郎挚虞讨论之。"[⑥]《晋起居注》:"太康四年八月,诏曰:'选曹铨管人才,宜得忠恪寡欲、抑华崇本者,尚书朱整周慎廉敬、以道素自居,是其人也。其以整为吏部尚书。'"[⑦]据此,太康初,朱整为尚书仆射,太康四年,迁吏部尚书。据《晋书・职官志》,列曹尚书位在尚书仆射下,朱整既得武帝赞赏,奈何贬官?太康八年(287)朱整以尚书参议嘉礼,而他由尚书转尚书仆射,《武帝纪》明载为太康九年(288)二月。《挚虞传》又载"除闻喜令。时天子留心政道,又吴寇新平,天下乂安,上《太康颂》以美晋德"[⑧],则太康初挚虞已除闻喜令,旋丁母忧,转任尚书令在太康中期以后,故太康初挚虞不可能参与讨论新礼,《晋书・礼志》"太康初"应为"太康末"。

**挚虞作《驳潘岳古今尺议》。**

《晋书・挚虞传》:"将作大匠陈勰掘地得古尺,尚书奏:'今尺长于古尺,宜以古为正。'潘岳以为习用已久,不宜复改。虞驳曰:'昔圣人有以见天下之赜而拟其形容,象物制器,以存时用。故参天两地,以正算数之纪;依律计分,以定长短之度。其作之也有则,故用之也有征。考步两仪,则天地无所隐其情;准正三辰,则悬象无所容其谬;施之金石,则音韵和谐;措之规矩,则器用合宜。一本不差而万物皆正,及其差也,事皆反是。今尺长于古尺几于半寸,乐府用之,律吕不合;史官用之,历象失占;医署用之,孔穴乖错。此三者,度量之所由生,得失之所取征,皆絓阂而不得通,故宜改今而从古也。唐虞之制,同律度量衡,仲尼之训,谨权审度。今两尺并用,不可谓之同;知失而行,不可谓之谨。不同不谨,是谓谬法,非所以轨物垂则,示人之极。凡物有多而易改,亦有少而难变,亦有改而致烦,有变而之简。度量是人所常用,而长短非人所恋惜,是多而易改者也。正失于得,反邪于正,一时之变,永世无二,是变而之简者也。宪章成式,不失旧物,季末苟合之制,异端杂乱之用,当以时厘改,贞夫一者也。臣以为宜如所奏。'"[⑨]挚虞与潘岳讨论古尺的时间,颇多异说,太康八年(287),礼学家、音乐家荀勖接任尚书令,当年太庙地陷。太康九年(288),陈勰为将作大匠,新营太庙,掘地得古尺,与流行今尺不同,引起争议,尚书奏以古尺为正,时荀勖为尚书令,又"善

①②③④⑤ 《先秦汉魏晋南北朝诗》,第605、758—759、607、758、606页。

⑥ 《晋书》卷一九《礼志》,第581页。

⑦ 《太平御览》卷二一四,第1020页。

⑧ 《晋书》卷五一《挚虞传》,第1424页。

⑨ 《晋书》卷五一《挚虞传》,第1425页。

解音声”，应是出于他的意见。据此可以考定挚虞与潘岳讨论古尺的时间是太康九年，详见《挚虞生平补考》。

**挚虞作《族姓昭穆》十卷。**

《晋书·挚虞传》：“虞以汉末丧乱，谱传多亡失，虽其子孙不能言其先祖，撰《族姓昭穆》十卷，上疏进之，以为足以备物致用，广多闻之益。以定品违法，为司徒所劾，诏原之。”[①]《族姓昭穆记》作于挚虞补尚书郎之后，陆侃如定在太康九年后，姑系之本年。又万斯同《晋将相大臣年表》载魏舒太康七年致仕，石鉴始继任司徒一职。魏舒有长者之风，《晋书》本传载其“不修常人之节，不为皎厉之事，每欲容才长物，终不显人之短”[②]，而继任的石鉴为人謇谔，《晋书》本传说他“多所纠正，朝廷惮之”[③]。祝总斌指出“司徒府的政务最主要的便是按照九品中正制度，评定全国人才优劣，作为官吏作用、黜陟的一个根据”，任务有两个，一个是“选用和黜免全国州郡中正”，另一个任务是“对州郡中正所评定的人才品级进行审核”[④]。既然石鉴“多所纠正，朝廷惮之”，挚虞私撰谱传而“定品违法”，正在他职权范围内，当然要力行弹劾。

《史通·书志》说：“谱牒之作，盛于中古。汉有赵岐《三辅决录》，晋有挚虞《族姓记》，江左有两王《百家谱》，中原有《方司殿格》。盖氏族之事，尽在是矣。”[⑤]挚虞为赵岐《三辅决录》作注，又撰有《族姓昭穆》，对南朝谱牒学的发展产生了深远的影响。

**晋武帝太康十年(289)　四十五岁**

**挚虞议迁神主于新庙。**

《晋书·礼志上》：“(太康)六年(按，应是八年)，因庙陷，当改修创，群臣又议奏曰：‘古者七庙异所，自宜如礼。’诏又曰：‘古虽七庙，自近代以来皆一庙七室，于礼无废，于情为叙，亦随时之宜也。其便仍旧。’至十年，乃更改筑于宣阳门内，穷极壮丽，然坎位之制犹如初尔。庙成，帝用挚虞议，率百官迁神主于新庙，自征西以下，车服导从皆如帝者之仪。”[⑥]

宋代的类书，如潘自牧《记纂渊海》卷二八、谢维新《古今合璧事类备要》等均引《职类》云：“晋改立太庙，挚虞为祠部郎职其事。”[⑦]结合挚虞诸多议礼的文字，应该担任过负责礼仪的尚书祠部郎。

**晋惠帝永熙元年(290)　四十六岁**

**挚虞上表谏改除普增位一等。**

《晋书·挚虞传》：“时太庙初建，诏普增位一等。后以主者承诏失旨，改除之。虞

---

① 《晋书》卷五一《挚虞传》，第1425页。
② 《晋书》卷四一《魏舒传》，第1185页。
③ 《晋书》卷四四《石鉴传》，第1265页。
④ 祝总斌：《两汉魏晋南北朝宰相制度研究》，北京：中国社会科学出版社，1990年，第164页。
⑤ (清)浦起龙：《史通通释》卷三，上海：上海古籍出版社，2009年，第68页。
⑥ 《晋书》卷一九《礼志上》，第603页。
⑦ 此条材料系俞士玲所辑，但用元代富大用的《事文类聚新集》，不是目前所见最早的出处。

上表曰:‘臣闻昔之圣明,不爱千乘之国而惜桐叶之信,所以重至尊之命而达于万国之诚也。前《乙巳赦书》,远称先帝遗惠余泽,普增位一等,以酬四海欣戴之心。驿书班下,被于远近,莫不鸟腾鱼跃,喜蒙德泽。今一旦更有主者思文不审,收既往之诏,夺已澍之施,臣之愚心窃以为不可。’诏从之。”①

《晋书·惠帝纪》:“夏五月辛未,葬武皇帝于峻阳陵。丙子,增天下位一等,预丧事者二等,复租调一年,二千石已上皆封关内侯。”②陆侃如据此认为增位事在本年五月,但“以主者承诏失旨,改除之”,也就是说在实行过程中,主事者执行有偏差,惠帝又决定取消“普增位一等”,则与五月颁布命令时相隔有日了,但史无明文,姑系之本年③。又惠帝大赦在太熙元年四月己酉武帝驾崩当日,诏“增天下位一等”在五月丙子,但挚虞所言的是《乙巳赦书》,太熙是庚戌年,故不知乙巳日具体所指?在四月己酉与五月丙子间,有己巳日,不知是否为乙巳之误?

曹道衡说:“《武帝纪》载,泰始二年秋七月,营太庙。其建成当在稍后数年间。太康元年三月,吴平,孙皓降,五月丁卯,‘荐酃渌酒于太庙’,竣事必在此前。太康八年,太庙殿陷。虞表中有‘前乙巳赦书’语,乙巳为太康六年。于此可见‘太庙’初建为误记,当是太康八年后重建事。”④其实泰始二年十一月太庙已经建成,因为该月辛卯已经“迁祖祢神主于太庙”(《武帝纪》)。俞士玲亦以为“乙巳”是太康六年⑤,但史书未载该年有“普增位一等事”。尤其是挚虞说“前《乙巳赦书》远称先帝遗惠余泽”,这里的先帝应该是晋武帝,因此不宜将此事系在太康八年,应该以惠帝永熙元年武帝新逝时为妥。至于“时太庙初建”,或指迁武帝神主至太庙。

**晋惠帝元康元年(291) 四十七岁**

**挚虞献上修订的《新礼》。**

《晋书·礼志上》:“虞讨论《新礼》讫,以元康元年上之。所陈惟明堂五帝、二社六宗及吉凶王公制度,凡十五篇。有诏可其议。后虞与傅咸缵续其事,竟未成功。中原覆没,虞之《决疑注》,是其遗事也。”⑥

挚虞本传载:“元康中,迁吴王友。时荀顗撰《新礼》,使虞讨论得失,而后施行。”⑦荀顗卒于泰始十年,《新礼》早在晋受禅前已着手制订,《晋书·荀顗传》说:“及蜀平,兴复五等,命顗定礼仪。顗上请羊祜、任恺、庾峻、应贞、也题共删改旧文,撰定晋礼。”⑧陆侃如认为挚虞讨论荀顗的《新礼》,“于元康中则太晚,元康元年已讨论完毕而奏上了”⑨。曹道衡亦指出:“顗与元皇后均卒于泰始十年,传文叙事置于元康中

---

① 《晋书》卷五一《挚虞传》,第1426页。
② 《晋书》卷四《惠帝纪》,第89页。
③ 《中古文学系年》,第733页。
④ 曹道衡、沈玉成:《中古文学史料丛考》,北京:中华书局,2003年,第152页。
⑤ 《西晋文学考论》,第203页
⑥ 《晋书》卷一九《礼志上》,第582页。
⑦ 《晋书》卷五一《挚虞传》,第1426页。
⑧ 《晋书》卷三九《荀顗传》,第1151页。
⑨ 《中古文学系年》,第722页。

迁吴王友后，相去近二十年而谓之‘时’失次甚明。”[①]

**晋惠帝元康三年(293)　四十九岁**

**挚虞作《释奠颂》。**

《释奠颂》：“如彼泉流，不盈不运。讲业既终，礼师释奠。升觞折俎，上下惟宴。邕邕其来，肃肃其见。”[②]《晋书·礼志上》：“《礼》：始立学必先释奠于先圣先师，及行事必用币。……武帝泰始七年，皇太子讲《孝经》通。咸宁三年，讲《诗》通。太康三年，讲《礼记》通。惠帝元康三年，皇太子讲《论语》通。”[③]西晋共举行了四次释奠礼，分别是泰始七年(271)、咸宁三年(277)、太康三年(282)和元康三年(293)。挚虞《释奠颂》应作于元康三年，正是愍怀太子司马遹讲《论语》通时的释奠礼。据潘尼《释奠颂小序》知此次释奠礼盛况空前，挚虞、潘尼、傅咸等都参加了，详《挚虞生平补考》。

**晋惠帝元康四年(294)　五十岁**

**挚虞作《册陇西王泰为太尉文》。**

《初学记》卷一一载：“朕惟君行为时表，亲则宗臣，论道经邦，保乂皇家，是用进登上台，其上清三光，下宁九域，永钦洪范，以康宇宙，敬哉！”[④]《晋书·高密文献王泰传》说司马泰是在武帝受禅时封陇西王，则在265年左右。司马泰于永熙初代石鉴为司空，时为290年。楚王司马玮因矫诏被杀后，“乃以泰录尚书事，迁太尉，守尚书令，改封高密王”[⑤]。据《惠帝纪》元康元年，“六月，贾后矫诏使楚王玮杀太宰、汝南王亮，太保、菑阳公卫瓘。乙丑，以玮擅害亮、瓘，杀之。曲赦洛阳。以广陵王师刘寔为太子太保，司空、陇西王泰为录尚书事”[⑥]，则元康元年六月，司马泰为录尚书事。又说“四年春正月丁酉朔，侍中、太尉、安昌公石鉴薨”(同上，第62页)，则石鉴死后，司马泰始为太尉，挚虞《册陇西王泰为太尉文》当写于元康四年的正月。陆侃如所依据的万斯同《晋将相大臣年表》，也以司马泰转太尉在本年正月，可从。

**傅咸去世。**

傅咸与挚虞共同受命讨论《新礼》，未竟去世。《晋书·礼志上》：“虞讨论《新礼》讫，以元康元年上之。所陈惟明堂五帝、二社六宗及吉凶王公制度，凡十五篇。有诏可其议。后虞与傅咸缵续其事，竟未成功。”[⑦]傅咸家传礼学，其父傅玄曾在泰始五年与荀勖、张华造正旦行礼，又有《周官礼异同评》十二卷，则傅咸礼学本有渊源。傅咸的礼学造诣，史书也多处提及，如议立二社之奏，朝廷接受了他的意见；又对惠帝行谅闇之礼表达了异议，他对辅政的杨骏说：“事与世变，礼随时宜，谅闇之不行尚矣。由

① 《中古文学史料丛考》，第152页。
② 《初学记》卷一四，第226页。
③ 《晋书》卷一九《礼志上》，第599页。
④ 《初学记》卷一一，第171页。
⑤ 《晋书》卷三七《高密文献王泰传》，第1094页。
⑥ 《晋书》卷四《惠帝纪》，第91页。
⑦ 《晋书》卷一九《礼志上》，第582页。

世道弥薄,权不可假,故虽斩焉在疚,而躬览万机也。逮至汉文,以天下体大,服重难久,遂制既葬而除。世祖武皇帝虽大孝烝烝,亦从时释服,制心丧三年,至于万机之事,则有不遑。今圣上欲委政于公,谅闇自居,此虽谦让之心,而天下未以为善。"①他还敦促权势煊赫的杨骏不要以周公自居,要求还政于惠帝,应该说颇有胆魄,而且确实引起了杨骏的恐慌,史称"骏甚惮之",但傅咸"复与骏笺讽切之",最后引起了杨骏的忌恨,险些被外放京城。傅咸躬自实践礼制,亦可从他丁继母忧一事可以看出。按照礼制,丁忧期满,可以释褐,朝廷欲征他为议郎,但遭到了一而再的拒绝,理由是"身无兄弟,丧祭无主"(同上,第1328页),最后要求在官舍设灵坐才勉强赴任。从上述的礼仪细节上可以看出,傅咸是相当重视礼制的,不仅敦促他人遵从,而且躬自践行,其刚直持正,在当时也颇有清誉,史书说他"刚简有大节。风格峻整,识性明悟,疾恶如仇,推贤乐善"(同上,第1323页),因此朝廷委托他与挚虞共同删订《新礼》。

**晋惠帝元康五年(295) 五十一岁**

**挚虞预贾谧"二十四友"。**

《晋书·贾谧传》:"谧好学,有才思。既为充嗣,继佐命之后,又贾后专恣,谧权过人主,至乃锁系黄门侍郎,其为威福如此。负其骄宠,奢侈逾度,室宇崇僭,器服珍丽,歌僮舞女,选极一时。开阁延宾,海内辐凑,贵游豪戚及浮竞之徒,莫不尽礼事之。或著文章称美谧,以方贾谊。渤海石崇欧阳建、荥阳潘岳、吴国陆机陆云、兰陵缪徵、京兆杜斌挚虞、琅邪诸葛诠、弘农王粹、襄城杜育、南阳邹捷、齐国左思、清河崔基、沛国刘环、汝南和郁周恢、安平牵秀、颍川陈眕、太原郭彰、高阳许猛、彭城刘讷、中山刘舆刘琨皆傅会于谧,号曰二十四友,其余不得预焉。"②"二十四友",沈玉成指出"其中虽多为文人,实际上是一个政治性集团",并且其形成"是一个逐渐集合的过程",而形成时间"应当在元康五、六年间"③。元康五、六年间,挚虞是在朝廷任职,直到永宁元年才有转任少府的记载。姑系挚虞加入"二十四友"于形成之年。

挚虞与"二十四友"的交往,有史料佐证者仅潘岳和杜育,详《挚虞生平补考》。

**晋惠帝元康九年(298) 五十五岁**

**挚虞作《新婚箴》。**

挚虞作《新婚箴》赠潘岳:"今在哲文,遭家不造。结发之丽,不同偕老。既纳新配,内芬外藻。厚味腊毒,大命将夭。色不可耽,命不可轻。君子是惮,敢告后生。"④又潘岳《答挚虞新婚箴》:"先王制礼,随时为正。俯从企及,岂乖物性。女无二归,男有再聘。女实存色,男实存德。德在居正,色在不惑。新旧兼弘,义申理得。然性情之际,诚难处心。君子过虑,爰献明箴。防微测隐,文丽旨深。敬纳嘉诲,敢酬德

---

① 《晋书》卷四七《傅咸传》,第1325页。

② 《晋书》卷四〇《贾谧传》,第1173页。

③ 参见《"竹林七贤"与"二十四友"》,《沈玉成文存》,北京:中华书局,2006年,第245—249页。

④ 《艺文类聚》卷四〇,第724页。

音。”[①]潘岳与挚虞酬答时间，学界颇有异说，但此新婚系续弦已成共识。元康八年，挚虞元配杨氏去世，需服齐衰杖期一年，则新婚是元康九年，详《挚虞生平补考》。

**晋惠帝永宁元年(301)　五十七岁**

**挚虞迁少府。**

《晋书・张轨传》：“永宁初……秘书监缪世徵、少府挚虞夜观星象，相与言曰：‘天下方乱，避难之国唯凉土耳。张凉州德量不恒，殆其人乎！’”[②]则永宁初年挚虞任少府一职，邓国光系之本年[③]，可从。

少府，属于列卿，《晋书・职官志》载其职掌曰：“统材官校尉、中左右三尚方、中黄左右藏、左校、甄官、平准、奚官等令，左校坊、邺中黄左右藏、油官等丞。”[④]

**挚虞称王接“应和鼎味”。**

《晋书・王接传》：“永宁初，举秀才。友人荥阳潘滔遗接书曰：‘挚虞、卞玄仁并谓足下应和鼎味，可无以应秀才行。’接报书曰：‘今世道交丧，将遂剥乱，而识智之士钳口韬笔，祸败日深，如火之燎原，其可救乎？非荣斯行，欲极陈所见，冀有觉悟耳。’”[⑤]阎步克指出“应和鼎味”大约是指就任公府之掾属僚佐。应征辟而为公府掾，在魏晋南北朝亦是士族高门子弟习见的入仕方式之一。由此入仕，地位亦较秀孝察举为高，则知应举在时人眼中已非入仕之荣途。[⑥]

**挚虞作《致齐王冏笺》。**

《晋书・张华传》：“后伦、秀伏诛，齐王冏辅政，挚虞致笺于冏曰：‘间于张华没后入中书省，得华先帝时答诏本草。先帝问华可以辅政持重付以后事者。华答：“明德至亲，莫如先王，宜留以为社稷之镇。”其忠良之谋，款诚之言，信于幽冥，没而后彰，与苟且随时者不可同世而论也。议者有责华以愍怀太子之事不抗节廷争。当此之时，谏者必得违命之死。先圣之教，死而无益者，不以责人，故晏婴，齐之正卿，不死崔杼之难；季札，吴之宗臣，不争逆顺之理。理尽而无所施者，固圣教之所不责也。’”[⑦]齐王司马冏击败司马伦，迎取惠帝辅政，正在本年。

**晋惠帝太安元年(302)　五十八岁**

**挚虞迁秘书监，作《皇太孙薨服议》。**

《晋书・礼志中》：“惠帝太安元年三月，皇太孙尚薨。有司奏御服齐衰期。诏下通议。散骑常侍谢衡以为：‘诸侯之太子，誓与未誓，尊卑体殊。《丧服》云为嫡子长殇，谓未誓也，已誓则不殇也。’中书令卞粹曰：‘太子始生，故已尊重，不待命誓。若衡

① 王增文：《潘黄门集校注》，郑州：中州古籍出版社，2002 年，第 160 页。
② 《晋书》卷八六《张轨传》，第 2221—2222 页。
③ 《挚虞研究》，第 32 页。
④ 《晋书》卷二四《职官志》，第 737 页。
⑤ 《晋书》卷五一《王接传》，第 1435 页。
⑥ 阎步克：《察举制度变迁史稿》，北京：中国人民大学出版社，2009 年，第 172 页。
⑦ 《晋书》卷三六《张华传》，第 1076 页。

议已誓不殇,则无服之子当斩衰三年。未誓而殇,则虽十九当大功九月。誓与未誓,其为升降也微。斩衰与大功,其为轻重也远。而今注云“诸侯不降嫡殇重”。嫌于无服,以大功为重嫡之服,则虽誓,无复有三年之理明矣。男能卫社稷,女能奉妇道,以可成之年而有已成之事,故可无殇,非孩龀之谓也。为殇后者尊之如父,犹无所加而止殇服,况以天子之尊,而为无服之殇行成人之制邪!凡诸宜重之殇,皆士大夫不加服,而令至尊独居其重,未之前闻也。'博士蔡克同粹。秘书监挚虞云:'太子初生,举以成人之礼,则殇理除矣。太孙亦体君传重,由位成而服全,非以年也。天子无服殇之义,绝期故也。'于是从之。”①又《挚虞传》:“皇太孙尚薨,有司奏'御服齐衰期'。诏令博士议。虞曰:'太子生,举以成人之礼,则殇理除矣。太孙亦体君传重,由位成而服全,非以年也。'从之。”②又《礼志中》:“魏武以正月崩,魏文以其年七月设妓乐百戏,是则魏不以丧废乐也。武帝以来,国有大丧,辄废乐终三年。惠帝太安元年,太子丧未除,及元会亦废乐。”③据上可知,挚虞迁秘书监不会晚于太安元年。

曹道衡考证:“《晋书·挚虞传》载虞于惠帝元康中,迁吴王友,后历秘书监、卫尉卿,从惠帝幸长安。朱希祖《汲冢书考·汲冢书校理人物考》疑虞为秘书监在惠帝永平元年二月复置秘书监官之时,其证为《张华传》'秘书监挚虞撰定官书,皆资华之本以取正',又贾谧在元康末为秘书监,与张华同时被杀,故挚虞为此官当在贾谧前。说可参。《杜预传》记预专心《左传》,'秘书监挚虞'赏之。预卒于太康五年(284)此亦一证也。然列传所记职衔,往往以后为前,未可尽据。《礼志中》记惠帝太安元年(302)三月,皇太孙薨,议礼,散骑常侍谢衡、中书令卞粹、博士蔡克、秘书监挚虞与议。谢衡无考;《惠帝纪》载中书令卞粹于太安二年(303)为长沙王乂所杀;《宣五王传》载永康二年(301)博士陈留蔡克议梁王肜谥,皆可证《礼志》所记职衔为有据,则其时挚虞正任秘书监。如《杜预传》、《张华传》所记不误,秘书监品位高于吴王友,挚虞当于吴王友之后迁转秘书监。吴王晏以太康十年(289)封,虞于太康中以吴王友迁秘书监,至早当在太康五年左右,稍后贾谧即居是职,则又与朱考不合。故疑虞于太康中未尝为官,《晋书》本传及《礼志》所记可靠,挚虞当于永康元年(300)贾谧被杀后继谧居秘书监,迁卫尉卿,永兴元年(304)冬随惠帝至长安。”④曹先生以为挚虞在永康元年继贾谧为秘书监,恐不妥,因为《张轨传》说“永宁初……秘书监缪世徵、少府挚虞夜观星象”⑤,则继贾谧的应是缪世徵,挚虞时任少府。又讨论皇太子薨服的太安元年(302),挚虞已为秘书监,则判断挚虞迁秘书监不晚于太安元年最为妥当。

魏晋的秘书监或是史学巨擘,或是文坛领袖,或是儒学名宗,也有宗室贵戚,地位尊崇,主要负责图书的典藏与整理、大型书籍的编纂和国史的修撰,西晋时期秘书监可考的有庾峻、荀勖、华峤、何劭、虞濬、贾谧、司马略、缪徵、挚虞、潘尼等十人。

《晋书·张华传》:“秘书监挚虞撰定官书,皆资华之本以取正焉。”⑥挚虞和张华

---

①③ 《晋书》卷二〇《礼志中》,第625、618页。

② 《晋书》卷五一《挚虞传》,第1426页。

④ 《中古文学史料丛考》,第152—153页。

⑤ 张轨也是天文学家,《魏书·张寔传》载“轨颇识天文”(北京:中华书局,1974年,第2193页)。

⑥ 《晋书》卷三六《张华传》,第1074页。

有过交往，张华曾赠诗给挚虞："君子有逸志，栖迟于一丘。仰荫高林茂，俯临渌水流。恬淡养玄虚，况精研圣猷。"[①]

**挚虞赏杜预《春秋左氏经传释例》。**

《晋书·杜预传》："既立功之后，从容无事，乃耽思经籍，为《春秋左氏经传集解》。又参考众家谱第，谓之《释例》。又作《盟会图》、《春秋长历》，备成一家之学，比老乃成。又撰《女记赞》。当时论者谓预文义质直，世人未之重，唯秘书监挚虞赏之，曰：'左丘明本为《春秋》作传，而《左传》遂自孤行。《释例》本为《传》设，而所发明何但《左传》，故亦孤行。'时王济解相马，又甚爱之，而和峤颇聚敛，预常称'济有马癖，峤有钱癖'。武帝闻之，谓预曰：'卿有何癖？'对曰：'臣有《左传》癖。'"[②]

《晋书》以挚虞欣赏杜预《春秋释例》在秘书监任上，邓国光作了驳正，说挚虞转秘书监时，杜预已去世十八年，又引王隐《晋书》认为挚虞时任尚书郎[③]，这是正确的。尚可补充的是，《三国志·魏书·杜畿传》裴注引《杜氏新书》称"尚书郎挚虞甚重之"[④]，挚虞任尚书郎应在太康五年(284)至永宁元年(301)间，杜预卒于太康六年(285)，时间相接，则《杜氏新书》记载可靠，《晋书》所载乃后人追述。挚虞将杜预为《左传》作《释例》与左丘明为《春秋》作传相提并论，赞赏《释例》颇多发明，无需附骥《左传》而能孤行传世。

**挚虞编纂《文章流别集》、撰《文章志》。**

《晋书·挚虞传》："虞撰《文章志》四卷，注解《三辅决录》，又撰古文章，类聚区分为三十卷，名曰《流别集》，各为之论，辞理惬当，为世所重。"[⑤]《隋书·经籍志》史志"簿录类"载《文章志》四卷，集志载《文章流别集》四十一卷(梁六十卷，论二卷)。《文章流别集》与《文章志》本是两书，但关于它们的关系，历来众说纷纭，有人认为《文章志》即《文章流别志》，是《文章流别集》的作者小传部分。但根据《文章志》和《文章流别集》涉及的作家和作品来看，至少有三大差别：一是两书断限不同，《文章志》截至曹魏，《文章流别集》截至东汉；二是作家差别较大，《文章志》提及15位，《文章流别集》提及27位，重复的仅有史岑、傅毅、陈琳、王粲等4人；三是作品全部不同，《文章志》提及7篇，《文章流别集》提及48篇，竟无一相同。因此说《文章志》是独立著作，不是《文章流别集》的组成部分，也不存在《文章流别志》这部书，详见拙文《挚虞史著考》[⑥]。

傅刚《萧统评传》说："挚虞编纂《文章流别集》，时间不详，但可推测为其任秘书监时。因为编纂各体总集，需要大量图书，非据有国家藏书不可当此论。这就是说挚虞编纂《流别集》很可能出自秘书监职份，其后李充编《翰林论》，也是在著作郎任上。从这个意义上说，总集的产生，原来是与政府机构的职能相关联的。"[⑦]无论是编纂《文

---

① 《艺文类聚》卷三一，第547页。"况"，逯钦立《先秦汉魏晋南北朝诗》(第621页)作"沈"，是。
② 《晋书》卷三四《杜预传》，第1031页。
③ 《挚虞研究》，第15页。
④ (西晋)陈寿：《三国志》卷一六《魏书·杜畿传》，北京：中华书局，1982年，第508页。
⑤ 《晋书》卷五一《挚虞传》，第1425页。
⑥ 徐昌盛：《挚虞史著考》，《古籍整理研究学刊》，2016年第2期，第49—50页。
⑦ 曹道衡、傅刚：《萧统评传》，南京：南京大学出版社，2001年，第219—220页。

章流别集》还是撰写《文章志》,都需要参考大量图书,秘书监典校中秘图书,此时最为便利,本年挚虞始迁秘书监,姑系于此。

**挚虞编纂《畿服经》。**

《隋志》"地理类"序载:"其(《汉书·地理志》)州国郡县山川夷险时俗之异,经星之分,风气所生,区域之广,户口之数,各有攸叙,与古《禹贡》、《周官》所记相埒。是后载笔之士,管窥末学,不能及远,但记州郡之名而已。晋世,挚虞依《禹贡》、《周官》,作《畿服经》,其州郡及县分野封略事业,国邑山陵水泉,乡亭城道里土田,民物风俗,先贤旧好,靡不具悉,凡一百七十卷,今亡。"①挚虞编撰《畿服经》的典籍依据是《禹贡》和《周礼·夏官·职方氏》,效法对象是《汉书·地理志》。《禹贡》分天下为九州并略述了土地和山川形势,而"职方氏"的职责是"掌天下之图,以掌天下之地,辨其邦国、都鄙、四夷、八蛮、七闽、九貉、五戎、六狄之人民与其财用、九谷、六畜之数要,周知其利害"②。据"国邑山陵水泉,乡亭城道里土田,民物风俗,先贤旧好"句,说明挚虞对全国风土人情比较了解。我们知道,国家的整体地理风俗情况,在封建社会也属于机密,故萧何至咸阳先收秦朝图籍以利战事。《汉书·萧何传》:"沛公至咸阳,诸将皆争走金帛财物之府分之,何独先入收秦丞相御史律令图书藏之。沛公具知天下厄塞,户口多少,强弱处,民所疾苦者,以何得秦图书也。"③又《汉书·宣元六王传》载东平思王刘宇向朝廷求《太史公书》,王凤拒绝给予,理由是:"《太史公书》有战国纵横权谲之谋,汉兴之初谋臣奇策,天官灾异,地形厄塞,皆不宜在诸侯王。"④因此挚虞成此巨帙,自然不可能指望从民间蒐集获取相关资料,最可能选择利用秘阁藏书的良机,因此推断在秘书监任内写成,得以趁任职之便,参考众多的地理、地方志和郡书,从而达到"靡不具悉"的地步。又傅畅《晋诸公赞》曰:"庾峻自司空长史迁秘书监,幽赞符命,天文地理,因有述焉。"⑤庾峻迁任秘书监后,因有幽赞符命、天文地理的著述,则地理著述似应是秘书监职责之一,挚虞撰《畿服经》,应是出于职业需要。

**晋惠帝永兴元年(304) 六十岁**

**挚虞迁卫尉卿,从惠帝幸长安。**

《晋书·挚虞传》:"后历秘书监、卫尉卿,从惠帝幸长安。及东军来迎,百官奔散,遂流离鄠、杜之间,转入南山中,粮绝饥甚,拾橡实而食之。"⑥《世说新语·文学》刘孝标注引王隐《晋书》也说:"(挚虞)从惠帝至长安,遂流离鄠、杜间。性好博古而文籍荡尽。"⑦《惠帝纪》:"冬十一月乙未,(张)方请帝谒庙,因劫帝幸长安。"⑧因此陆侃如认

---

① (唐)魏徵等:《隋书》卷三三《经籍志》,北京:中华书局,1973年,第988页。
② (清)孙诒让:《周礼正义》卷六三,北京:中华书局,1987年,第2636页。
③ 《汉书》卷三九,第2006页。
④ 《汉书》卷八〇,第3324页。
⑤ 《太平御览》卷二三三,第1106页。
⑥ 《晋书》卷五一《挚虞传》,第1426页。
⑦ 《世说新语笺疏》,第301页。
⑧ 《晋书》卷四《惠帝纪》,第103页。

为惠帝于本年十一月一日被张方逼赴长安[①]。《高光传》又说："惠帝为张方所逼，幸长安，朝臣奔散，莫有从者，(高)光独侍帝而西。迁尚书左仆射，加散骑常侍。"[②]据此可知，挚虞时任卫尉卿。《晋书·职官志》载卫尉卿的职责是"卫尉，统武库、公车、卫士、诸冶等令，左右都候，南北东西督冶掾"[③]，实际上统管武装保卫之责，挚虞一介文臣，应属临危受命。他随惠帝一起被张方劫往长安，到了长安后，"东军来迎"，"东军"指司马越的军队，张方属司马颙的军队，光熙元年春两军交战，导致"朝臣奔散，莫有从者"，挚虞也流离鄠、杜间，后入南山，粮尽以橡实充饥。

**晋惠帝光熙元年(306)　六十二岁**

**挚虞还洛为光禄勋。**

《晋书·挚虞传》："后得还洛，历光禄勋。"[④]《惠帝纪》载光熙元年春正月，"司马越遣其将祁弘、宋胄、司马纂等迎帝"[⑤]，则还洛当在此时。光禄勋，《晋书·职官志》记其职掌曰："统武贲中郎将、羽林郎将、冗从仆射、羽林左监、五官左右中郎将、东园匠、太官、御府、守宫、黄门、掖庭、清商、华林园、暴室等令。"[⑥]邓国光根据《通典》记载的汉代光禄勋职能，认为"光禄勋又称为光禄大夫，主郎官进退，故甚尊贵"[⑦]。光禄勋是列卿，有具体的职掌，光禄大夫是优崇之官，属于荣誉性岗位，两者性质不同。

**晋怀帝永嘉元年(307)　六十三岁**

**挚虞迁太常卿，进行礼仪考正工作。**

《晋书·挚虞传》："后得还洛，历光禄勋、太常卿，时怀帝亲郊。自元康以来，不亲郊祀，礼仪弛废。虞考正旧典，法物粲然。"[⑧]《隋书·礼仪志》："唯晋太常卿挚虞，独疑大辂，谓非玉辂。挚虞之说，理实可疑，而历代通儒，混为玉辂，详其施用，义亦不殊。"[⑨]应是此时产物。

《世说新语·文学》刘孝标注引王隐《晋书》："历秘书监，太常卿。从惠帝至长安，遂流离鄠、杜间。"[⑩]陆侃如以为"虞为太常始于从惠帝至长安前，与本传不合"，又"自太安元年皇太孙卒，至永兴元年惠帝西迁，仅三十一月，遍历秘书、卫尉、光禄、太常四职，似乎不太合常理"[⑪]。陆侃如所言有理，但乱世兵燹之中，官员们或离散、或死亡，朝廷人手紧缺，两年半四次迁官，也不是没有可能，前引《高光传》即称"朝臣奔散"，因

---

① 《中古文学系年》，第 812 页。

② 《晋书》卷四一《高光传》，第 1198—1199 页。

③⑥ 《晋书》卷二四《职官志》，第 736 页。

④ 《晋书》卷五一《挚虞传》，第 1426 页。

⑤ 《晋书》卷四《惠帝纪》，第 106 页。

⑦ 《挚虞研究》，第 33 页。

⑧ 《晋书》卷五一《挚虞传》，第 1426 页。《北堂书钞》卷五三引刘道荟《晋起居注》称"元康六年以后，不常亲郊，经杂事难，制度废弛。太常虞松考正旧仪，无不悉备"(第 199 页)，虞松是魏晋之际人，不得到元康后期任太常，应是挚虞之误，初唐史臣改成挚虞，是正确的。

⑨ 《隋书》卷十《礼仪志》，第 204 页。

⑩ 《世说新语笺疏》，第 301 页。

⑪ 《中古文学系年》，第 821 页。

此高光因独侍升迁，而挚虞基本在列卿位置上轮换，没有明显的升迁。

挚虞在光禄勋任上不久即转迁太常卿，很可能是出于考正礼典的需要。太常卿的职责，《晋书·职官志》："太常，有博士、协律校尉员，又统太学诸博士、祭酒及太史、太庙、太乐、鼓吹、陵等令，太史又别置灵台丞。"①那么怀帝亲自参与郊祀，发现乱离之后，礼仪荒废，而挚虞曾修订《新礼》，具备丰厚的礼学修养，自是不二人选。因此命其任太常卿，负责考定礼仪。于是挚虞根据旧典，将郊祀礼仪和礼器法度整理清楚。

**晋怀帝永嘉四年(310)　六十六岁**

**挚虞遗书与张轨。**

《晋书·张轨传》："光禄傅祗、太常挚虞遗轨书，告京师饥匮。"②《资治通鉴》系于永嘉四年③，据《孝怀帝纪》，永嘉四年"幽、并、司、冀、秦、雍等六州大蝗，食草木、牛马毛，皆尽"④，则洛阳饥匮应是出于蝗灾。

张轨与挚虞同为皇甫谧门人，两人应当闻名，但挚虞长张轨十岁，没有同时受业，后来相知应是在太子舍人任上。据考证，他们在咸宁二年(275)至太康元年(280)间同为太子舍人，详见《挚虞生平补考》。

**晋怀帝永嘉五年(311)　六十七岁**

**挚虞以馁卒。**

《晋书·挚虞传》："及洛京荒乱，盗窃纵横，人饥相食。虞素清贫，遂以馁卒。"⑤陆侃如定于本年，依据是《世说新语·文学》刘孝标注引王隐《晋书》所说的"永嘉五年，洛中大饥，遂饿而死"⑥。

挚虞去世的地点应在柏谷，《魏书·常景传》："友人刁整每谓曰：'卿清德自居，不事家业，虽俭约可尚，将何以自济也？吾恐挚太常方馁于柏谷耳。'"⑦

(作者单位：湖南师范大学文学院)

① 《晋书》卷二四《职官志》，第 735 页。
② 《晋书》卷八六《张轨传》，第 2225 页。
③ (宋)司马光等：《资治通鉴》卷八七，北京：中华书局，1956 年，第 2756 页。
④ 《晋书》卷四《孝怀帝纪》，第 120 页。
⑤ 《晋书》卷五一《挚虞传》，第 1426－1427 页。
⑥ 《中古文学系年》，第 829 页。
⑦ 《魏书》卷八二《常景传》，第 1805 页。

# 赵令畤行年考

孙欣婷

赵令畤(1064—1134)为宋代赵氏宗室成员，北宋后期著名笔记小说家，著有《侯鲭录》八卷，保存了当时文人的许多材料。他也是北宋比较著名的词人，赵万里曾辑其词为《聊复集》一卷。赵令畤其人，《宋史》有传，但颇为简略，其他资料也比较匮乏，学界对其生平事迹也就不甚了了。今试考辨其生平行事，以就教于方家。

赵令畤，字景贶，苏轼为之改字德麟："今君学道观妙，淡泊自守，以富贵为浮云，而文章议论，载其令名而驰之。既有麟之病矣，又可得逃乎？敬字君德麟……"[①]其号为"聊复翁"，考《昭德先生郡斋读书志·附志》卷五所载"藏六居士《安乐集》十二卷"一条可知，赵令畤又号"藏六居士"。

赵令畤为燕王德昭玄孙。太宗有四子：长子滕王德秀，次燕王德昭，次舒王德林，次秦王德芳。德秀、德林皆早亡。燕王德昭字日新，太平兴国四年卒，追封为魏王，后改为越王。《宋史·宗室系表四·燕王房四》言赵令畤的父亲是赵世曼，封华原郡公。赵令畤封安定郡王、赠太师，还有兄长东阳侯赵令率及赠右屯卫大将军赵令瑀。有子五人：宣教郎子筥，右朝奉大夫子籈，赠开府仪同三司子�，迪功郎子筹、子荣。

妻王氏，有存诗："白藕作花风已秋，不堪残睡更回头。晚云带雨归飞急，去作西窗一夜愁。"吴开《优古堂诗话》载："此赵德麟细君王氏所作也。德麟既鳏居，因见此篇，遂与之为亲，余以为二十八字媒也。"[②]王大可《王大可辑词话》亦作此说。丁绍仪《听秋声馆词话》卷八云："宋时词学盛行，然夫妇均有词传，仅曾布、方乔、陆游、易祓、戴复古五家。方、戴、易，姓氏且无考，戴、陆更系怨耦，易妻词亦甚怨抑，惟子宣与魏夫人克称良匹。他如赵明诚妻李易安盛以词名，而明诚词无传。赵德麟词甚工，其妻王夫人只传'白藕作花风已秋，不堪残醉更回头。晚云带雨归飞急，去作西窗一夜愁'一诗而已。琴鸣瑟应，天固若是靳惜耶。"[③]另有南宋时期无名氏《锦绣万花谷》卷三注为赵令畤之作，《全宋诗》引其说，应是错误[④]。

赵令畤主要著作有《侯鲭录》八卷，有明嘉靖二十三年芸窗书院刻本，明代鳌峰书院刻本，清嘉庆八年长塘鲍氏重印本(收入《知不足斋丛书》第二十二集)。

其词陈振孙《直斋书录解题》著录有《聊复集》一卷，已佚。近人赵万里辑其词36首，题《聊复集》一卷，刊入《校辑宋金元人词》第一册中。

---

① (宋)苏轼：《赵德麟字说》，李之亮笺注：《苏轼文集编年笺注》卷一〇，第二册，成都：巴蜀书社，2011年，第75页。

② (宋)吴开：《优古堂诗话》，《景印文渊阁四库全书》，第1478册，台北：商务印书馆，1983年，第467页。

③ (清)丁绍仪：《听秋声馆词话》卷八，唐圭璋：《词话丛编》，北京：中华书局，1986年，第2670—2671页。

④ (宋)无名氏：《锦绣万花谷》卷三，上海：上海古籍出版社，1991年，第37页。

赵令畤也是诗人、文人,《全宋诗》收其诗11首,实为10首,《秋》诗为妻王氏作,《全宋文》收其文8篇。《宋史·艺文志》尚著录其《安乐集》30卷,今已不存。

赵令畤的生年,有不同的说法,孔凡礼先生在点校《侯鲭录》时据李廌的诗句定其生年为宋英宗治平元年(1064),详后。而关于其卒年,亦有绍兴四年(1133)和绍兴五年(1134)之说,因无相关之墓志铭等文献记载,姑且存疑。

**治平元年甲辰(1064)一岁　赵令畤出生**

关于赵令畤生年,《全宋词》小传认为在宋仁宗皇祐三年(1051),《宋人传记资料索引》引用此说法。而上海古籍出版社笔记小说大观本《侯鲭录》之作者介绍中说他生于1061年,大象出版社出版的《侯鲭录》作者介绍中则说他生于1064年。孔凡礼先生以李廌《济南集》卷三《赵德麟中秋生日》之"治平初年岁执徐,越王国邸生英儒"[①]句,定赵令畤生于宋英宗治平元年(1064)甲辰中秋[②]。对孔凡礼的这一推断,后人赞同者居多,此处以孔说为准。

**元祐元年(1086)二十三岁　赵令畤入仕为蔡确幕僚。**

蔡确,字持正,泉州晋江人,"有智数,尚气,不谨细行"[③]。其时镇淮阳,赵令畤十二月入仕为其幕僚。贺铸有诗《送赵令畤之官陈州兼简周文清赵字景贶,越懿王玄孙。时蔡仆射镇淮扬。丙寅十二月望京师赋》:"朱衣白面懿王孙,好去淮阳事相君。已放扁舟下南浦,更持樽酒醉西曛。青云计自此行始,明月惜从今夜分。拟仗短书裁不及,但传穷达报知闻。"[④]可证之。

对于赵令畤入蔡幕一事,李廌《赵德麟中秋生日》言:"除书令上芸香阁,中秘校雠专笔削。辞荣宁作卿寺僚,外迁肯入诸侯幕。"[⑤]对赵令畤以王室之贵而甘于作蔡确幕僚的态度进行了赞誉。

**元祐二年(1087)二十四岁　赵令畤入傅尧俞幕,为从八品签判。**

六月戊子,傅尧俞知陈州,赵令畤入其幕,为从八品签判,并于赈灾一事有功,以致后来苏轼曾向其讨教赈济之法:"一日,天未明,东坡来召议事曰:'某一夕不寐,念颍人之饥,欲出百余千,造饼救之。老妻谓某曰:"子昨过陈,见傅钦之言,签判在陈,赈济有功,何不问其赈济之法。"'"[⑥]

① (宋)李廌:《济南集》卷三,《景印文渊阁四库全书》,第1115册,第741页。

② 参见孔凡礼:《〈侯鲭录〉点校说明》。(宋)赵令畤等著,孔凡礼点校:《侯鲭录　墨客挥犀　续墨客挥犀》,北京:中华书局,2002年。

③ (元)脱脱等:《宋史》卷四百七十一,第39册,北京:中华书局,1977年,第13698页。

④ 傅璇琮等:《全宋诗》卷一一零七,北京:北京大学出版社,1995年,第12565页。

⑤ 《济南集》卷三,第741页。

⑥ 参见《侯鲭录》卷四,"东坡汝阴赈饥寒"一则,《侯鲭录　墨客挥犀　续墨客挥犀》,第119—120页。

**元祐五年(1090)二十七岁　赵令畤为签书颍州节度判官厅公事。**

**元祐六年(1091)二十八岁　苏轼知颍州,赵令畤继续为颍州签判。**

据《东坡先生年谱》所云,元祐六年,东坡知颍州,"闰八月,到任。时陈履常为教授,赵令畤为签判"①。

期间,赵令畤与苏轼有了最初的接触,苏轼改其字为德麟。阮阅《诗话总龟》后集卷四十八之"丽人门"亦言:"东坡作《秋阳赋》云:'越王之孙,有贤公子。宅于不土之里,而咏无言之诗。'盖畤字也。坡云:'且教人别处使不得。'"②

十月,颍州久旱,苏轼命次子苏迨与陈师道祷雨。十一月,颍州祷雨得雪,夜复得雨,苏轼等人赋诗相庆,苏轼有《书颍州祷雨诗》,提到赵令畤出示苏轼次子苏迨诗,该诗仅存两句。

赵令畤在苏轼任职颍州期间,与其多有来往,交游频繁。与陈师道、陈传道、欧阳叔弼、欧阳季默等人,追慕东坡,日相唱和,东坡谓之五君。

如此文人雅集,自然十分有风韵。他们以比赛方式作诗,赵令畤作监察,如苏轼有《次韵赵景贶督两欧作诗及破陈履常酒戒》一诗,大约陈师道输掉比赛,被迫饮酒,自此破戒。东坡又有诗《和赵景贶〈栽桧〉》,可知,赵令畤此时有诗《栽桧》,而此诗未存于《全宋诗》中,当佚。

对于苏轼和赵令畤的交游,也有人做出负面评价,黄庆基弹劾苏轼的奏状中言:"轼知颍州日,赵令畤为本州签判,轼与之往还甚密,每赴赵令畤筵会,则坐于堂上,入于卧内,惟两分而已。其家妇女皆列侍左右,士论极以为丑。"③这也从侧面说明赵令畤当时与苏轼的交往十分亲密。

王灼《碧鸡漫志》也评论赵令畤和其他苏轼门下客道:"赵德麟、李方叔皆东坡客,其气味殊不近,赵婉而李俊,各有所长,晚年皆荒醉汝颍京洛间,时时出滑稽语。"④

**元祐七年(1092)二十九岁　苏轼举荐赵令畤入馆阁,未成。三月,赵令畤治理颍州西湖完毕。**

正月,苏轼认为赵令畤"事亲笃孝,内行纯备",荐赵令畤入馆阁,未能如愿,见《荐宗室赵令畤状》⑤。

同时,赵令畤继续与众友人围绕在苏轼身边,流连诗酒。《侯鲭录》曰:"元祐七年正月,东坡先生在汝阴,州堂前,梅花大开,月色鲜霁。先生王夫人曰:'春月色胜于秋月色,秋月色令人凄惨,春月色令人和悦。何如招赵德麟辈来饮此花下?'东坡先生大

---

① (宋)王宗稷:《东坡先生年谱》,吴洪泽等:《宋人年谱丛刊》,成都:四川大学出版社,2003年,第5册,第2804页。关于陈、赵两人的往来,赵令畤有《次韵陈履常汝阴久雪赈饥》一诗为证,陈履常即陈师道。

② (宋)阮阅:《诗话总龟》卷四十八,北京:人民文学出版社,1987年,第229页。

③ (宋)黄庆基:《劾苏轼状》,《全宋文》卷一千七百二,上海:上海辞书出版社,2006年,第157页。

④ (宋)王灼:《碧鸡漫志》卷二,《词话丛编》,第83页。

⑤ 《苏轼文集编年笺注》卷三十四,第318—319页。

喜曰:‘吾不知子能诗耶? 此真诗家语耳。’遂相招,与二欧饮。”①

考《东坡纪年录》,时间在七年二月十五夜,与《侯鲭录》中言在正月不同,不知以何为据。东坡宴饮诸友于梅花下,而赵令畤也在梅香中作词。《古今词话》记:“又安定郡王赵令畤,尝夜过东坡家,饮梅花下,曾以《凤栖梧》题《会真记》云:‘锦额重帘深几许。只是低头,怕受他人顾。强出娇嗔无一语。绛绡频掩酥胸素。’见《聊复集》。”②考赵令畤现存之词,为《全宋词》收录,其中有《蝶恋花》商调十二首咏《会真记》,并有小注评之,《蝶恋花》商调十二首即是此处所记之《凤栖梧》词。这十二首词意义重大,毛奇龄《西河词话》评价:“宋末有安定郡王赵令畤者,始作商调鼓子词,谱《西厢》传奇,则纯以事实谱词曲间,然犹无演白也。”③王国维认为,毛氏是将赵令畤《蝶恋花》视为戏曲之祖。

对赵令畤之词,周必大《跋赵德麟书》中评价道:“词翰虽君子余事,必渊源有自,乃可贵焉。德麟既著录于老坡之门,子礼复顺风于德麟之室,而诚父又子礼过庭之佳子弟也。文献相承,夫岂偶然。推而上之,传道安可以无宗哉?”④

此后苏轼与赵德麟诸人继续诗词相和,品酒赏花,赵德麟赠苏轼以“洞庭春色”黄柑酒。期间陈传道离去,赵令畤有《送陈传道》诗⑤。苏轼为赵令畤写有《次韵赵景贶春思》、《腊梅赠景贶》、《次韵赵德麟送陈传道》、《赵德麟饯饮湖上舟中对月》、《戏和赵景贶求酒》、《次韵景贶雪中惜梅饷酒》等诗。

苏轼在颍州做官期间,治理颍州西湖,未完而去,赵令畤等人继续治理直至完工。《瓯北诗话》卷五:“(东坡)其守颍州也,又浚颍之西湖,与赵德麟、陈履常共事,未成,而改知扬州,德麟卒成之。”⑥此后,苏轼有《轼在颍州与赵德麟同治西湖未成改扬州三月十六日湖成德麟有诗见怀次韵》。按《眉阳三苏先生年谱》,此时是元祐七年,东坡已调往扬州,颍州西湖未完之工由赵令畤等人继续,三月十六日竣工,赵令畤写诗以报苏轼,苏轼和之以《次韵赵德麟〈西湖新成见怀〉》、《再次韵赵德麟〈新开西湖〉》诸诗,可见赵德麟有诗《西湖新成见怀》、《新开西湖》等,不为《全宋诗》收录,当佚。

虽然苏轼调往扬州,但依旧与赵令畤有诗相唱和,如《次韵赵令畤新开湖》等诗。又苏轼在《轼在颍州与赵德麟同治西湖未成改扬州三月十六日湖成德麟有诗见怀次韵》一诗小注中言:“德麟见约来扬寄居,亦有意求扬倅。”由此可知,赵令畤一度曾想追随苏轼于扬州,并在扬州暂居。

**元祐八年(1093)三十岁　苏轼再荐,于五月四日,时任承议郎、签书颍州节度判官事的赵令畤除光禄寺丞。**

赵令畤于元祐八年终于调回京师。同年九月,苏轼与赵令畤相遇于启圣僧舍,苏

① 《侯鲭录》,《侯鲭录　墨客挥犀　续墨客挥犀》,第120页。
② (清)沈雄:《古今词话·词话》上卷,《词话丛编》,第760页。
③ (清)毛奇龄:《西河词话》卷二,《词话丛编》,第582页。
④ (宋)周必大:《跋赵德麟书》,《全宋文》卷五一二五,第271页。
⑤ 见《苏轼文集编年笺注》附录一《苏轼诗集》卷二十之《和赵德麟〈送陈传道〉》一诗,第11册,第372页。
⑥ (清)赵翼:《瓯北诗话》卷五,北京:人民文学出版社,1963年,第68页。

轼写下了《启圣僧舍遇赵令畤》一诗。考《东坡纪年录》,云:"九月十四日,《东府雨中别子由》……自杭还京,和子功月石屏、纯父涵星砚,邂逅德麟、叔盎画马等诗,及与王定国、蒋颖叔、钱穆父、王晋卿、王仲至、秦少游等次韵诗。"①

**绍圣元年(1094)三十一岁　苏轼南迁,赵令畤被处以罚金。**

因为与苏轼交往密切,在苏轼被贬谪之后,赵令畤也被罚金作为惩处。自此,二人交往中断。

**绍圣四年(1097)至元符二年(1099)间,三十四岁到三十六岁　赵令畤为襄阳从事。**

赵令畤在襄阳任职期间,与李廌、谢公定等人交游。其中,尤与李廌最为亲厚,赵令畤有《李廌画品跋》,写于元符元年七月,赞道:"李方叔初以文章映照一世,其气韵高远,鉴裁明当,决不待试而后知。"②案:李廌(1059—1109),字方叔,号济南,又号太华逸民,华州人,少以学问称乡里,后于黄州谒见苏轼,苏轼对他十分激赏,谓其为"万人敌",为"苏门六君子"之一。屡次落第后遂绝意进取。卒于大观三年,时年五十一。著文若干篇,其子辑为《济南集》,又称《月岩集》,又编正续二集,《宋史》卷四四四有传。李廌亦有《德隅堂画品书后》一文,曰与赵令畤"遇于荆州,留连余半年,中间与德麟徜徉山水,为觞咏登临之乐,无日不然"③。此外,还有《赵令畤德麟作襄阳从事,丁丑季冬出行南山三邑,某同谢公定、曾仲成、潘仲宝携酒自大悲寺登舟过岘山,宿鹿门,明日复自岘首目送缘绝壁而往上,船山下相与酌酒而去,德麟赋诗次韵和之》等诗。可知二人相交甚厚,这也是苏轼周围文人群中的又一次内部交游。

**元符二年(1099)三十六岁　赵德麟检校诸邑,与众友游灵溪寺。**

十一月十六日,李廌自鄭来会中庐,与赵令畤等游灵溪寺。李廌写有《从德麟自中庐游灵溪记事》、《德麟以书相招云已与潘仲宝在中庐,可自鄭来,同游灵溪、石门、双池等胜处,某作六诗,率张会川作》等诗,存于《济南集》卷四中,可为证。

**元符三年(1100)三十七岁　赵令畤应诏上疏。**

**崇宁元年(1102)三十九岁　九月被逐到蔡州羁管。**

**崇宁三年(1104)四十一岁　六月,以元符奸党通入元祐党籍,刻石朝堂,为"为臣不忠"之戒。四年以后牵复。**

**宣和五年(1123)六十岁　五月初七日,河东燕山府路宣抚使谭稹致祭于汾东祠,赵令畤书祭文④。**

宣和时期赵令畤为谭稹门客。谭稹在北宋宣和时期是染指统军及军队指挥权的

① (宋)傅藻:《东坡纪年录》,《宋人年谱丛刊》,第五册,第2847页。
② 《全宋文》,卷二千八百六十四,第27页。
③ (宋)李廌:《德隅堂画品书后》,《全宋文》卷一百三十二,第136-137页。
④ (宋)姜仲谦:《谭稹祭汾东祠碑》,《全宋文》卷三千三百五十五,第162-163页。

宦官,方腊起义时,奉命出征。后改任两浙制置使,继任常德军节度使。宣和五年,谭稹出任河北、河东、燕山府路宣抚使,赵令畤此时选择依附谭稹,实是出于自保及维持官位与前途,也因此在谭稹庇护下官至朝散大夫、充河东燕山府路宣抚使司勾当公事,赐紫金鱼袋。

**绍兴二年(1132)六十九岁　任命为右监门卫大将军、荣州防御使,袭封安定郡王。**

《建炎以来系年要录》载闰四月乙未,吕颐浩请以右朝请大夫赵令畤主管行在大宗正司,但宋高宗以为赵令畤曾事宦官谭稹,故令其易环卫官,命其为右监门卫大将军、荣州防御使。

案:吕颐浩,字元直,乐陵人,中进士第。后为密州司户参军,李清臣荐为邠州教授。除宗子博士,累官为太府少卿、直龙图阁、河北转运副使,升待制徽猷阁、都转运使。卒后赠太师,封秦国公。《宋史》说他"有胆略,善鞍马弓箭,当国步艰难之际,人倚之为重"①。

五月,与刘延仲、吕辨等交游,一同品评书画,在吕辨处见怀素自叙帖,作《题怀素自叙帖》。

九月丁亥,赵令畤迁为洪州观察使,袭封安定郡王。

关于赵令畤袭封安定郡王的具体时间,《宋会要辑稿》记载,在绍兴二年八月十九日,吏、礼部、太常寺进言:"宁州观察使、安定郡王令话薨。伏见荣州防御使、权行在宗正司令畤属近行尊,合依例袭封。缘别无案籍检照,乞依昨令话袭封事理,集行在见任待阙寄居宗室议定,取旨施行。"②而《建炎以来系年要录》与《宋史·高宗纪》卷二十七皆记载是到同年九月才得以袭封安定郡王。

案:赵令话,建炎末为右武卫大将军、信州防御使,与赵令畤同为燕王之后。据《宋会要辑稿》记载,绍兴元年七月二十九日,令话得袭封安定郡王,授宁州观察使③。二年八月薨,赠开府仪同三司。据朝臣所奏,安定郡王的袭封应由燕王大宗之后人来承袭,期间虽封过秦王之后人,于礼不合。而根据"袭封以嫡子,无嫡子及有罪疾,立嫡孙;无嫡孙,立嫡子同母弟;无母弟,立庶子;无庶子,立嫡孙同母弟;无母弟,立庶孙"④之嫡嫡相承的制度,赵令畤得以袭封安定郡王。

王明清《挥麈录·余话》中记录:"绍兴壬子,诏知大宗正事安定郡王令畤,访求宗室伯字号七岁以下者十人,入宫备选。"⑤壬子年即绍兴二年,此时赵令畤未任同知行在大宗正事,访求宗室入宫一事应非属实。

**绍兴三年(1133)七十岁　为宁远军承宣使,同知行在大宗正事。**

三月十五日,作《题苏轼归颖帖》:"叔弼丁太夫人忧,将至京师归颖时帖也。至

① 《宋史》卷三百六十二,第32册,第11324页。
② (宋)徐松:《宋会要辑稿》卷一百二十八,帝系六之一,北京:中华书局,1957年,第130页。
③④ 《宋会要辑稿》卷一百二十七,帝系五之三六,第129页。
⑤ (宋)王明清:《挥麈录·余话》卷一,王云五:《丛书集成初编》,上海:商务印书馆,1936年,第874页。

颖，仲豫方成亲，余时入颖幕。后数月，先生来作守，已四十余年，令人惊叹。”①这是四十年后赵令畤追忆苏轼之文，过往之事，而今不胜唏嘘。

六月十八日，下诏令畤、安时等人月廪特免一半折钱，依尚书、侍郎等则例并支本色，“从所乞也”②。

赵令畤此时与知大宗正丞谢伋同条画移司事务③。

十一月十日赵令畤作《乞选差都长奏》，进言乞于逐宫各选差年长可以表率宗子一员，充都长者。

七月为宁远军承宣使。李心传《建炎以来系年要录》曰：“皇伯洪州观察使权行在中正司安定郡王令畤为宁远军承宣使，以积阀迁也。”④

九月为同知行在大宗正事⑤。

**绍兴四年(1134)七十一岁　赵令畤卒。**

正月十五日，检校少保，光山军节度使、同知大宗正事士㒟上书言与赵令畤为兄弟，不能居于其上，请降于赵令畤官职之下，被批准。⑥

对此，赵令畤以为不可，上书《乞改正赵士㒟叙衔奏》：“准大宗正司牒，士㒟奏乞叙衔在令畤之下，有旨特依。契勘在闺门之内，则有长幼之序，于朝廷自有官资高下之列。今宗正当奉行条令，风励宗室，若使冒处，有碍官制。伏乞改正。”⑦但没有批准。《全宋文》系年在绍兴四年四月二十九日⑧，而《宋会要辑稿》言是同年正月二十九日，今查《全宋文》系年小注，出处亦是从《宋会要辑稿》出，而中华书局 1957 年版《宋会要辑稿》之卷一千一百二、第 2832 页，《职官》二〇之二四记载，实为正月二十九日。⑨

《建炎以来系年要录》记载赵令畤于九月壬子卒，年七十一。贫无以殓，赐银绢一百两匹葬之⑩。十月，赠开府仪同三司。

关于赵令畤的卒年具体日期，《宋史·高宗纪》言是九月戊申。

《宋会要辑稿》则言：“(绍兴)五年六月二日，大宗正司奏安定郡王令畤薨。诏皇伯武经大夫令玒可特授华州观察使、安定郡王。”⑪将赵令畤的卒年记录在绍兴五年，与《建炎以来系年要录》和《宋史》都不同。此处难以定夺，又暂无关于赵令畤的墓志铭或悼诗，姑且存疑。

(作者单位：武汉大学文学院)

---

① 《全宋文》卷二千八百六十四，第 28 页。

② 《宋会要辑稿》卷一百二十八，帝系六之三，第 131 页。

③ 按：据《宋会要辑稿》卷一百二十八，帝系六之三之“知大宗正丞谢伋言奉诏与令畤同条画移司事务，谨具五事……”一条，时在六月二十三日，第 131 页。

④ (宋)李心传：《建炎以来系年要录》卷六十七，北京：中华书局，1988 年，第 1135 页。

⑤ 《建炎以来系年要录》卷六十八，第 1158 页。

⑥⑨ 《宋会要辑稿》卷一千一百二，职官二〇之二四，第 2832 页。

⑦⑧ 《全宋文》，卷二千八百六十四，第 26 页。

⑩ 《建炎以来系年要录》卷八十，第 1306 页。

⑪ 《宋会要辑稿》卷一百二十八，帝系六之八，第 134 页。

# 汪仲鲁诗文辑存

## ——补《全元文》《全元诗》之阙

陈开林

汪仲鲁(1323—1401),初名睿,以字行,号容峰,别号贞一道人,晚年又号贞一病叟,婺源吾溪人。生平见程汝器《明故承务郎左春坊左司直郎贞一汪先生睿行状》。另外,汪舜民《弘治徽州府志》卷七、张廷玉《明史》卷一百七十八、傅维鳞《明书》卷一百十七列、查继佐《罪惟录》列传卷之十七、何乔远《名山藏》卷六十一《臣林记》均有其传。程汝器《行状》称其著有《浯溪集》十帙,而《明史艺文志》著录其《蓉峰集》(卷数不详)、《清溪集》十帙,今俱不传。

作为有元一代的文学总集,《全元文》、《全元诗》对汪仲鲁的作品亦有收录。《全元文》第56册辑录其文二篇,小传据《行实》立论,叙写颇为详备。《全元诗》第40册辑录汪睿诗三首,小传仅云"新安(安徽黄山)人"①,不知汪睿即汪仲鲁,可谓失之考索。今爬梳载籍,新辑其文十六篇、诗十一首,以补《全元文》、《全元诗》之阙。

## 一、汪仲鲁之佚文

### 1.《东山存稿序》

洪武二年冬,休宁赵君子常以史事召至京师。既竣事,归,未逾月以疾终。明年春二月,葬于里之东岩,亲友毕来会葬。其门人汪荫乃集其所为诗文若干卷,属予序之。已诺,多疾未遑也。未几,荫以贤良召,而范生准乃续录之,旁搜靡遗,复申前请。呜呼!吾子常平生笃志古学,岂专在于诗与文哉。初,予年十有五,学于族祖古逸先生之门,子常先受业焉。先生每称其苦学善思,有疑问弗得弗措,且约今年再来。因问其年,曰:"长汝五岁。"跃然喜曰:"果来,愿兄事之,以求益。"迨至,而先生已捐馆。予方耕稼为养,乘间读书,而子常乃游江西,学于九江黄楚望之门,再客虞文靖公所。比归,构精舍于东山,期与同志共学焉。予适与一二友生读书于邑东崇寿观,相见甚欢,交勉厚规,志惟古人之求。凡所得于师若友者,各无隐。自后别归,则严守程期,会叙则通宵警饬。未久,而风涛横溃,奔窜无所,不相闻问者再越岁。予不获已,寻授州牧膺省檄,什伍其民,以御寇攘,而子常亦辅赞郡镇,帅以宁乡里。既而予以忧制,退处荒僻,子常亦避地吾

① 杨镰主编:《全元诗》第40册,北京:中华书局,2013年,第431页。

里之阆山。时结屋携书，相期毕志。庐室苟完，变故莫测，遂有远役，六载方还，疾疢衰惫，情况异昔。子常复于东山所，著《春秋集传》与《属辞》、《左氏补注》咸就，厥绪复留心于四圣人之《易》。予则感激愧汗，尚愿养气毕力，旦夕叩击以卒业，而遽殁矣。噫！是果余生之不幸，抑亦吾斯文之不幸耶。人非不学，其堕于俗学之卑陋者，不足论。苟不溺于佛老尚空寂，则必事权谋势利。况有文哗一世而心尚虚玄，诚心乎圣人之训，以极天地之元，全天地之德，阐天地之用者，几何人哉？此吾夫子所以莫克立君道以正万方，故发吾已矣夫之叹。其立师道以教万世意，尚隐昧而弗昭，为可慨也。子常深潜本源，力探阃奥，体察涵湾，完养日固。学于黄先生，凡诵圣人之经，必以积思自悟，得圣人之心为本。因诸儒训释，寻绎其所已言者，而融通以得其所未言者，故于《易》之象、《春秋》之书法、《礼》之大纲小纪节文度数之详，具有端绪。惜乎年止于是，而未遂成书也。文多因人推迫，或应酬问答，不得已而为之。诗因感发而形之咏歌，虽不专乎是，然长篇短哦，亦不一字苟为也。子常名汸，学者称之曰东山先生。因汪、范二生之请，故推在昔交承之契，期待之深，以见其设施之有在。呜呼！观其文者尚亦效于是也哉。星源汪仲鲁序。

按：文载赵汸《东山存稿》卷首[①]。

**2.《朱子年谱序》**

洪武二十七年甲戌秋，我文公阙里掌祠事朱境以书告曰：《文公年谱》谋锓诸梓，邑贤令佐斯文，朋友愿就徽猷，敢以序文为请。呜呼！大贤君子，一动一静，一语一默，无非教也，况吾文公之年谱乎哉？刊以传示于人，固其宜也。然在当时，《年谱》与《行状》二文并传，故《年谱》所载，求师取友、注述本末、出处进退、居官莅政前后次第，悉详年月书之。而《行状》则惟以发明求端用力之精义微旨，造道成德之渊奥要归，所以承先圣道统之传，信有在也。昔伊川撰《明道行状》，而伊川之年谱行述则有待于文公。呜呼！大贤君子，盛德形容，良不易易也。此康节墓志所以惟属之明道，而濂溪之行述亦待吾文公而后方为撰述。盖惟圣贤，能知圣贤故也。《中庸》称仲尼祖述尧舜，宪章文武，均之为圣人也。达而在上，则立君道以正万方；穷而在下，则立师道以教万世。尧舜禹汤文武周公达而在上之圣人也，立君道以正万方者也。仲尼穷而在下之圣人也，立师道以教万世者也。师道之立，君道所由以立也。先儒有言孔子集群圣之大成，而朱子则集诸儒之大成，是亦所谓立师道以教万世者与。今文公之学薄海内外，凡有血气者，莫不尊亲，家有其书，人诵其言，然经兵燹之余，此文或不能尽见也。以平日仰慕之心，诚得此而寓目焉，则其感发兴起，若时雨之霑溉，自有不能已者。《诗》曰：高山仰止，景行行止，其是之谓与？若邑令佐倡率刊行，而前广西护卫知事李文征辞疾家居，集议督工，力就厥绪，均知崇尚斯文以隆治化，咸可尚也。故不敢辞，以复命于掌祠云。是岁之九月三日汪仲鲁序。

---

① （元）赵汸：《东山存稿》，《景印文渊阁四库全书》第1221册，台北：台湾商务印书馆，1986年，第160—161页。

按:文载戴銑《朱子实纪》卷首[①],又载王懋竑《朱子年谱》卷首[②]。文章作于洪武二十七年(1394)。

**3.《重修徽国文公庙记》**

洪武八年秋七月,徽州府通判方公戾止属邑婺源,下车即诣阙里,谒拜徽国文公之庙,顾瞻墙宇倾坏,寝庭未立,慨然叹曰:文公之学,大显天下,作则来世,天朝颁令,礼式攸遵。庙貌弗崇,何以钦明祀而昭训典。矧厥考吏部公言行卓卓,以启丕休祀,原先世庙宅所宜。于是度地鸠工,爰构寝堂于庙庭之北,首捐资俸,县官士庶闻命欢趋,发帑咸助,选邑士程达道以董其事。达道先输廪饩,以给群工。屋六楹,中为四龛。为若子孙奉高曾祖,祢之所以行岁事(此二句,《府志》作"以奉文公高曾祖祢盖,推庙宅之由"),盖(《府志》作"而")遵家礼之懿范也。公去事息,时宛陵唐侯来知县事,良是斯举,力就厥绪。邑士赵湜夙夜躬勤,以督工役。庙庭中峙,饰旧如新。两庑门墉,支葺圮倾,易腐裨缺。既涂丹垩,巍然炳焕,严邃穆清,士民瞻观,起敬起慕,释奠致告忾然,声容之接僾然,道德之在目也。又询求文公遗像墨迹,镌置庑下,以训示将来。吁(《府志》作"呜呼")!公与唐侯所以正民心,而导迪其趋向(《府志》作"而道趋向者"),可谓同符者矣。载稽宋(《府志》无"稽宋")政和间吏部公宦(《府志》作"官")于闽,历靖康建炎,未得归。至四年庚戌,而文(《府志》无"稽文")公生焉。邑人张衡州敦颐经营吏部,所质田百亩归之,而吏部卒矣。文公既葬吏部于建阳,归婺源省墓,以张氏所归(《府志》下有"之")田租入充祭祀(《府志》作"祭扫")之费。逮景定咸淳间,文公之学,时所共崇,锡命阙里。宋之亡也,徽建阻兵,故朱氏之遗址侵于居邻而田亦窃售于族人矣。有元(《府志》无"有元")至元乙亥,州守干文传因五世从孙光之诉,始复其地,遂请于朝,立徽国文公之庙,其费悉出于(《府志》无"于")邑人汪镐,度地广狭,计屋材瓦,以畀迁民,而侵地始复,且给祭田三十亩。于是田与墓地一领于祠,而主其祠者文公五世孙勋也。待制杨公刚中为记其事于石,然其窃(所)售之田,则未归焉。至元丁丑,光又(《府志》无"又")以为言。同知茶陵李祁核实其田,而价值(《府志》作"直")之费则歙鲍鲁卿之子元康继厥父志,输钱壹万伍千缗,田始复归于朱氏之庙,记之者侍讲学士虞文靖公集也。至正年间,诏封公为齐国公,而吏部公锡谥献靖。壬辰兵变,鞠为荒墟。岁戊戌冬,圣天子肇基金陵,命院判汪同即婺源城城浚隍,始因故井经度,基绪加弘于昔。蠲其租税,以奉祠(《府志》作"祀")事。岁在(《府志》无"在")甲辰,州尹白谦为屋以(《府志》无"以")栖神位,朔望行礼。又四年丁未,后尹程斗南因按察知事张允诚之言,始创今庙,主其祠者前掌祠之子境,记之者待制王公祎也。历岁寖弊,增修备制,则由今通判公而成公之志者,实唐侯也。呜呼!周辙东迁,孔铎以鸣,宋舟南渡,朱子以生。所以祖述宪章,启迪后贤,以立天地之心,以植生民之命,继往圣之绝学,开万世之太平者,道统攸存,气运所关,不可诬也。阙里故(《府志》作"庙")宅古

① (明)戴铣:《朱子实纪》,《续修四库全书》第550册,上海:上海古籍出版社,1996年,第366页。

② (清)王懋竑:《朱子年谱》,《景印文渊阁四库全书》第447册,第250页。

井存焉，吏部生而白气起，文公生而紫气腾，则斯文之兴也，容非天乎？天定则能胜人，而庙（《府志》下有“宅”）有待于郡邑之贤侯大夫，世远弗湮，而终以兴修于来世，乡民兴感力就，丕图人心天理之不容终泯也如此。昔也干侯拓地，建庙则汪镐以私力成之。继而李侯复（《府志》下有“兴”）其田亩，则鲍元康以私帑济之。今公与唐侯载新（《府志》作“兴”）寝庭，内外完美，以启人心之向慕，昭教化于无穷者，固士庶之欢趋（《府志》下有“也”）。而程达道、赵湜亦有以佐力役焉斯役也，不可以无纪述也（《府志》无“也”）。遂以属笔于仲鲁（《府志》作“汪睿”），不敢辞。公名本，字叔文，临海人，由起居注来官吾徽，拳拳以教化为先务。唐侯名廷（《府志》作“庭”）礼，宛陵之（《府志》无“之”）宣城人，由进士举任（《府志》无“任”）陇州判官，转知婺源者也。洪武丙辰六月朔（此句《府志》无，多“汪睿仲鲁记”。）。

**按：文载戴铣《朱子实纪》卷十一[①]、汪舜民《弘治徽州府志》卷十二[②]。兹据《朱子实纪》录文，以《弘治徽州府志》参校。文章作于洪武丙辰，即洪武九年(1376)。**

**4.《广寒宫赋》**

按《唐逸史》、《异闻录》所载明皇游广寒宫事语多（《新安文献志》作“各”）不同，然皆怪诞不经之辞也。惟广寒宫之所以得名，则有可推者。盖日阳精也，主乎离；月阴精也，位乎坎。日月运行，而寒暑生焉，则是月也者，以其配坎生寒而得名也欤。世言嫦娥居之者，岂亦以阴柔为阳刚之配，故有是说，犹乾父坤母之义也欤。故托为素娥之辞，作《广寒宫赋》。

夫何素娥之婵娟兮，爰托身于广寒。质团团而外融兮，心荧荧而内安。念兹宫独弘敞兮，匪刻桷与丹楹。瓦青云而上覆兮，栋虹蜺而中横。灵星外峙兮，泰阶前平。井木东植兮，兑金镂甍。烂璧奎以交映兮，垣墉周乎列星。岂工师之巧思兮，惟太一（《新安文献志》作“乙”）之玄精。虚豁洞达兮，晃朗穹窿。照耀无方兮，高明有容。规天以为度兮，环海以为疆。炯素肌之烨烨（《新安文献志》作“晔晔”，系避康熙讳所改）兮，播下土而流光。羌独处此中宫兮，感四时之代序。含柔姿蕴灵德兮，朝晦藏而宵睹。朒朓警而朏魄充兮，识盈虚之有数。惊爽籁之潜发兮，向清飙以延伫。露方瀼瀼呈白兮，霜又凄其盈宇。盼圆灵既雪凝兮，顾柔祗复冰积。甚冷（《新安文献志》作“泠”）光以无眠兮，含翠辉而欲滴。何默默而靡言兮，悼群类之生生。粤阳明之和煦兮，匪阴静其焉成。志专专而靡他兮，物已遂而居贞。岂宫居而孤叹兮，不貌饰而情更。憕长位兹北坎兮，配离丽之明明。彼兔蟾与桂树兮，固无取乎此也。杵玉臼之玄霜兮，孰谓长生而不死也。羿妃窃药上逃兮，既怪谬而匪经。唐皇托以夜游兮，诞惟欺夫童冥。倘极一理于天人兮，信吾广寒之有征。辞曰：

日月运行，寒暑生兮。一寒一暑，岁功成兮。配日惟月，秉阴灵兮。厥灵伊

① (明)戴铣：《朱子实纪》，第482—484页。

② (明)汪舜民：《弘治徽州府志》，《四库全书存目丛书》史部第181册，济南：齐鲁书社，1996年，第150—151页。

何匹,妃惟贞兮。父乾母坤,柔顺以承兮。位坎处中,厥官实名兮。内守不渝,蕴玄之精兮。洞济六合,德耀斯宏兮。严凛姿容,夜煜秋凝兮。猗欤广寒,悬象著明兮。

按:文载程敏政《明文衡》卷二[①],又载《新安文献志》卷四十八[②]。兹据《明文衡》录文,以《新安文献志》参校。

**5.《栖云轩记》**

自予再来郡城,马生良德称辄馆予于城东新构之轩,病卧若素安焉。生请轩名,应曰栖云。生又请记,则又应曰:吾老且病,忘乎轩矣,奚记焉?虽然,病者吾身也。身,吾身者,初未病也。且吾胡为而来也,又胡为而止也。亦尝观诸云乎?何思何为,浮游太虚,薄日月而翳光景,雨下土而泽万物。迨其归而栖也倏焉,敛藏不见踪迹,孰使然哉,静无而动有者也。今生逍遥乎人世,随隙地而构斯轩,冈阜环列,静安有常,涧泉细流,清泠自在,与人若相得也。吾之来而由(《新安文献志》作"游")乎是,而止乎是,与生夙相契也。云乎天游,人乎云卧,吾何知也,吾何为也,而亦无不知且为也。况吾与生是非利害相忘久矣,靡存于中,靡形于外,而又奚记焉。德称默识吾言,命其友书于轩中以为记。

按:文载《明文衡》卷三十一[③],又载《新安文献志》卷十六[④]。

**6.《赠安庆知府谭敬先序》**

臣子趋君父之命,不计利害,惟忠义之为尚,非达于理者不能然。谭君敬先知安庆之明年夏六月,寇至镇,卒不战以溃。寇退,君倡僚幕之官,抚残伤遗民,固守三越月。或曰:郡府无兵,甲寇出没难测,未若还请命于省府。君不听。九月几望,右丞徐公达领兵城安庆,于是民得安全,而官有宠锡之荣。又明年八月,我吴国公躬率舟师,解洪都之围,三战皆捷,大败陈氏之兵,其将校悉以杀溺擒降。伪主友谅中流矢死,降其卒数十万,尽得其楼船。公悯江夏之民,屡年困迫于陈氏,战斗供亿,不少苏,不忍辄以兵加之。谋得其人,将命以招谕之,而谭君往焉。或曰:"友谅死未知其信否,不可以轻往。"或又曰:"友谅果死,其嗣子必继立,亦不可往。"君曰:"上命也,其可辞避乎?"于是奉命趋江夏,宣明吴国威德怀柔宽惠之恩,言论慷慨,气不馁竭,人为之感动,厚其礼遇,乃以其官使来复命。若是二者,岂非不计利害,惟忠义之为尚者乎?苟不达于理,而惟人言之去就,鲜有不较乎利害者也。以趋利避害为心,而能忠于事君者,未之有也。故曰非达于理者不能然。君既复命,还安庆,九华知府刘君喜而寄以颂诗,九江宋伯折又率郡之能诗者咸歌咏之。新安汪仲鲁乃以事之关于大节者二并书以为叙。

---

① (明)程敏政:《明文衡》,《景印文渊阁四库全书》第1373册,第507页。
② (明)程敏政:《新安文献志》,《景印文渊阁四库全书》第1375册,第617—618页。
③ (明)程敏政:《明文衡》,《景印文渊阁四库全书》第1374册,第39—40页。
④ (明)程敏政:《新安文献志》,《景印文渊阁四库全书》第1375册,第240页。

按:文载《明文衡》卷三十九①,又载《新安文献志》卷二十一②。

**7.《送彭万里之江夏序》**

王师西平江汉,伐罪吊民,义明势张,人心翕合。是故一战而杀其大将,焚其巨舰,再战而俘其众,不可以数计,三战而歼其渠魁,降其将卒数万,尽得其楼船。古今大快,靡逾于此。夫杀主自立,逆乱天常者,人得而诛之。国家申明春秋大义于天下,江汉之民望风顺服,知者献谋,勇者効力,抱才艺,怀道德,山林幽远之士率,皆振奋而愿有为于时也。况其勇健有谋,直言好善,如吾彭万里者哉。万里以万户侯从镇同安,战守招怀,屡建勋绩,向之三战皆预焉。兹再往江夏,且视予疾以别。予睹国家盛事绝古今,多士云集,而予则病废甚,不能振拔有为,独壮万里之行也。执其手而语之曰:“王师方拯民于水火之中,保之若赤子,俘获者尽释不杀,仁声达远迩,真所谓保民而王者哉。”夫义之著,所以胜敌也。仁之孚,所以安民也。敌胜而民安,以定天下,不难也。大夫树勋名于不朽,殆不违斯言也夫。

按:文载《明文衡》卷三十九③,又载《新安文献志》卷二十一④。

**8.《鬼神论》**

或问鬼神之说,曰:“先儒之言鬼神,以阴阳之屈伸消长论也;圣人之言鬼神,以人之死生论也。以人之死生论,是故有鬼之名也。然而天地阴阳所以流行赋与而造化夫万物者,神而已矣。圣人于《易》备言之,曰‘神无方而易无体’,曰‘蓍之德圆而神’,曰‘神以知来’,曰‘鼓之舞之以尽神’。神也者,妙万物而为言者也。初岂尝以鬼神并言哉。其言‘精气为物,游魂为变,是故知鬼神之情状’,乃因上文言‘仰观天文’,气化之运,万变不测;‘俯察地理’,实体之著,生息有常,此所以知幽明已然之变也。惟知幽明之故,故原其始而知所以生,反其终而知所以死,至是乃言精气为有形之物,游魂为无形之变,即为物为变,此所以知鬼神之情状尔。故答宰我鬼神之问,曰:‘气也者,神之盛也;魄也者,鬼之盛也。合鬼与神,教之至也。众生必死,死必归土,此之谓鬼。骨肉毙于下阴为野土,其气发扬于上为昭明。焄蒿凄怆,此百物之精也。神之著也,因物之精制为之极,明命鬼神以为黔首,则百姓以畏,万民以服。’由是观之,鬼也者,归也,物之死而归于土也,乃得鬼之名,岂古人所以名状造化之妙者哉。故曰:圣人之言鬼神,以人之死生论也。”

曰:“然则《中庸》言‘鬼神之为德,其盛矣乎’,亦夫子之言也。‘视之而不见,听之而不闻,体物而不可遗’,岂非以造化而言乎?”曰:“先儒正由此章而推言造化,盖不察子思所以立言垂训之实尔。昔季路问事鬼神,子曰‘未能事人,焉能事鬼’。敢问死,曰:‘未知生,焉知死。’故前此四章言治人,此下四章则论事鬼神者也。《中庸》首言道本于上天之命,圣人因而修之,以立教于天下。道以中庸为

①③ (明)程敏政:《明文衡》,《景印文渊阁四库全书》第1374册,第128、128—129页。

②④ (明)程敏政:《新安文献志》,《景印文渊阁四库全书》第1375册,第282—283、283—284页。

至,故体道之功,不可徇于气质,过不及之偏,如舜之知、回之仁、由之勇,则中庸之不可能者亦既能之,德性全矣,斯可推以治人,推以事神。'君子之道费而隐'以下,明治人之道,所谓'莫见乎隐',至是则明事鬼神之道以终,'莫显乎微'之意。章首赞鬼神之德之盛者,将言大舜文武周公而先之以此。夫大舜文武周公,德配天地,泽被天下后世,虽云既没,而其神昭著,无乎不在。所谓'体物而不可遗'者,仰乎天则其神之昭于天也,俯乎地则其神之著于地也。所谓'见尧于墙,见尧于羹',《大雅》言'文王陟降,在帝左右',《周颂》所谓'对越在天,骏奔走在庙,不显不承,无射于人',斯正此意也。故下文云'使天下之人齐明盛服,以承祭祀,洋洋乎如在其上,如在其左右',又结之曰'夫微之显,诚之不可掩如此',夫岂上文言天地造化之鬼神,而遽以齐明盛服承祭祀为言乎?盖如舜之大孝、文王之无忧、武王周公之达孝,斯其所以为鬼神之盛德也,斯其所以为体物而不可遗之验也。事神治人,非有二道。明乎郊社之礼、禘尝之义,则治国如示诸掌。由是观之,神以造化言,而鬼神以人鬼言也明矣。况夫子答宰我之问,有明言乎。后之学者不以先入之言为主,而虚心求之,则有以知夫子之言精且实矣。"

按:文载《新安文献志》卷二十九①,又载《弘治徽州府志》卷十一②。

**9.《周公居东二年辨》**

予(《稗编》作"余")读《金縢》之书言"周公居东二年,则罪人斯得",而疑朱子《诗传·鸮》篇从汉孔氏说"弗辟"之辟音辟,谓"致刑辟而诛杀之也"。郑氏注"诗言周公以管蔡流言辟居东都",则读为辞避之辟,蔡氏注《书》则从郑说。愚读《诗》、《书》三复致疑而未能决,因合《诗》、《书》之经反覆求之,始信郑说为是确然不疑。何也?流言者,传流无根之言也(《稗编》无此句)。流言危周公,间王室,然未明其何所由起,则一时是非犹昧。周公未宜遽兴师问罪,故曰"我之弗辟,则无以告我先王",是以退避而居东都二年。然后是非明白而知流言出自武庚、管蔡,故曰"罪人斯得",盖得罪人之情实也。既曰居东,则非东征可知矣。意者公虽退居避位,然必尚得将带侍从护卫之人以自随,非如后世大臣贬黜,不得一人自随比也。其作《鸱鸮》之诗,极言恩勤,保育王家,先事预防,劳勚为甚,遭逢外患,不得不言,其辞促,其情哀,盖避居之时所作,非兴师问罪所发之情辞也。苟非成王复感风雷之变而迎之,则《大诰》何由作?东征之师何由而出乎?命东征陈师,鞠旅方率,友邦冢君卿士司马偕行。然前日从以居东卫士,未尝易也。观《大诰》一篇,参以《豳风》数诗观之可见矣。夫以王师出征三监,诛武庚,以周公之神圣才艺而将之,以讨有罪,名正言顺,必不久淹,岁月不过半年期月间事尔,必不再劳师征三年之久。窃惟周公避居东都二年,罪人斯得。于是《大诰》东征又一年,为三年。王感风雷而迎周公,必轻身奔赴,军士居东,或未偕行。虽行,亦不得并留。受命出征,军士随行,武庚既诛,归劳东征之士,则三年矣。故曰"自我不见,于今三年",惟公退让而避居东都,故再言"公孙硕肤"以赞美之。假

① (明)程敏政:《新安文献志》,《景印文渊阁四库全书》第1375册,第372—373页。
② (明)汪舜民:《弘治徽州府志》,《四库全书存目丛书》史部第181册,第111页。

令公遭流言之变，是非之实未明，辄假王命以兴师旅，将孰知而孰信从之乎？诗人安得有“狼跋疐尾”之况？故朱子晚年亦从郑说，其《答蔡仲默书》可考也。

按：文载《新安文献志》卷三十①，又载唐顺之《荆川稗编》卷七②。

**10.《帝车赋跋》**

右《帝车赋》者，王先生诜伯恂所作也。先生以俊才硕学，甲申领江浙乡贡。丁内艰，戊子春赴京会试，主司黄文献公溍得其文，甚叹赏之，拟置魁选。而同考归暘、张翥诸公谓：“是赋以匹夫而乘帝车周六合，造语虽工，立意殊谬，宜置第二。”公曰：“若此异才，屈居人下，宁弃不复录。”既而，哗然称屈，诸士子咸负不平。三衢沈榦以是赋进，问黄公曰：“何由黜此？”公曰：“诸同考谓其以匹夫乘帝车周天而走，为大谬尔。”榦曰：“同考官素忌嫉南方之士，固不足责，主司亦岂目迷五色邪？”赋云帝默无语而灵枢告之，故此下皆假灵枢之词。今乃云云，盖不自知谬，反谓赋者谬昧之甚矣。公乃悔恨怒骂，即自为文，荐先生宜居翰苑，宰相拟授编修，先生力辞归养。其族子王元成时寓京，手书此赋，休宁朱先生升同斯黜者，故书而跋之。乡人潘叔耕得之，元成近岁航海归，吕文在又得之叔耕，而以归于程敬之。洪武丙辰夏四月，敬之要仲鲁为述其故。呜呼！自先生下第，至乙未冬死，于义凡八年，迄今又二十年矣。俯仰今昔，白衣苍狗，桑田海波，变化无尽。人谓斯何，人谓斯何，敬之相视，感叹未已，并以志于卷末云。洪武九年丙辰夏四月三日门生汪仲鲁跋。

按：文载《新安文献志》卷四十八③。文章作于洪武九年（1376）。

**11.《七哀辞》二篇**

按：《七哀辞·序》云：“仲鲁窃哀平日交游，取益为师若友者，其守节服义，无所屈挠，凡七人焉。其间如汪尚书泽民、余左丞阙、郑待制玉、陈状元祖仁，皆名著史传。其未见载录者，程礼部文、王进士诜、朱县尹倬三人尔。”《全元文》据清康熙二十五年本《怀宁县志》录《七哀辞》之一，乃余左丞；据《弘治徽州府志》录《七哀辞》之四，乃汪尚书、郑待制、程礼部、王进士。实则，《七哀辞》全文俱在，见于《新安文献志》卷四十九、黄宗羲《明文海》卷四百七十三，其顺序依次为：汪尚书、余左丞、郑待制、陈状元、程礼部、王进士、朱县尹，与《序》文相符。陈状元、朱县尹二人哀辞，《全元文》失收。

**(1) 陈状元**

浚仪陈状元，名祖仁，字子山。壬午科以汉南第一人登第。廷对策忠厚恳切，天下传诵，谓有汉意，由翰林编修迁太常博士，以忧还京口。辛卯春来新安，以葛元哲、高则诚二进士书邀赵汸子常与仲鲁偕游黄山，孜孜讲学，不少辍，论诗法甚详。别后数书相规勉，期望殊切。且言天下将多事，惟绍兴风俗淳厚，薪米易得，约同迁于是，以待天下宁晏，更以兵阻不相闻。近观史传，方知其在朝奏议

---

① (明)程敏政：《新安文献志》，《景印文渊阁四库全书》第1375册，第382—383页。

② (明)唐顺之：《荆川稗编》，《景印文渊阁四库全书》第953册，第137—138页。

③ (明)程敏政：《新安文献志》，《景印文渊阁四库全书》第1375册，第617页。

折奸扶危,忠君爱国,辞气端确,昭如日星,终死于义。是故追悼之以辞,其辞曰:

瞻黄山之峭崒兮,三十六之奇峰。念昔陈子山兮,来蹑仙子之遐踪。招予与同游兮,驾天风而戾止。朝浴乎丹砂之泉兮,夕揽乎玉莲之芳蕊。凌天都之峻绝兮,以周观乎八纮。慨生民之庶富兮,化殆渐乎四溟。何风涛之蹴天兮,乃予违而游乎蓬岛。群仙耽夫燕逸兮,至于君岂同造。舟颠覆而将伯助兮,终莫救其摧隳。大厦势已倾坏兮,夫岂一木之能支。九庙弃弗顾兮,舆翠钿以自随君。徬徨将安适兮,当奉主而北驰。成败讵能计兮,矢吾心而靡渝。恭执事兮,登载车。排国门而出兮,死生与俱。竟杀身兮,委骨丘墟。皇天鉴厥精诚兮,魂昭陟乎帝之居。曾日月之几何兮,丹青著其名誉。披史传而长太息兮,悼往昔之无已。轩辕峰犹万仞兮,倚寒空而遥峙。哀见君而不再得兮,飒秋风之夕起。

**(2) 朱县尹**

遂安县尹朱倬,字孟章,岁辛巳领江西乡荐,登壬午第,授某州同知,以忧家居。服阕,授文林郎,遂安县尹。庚寅同考江浙乡试,既出院,会于椽郎葛元哲之坐。因询仲鲁《诗经》"无封靡于尔邦"义,作如何破题,答曰:"已在孙山之外,夫复何言。"元哲云此友非特诗义高,赋尤高,一破自当首荐。因谓之曰:崇德报功之典,赏延于后世;修道全德之化,法本乎前王。咏叹之至者,感慨之深也。孟章愕然曰:"此篇已录,全文在卷中,诸公同拟作本经魁。"竟寻赋策,未见移文誊录,弥封所亦对,字号不同,谁不惜之。且索《角端赋》,元哲曾录之,出与之观,三复击节称叹。元哲又曰:"此公志存乎古人之学,得失不挂诸念。"由是孟章相与游,情义甚至,且与李廉诸公皆来相见,因约来春过遂安。明年春,仲鲁往留一月,尝自叹曰:"倬登科十年,未霑寸禄,其命也夫。"仲鲁应曰:"不患无位,患所以立,故君子行己立身,惟安义命,不以外至者动其心也。"孟章殊服此言。壬辰秋,寇由开化趋遂安,吏卒逃散,孟章大书于坐,曰:"生为大元臣,死为大元鬼。祸患从天来,不死复何以,"乃坐。公所以待尽,寇以邑虚无人而焚之。火逮廨舍,乃赴水死。后竟无传其事者,可哀也哉。追悼以辞,其辞曰:

疾风兮草萎,劲节兮靡移。繄遂安之贤尹兮,厉贞操其匪亏。邑小而荒僻兮,氓其蚩蚩。令初下车兮,即兴学而诵诗。夙夜孔勤兮,化洽而民熙。一朝寇忽临兮,靡兵备其孰御。民骇而卒逃兮,谁与独处。寇豕突兹邑墟兮,划烟烬其栋宇。予执死不二兮,天明明其吾与。夙披简册兮,矢致身乎忠良。况琼林之燕集兮,尧舜君民之有望。忆武林之嘉会兮,岂徒事彼文章。行与义之有在兮,宪圣谟之洋洋。岁忽忽其已远兮,心耿耿其莫忘。川悠悠而波逝兮,山霭霭而云骧。思贤令之不可见兮,长向风而哀伤。谅姱节之不可渝兮,发斯文之耿光。

乱曰:学端以粹质之纯兮,显擢甲科。名誉臻兮,十年未禄。奚命之屯兮,牛刀小试。弦歌陈兮,变故莫测。奚卫我民兮,之死靡忒。惟志之伸兮,是谓杀身以成仁兮。

**按:文载《新安文献志》卷四十九[①]。**

---

① (明)程敏政:《新安文献志》,《景印文渊阁四库全书》第1375册,第632—633、635—636页。

**12.《程先生平传》**

先生名平，字德正，徽之绩溪人也。徽古新安郡，程为著姓，皆祖梁忠壮公灵洗簪缨不坠，至平三十有六世矣。先生幼失怙，恃然禀性，温厚恭恕，言貌恂恂，与物无竞，乡里称之。素与里人张德良友善。洪武初，德良坐盐价事，罹法罟凡百余人，而波及先生。御史廉得其情，喻之曰："洒于众，则汝免矣。"先生起谢曰："家世业儒，非义不敢为。平不幸为人所诬，而又诬人，欺天者也。天可欺乎？宁以身待罪。"御史深叹异之。寻谪延安，与郡人朱仲杰偕行。仲杰悍戾，不以道相遇。盛暑同休憩道旁树下，仲杰曰：德正守行李，我前问店。乃趋酒家，久不至。俄暴雨，水漂其行囊，先生自救不暇。仲杰还，盛怒责偿于先生。先生如数偿之，不与校。迨至延安，仍与同处，仲杰以医自托于梅百户。明年，仲杰卧疾，知不可疗，以其所有尽寄之梅。曰："必吾子至，乃可付之。"既卒，梅调守他郡。仲杰死，先生又备棺椁衣衾而举之。或曰："其人待子如是，独无憾于中耶？"先生曰："彼自亏其德耳，且与同郡而生，同患难而来，死无所归，于我乎殡？"闻者莫不叹服。朱氏子德生以母命来省觐，行至汴，闻其久已死，而囊箧又为梅百户挈之他往。中道还家，绐其母曰："吾买地葬父于城东矣。"又出其所携衣，曰："此父遗物也。"越三年庚申，先生子寔往延安省侍，遂命负其遗骨归绩溪，信报朱氏子，令迎柩还葬，德生怡然不复顾。丙寅秋，先生自延安归，知朱氏柩尚留殡后园，不悦曰："延安数千里，尚为负之归。由绩溪距休宁仅百里，岂可九仞之山而亏一篑之功乎？且其子既绐其母，必惭惧不来。"即命孙通为送至其家。其接人待物，存心忠厚每如此。子寔，字以诚，亦刚直尚义。有族弟以忠，由河南永宁令，转知潮州程乡县。洪武乙丑，以忠之子泰乙，年稍弱，屈寔与偕，中途闻以忠因事系狱，偕侣求回。寔变色责曰："汝父官所坐事，正当捐生赴救，舍之而归，独何心乎？"偕侣曰："将如瘴疠何？"复叱曰："但当力以赴援，瘴疠非所恤也。"至潮阳，月余乃还，过文江，果以冒瘴而殒，年五十有一。丁卯冬，其子通冒风雪往奉柩归葬。通年二十三，由邑庠升礼部试，入监学。论曰：

先生忠信人也。古人有言："忠信之人可以学礼。"孔子亦曰："必有忠信如丘者焉。"夫忠信，质之美者也。由之以学焉，斯可以为圣贤矣。呜呼！急功利，尚奸诈，亦云极矣。焉得有如平父子者之死，不违信义者乎？之死不违信义，是宜作传，以传不朽，故为《程先生传》。

按：文载《新安文献志》卷八十九①。

**13.《萧县令汪公致道墓志铭》**

呜呼时哉！出处之难也。惟萧县令汪公当兵革扰攘之际，从容周旋，克保其家安，全乡里之民，以归于天朝，终又不失禄仕，归老于家。是盖人所甚难，而能优为之，岂非操心制行之有素，造物者亦阴有以相之与？故人陈自新状其行，来为请墓道之铭，故不辞而志之，曰：

---

① (明)程敏政：《新安文献志》，《景印文渊阁四库全书》第1376册，第471—472页。

公名致道,字成德,吾徽之黟人也。曾祖讳一龙;祖讳元,号传岩居士;考讳太初,俱有厚德,隐不仕。志其祖墓者,休宁陈定宇先生栎;志其考墓者,前进士祁门汪克宽也。母吴氏,文献故家。公自幼倜傥不群,厥考延倪仲弘先生毅笃义方之训,与弟存心成性亦知劝勉。元统甲戌,公年十六,弟年十二,即丧其考,率先将事,哀毁尽礼,治丧葬祭禀承倪先生,一遵文公家礼。事母尽孝道,总理家务,植立户门,乡闾称善。越十年甲辰,丧其母,一循故典。壬辰兵变,所在剽掠,乃捐家赀以保乡里。继募义兵,从官军复郡邑。主帅李克鲁上其功,署黟县簿。岁丁酉,天兵南下,宁河王时佥枢密院事总兵克定吾徽,公即以所部义兵散归田里,而籍其名数于有司,邑令贤公之为人,具书币礼,请至,仍牒委以县簿。率吏民往筑郡城,昼夜尽瘁,民忘其劳。岁癸卯,郡守李纳荐于朝,授滁州全椒县簿之官。未踰年,改监安庆湖池,规画有方,锡报优异,中书省以才干委核镇江之丹徒丹阳。金坛民兵单骑而往,躬循村落,召集邻戚,参询互考,实情无隐。休役而家居者,谕令还戍;逃亡而户绝者,官录其产;鳏寡废疾者,削籍为民。既复命,洪武戊申,升知徐州萧县,地当南北之冲,累年兵燹,人民散逃。下车之初,竭力招怀,礼下贤俊,恤孤抑强。既踰时,民襁负归耕,庶务咸理,治为诸县最。俄有黠吏以飞语中公,部使者廉公治行惩,吏奸欺,而公略不自辨,唯求解印南归。使者叹曰:汪知县忠厚长者,乃从其请。既归田里,日以诗酒自娱,散步丘园,遇田夫野老,笑谈忘倦,自号高闲野叟。公之出处进退大略如此。至于友爱其弟,至老不异。待宗族乡里,恩义无爽,接朋友久而能敬。初,倪先生葬未得地,即与其弟谋捐重赀购地于余思坞,力为迁葬,详见东山赵汸先生《改葬志》。大抵公之接人待物,忠信端悫,终始不渝。故人无贵贱,皆听信之。乡里称之曰:成德之排难解纷如鲁仲连,望庐自讼如王彦方,是盖操心制行之有素者与。公生于元之延祐己未七月十有五日,殁于洪武乙卯之十月十有二日,享年五十有七,葬邑南五都西村之原,负壬亥,面己丙,是岁之十有二月十日也。配李氏,生延祐辛酉六月,后公五年卒,己未之二月二十有九日也。子男三人,敦礼、敦义、敦仁。敦礼早卒。敦义,以故家子弟,强之吏于邑,坐谪寿春。敦仁守先业,崇拓基绪,克承先志。女一人,适宾州同知金瑜,休宁望族也。既志之,复为之铭,铭曰:

奚仕之艰,自古乃然。泾渭混合,汩潏曷宣。岩岩城闉,播播流泉。土膏石泐,兽潜鳞渊。休哉惟公,终始克全。元之季世,兵革寇攘。既完厥家,以宁其乡。天兵赫临,民安厥常。闻誉已著,那避誉扬。出核民兵,于彼丹阳。义声昭矣,文华亦铧。升令于萧,政化敷美。曾未半载,民归如市。志不终遂,遄归故里。邑氓号呼,如失怙恃。昔率义师,保聚为宜。既乐升平,民恬以熙。禄仕赃罟,波溃于时。行义卓卓,如公者希。寿终于庭,生荣死哀。桃溪溶溶,西村兆宅。山峙川流,允昭厥德。令德允昭,繇祖丰泽。膏沃光融,后胤繁硕。勒之贞珉,永征无斁。

按:文载《新安文献志》卷九十七[1]。

---

① (明)程敏政:《新安文献志》,《景印文渊阁四库全书》第1376册,第649—651页。

### 14.《处士诚斋许公溥化墓志铭》

徽郡婺源县怀金乡三溪里诚斋许公，讳溥化，字次诚，生至元丁丑十月二十九日。自幼颖悟，奉亲孝。及壮，值元纲解纽，疆宇瓜分，遂率义师保障乡闾，续奉省檄命，领屯兵。戊戌冬，太祖皇帝遣院判邓愈取徽，抵邑，公乃率众归附，授院判汪同下管军。镇抚董筑星源翼城，从攻乐平。至太阳埠，军溃。庚子岁，邻寇作，族人被害，兄商野亦遭寇执。公以财力援脱兄厄，会驸马王公克恭来镇，仍命总戎，随征昌化、宣城。开设德兴县，治越五年，沙汰官员，定队伍。公愿不仕，辞归故里银溪，筑室侍兄如严父。驸马公闻其操略，大书以扁其堂曰庸敬。先辈韩仲濂为绘图，记其事。厥后复归旧址，创小楼二间，扁曰小舫，自为之记。公蓄书好哦诗，仲子贵安尝编类成帙，学者称焉。尤乐善好义，以资贫乏，助葬娶，整辑里中桥道，割私田为资，建义祠，以祭族之无祀者，番易朱公迁尝重其举而为记。原其胄出睢阳太守远之后，遂于住近地东偏设龛立像以奉之。每春首率子侄罗拜祭奠，集饮而退。洪武壬申，以老人应诏，面听宣谕，回奉督挑堰塘，官民咸悦。戊寅夏，复之京，回至当涂之鹚湖，感疾。于五月二十八日甲戌卒于旅舍，其子奉柩归葬里之上坞，是年十二月十八庚申也，享年六十二。公曾祖讳允兰，为清华务副使；祖讳文福，颍州屯田总管；考讳元祐，故不仕。公娶康山钟氏，生男三人，长新安，不寿；次贵安、钧安。女一人，适福临里程文贞。孙男四人，瑜瑛、瓌瑛、琬瑛、球瑛。孙女七人。其子贵安，属友生李公献为状其实来请铭，弗容辞谢。然观其立心操行若此，亦宜表而出之，以昭示不朽。遂铭之曰：本源深固，岁久茂芳。岁久茂芳，其流则长。观诸许氏，而知奕世之茂昌也哉。

按：文载《新安文献志》卷九十七[①]。

### 15.《黄仲瑾妻吴氏贞节传》

洪武二十有一年，徽属县休宁令周德成以邑之五城黄致远母吴氏年八十四贞节闻。六月，郡守广信何敏中亲临覆实。七月，监察御史真定许公珪廉之舆言匪异，还奏。爰树异门，表其贞节，式昭德音。由是里之父老以告于闲居病叟婺源汪仲鲁，征文以传永久。按黄与吴皆同里名族，吴氏名德敬，吴仁卿之女也。生元之大德乙巳，年二十有二归于黄仲瑾。逾二年，戊辰，致远生。庚午，次子士衡生。又二年，而季子锐生。岁癸酉，仲瑾以疾卒，仅二十有九。时致远方六岁，二弟俱在孩提。吴氏辛勤纺绩，上事舅姑，下抚诸幼，冰清玉洁，以持其身，以御童奴女婢。岁奉祭奠，致礼宗族亲姻，训子以诗书，庭无间言。致远之曾祖宋迪功郎国监检阅，讳弥高，由科第起家，子孙义居雍睦。二弟虽绍其叔父，怡愉恭让，以孝友称于乡。壬辰兵变，屋燬人逃，二弟相继先殒，致远子母相依以为生。奔匿颠沛几十余载，以底承平，复于故居。吴氏始终不渝厥志，已五十有五年矣。兹幸际圣皇御极，万方宁晏，旌别淑慝，表厥宅里，以训厉风俗，而吾邦贤守令宣上德意，躬询里民，吏卒职循，鸡犬不惊，乡无毫发勤动，而有感孚欣劾之美。呜

① (明)程敏政：《新安文献志》，《景印文渊阁四库全书》第1376册，第651—652页。

呼！为善者由是知所劝矣。仲鲁老病山居，闻斯盛典，喜而纪实，为《吴氏贞节传》，庶来者有考焉。

按：文载《新安文献志》卷九十九[①]。文章作于洪武二十一年(1388)。

## 二、汪仲鲁之佚诗

《全元诗》第40册辑录其诗三首，分别为《次周廉使贺郑子美征君应诏韵》，据郑玉《师山集》附录；《风吹乌桕树》、《汪士善同吴伯春过访》，据明金德玹《新安文粹》。今参稽诸书，又得其诗十一首，录之如下：

**1.《杂赋三首》**

我游会稽岭，复登秦望山。天高海涛寂，日落空云闲。三山渺何许，鲍腥动函关。回车探禹穴，千古高巑岏。

有客来昆仑，抱璞将何适。熠熠含辉光，椟韫夜生白。荆舒人莫知，举世珍燕石。所以鲁仲尼，待价靡欣慼。

嘉橘生南服，累累黄金姿。碧叶霜不悴，贞心终自持。渭滨钓鱼叟，西伯梦见之。西伯今寂寞，野处徒伤悲。

按：诗载《新安文献志》卷五十一下[②]，又载曹学佺《石仓历代诗选》卷三百二十七[③]。

**2.《濠梁行奉制赋送太师韩国公还乡》**

龙飞濠梁起淮甸，肇基金陵酣百战。诛陈夷张安东南，北定中原疾如电。秉旄仗钺清朔方，拱手垂衣正南面。泰山若砺海涵天，黄河如带江澄练。声威远布销兵戎，海隅西极咸趋风。不用汉兵三十万，大宛马萃天闲中。圣皇文德被海宇，天产英杰开勋庸。中山开平奋武烈，内辅太师韩国公。太师始由刀笔举，群雄纷争识真主。麾之不去情愈亲，日献讦谟阐丕绪。不矜不伐仁者心，克俭克勤前哲矩。平生仇怨那报酬，诸将劳能谁毁誉。百司庶务无稽留，钊繁治剧还优游。圣皇推诚重委托，太师悉力宣王休。汉比萧曹岂异绩，唐概房杜称嘉猷。光辅功成请身退，锡爵颁养先公侯。白发朝天喜强健，彤庭从容频锡宴。一朝乡里锦衣荣，千载勋名青史见。太师恭慎人罕侔，圣皇显佑谁能先。旧基甲第新凌云，内府金钱表深眷。明庭盛典须咏歌，漫从馆阁征文献。

按：诗载《新安文献志》卷五十二[④]，又载《石仓历代诗选》卷三百二十七[⑤]。诗为李善长而作。李善长(1314—1490)，字百室，安徽定远人。洪武初为左丞相、太师、韩

---

① (明)程敏政：《新安文献志》，《景印文渊阁四库全书》第1376册，第679页。

② (明)程敏政：《新安文献志》，《景印文渊阁四库全书》第1375册，第671页。

③ (明)曹学佺：《石仓历代诗选》，《景印文渊阁四库全书》第1391册，第522页。

④ (明)程敏政：《新安文献志》，《景印文渊阁四库全书》第1375册，第690页。

⑤ (明)曹学佺：《石仓历代诗选》，第522—523页。

国公。

**3.《寄伸观弟》**

雨作晚天黑，衡茅独坐时。雷车随电发，萤火上窗迟。虚室寂无我，至言当告谁。恒阳寒气早，那得不相思。

按：诗载《新安文献志》卷五十三[①]，

**4.《拟古》**

别君出郭门，回首万里遥。征马复驰驱，山高路岧峣。水流下溟海，月出上青霄。月光照海波，我行魂独消。

天寒关塞远，日落村墟晚。悠悠音信断，鸿雁自凄惋。中心抱贞素，匪石不可转。昊天信明旦，胡能事游衍。

按：诗载《石仓历代诗选》卷三百二十七[②]。

**5.《予归江左泽往四明》**

倚闾怜母老，长路望儿归。六载眼中泪，三春身上衣。霜清听雁远，天阔见云飞。海峤连闽越，乌啼月尚微。

按：诗载《石仓历代诗选》卷三百二十七[③]。

**6.《送程彦亨江西奉父丧》**

其一

披野寒云冻雪飞，孤儿苦泪每沾衣。亲丧远寓西江上，丹旐翩翩几日归。

其二

素服间关踏雪来，芙蓉驿畔早梅。不辞千里西江远，春满鄱湖一棹回。

按：诗载程通《贞白遗稿》卷十《附录赠言》[④]。

**7.《得月楼》**

层楼近水月先得，我与皓月俱圆融。光涵大地山河外，身在九霄风露中。一点灵明均宇宙，三千世界总虚空。群居登览谁真悟，浩荡江湖白发翁。

按：诗载汪舜民《弘治徽州府志》卷十[⑤]。

本文以《全元文》《全元诗》所载的汪仲鲁为研究对象，辑补其诗文，期于补正其不足。

（作者单位：盐城师范学院文学院）

---

① （明）程敏政：《新安文献志》，《景印文渊阁四库全书》第1375册，第705页。

②③ （明）曹学佺：《石仓历代诗选》，第522、523页。

④ （明）程通：《贞白遗稿》，《景印文渊阁四库全书》第1235册，第801页。

⑤ （明）汪舜民：《弘治徽州府志》，《四库全书存目丛书》史部第181册，第85页。

# 钱澄之晚年信札系年考证

吴　航

## 一、钱澄之晚年信札的存留情况

钱澄之(1612—1693),字饮光,初名秉镫,字幼光,安徽桐城人。明崇祯朝诸生。时届明季,以经济自负。明清易代之际,澄之在南明隆武、永历朝任职,参与抗清运动。斗争失败后,他逃禅避难,法号西顽道人。至清顺治八年(永历五年,1651)底返家。后数年,由释返儒,绝意仕进,隐居著述,自号田间老人。他治学广泛,著述等身,著有《田间易学》、《田间诗学》、《庄屈合诂》、《田间诗集》、《田间文集》、《藏山阁集》、《所知录》、《田间尺牍》等,在易学、诗学、文学以及"当代史"撰述等方面均取得重要成就,是清初学界具有重要影响的明遗民学者之一。

澄之的信札,基本保存在《藏山阁文存》、《田间文集》、《田间尺牍》三个集子中[①]。他在康熙二十八、二十九年之间亲自校刻著述,对于信札的编辑与存留问题,或有自己的考虑与斟酌。从撰写时间与主要内容上看,《藏山阁文存》收录南明弘光元年至永历四年(1645—1650)的信札八通,以及明崇祯十三年(1640)、清康熙二十年(1681)的信件各一通,因深涉明清易代史事而不得刊行。《田间文集》收录康熙二年至康熙十八年(1663—1679)的信札凡十二通,主要是学术研究、方志修纂方面的书札。此外,尚有大部分信札散存于书簏,其数量远远超过前两个集子所收录者。

至清末,歙县学者汪德渊从萧穆之子萧幼孚手中抄得《藏山阁集》与《田间尺牍》副本,并请龙潭室主铅印出版,刊入《龙潭室丛书》。其扉页左题"桐城萧氏钞本",中题"田间尺牍",右署"龙潭室主题"字样。每卷下皆署"桐城钱秉镫饮光著","龙潭室主、瑶楼居士校刊"。至此,学界始能睹及钱澄之书信之大概。

《田间尺牍》凡四卷,收录澄之晚年信札共计一百一十通,包括康熙二十九年(1690)之前所作、前两集所未收者,以及著述刊刻以后至其辞世所不及刊刻者。所收信札编辑散乱,既非按收信人或事类分置,亦不是依写作时间编排,基本上是随选随编,没有一定的体例。我们会比较容易地发现:较早写作的信札被置于卷末,较晚写作的信札反而置诸卷前;同一收信人反复出现于不同卷帙。

---

① (清)吴修《昭代名人尺牍》(清光绪三十四年上海集古斋石印本)卷一收录钱澄之手迹一通。

## 二、各札系年与收件人初考

《田间尺牍》涉及澄之晚年的生活、交游与学术研究、著述刊刻等情况，故有必要对之勤加考索。以康熙二十八年苏州昆山校刻著述为分界线，可以将澄之晚年信札分为两个阶段。现将康熙二十八年前所作信札作为一个部分，对其写作时间、收信人及主要内容等，作一基本考证。

### （一）康熙十四年(1675)　时年64岁

卷四《与朱鹤门》，收信人为朱之翰。按朱之翰字鹤门，江南上元人。顺治四年(1647)进士。初知蠡县。顺治十三年(1656)，改平湖知县。后升任礼部精膳司郎中[①]。康熙十一年(1672)底，澄之北游京师，始与朱氏交接[②]。至康熙十三年(1674)，朱氏出任河南提督学政[③]，澄之随之游开封。及秋返家，赋诗志别[④]。次年春，澄之再游中州。夏，为河北之游，在南宫县坠马摔伤。故信中称："自夏间拜台赐后，即为河北之游，中途遘疾，仍返归大梁，延医调理，历夏徂秋，日与药铛为生活。值执事锁闱校士，未敢相闻。顷甫有起色，将束装返里，咫尺使院，恐主人倦客，未敢叩辞。秋风萧飒，老病长途，千里孤装，茫茫独往，吾兄得毋有故人恋恋之谊乎？"则知是秋，澄之身体好转，南还之际，留书志别。

### （二）康熙十九年(1680)　时年69岁

卷四《与江磊斋》，收信人为江皋。按江皋字在湄，号磊斋，江南桐城人。顺治十八年(1661)进士。康熙五年(1666)任江西瑞昌知县[⑤]。七载后，转九江府同知。康熙十八年(1679)，擢任甘肃巩昌府知府[⑥]。事具《清史列传》本传。

信中明言"明年七十"，故系在此年。又称"旧年为徐健庵金玉约往谈《易》，谈虽未竟，乃于《易》理益有所得"。所述与徐秉义所云"己未春，家伯兄与同志迎先生至玉山，设讲席，思有以广其传，会有事，不果讲"[⑦]相合。"旧年"即为康熙十八年己未(1679)。此又是一证。时江皋在巩昌知府任上。故信中云："天水固形胜之地……近闻烽烟俱靖，边塞晏然，益得以吏治之暇，吊古人兴废之迹，访昔贤题咏之所，幕有蒋诩，同声唱和，此乐何如？至于疮痍初复，修养实难，讼简刑轻，三秦赖以卧治，此又足

---

① 参见(清)张力行、徐志鼎修纂：光绪《平湖县志》卷一〇《职官》、卷一二《宦绩》，清光绪十二年(1886)刻本；(清)武念祖、陈道坦修纂：道光《上元县志》卷一五《人物志·仕绩》，清道光四年(1824)刻本。

② (清)钱㧑禄：《先公田间府君年谱》"壬子"条，《国粹学报》第75—77期，1917年。

③ (清)田文镜、顾栋高等修纂：雍正《河南通志》卷三五《职官六·提学道》，《文渊阁四库全书》第536册，第349页。

④ (清)钱澄之：《田间诗集》卷二〇《别朱鹤门学宪》，合肥：黄山书社，1998年，第429页。

⑤ (清)姚暹、冯士杰修纂：同治《瑞昌县志》卷六《职官志》，清同治十年(1871)刻本。

⑥ (清)许容、李迪修纂：雍正《甘肃通志》卷二八《职官二》，《文渊阁四库全书》第558册，第68页。

⑦ (清)徐秉义：《培林堂文集》第二册《桐城钱饮光田间易学序》，清道光间潘道根手抄本，上海图书馆藏。并见(清)钱澄之：《田间易学》卷首，合肥：黄山书社，1998年，第2页。

下之本志,而赠别叙言之所为缕缕者,固不更陈矣。……游道既艰,游兴益倦,不复作陇西鹦鹉之梦,不知故人尚有恋恋之意乎!"

**(三)康熙二十年(1681) 时年70岁**

卷四《与魏青城》、《与吴茂生》、《与杨嘉玉》、《与左峙匡》,收信人为魏学渠、吴李芳、杨磊、左晖。

致魏氏札首云:"客秋于吴郡,得见除目,知有湖西新命,且惊且喜。"按,魏学渠字子存,号青城,浙江嘉善人。顺治五年(1648)举人。除成都府推官。迁刑部主事,出为湖广提学道佥事。康熙十八年,赴考博学鸿儒科。次年,补任江西分巡湖西道参议①。康熙二十年,因老友左国棅之便,澄之致书魏氏,称:"新喻令吴茂生,为患难老友,到任七年,未通一字,见时幸致鄙私。"五月,澄之来清江县访魏氏②,并示之所著《诗学》《易学》二书③。

此后,澄之沿赣江而下,至新喻县访故人吴李芳,却被拒之门外。故临别之际致书吴氏,不免为之痛惜。信中称:"弟七十老翁,冒一千五百里之酷暑,访三十余年之旧交,不蒙倒屣之迎,竟同游客之拒,不惟无此人情,亦无此世法也。年兄前程万里,得毋于此道尚宜留心乎?况年兄生平履历本末,与弟略同。弟所少者,今日一新喻令耳,岂宜作此面目相向?使弟当时蒙面干进,宁渠不博一斗大山城耶?"按,吴李芳字茂孙,湖广邵阳人。明崇祯十二年(1639)举人。永历帝建国肇庆,吴氏往仕,累官至左都御史。与钱澄之、王夫之多所过从。吴氏后被洪承畴笼络,愿以科甲进,中康熙三年甲辰(1664)科进士,被当朝显宦王士禛讥刺为"本朝进士出身最奇者三人"④之一。康熙十二年(1673)冬,吴氏赴京谒选,得新喻县令,与留滞京师的澄之再次相遇。澄之赋诗酬赠,追忆昔时交谊,诗中"吾道未妨踪迹异,交情终在乱离亲"⑤之句,并未指责其变节行为。吴氏于次年到任⑥,至此正好七年。

致杨磊札云"近为儿孙辈构一蜗庐,营之三载,未能落成",与致魏氏信中所述"为小孙草构一椽,无力完葺,漂摇风雨中三年矣"相符;致左晖札有"去冬一病,几成长往"与致魏氏札中所称"岁底一病,几成长往"相合。故均系在此年。按杨磊字嘉玉,为姻亲杨森之弟,擅长医术⑦;左晖字峙匡,为好友左国材之子⑧。俱桐城人氏。

---

① 参见(清)江峰青、顾福仁修纂:光绪《重修嘉善县志》卷一九《宦业》,清光绪二十年(1894)刻本;(清)赵弘恩、黄之隽修纂:(雍正)《江西通志》卷四八《秩官》,《文渊阁四库全书》本。

② 时湖西分守道署驻地清江县。参见(清)潘懿、朱孙诒修纂:同治《清江县志》卷三《公署》,清同治九年(1870)刻本。

③ 《田间诗集》卷二三《以所著〈诗学〉、〈易学〉示魏青城》,第481—482页。

④ (清)王士禛:《池北偶谈》卷八《谈献四·三进士出处》,北京:中华书局,1982年,第183页。关于钱、吴交往之研究,参见拙文《明遗民钱澄之交游三考》,《白城师范学院学报》2016年第2期。

⑤ 《田间诗集》卷一九《吴茂孙谒选都门,晤间有怀王而农》,第416页。

⑥ (清)陆尧春修:道光《新喻县志》卷七《秩官》,清道光五年(1825)刻本。

⑦ (清)廖大闻、金鼎寿修纂:道光《桐城续修县志》卷一六《人物志·艺术》,清道光十四年(1834)年刻本。

⑧ 道光《桐城续修县志》卷一一《人物志·孝友》。

### (四) 康熙二十一年(1682)作　时年71岁

卷三《寄严某》、《与张敦复》,收信人为严曾榘、张英。

致严、张两札,皆有“今年七十一”之语。严曾榘字方贻,浙江余姚人。康熙三年进士。其父严沆,系澄之旧友,卒于康熙十七年(1678)。至是年,严氏服阕,补江南道监察御史①。是秋,澄之通过徐乾学长子徐树穀寄往京师的家书,附致严氏②。

致张英书称:“乃闻乞假返里,深幸晤言有期。昨鹢首过枞川,值弟赴秋浦之约,亟欲谋面,相去百里,驴背良苦,以何因缘更得布被论心乎?”按张英字敦复,一字梦敦,桐城人。康熙六年(1667)进士。康熙十九年(1680),官至翰林院学士,兼礼部侍郎。次年二月,以葬父乞归③。是年,张英来访,适值澄之近游贵池。澄之闻此讯息,致书再约。

### (五) 康熙二十二年(1683)　时年72岁

卷三《与家介臣》,卷四《与介臣弟》,收信人为钱㙍。致钱㙍两札,卷三一札云“献岁佳祉,与日俱升……仆生七十余年,未有去年之困顿穷愁也”。卷四一札云“比在署斋,过承同气之谊,授餐以外,百端劳扰。归为家人言之,咸深感戢”。按,钱㙍字介臣,号韦亭,苏州昆山人。康熙二十年(1681)任贵池县儒学教谕④。次年,澄之来访,赋诗酬赠,有“广文同是旧王孙,世系分明属弟晜。研席频移为设榻,衣襦尽典与开尊”之句⑤。则此两札盖作于是年新春。

卷四《与喻武公》、《与任克家》、《与刘豫东》、《与房兴公》、《与严方贻》、《与王子喜》、《与孙某》等七通,收信人为喻成龙、任塾、刘光美、房廷祯、严曾榘、王燕、孙致弥。

是年春,澄之姻亲杨森为刘光美邀请入幕⑥。按刘光美字豫东,奉天人。康熙十四年(1675),由笔帖式擢任贵池知县⑦。康熙二十一年(1682),刘氏被行取至京城,任湖广道御史⑧。但杨森贫困至极,北行路费无着,澄之为之致书池州知府喻成龙,请求资助。故信中称:“嘉树苦益甚……此兄生计,惟有都门一行。然资斧空乏,告急无门,不能远出一步,惟有坐卧而已。平生感恩知己如老祖台者,其何以策之?”则此函之作,必在临行之前。

值杨森北上之际,澄之致书都门旧友,以作援引。致任、严、王三札,均有“今年七十二”语,故系在此年。致任氏札云:“嘉树入都赴刘侍御之招,取道花封,杯酒话旧,亦忙里偷闲一乐事也。”任塾字克家,号鹤峰,安庆怀宁县人。康熙六年(1667)进士。

---

① (清)李桓:《国朝耆献类征初编》卷四九《卿贰九》引阮元撰《传》,清光绪间江阴李氏刻本。

② (清)钱澄之:《田间尺牍》卷四《与严方贻》,合肥:黄山书社,2004年,第520—521页。

③ 王钟翰点校:《清史列传》卷九《大臣画一传档正编六·张英传》,北京:中华书局,1987年,第631页。

④ (清)陆延龄、桂迓衡修纂:光绪《贵池县志》卷一四《职官志·教职》,清光绪九年(1883)刻本。

⑤ 《田间诗集》卷二四《酬家介臣广文》,第487页。

⑥ (清)钱澄之:《田间文集》卷二五《哭杨嘉树文》,合肥:黄山书社,1998年,第487—489页。有云:“迨至癸亥之春,御史刘豫东邀子入都,予大喜。”

⑦ (清)张士范、王云万修纂:乾隆《池州府志》卷三八《名宦下》,清乾隆四十四年(1779)刻本。

⑧ (清)黄叔璥:《国朝御史题名》“康熙二十一年”条,清光绪间刻本。

时任磁州知州[①]。此札因杨森改道东行而不得达[②]。致刘氏札云:"今嘉树前来,凡弟所欲言者,嘉树能言之。……因舍亲行迫,挑灯作讯。"致房氏札云:"故人天上,野老寄讯甚难,报章不敢望,倘一下及,则贵衙门刘豫东处可寄也。"致孙氏札称:"顷因舍亲赴刘侍御之招,便附数行。嘉树至戚,今之古人也。弟嘱其时过高斋,览令先君子藏书处,知软尘十丈中,尚有闭户好修,如竹林金玉其人,相得甚欢可知也。"

澄之于杨森北上之时,附致京师友人,实际目的是请求资助刊刻著述。如,致房氏书称:"《田间易学》前次呈览,蒙许为合力流传。又有《诗学》一书,卷编略等。又,平生杂文及诗,得盈尺许,倘得及身见其剞劂行世,足以瞑目。足下有意乎?贵乡宦吾南者,颇多好事,只烦齿颊之余芬,一生心血藉以不朽矣,如何,如何?"致严氏札亦云:"(弟)惟有著述自遣,搜诸敝簏,更加删汰,计且盈尺。妄欲藉知己之力,付之剞劂,及犬马之尚存,亲自校订以行世,即死亦足瞑目矣。万念俱灰,惟此一事,不能忘也。拙著《田间易学》,向为尊公所留,许为授梓,雅意未遂。弟亦重加考索,较胜前书。并有《田间诗学》,卷编略等,虽为吴中当事取去,正恐锐意吏治,无暇及此,不无望于世翁之卒成前志也。近日宦游,颇多好事,惟须假之齿牙,足以济事,如何?"致王燕札称:"忆相公昔年,留意《诗学》一书,欲致书贵门生,为之授梓。此书今更加删定,颇多创获,虽为吴中当事取去,恐亦无暇及此。倘蒙不忘前诺,有宦吾土者,略以齿牙及之,一吹灰之力耳。此亦属望之一端也。"按王燕字子喜,为澄之故友王崇简第五子。时任户部郎中[③]。

又,卷四《与姚尧元》一札,收信人为姚莱。按姚莱字瑶园,一作尧元,为好友姚文燮长子。是年,以监生拣选为漳州府通判[④]。临行之际,澄之致信敦励。故信中有"欣闻佐郡漳州","今复远别,辄有一言"数语。

**(六) 康熙二十三年(1684)　时年73岁**

卷四《与余佺庐》,收信人为余国柱。按余国柱字两石,号佺庐,湖北大冶人。顺治九年(1652)进士。康熙二十年(1681)五月,擢左副都御史。十二月,外放江宁巡抚。至康熙二十三年正月,内擢都察院左都御史[⑤]。二月,澄之东来,适逢余氏登舟北上[⑥]。故信中称:"顷者尾舟追随,拟得从容悉欲言,不期送者载道,应酬无片刻之

---

① 据(乾隆)《三河县志》卷八《职官·文职年表》,任塾于康熙十三年任三河知县,至康熙二十一年擢任磁州知州。

② 《田间尺牍》卷一《与任克家》,第453—454页。有云:"前岁杨嘉树赴燕台之招,取道贵治,托其面致寸函,并有寄怀诗奉正;乃嘉树忽由白门改从东路,又致浮沉,郁积何如!"

③ 李桓:《国朝耆献类征初编》卷一六三《疆臣十五》引国史馆《汉名臣传》。

④ (清)张英:《文端集》卷四〇《黄柏山房和诗序》,《张英全书》本,合肥:安徽大学出版社,2013年,第314页。又(清)沈定均、吴联熏修纂:光绪《漳州府志》卷一二《秩官四》,清光绪三年(1877)刻本。

⑤ 《清史列传》卷八《大臣画一传档正编五·余国柱传》,第539—541页。又,《清圣祖实录》卷一一四,康熙二十三年正月丙戌,北京:中华书局,1986年影印,第176页。

⑥ 《田间尺牍》卷四《与张敦复》,第518页。有云:"弟以二月东行,到吴之日,即总宪登舟之辰,仓卒寒温,拉弟至扬州,解囊不足以供行李之资。"

暇，仅再奉见而别。”澄之赋诗作序，以作赠别①。

信中称及著述，有“到家即命儿辈录成”之句，则澄之尚在外地。考澄之是年行程，二月东行，至扬州，留滞苏州，再至云间，至岁末始返②。则此札作于是年无误。其主要目的仍是请求资助刊刻著作，信中云：“所望于故人者，平生怀抱，毫发未申，惟少有著述，妄谓足传。四十年心血，尽于《诗》《易》两书，颇发先儒所未发，微言久绝，识者甚难。值知己当道之日，而不为传，将谁为传者？今四方皆知我公身任其事，旦晚可必行世矣。而弟勤恳不已者，盖欲及吾身亲见其行，且躬自校订，恐一有淆讹，遗误不浅。又南方剞劂既工，费亦稍省，更易以流通，正不必重耗廉橐。但金陵、吴门、武林数处，知交中有宦斯土者，出都时鼎言嘱致，以此书付之。千秋之业，固所乐事也。又，宛平相公曾抄去《易学》，许为托有力者付梓；徐立斋抄有《诗学》。皆系旧本，未经改定者。高谊铭戢久矣，倘得两公及健庵，大家出一只手，众擎尤易也。弟亦托陆翼王并致三公，如何？”

### （七）康熙二十四年（1685） 时年74岁

卷四《姚耕壶》、《张敦复》，卷一《与任克家》，收信人为姚文燮、张英、任塾。

致姚、张二札，盖在是年春。其致姚氏札有“闻溪上别业落成”一语。按姚文燮字经三，号羹湖，一作耕壶。顺治十六年（1659）进士。康熙二年（1663）任建宁府推官③。澄之往游其幕，参与修纂《建宁府志》。康熙二十一年（1682），平定三藩之后，姚氏乞养回籍，隐居龙眠山中，营建别业最古园④。张英亦于是年春，请假南还，归葬其父⑤。姚、张为中表兄弟，别业相邻，连翩起舞⑥。张英自称：“羹湖先生结屋其中，引流种树。每与予偕往，自翦刈荆棘，以迄于楼榭落成，无时不同觞咏于斯地，盖三年矣。予入都后，先生又搜奇剔异。”⑦则姚氏别业之成，正在是年。而致张英书云：“倘北发有期，尚图力疾趋送，兼有所托耳。”至是年春，张英还朝，澄之赋诗送行⑧。

致任塾札，明言“今年七十四”，故系在此年。重点仍是请求资助刊刻著作：“江村闭户，删定生平未刻诗文，遂盈数尺，授梓无期，但得佣书人，资其笔墨饔飧，抄一清本，藏之秘籍，足矣。然即此亦无力能办。台兄其有意存之否？……计不过费阁下一朝之飧，而能留故人数十年之心血，谅所乐为。”其次是向任塾引荐钱左车，以便交接。钱左车为澄之旧友钱邦芑（字开少，江苏丹阳人。明亡后逃禅，世称大错和尚）长子，

---

① 参见《田间诗集》卷二四《送余佺庐中丞内召掌宪》、《典裘歌》与《雨泊青枫市，望佺庐舟不至，枕上偶作》，第494—495页；《田间文集》卷一七《送江南开府余中丞人为御史大夫序》，第317—319页。

② 参见《田间尺牍》卷四《与张敦复》；《田间诗集》卷二四、卷二五诸诗，起《哭胡星卿（原注：甲子）》，迄《甲子除夕西田庄口号》。

③ （清）张琦、邹山等修纂：康熙《建宁府志》卷一八《职官》，清康熙三十二年（1693）刻本。

④ （道光）《桐城续修县志》卷一二《人物志・宦迹》。

⑤ （清）张英：《笃素堂文集》卷五《内庭应制集序》，《张英全书》本，第320页。

⑥ 《田间文集》卷一六《两园和诗引》，第303—304页。有云：“两园者，姚耕壶之最古园、张滦青之赐金园也，林壑相望，皆据龙眠之胜。”

⑦ （清）张英：《笃素堂文集》卷四《黄柏山房和诗序》，第314页。

⑧ 《田间诗集》卷二五《送别张敦复还朝》，第512页。

时在开封业医。而任塾此时仍在磁州知州任上,距之不远。故信中云:"镇江钱左车,为弟宗侄,系开少兄长君也。……舍侄本京口名士,卖药汴城,其术甚精,名振大河南北,豪杰而君子也。倘阁下车骑入汴,往过其庐,足悉弟近况,亦得一方好友也。便附数行,托觅寄。"本年澄之亦有诗寄钱氏[1],盖托任塾转致之。

**(八)康熙二十五年(1686) 时年75岁**

本年所作信札,数量较多,共十六通,可分作四组。第一组:卷一《与李屺瞻》两通、《与左霜鹤》两通、《与扶升侄》、《与某》,收信人为李念慈、左国材、钱勖仍、佚名。

李慈铭于上年底来安庆,自述行程曰:"旋下秋浦度岁。……丙寅正月,遂溯江上至枞阳镇停寓,邀远近旧交来晤,酣畅弥月。复挐舟上皖江,入楚,过黄州,越武昌,寓江陵。"[2]及李氏西返江陵,澄之致信,有"随闻鼓棹西上,默然自伤","念孤舟远迈,后会难期"之语。时两人晤面,互有唱酬之作[3]。澄之询及明末陕西死难人士房建极,李氏出示所作《白松歌》,澄之援笔属和,作《贞靖祠前白松歌》十六韵[4]。所以,信中称"《白松歌》另书小桢,以便入邮函"。

本组六札,多涉《庄屈合诂》一书。如致李氏第一札称此书"到家始能脱稿,颇觉发前人所未发。其书可二百余页,犹欲更加改窜,尚未录清也"。致左氏第一札云:"春光又去三之二矣。……弟不能闭户而能塞耳,于追呼啼号中,了得《庄屈合诂》一书,自谓能发前人所未发,因小儿久病,无人脱稿,末由寄览也。"而致钱氏札亦称:"《庄屈合诂》尚是草本,儿子久病未愈,无人脱稿,不便寄览。"则以上三札作于二月将尽,《庄屈合诂》已成、尚未誊清之时。

又,致左氏第二札称:"春尽,《庄屈》告成,喜不自禁,即日为浮山之游。"则此札作于浮山之游归来之后。《与某》札云:"今春了得《庄屈合诂》,此十数年盘纡胸中之物,幸已脱稿,颇觉发前人所未发。"则两札更在其后。又,以上诸函与致徐倬信所称"弟于去冬穷愁之中,又了得《庄屈合诂》一书。此书属稿数年,今始卒业,自谓无复疑义。……弟今年七十五矣"[5]相符,则作于是年不误。

第二组:卷一《与张梦敦》《与王忍亭》,卷二《与徐方虎》,收信人为张英、王然、徐倬。

是年秋,其侄钱光夔入京参加殿试,方正瑸北上,澄之致书京师友人张英、徐倬,以作荐引。致徐倬札称"兹以舍侄光夔廷对之便,辄附数行";致张英札云"舍侄光夔,顷以廷试入都,素蒙先生奖借,顺风之吹,知所不惜"。两札皆有"今年七十五"句,故系于是年。

---

① 《田间诗集》卷二五《寄家左车大梁》,第512页。

② (清)李念慈:《谷口山房诗集》卷三〇《溯游集》原注,清康熙二十八年(1690)杨素蕴刻本。

③ 参见《谷口山房诗集》卷三〇《雪晴钱西顽自青山来晤,即事赋赠》;《田间诗集》卷二五《春雨枞江李屺瞻旅舍作》,第513页。

④ 《田间诗集》卷二五《贞靖祠前白松歌》,第514页。原注:"李屺瞻出《白松歌》见示,为述贞靖先生死事本末。先生令嗣房兴公,吾老友也,援笔属和,便寄兴公。"

⑤ 《田间尺牍》卷二《与徐方虎》,第467—468页。

其致徐、王两札，亦谈及著作出版事宜。致徐氏札，除上引论及《庄屈合诂》之外，又称："诗文未刻稿，删定之余，卷帙尚逾尺许，合之《诗学》、《易学》，生平心血尽在此矣。向蒙司农许为流布，至今未见施行，然岂司农一人之责耶？先生宜与诸知己为分任之。南来当事，各任一种，似亦非难。弟今年七十五矣，将更何竢耶？惟留意万万！"致王然札云："向者《易学》，蒙太翁先生既抄存邺架，初拟致中州藩台为之授梓，因弟遄归，托徐方老止之。今其书为敝乡当事取去，梓与不梓，尚未可知，而弟此外尚有《诗学》、《庄骚合诂》诸杂著，其诗文未刻稿甚多，不趁喘息尚存，故人当路为之流布，委诸破麓鹿煤，留覆酒瓿，宁不惜哉？藩台俨然开府武林，梓人辐辏，事等吹灰，相国尚有前言在意中乎？但得一种传，足以不朽，惟世翁宴闲之暇，偶一及之，未敢以野人妄相干渎也。"按王然，史传不著其名。检查慎行《敬业堂诗集》，有诗《王忍亭主事招游相国宛平公怡园二首》[1]，系于康熙二十五年；"怡园"为王崇简京城别业，即为主动"招游"，则王忍亭很可能是王氏子嗣。又，徐乾学康熙二十七年所撰《文贞王公合葬墓表》，称其第三子为王然，"官监教习，见任刑部江西清吏司主事"[2]。则王忍亭正是王然其人。

第三组：卷一《寄汪辰初》、《与方田伯》，收信人为汪蛟、方中德。

致汪蛟札有"今年七十五"一句，故系在是年。是年八月，澄之近游贵池，因贵池教谕宗观假归扬州[3]，致书旧友汪蛟，互通消息。故信中有"因宗鹤老便附起居"一语。按汪蛟字辰初，徽州歙县人。崇祯十二年(1639)举人[4]。钱、汪之交，在隆武元年(1645)冬谒选福州之时。澄之得延平推官，汪蛟得琼州推官。永历元年(1648)，两人再遇于肇庆，过从频繁，多有酬赠之作[5]。永历四年(1650)十月，永历帝奔南宁，澄之追扈不及，遂与之失去联系[6]。澄之削发为僧，法号西顽，于次年冬返归故乡。而汪蛟扈从永历行朝，留滞滇黔十余年；乱定生还，侨寓扬州。康熙九年(1710)，澄之游武昌，从汪继昌处得知汪蛟消息[7]。二十一年之后，再得患难故友消息，澄之不禁喜出望外。康熙十一年(1672)冬，澄之北游京师，路经扬州，停舟造访，恰值汪蛟西游荆楚。康熙二十年(1681)，澄之从老友彭焱(字然石)处得知汪蛟著有《滇南日记》一书，

① (清)查慎行：《敬业堂诗集》卷七《王忍亭主事招游相国宛平公怡园二首》，清康熙刻本。按：本卷为《假馆集下》，原注："起丙寅正月，尽十月。"丙寅为康熙二十五年。

② (清)钱仪吉：《碑传集》卷九《国初部院大臣下》引徐乾学撰《光禄大夫太子太保礼部尚书赠太子太傅保和殿大学士谥文贞王公合葬墓表》，北京：中华书局，1993年，第199页。

③ 《田间诗集》卷二五《送宗鹤问广文假归扬州》，第518页。有"八月涛声江上秋，广文心急下扬州"句。

④ 谢正光、范金民：《明遗民录汇辑》引黄容《明遗民录》卷四，南京：南京大学出版社，1995年，第330页。

⑤ (清)钱澄之：《藏山阁诗存》卷九《酬汪辰初》，第241页。原注："辰初谒选得琼州，予得延平，皆未死，相遇辇下，感慨系之。"《藏山阁诗存》卷一〇《同汪辰初、吴东三集七星岩，即事》、卷一一《看汪辰初、李武舟对弈》，第263、279页。

⑥ 《藏山阁文存》卷三《与汪辰初书》、《汪辰初文集序》，第395—399页。

⑦ 《田间诗集》卷一八《访汪辰初不遇》，第383页。其一有"阿咸逢夏口，说汝到扬州"之句，原注："汉口遇汪征五，知君返。"按：阿咸即汪继昌，字征五，号悔岸，徽州歙县人。顺治六年进士。顺治十四年补湖广按察使副使。后解官，长期寓居武昌。康熙二十二年卒。参见叶燮《己畦集》卷一五《进士中宪大夫湖广湖北江防兵备道按察司副使汪公墓志铭》，清康熙间叶氏二弃草堂刻本；顾景星《白茅堂集》卷三八《悔岸汪公家传》，清康熙间刻本。

"不甚秘惜,容易示人",考虑此书关系甚重,"今日野史,即异时正史所据","固有胜于金匮石室之藏者"[①],致书敦劝珍秘之。康熙二十三年(1684)三月,澄之访之扬州。是年,汪蛟八十四岁,澄之七十三岁。两人在久别二十五年之后的"沧桑之后,迟暮之年",再次重逢,如同梦寐,涕泗横流,唏嘘感慨良久[②]。时澄之赋抒怀诗,有"我过七旬君踰八,笑啼同是再生余"之句[③]。汪蛟出己著《滇南日记》与《文集》,请澄之序之,澄之始阅及其书,在《序》中历叙两人交游始末与生平遭遇。至八月,澄之与徐秉义联舟至仪真,因徐氏临时有事至扬州,澄之托邮致书信一通、序文一篇、诗两首[④]。

致方氏札,询及火灾之后藏书与著述情况云:"突闻回禄之变,恫骇累日,百年故居,一旦焦土。……年来著作无恙否?"按,方中德字田伯,为故友方以智长子。又,方中通致梅文鼎书称"去岁,家被火灾",末署"时丁卯章月望日也"[⑤]。丁卯即康熙二十六年,则方家火灾实在康熙二十五年。而是冬澄之西游武昌,并客岁于此,故此信必在西游之前。

第四组:卷一《与叶映榴》、《与张寿民》两通、《与某》,收信人为叶映榴、张介眉、胡胤铨。

是冬,澄之游来武昌,入湖广按察司佥事龚士稹(龚鼎孳长子)幕。值其初至武昌,得到时任湖广粮储道参议的叶映榴盛情款待,酒间相与论诗,赋诗酬答,并为其《叶李合刻诗意》撰序[⑥]。其诗后失而复得。因而录呈前之酬酢之诗,并致信称:"前承虚怀忘势,邀集署斋,恕其衰残,纵其狂谈,诚知醉后语尤颠,亦见老夫颠倒于先生者至矣。一时坐上,尽属同声,诸君子应有佳篇,以纪盛事。弟亦漫呈口号二章,未经点定,忽失其稿。追思累日,了不记忆,平生疏放,此其概矣。顷偶得之舍亲张别驾署中,欣逢故物,不计其词之工拙,率尔录上,惟先生有一教之。直写情事,声病甚多,勿以弟老耄而吝指南也。岁晚江寒,难理归棹,已拟度岁于开远堂中,不知清宴之暇,尚获造膝一奉德音否?"所称"口号二章",即《酬叶苍崖少参招饮》二首[⑦]。

其致张氏两札,第一札有"今年七十五"一语,且称:"玉峰别后,奄忽三载。老卧江村,莫通问讯。得果亭手札,始知荣任汉阳,曷胜忻慰!……晤龚道台,称赞循良,为全楚第一人,属在故旧,喜可知也。……顷已抵鄂渚,舟楫劳顿,欲得少休息,方能渡江。先此奉闻,不一。"按张介眉字寿民,苏州昆山人。为好友徐乾学女婿[⑧]。康熙二十四年(1685)始任汉阳县令[⑨]。第二札云:"四之日,襆被过江,可作数日快聚,得

① 《藏山阁文存》卷三《与汪辰初书》。

② 《藏山阁文存》卷三《汪辰初文集序》。

③ 《田间诗集》卷二四《扬州访汪辰初》,第496页。

④ 《田间尺牍》卷一《寄汪辰初》,第442页。

⑤ (清)方中通:《陪集·陪古》卷二《与梅定九书》,清康熙间刻本。

⑥ 《田间文集》卷一六《叶苍岩李梅崖合刻诗意引》,第305—306页。关于叶映榴史事,参见《清史列传》卷九《大臣画一传档正编六》,第626页。

⑦ 《田间诗集》卷二五《酬叶苍崖少参招饮》,第521—522页。本卷首原注:"起甲子,止丙寅。"

⑧ 《碑传集》卷二〇《康熙朝部院大臣下之中》引韩菼撰《资政大夫经筵讲官刑部尚书徐公乾学行状》,第691页。

⑨ (清)刘嗣孔、刘湘煃修纂:乾隆《汉阳县志》卷一六《职官表》,清乾隆十三年(1748)刻本。

一容膝地，密迩琴堂，以便时时过从，如何？小诗三首呈教。循声冰誉，采诸口碑，不敢溢美，而不佞平生之期望，衰暮之鄙私，情见乎辞矣。……前命小儿问斋名，作一引首奉赠，未蒙赐教，以意撰数字，未知有当否？特呈览，即掷下付镌为荷。”所称诗三首，《诗集》仅录两首①，或有笔误。

《与某》札有“弟七十五”一句，信首追忆往昔交游：“忆在南宫卧疾，时荷顾我榻前，殷勤慰问，关情骨肉，感戢肺腑。……今又十二年矣。”②考澄之南宫卧疾在康熙十四年，至此恰值第十二年，与之相符。时赋有《南宫胡次澹明府述其守城擒贼事》、《坠马卧疾南宫，枕上口占五首》等诗③。则“某”即胡次澹其人。按胡次澹名胤铨④，一字逊斋，湖北孝感人。顺治八年(1651)举人。康熙十年(1671)，授南宫知县⑤。故信中有“弟则穷老无状，乃以饥驱，重过鄂渚，遥望晴川，即拟飞度，握手追欢”之语。

**(九) 康熙二十六年(1687)　时年 76 岁**

本年信札凡五通，可分作两组。第一组：卷二《与程非二》、卷四《与沈圣符》，收信人为程守、沈应瑞。皆为明末遗民人士。两札皆有“今年七十六”一语，故系在此年。

按，程守字非二，徽州府人。明末诸生。明亡后，拒不仕清，隐居著述。著有《静省堂集》、《汰录诗》行世⑥。其致程氏札，叙述生活艰难之状，旨在互通消息，通过汪士鋐邮致，“因汪扶辰兄之便，辄附数行”。

沈应瑞字圣符，号介轩，吴江人。两人之交在弘光元年秋，故信札回忆往昔交游与鼎革之际行迹。又称：“今年为苕上之行，舟过震泽，哀妻子之丧亡，念故人之高谊，倚篷瞻望，泣涕沾襟。值阴雨迷离，同舟遄往，无由登岸一扣云亭，中心悲恋，为不去怀数日。”⑦是年，澄之路经震泽，未得停驻，赋有《过震泽口号纪哀》诗四首⑧。信中所云“阴雨迷离”，与第二首“遗迹经过看不得，恰逢急雨闭篷窗”之句相符；“同舟遄往”一句，与第一首“老友情知催棹过，恐经遗迹益悲伤(原注：徐方虎命舟人速去，不得停泊。)”相合。考此事在康熙十六年，澄之六十六岁，不应自称“弟七十六矣”；若称“七十六岁”，则此信作于康熙二十六年。故“今年”或为“昔年”之讹。

第二组：卷二《与龚千谷》、《与张寿民》、《与陶诞仙》，收信人是龚士稹、张介眉、陶孚尹。盖在北游京师商讨著作出版之前致书友人。

致龚、张二札，均是乘友人方熊赴武昌之便而邮致。两札末皆有：“顷因新安方望子之便，辄附起居。”“今因新安方望子汉上之便，辄附起居。”澄之去年冬游武昌、汉

---

① 《田间诗集》卷二五《承汉阳明府张寿民移樽鄂渚，用谢》，第 520 页。

② 《田间尺牍》卷一《与某》，第 444 页。

③ 参见《田间诗集》卷二一，第 443－444 页。

④ 按：清康熙十二年刻、雍正间增修本《南宫县志》(国家图书馆藏)卷首载胡《序》、《凡例》、《修志姓氏》，每卷之下及卷六《官师表》，皆署为“胡胤铨”。此后诸志为避雍正帝胤禛讳，改作“胡景铨”。

⑤ 参见(清)朱希白、沈用增修纂：光绪《孝感县志》卷一四《臣林》，清光绪九年(1883)刻本；黄容惠、贾恩绂修纂：民国《南宫县志》卷一三《文献志・职官篇・宦绩列传》，民国二十五年(1936)刻本。

⑥ 《明遗民录汇辑》引黄容《明遗民录》卷六，第 837－838 页。

⑦ 《田间尺牍》卷四《与沈圣符》，第 527－528 页。

⑧ 《田间诗集》卷二二《过震泽口号纪哀》，第 452 页。

口,至次年五月抵家[①]。九月,至江阴,谒谢李振裕[②]。其后,欲赴昆山,商讨著作出版之事。故寄龚氏札称:"儿辈场事已毕,即买棹江阴,谒谢李醒斋,将便过玉峰,一晤果亭。因健老春间有约入都,弟老矣,不胜鞍马之劳,故往商之。"故两札盖作于此时。

致陶氏札称:"别后即送儿辈观场到白下,便过江上,又承文衡后命,扁舟再往,凡滞留月余,竟以衰病蹒跚,未上君山为恨。……弟春间未回时,昆山致书,有都门之约。今更承文衡怂恿,代为束装,且因舍侄孙公车之便,拟与同载北去。衰年远道,岁晚天寒,行装萧索,资斧缺如。敝邑诸友,相邀结伴,业已戒期。告急无门,徒有仰屋,先生其何以策我?"请求予以资助。按陶孚尹字诞仙,江南江阴人。康熙二十二年任桐城县训导[③],约在康熙二十七年前辞归。

## 三、各札系年与收件人续考

自康熙二十八年校刻著述至其辞世,为钱澄之晚年信札的另一阶段。现继续对相关信札的写作时间、收信人及主要内容等进行考证。

### (十)康熙二十八年(1689) 时年78岁

卷二《与林广文》,收信人为林搏云。按林氏为江南武进人,是年官安庆府儒学教授[④]。五月,钱澄之欲往苏州雕刻著作。临行之际,欲携孙同往,以佐校订之事。因致书林氏云:"顷小孙复辱在门墙之末,两世师承,自惭桃李,惟以得沾化雨为庆耳。弟因都下诸公为梓拙稿,午后即发吴门之棹,拟以小孙相从,司校订之事,恐送学大典在即,未敢自外,特留俟送学毕,即乞先生予假东来。且旅次衰老,似不可无人在侧。秋末冬初,便令返棹,趋侯门下也。先生笃念气谊,应不吝破格见允。"

卷二《与查某》,忆及上年春季京师文人雅集云:"客都门八阅月,荷诸君子不弃老耄,往还唱和,欣慰何如!如文采气谊,极一时之盛,而真情爽致,古道照人,不得不推世兄领袖也。辱在通家,尤深依恋。朱悔人临别,约到皖查事,问抚军讯其游踪,颇深相念,正不知何时到皖也。京华春集,一时盛举,竟中废耶?当时分题而诗不齐,弃而不付梓,未免可惜。"考当时同集者凡十六人[⑤],海宁查氏有四人,即查嗣韩(字荆州)、查嗣琏(字夏重)、查嗣瑮(字德尹)及查昇(字声山)。信中称及"陆冰老知已到家无恙,夏重鲁兄再入都否?""荆州、声山,近况当益佳胜",则查某确为查嗣瑮。信中又云:"佳稿属题数语,贞一、令诒,皆以见委,此万不容已之文字,稿藏腹中久矣,俟到吴门撰上,即欲入集也。"则此时澄之尚未至苏州昆山。贞一当作震一,即吴卜雄,令诒

---

① 《田间尺牍》卷二《与张寿民》,第470—471页。有曰:"以五月抵家。"

② 《田间诗集》卷二六《九月再过江阴呈李醒斋阁学》,第534—535页。

③ 道光《桐城续修县志》卷六《职官表》。

④ (清)张楷等修纂:康熙《安庆府志》卷一〇《府职官》,清康熙六十年(1721)刻本。

⑤ 《田间文集》卷二七《京华春集》,第542页。原注:"门人程松皋邀同朱晦人、杨端木、张寄亭、王令诒、查荆州、夏重、德尹、声山、陈叔毅、卫凡夫、孙恺似、吴震一、陈仲夔、张弘蘧、家阆瀛、从子欧舫集端木寓中,分得春星。"

即王原。所撰两序在《田间文集》卷十五。信中又称："舍侄欧舫来，合志重兴，无令异己者为齿冷也。"考钱光夔（字欧舫）再赴顺天乡试，在康熙二十九年秋。其寄怀朱载震（字悔人）诗有"海门期竟爽，（原注：戊辰春集后，悔人返荆门，予亦归里，订以秋期过海门，谒杨中丞，得一把臂。）荆棘院锁仍同。（原注：庚午秋，复来京师，与予同试北闱。）"①

**（十一）康熙二十九年（1690） 时年79岁**

是年所作信札颇多，其可考者凡十四通。第一组：卷一《与李醒斋振裕》、《与张敦复》、《与家绍隆》、《与孙恺似》、《与王某》，收信人为李振裕、张英、钱绍隆、孙致弥、王某。

其致张、王二札，皆有"明年八十"一语，故系在此年。且五札之首，皆称"都门别后，再易寒暑"。考澄之再入京城在康熙二十六年冬，次年春到京，九月返归。二十八年五月，澄之来苏州昆山，躬于著述校刻之役。至康熙二十九年，《易学》、《诗学》、《庄屈》、《文集》先后雕成，而《田间诗集》、《藏山阁集》因资费不继，尚未付梓②。故信中均有"拙集六种，甫刻其四"。自康熙二十七年至是年，正好接近两年。

三月间，值钱大镛（字禹铭，钱珍长子）北上入国子监读书之际，澄之顺便致书都门旧友③。一则互通消息，引荐大镛。如寄钱绍隆札云："顷在吴门，较订拙集授梓，将及一年，得梧垣之报，喜而欲狂。……拙集六种，甫刻其四，卷帙浩繁，资费不赀，正不知告成何日。先以文稿付宗姪大镛，面呈大教。镛亦吾家佳子弟，颇有才笔，依人北上，肄业成均，特属其叩谒阶下，惟一切照拂之为荷！"按钱绍隆字仲扶，浙江海盐人。康熙十二年进士。康熙二十八年，迁为刑科给事中④，故信中有"得梧垣之报"。致孙氏札云："弟以剞劂之役，久羁吴门。拙集六种，甫刻其四，资费不继，将欲歇手矣。幸东海公归，或犹可筹划以告成也。……拙集文稿一部，付敝宗姪禹铭，属为面呈。刷印即少，携带甚难，不能全奉，幸鉴之。禹铭名大镛，吴人，极有才笔，顷依人入都，将肄业成均，唯不吝齿颊为荷。"

其致李、张二札，希望协调地方官员资助，以卒校刻之役。寄李氏信称："向蒙赐安、池两函，相见时极有口惠，竟未邀涓滴之润，大约皖守鄙吝，有取无与；池守依例以行，以致大虚台意。闻池守尚歉然未已，倘更得祖台数行，申致前说，或可小邀佽助，以了此局，亦祖台意中未了事也。如何？如何？"希望致书池州知府，予以资助。致张英札则称："《诗学》借重弁言，蜀藻代为属笔，宠施多矣。谨寄呈大教。又拙刻《诗稿》，尚未有序，欲乞真定公数语，未敢冒昧上恳，先生能为转请乎？倘获所请，即便邮至吴门梓行，如何？"则潘江代笔之《田间诗学》序文，已有成文；并请张英为其转托梁清标为《田间诗集》作序。

---

① （清）钱光夔：《欧舫集·粤吟》附录《寄怀京师诸旧游》，清丛桂堂刻本。

② 《田间尺牍》卷一《与李醒斋》，第445—446页。

③ 《田间尺牍》卷二《与张敦复》，第472—473页。有云："三春间，因敝宗禹铭入都之便，附候一函，以拙刻《诗学》呈教，并真定公所赐二函，托为璧还，知俱达左右。"

④ （清）王彬、徐用仪修纂：光绪《海盐县志》卷一六《人物志》，清光绪三年（1877）刻本。

第二组:卷一《与韩元少》、《与王子喜》、《与王某》、《与嵇尔遐》、《与江在湄》、《与傅蓬仙》,卷二《与查某》、《与张敦复》、《与宋实颖》、《与席元公》,卷三《与庸亭弟》,收信人为韩菼、王燕、王熙、嵇永福、席元功、江皋、傅登瀛、查慎行、宋实颖、钱中谐。

是年九月,澄之著作六种已刊其五。因为后续经费无着,加之《藏山阁集》深中清廷忌讳,故只好暂辍,计欲返归桐城。临行之际,致书诸友。寄韩菼札云:"乍寒益动归思,望后往玉峰,别果、立二公,返棹即趋洞庭,与健翁言别。……有小文册,为健翁初度用,尊处有熟健笔,幸赐用为荷。"按徐乾学因朋党之争,被迫休致回籍,允以书局自随。及秋,《大清一统志》移局洞庭东山。时澄之著述五种刊毕,急欲归家。信中所云"有小文册,为健翁初度用",即《送大司寇徐健庵洞庭修书并祝其六十初度序》。《序》称:"大司寇昆山徐公健庵,以文字受上知,既得请解任,仍留南书房备顾问,总裁纂修《一统志》。……余既衰旺,不能从公少佐校勘之劳,又久客且归,不及待公揽揆之辰,效其祝诵,请即公入山修书之事,略陈鄙见,以为公无疆之庆,可乎?"①考徐氏生于明崇祯四年(1631)十一月②,至是年正值六十寿诞。

时查慎行在昆山洞庭东山参与《一统志》局修纂史事。澄之致查氏书,欲为孙、曾孙辈考试一事,以交接桐城县令。信中云:"昨早趁韩慕庐回舟遽去,不及晤别。仆老矣,不知后会尚有期否?言之惘然。……扇头诗句甚工,末有'驰书枞阳令'语,能便附本人带去否?孙、曾考事,能得前列,为院试地,便是大惠。"信中所谓"枞阳令"即高攀桂,为查氏戚友,浙江钱塘人,康熙五年(1666)举人。至康熙二十八年(1689)擢任桐城县令③。后得查氏寄高氏书,由其子扔禄面呈④。

澄之又有致王、席、嵇、宋诸友之信,欲在归途中访之。如致王燕札云:"准拟望后归棹,东海相公复欲约至玉峰,为数日之聚,大约不出月内,当从老祖台践金焦之约也。晤之在即,不多及。"致席元功札云:"拙集托元郎转呈记室,乃蒙兼从远存,兼荷腆贶,益深惭悚。即日返棹,未及访戴虞山。"席氏行事待考。寄嵇永福札云:"顷梓事已毕,于六种中已刻其五,梓费不继,留竢异日采幽好事之人,以充秘籍可也。书既成,客囊且罄,不能印行,干求无路,开口甚难。"

寄宋实颖信有"明年八十"语,且称:"弟以宛平、东海诸公高谊,为梓拙集,于去夏始事,今秋告成。羁滞吴门,两易寒暑,有集六种,已刻其五。祸枣灾梨,抑已甚矣。……弟所刻经解,有《田间诗学》、《易学》二种,又《庄屈合诂》一稿,《诗集》二十八卷,《文集》三十卷,承问及,敢如数以对。诸君子念其已老,留此一点心血,其书不足存也。……弟顷已买棹返里,刻板仍留吴中。……临行托洪丹霞兄致此数字,不尽欲言。"

其寄江、傅两札,盖值徐大纯远赴临洮省亲时互通消息⑤。时江皋在庆阳兵备道

① 《田间文集》卷一七《送大司寇徐健庵洞庭修书并祝其六十初度序》,第330—333页。

② 《碑传集》卷二〇《康熙朝部院大臣下之中》引韩菼撰《资政大夫经筵讲官刑部尚书徐公乾学行状》,第691页。

③ 道光《桐城续修县志》卷六《职官表》、卷九《人物志·名宦》。

④ 《田间尺牍》卷二《与查夏重》,第467页。

⑤ 据《田间尺牍》卷一《与江在湄》,徐大纯字质愚,苏州府长洲县人,系钱澄之好友姜寓节女婿。

任上,澄之致信称:"以刻书之役,留滞吴门,再易寒暑。所刻《田间易学》、《诗学》、《庄屈合诂》并诗、文二集,合得五种,所费不赀。先代许多关系文字,俱未及刻,以俟后来阐幽耳。"致傅氏札也称:"丁戊之间,都下故人,谋为拙集授梓,邀致北上,历年始归。随到吴门,有事剞劂,生平著作,刻其三分之一,资斧不继,暂尔辍工,留滞年余,今且返故山矣。"傅登瀛字蓬仙,盖州人。康熙二十二年(1683)任泾州知州,时在任上[①]。

此外,又有卷二《与袁士旦》,收信人为袁启旭。按袁启旭字士旦,号中江,宣城人。为明遗民吴肃公高弟[②]。信中称:"弟以昨暮抵关,拟过关后奉晤。乃有酒数坛,一路饮剩者,为关役稽留上税,计所费不过数分,淹阻归舟,未知何日始去?八十老翁,一生湖海,不意今日为斗酒累,可发一笑。兄能过舟一谈否?倘未能即行,当携手过云亭也。"是年九月,澄之从苏州乘舟归家途中,路过芜湖钞关时,以携有酒六瓿,为榷关使者稽留五日[③]。盖此札作于返归桐城、路经芜湖之际。

**(十二)康熙三十年(1691) 时年80岁**

是年所作信札甚多,可考者凡十五通,可分为三组。第一组:卷一《与韩慕庐》、《与蔡九霞》、《与汪异三》、《与姜奉世》、《与王子喜》(第二札),卷二《与王安节》、《与潘括苍》、《与查夏重》、《与钱即九》,收信人为韩菼、蔡方炳、汪撰、姜寓节、王燕、王概、潘仁樾、查慎行、钱即九。

是年上元节后,澄之遣其子㧑禄与仆小价分东、西两路,前往苏州、武昌,联系友人。其寄苏州等地友人信札,主要目的有三:第一,因徐元文病重,前来慰问。寄韩菼札云:"岁杪有人自吴门回,健翁传语立翁病状,为皇皇不宁者累日,即拟力疾冒寒,扁舟趋省,惟精神大不如前,未能强出;专遣小儿前来,代申下悃,并叩先生,面悉近状,惟进而教之。"致姜氏札亦云:"闻徐立老恙未愈,中心悬挂。衰病不能远涉,特遣小儿代候。……此公于我,情有独至,义不容已耳。"

致潘氏札云:"顷小儿来,无一定寓所,令往来于奉世、异三及世兄斋头,想不厌耶?"按潘仁樾字括苍,为同里好友潘江次子。康熙二十七年任苏州府吴县儒学训导[④]。致查氏札云:"小儿到山,候东山先生起居,幸念通家,勿惜教诲。"[⑤]澄之与查氏之父查遗为旧交,查氏少时曾学诗于澄之[⑥]。

第二,重刷书籍,以供出售。致汪撰书云:"去秋因刷印无资,携归拙刻甚少,此书

---

① (清)张延福、李瑾修纂:乾隆《泾州志》卷上《官师志》,清乾隆十九年(1753)刻本,国家图书馆藏。

② (清)李应泰、章绶修纂:光绪《宣城县志》卷一八《人物·文苑》,清光绪十四年(1888)刻本。

③ 参见《田间诗集》卷二八《过芜关,以酒六瓿见阻,报税率成》,第579页;《田间尺牍》卷二《与王安节》、《与韩慕庐》,第466、474—475页。

④ (清)李铭皖、冯桂芬修纂:同治《苏州府志》卷五七《职官三》,清光绪九年(1883)刻本。

⑤ 按:康熙二十八年,查嗣琏因在"国丧"期间参与会演《长生殿传奇》,被斥革国子监学生身份。后更名慎行,号悔余。康熙二十九年秋,徐乾学修致还里,携之偕行。及秋,徐氏在洞庭东山重开史局,查氏参与《一统志》局修纂史事。至冬离馆,澄之未知也。参见(清)唐孙华《东江诗钞》卷三《哭座主玉峰尚书徐公》、(清)陈敬璋《查他山先生年谱》(嘉业堂丛书本)。

⑥ (清)方苞:《方苞集》卷一〇《翰林院编修查君墓志铭》,上海:上海古籍出版社,2008年,第275—276页。有云:"君少,闻吾邑钱先生饮光深于诗,即泝江,系舟枞阳,造田间讲问,逾时而归。钱先生数为余道之。"

颇为江上盛传,求者无以应之,不知别后,坊人有问津者否?小儿有事玉峰,亦便谋此事,惟世兄与酌之。照例随宜,不图获利,且多分书,以应所知之乞,如何?如何?错字尚多,已一一改正,召梓人修补印行,为嘱。”致王概札称:“献岁新禧,惟发笔大利市,是望。……拙刻付坊间,何法得推行?”按王概字安节,浙江秀水人。为亡友方文之婿。寄钱即九札云:“拙集颇盛江上,旧秋因无刷资,携回甚少,无以给求者。老弟向欲令坊间刷印分书,小儿来亦谋此事,幸指示之。”

第三,派其子至镇江参加院试,以践前约。寄王燕札云:“献岁新禧,盈庭安吉。……顷小儿有事于吴,特命叩谒,而悉近状,惟进而教之。……向承许以郡试列荐,不致临时有虚夙诺,便拜大惠也。”时王燕仍在镇江知府任上。

第二组:卷四《与余佺庐》,卷二《与叶见初》、《与黄冈县正堂》,收信人为余国柱、叶道复、钱顾琛。系遣其仆小价专程奔赴湖武昌所寄书信。

其致余、叶两札,皆有“今年八十”一语。寄余氏札云:“特遣小价,冒雪前来问讯,并赍刻过五种奉教。此皆台意素所欲成就者,即令授梓,犹是齿牙之余惠也。”时余氏寓居武昌①。余氏因深涉党争,康熙二十七年二月被御史郭琇弹劾,遭到革职。后回到原官之地南京居住。至次年三月,再被弹劾虽被革职,仍居南京,影响地方政务,“挟辎重往江宁省城,购买田宅,广营生计,呼朋引类,垄断攫金,借势招摇”,有违清廷禁例,被驱归原籍②。

寄叶氏札云:“偶有小价道经贵里,特命叩庐候问,便申鄙情。”按叶道复字见初,康熙二十九年举人。系故友叶封长子③。寄钱顾琛信云:“顷因小价有事于楚,便道附候,拙刻未及呈教,春夏之交,小儿或有江汉之行,当遣拜床下,奉教长公,并以诸刻呈正。”按,顾琛字献侯,吴县人。康熙十八年进士④。后复姓钱。康熙二十八年至三十五年,任黄冈知县⑤。

第三组:卷三《与文行远》、《与叶见初》,卷二《与家枚一》,收信人分别为文行远、叶道复、钱选。三札皆有“年已八十”之语,为秋季幼子扐禄专赴武昌所寄信札。

值扐禄舟行赴楚,路经九江之际,澄之寄文氏书云:“小儿偶有楚江之游,道经浔阳,命其寻识旧居,恐仍在柴桑。留此数行附寄。”按,文行远字樵庵,江西德化(今九江县)人。康熙中贡生⑥。系故友文德翼子。

致叶氏札称:“春间小价回,接三世兄裁答,知大世兄已捷楚闱,不胜庆快。……拙集诗文二种,分之两世兄,存之笥中,以识畴昔唱和之雅谊,一展阅如省往事也。小儿与两世兄曾相识,顷到贵县,当有数日留,幸一切教诲之。”

又,致钱选信云:“春间小价有楚江之役,便附一函,伏承手答,略悉起居,为慰。”

---

① (清)邵遐龄、谈有典修纂:乾隆《武昌县志》卷九《人物·流寓》,清乾隆二十八年(1763)刻本。

② 《清史列传》卷八《大臣画一传档正编五·余国柱传》,第540—541页。

③ (清)王岱《了庵文集》卷一三《叶见初诗引》云:“今阅慕庐长公见初之诗。”又,《碑传集》卷五九《曹司中》引王士祯撰《诰授奉直大夫工部虞衡清吏司主事叶公封墓志铭》称:“吾友楚叶君井叔,……子男子五:道复,康熙庚午举人;道临,候选州同知;道谦、道恒、道豫。”

④ 同治《苏州府志》卷六三《选举五》。

⑤ (清)蔡韶清、胡绍鼎修纂:乾隆《黄冈县志》卷五《职官志·秩官表》,清乾隆二十四年(1759)刻本。

⑥ (清)永瑢、纪昀等:《四库全书总目》卷七七《浔阳跖醢》,北京:中华书局,1965年影印,第675页。

所称之札未见。又称:“小儿偶过武昌,花封对岸,命其抠谒琴堂,一拜长者于床下,非有希望于安邑也,惟进而教之。拙刻诗文二种,分赠乔梓,因艰于刷印,不获以全本各种请教,为歉。”按钱选字枚一,安庆府怀宁人。康熙二十四年进士。散馆,授广东茂名知县①。

### (十三)康熙三十一年(1692) 时年81岁

是年信札有十余通,可分为三组。第一组:卷三《与潘木厓》两通、《与石汉昭》、《与扶升侄》、《与姚绥仲》两通,收信人为潘江、石汉昭、钱勖仍、姚士藟。

是年秋暑酷热,同里老友陈焯、姚文燮相继辞世。其致潘、石、钱三札,均称及陈焯去世。按,陈焯字默公,号越楼,别业涤岑。顺治九年(1652)进士。康熙十七年(1678),陈焯六十寿诞,姻亲潘江赋诗为祝②。逆推之,陈氏生于明万历四十七年(1619)。考康熙《安庆府志》本传称他卒年七十四岁③,正在是年。致潘江第二札有云“陈、姚二老,相继长逝”,当在更后。

康熙三十年(1691)七月,徐元文卒于昆山,澄之往吊。故其致姚士藟(字绥仲。好友姚文燮次子)第一札首云:“秋间复往吴门,有慰吊之事,亦情不容已者。”至岁末,因姚文燮病重,往慰问之。故信中称:“冬底入城,专省尊公,气貌如旧,但神智罔罔,不能识人。”但澄之老人“舆马之劳,绝不能胜”,只好预约“俟水涨舟至孔城,力疾入城,当在四五月间”。则此信必在康熙三十一年不误。不久,姚文燮谢世,澄之再致书姚士藟慰吊云:“突闻尊公之变,痛不可言。病势知久不起,虽伏枕良苦,乃溘然长逝,终古不复相见,痛可言耶!”此札由其侄钱勖仍转交。

第二组:卷三《与方受斯》两通、《复倪叔昭》、《与倪越公》、《与休宁令廖明府》,收信人为方曾祐、倪叔昭、廖腾煃。

是年,因戚友倪叔昭失馆,澄之为营入幕事宜。其复倪叔昭书称:“枕上得手札,知有新安之游,披衣起作一函寄方世兄,托彼介绍,以见当事。仆未能遽致书也。”寄方氏书称:“仆今年八十一矣,……倪叔昭今年失馆,远求糊口于大阮,恐未必遂。望世兄多方周旋之,或介绍于廖公,云系仆肄业门人,借此与合邑士大夫往还,或有机缘。”后再复书方氏云:“叔昭贫乏如此,不能朝夕自给,走投乃叔,来往千里,未知馆谷之外,尚少有润色否?此人近体诗颇堪应酬,诸当事或有所需,惟不惜齿牙借之。即海阳门人,及诸相知,皆可推分也。留意,留意。”按方曾祐字受斯,桐城人。康熙二十六年(1687)任休宁县儒学训导④。澄之曾课督其父,故委托介绍入休宁县令廖腾煃之幕。然倪氏叔父倪田玉,时官休宁县儒学教谕,与廖氏“颇与格格”。故澄之致书以作化解:“弟于廖父母,微有并州之谊,然未敢未同而言。接台谕,知其意中尚有陈人,趣通一函,并寄拙集数种,托方受斯为装订呈去,不敢以劳先生也。……令侄孤身自

① 朱之英等修纂:民国《怀宁县志》卷一八《仕业》,民国五年(1916)铅印本。

② (清)潘江:《木厓续集》卷二《陈越楼六十,赋以寄祝》,清康熙二十年(1681)刻增修本。按:此诗在分集《莱戏草一》,原注:“起戊午正月至七月。”

③ 康熙《安庆府志》卷一五《事业》。

④ (清)何应松等修纂:道光《休宁县志》卷七《职官·题名》,清道光三年(1823)刻本。

奋,世族中之杰出者,一贫至此,其能始终成就之,则在先生耳。览其近体诗篇,不逊时辈,诸当事及相知中,倘有应酬,以之应命,或可稍为润色乎?”

澄之以所刻全集五种,委托方曾祐装订、奉寄,终得廖氏应允。值倪叔昭赴幕,澄之致函,倾述并州之谊云:“第四十年前,曾游贵乡,嗣是凡三入闽关,羁栖既久,遂有室家。迄今内外数十口,半属闽人,视闽为并州,视老父母犹乡衮也。”且称:“尚有一集,亦已授梓,皆在贵乡与岭南所作,未免略涉避讳,不便印行,俟更续寄。”所指即《藏山阁集》。按廖腾煃字占五,号莲山,福建将乐人。康熙二十八年(1689)任休宁知县,在任六年①。

第三组:卷三《与韩慕庐》、《与曹子青》、《与吴元朗》、《与魏州来》及《复何远侯》、《与王子喜》,收信人为韩菼、曹寅、吴暻、魏允札、何邦猷、王燕。

是秋,值徐秉义六十诞辰,澄之撰寿序一通奉祝。原拟由幼子撝禄代祝,因其训蒙九江②,故派方正瑲为任此行。致韩菼信中称:“今八十一矣。……果亭初度,一文为寿,先生所喜阅者,暇时取一览如何?初拟如期命小儿代祝,乃以训蒙远去,舍亲方虞律为任此行。”其致魏、吴多称及方氏,故系在此年。

时值曹寅此年编选清初诗篇,征桐城诗篇于澄之。故致曹寅札云:“承命以册页征诗,敝邑人士,久慕风谊,勇于请教,而诗多页少,未能广征,然能诗者大半在此矣。”并令其子、孙、曾孙各赋一首。

是年,何邦猷擢任镇江府儒学教授③。因澄之与镇江知府王燕交厚,故受托引介。澄之复何氏书云:“月内即遣役吴门,专候起居,并寄郡伯一函。此公素心耐久,自当一见深契,正不藉仆先容,然在仆固不容已耳。”随后,值方正瑲东行,澄之寄王燕书云:“舍亲何广文远侯,迁润州司铎,叨在老祖台覆育之下,同人欣慰。”

**(十四)康熙三十二年(1693) 时年82岁**

卷三《与黄平子》,收信人为黄中。信中有“今年八十二”一语,故系在此年。按,黄中字平子,号雪瀑,安徽舒城人。顺治十四年(1657)举人。后屡试不第,遂绝意仕进,以著述为业④。

## 四、需要提出的一些问题

《田间尺牍》是澄之晚年信札存稿,所保存者多达一百余通,直接涉及交游人物七十余人。据笔者考定,其写作年代最早者,始于康熙十四年;最晚的信札,作于康熙三十二年,即他辞世当年。其时间跨度,前后近二十年。而贯穿这些信札的一个核心,

---

① 道光《休宁县志》卷七《职官·名宦》。

② 《田间尺牍》卷三《与潘木厓》:“小儿为查夏重荐入九江幕中课蒙,考后即去矣。”

③ 据道光《太湖县志》卷一七《职官志》,何邦猷字远侯,黟县人。康熙二十年至三十年任太湖县教谕。清道光十年(1830)刻本,国家图书馆藏。又,(清)鲁之裕《式馨堂文集》卷一二《复何远侯先生》,清康熙至乾隆间刻本。原注:“名邦猷,太湖学博,升镇江教授。”

④ (清)熊载升、杜茂才修纂:嘉庆《舒城县志》卷二一《文苑》,清钞本。

就是澄之晚年因家境贫苦，孜孜丐求清朝仕宦诸友资助刊刻生平著述。所以，瑶楼居士称：“《田间尺牍》四卷，皆肫肫于丐资刻集。”①

以上信札还保留了一些重要的历史资料。澄之诸友中有深涉康熙朝党争者，比如徐氏兄弟、余国柱等人，倒台后或被严厉搜查，或被驱归原籍。其晚年境况之惨，为清朝官方史书所不载，而澄之信札多有涉及。这些记载见诸卷二《与张梦敦》、卷四《与魏州来》、卷二《与余佺庐》等。且澄之与徐氏兄弟交厚，值徐元文辞世，八十高龄而不惜专程吊唁，并专函寄致京师旧友，希望为之斡旋解祸。此类记载，足补官方史书记载之缺漏。

一部分信札显示，澄之在著作刊成之后仍然撰作了大量信札和应酬文字，但都不得而见。比如苏州雕刻著作之际，潘江代张英所作《田间诗学》序文，是否存世；委托张英转请梁清标为《田间诗集》撰序，是否应允②。著作雕成之后，为狄亿文稿所撰序文，是否即是韩菼集中之序或其底稿③；所作《刘孝子传》④，是否存世；为吴暻母所撰寿序⑤，是否存世；是否确为朱彝尊《日下旧闻》、蔡懋德《蔡忠襄公全集》、魏学渠遗稿撰序⑥；钱勖仍《听雪斋二集》刊成，希望澄之转请序于韩菼，澄之考虑实际情况欲为代笔⑦，但最终结果如何，不得而知。此类史事与文献，均有待考证与辑佚。

（作者单位：淮北师范大学历史与社会学院）

---

① 瑶楼居士：《田间尺牍跋》，《田间尺牍》卷末，第532页。

② 《田间尺牍》卷一《与张敦复》，第446—447页。引文见考证（十一）“康熙二十九年”部分。

③ 《田间尺牍》卷一《与韩元少》：“狄立人文序，留案头转致之。”又，韩菼《有怀堂文稿》卷五《狄立人续刻稿序》，清康熙十二年(1703)刻本。

④ 《田间尺牍》卷二《与韩慕庐》：“刘兄所乞尊先公传，春暖属草。弟近日精力已衰，文思大减，但如此纪传，不敢不力疾为之，决不负也。”卷一《与韩慕庐》：“《刘孝子传》遵命草上，诸大篇写事已尽，不过依样葫芦，未能别出机杼也。就中避地情事，从觳似两诗中得之，辄为补出，谅非诬耳。为致刘年翁，更乞先生改正数行，为荷！”

⑤ 《田间尺牍》卷三《与吴元朗》：“去秋在玉峰，劳劳聚首，未悉彼我之怀。别后即有俚言为太夫人寿，略叙往谊，托道积转寄当到。”

⑥ 《田间尺牍》卷二《与查某》：“朱竹垞《日下旧闻》，其书略未寓目，何以属笔？便以数卷寄玉峰，览其大概，方可作序，拙集中亦不可少此一篇序也。致之，致之！”卷一《与蔡九霞》：“《忠襄公全集》未蒙见赐，欲僭为一序，于拙集中不可少此一题也。见付为荷。”卷三《与魏州来》：“令弟复委序令叔遗稿，此仆意中一事。令叔稿不可无我序，拙集中亦不可少此一篇序文也。相候久之，讯字杳然，令弟或不汲汲于此。”

⑦ 《田间尺牍》卷三《与扶升侄》：“二刻集样，且寄一览。目下即遣价往吴门，元少序，当为转乞。”卷三《与韩慕庐》：“舍侄钱勖仍，字扶升，敝邑有名诸生，亦有名诗人也。向刻有《听雪轩集》，弟为序之。顷刻二集成，欲得先生一语为弁，托弟转恳，知先生笔墨不暇，请为之代斫可乎？希示之。”

# 审其义例　破卷立篇
## ——戴震自刻《分篇水经注》整理刍议

彭君华

### 一

说到《水经注》，清代以来，其影响最著者，无疑当首推武英殿聚珍版本。两百多年中，殿本的翻刻、重印已达数十次之多，诚如张元济先生所言："自聚珍版印行，举世奉为圭臬。"

殿本《水经注》的校订者为戴震。他于乾隆三十八年（1773）奉召入京，以举人身份与修《四库全书》。次年，接到校订《水经注》的差事，并于当年十月完成，恭校呈上，由武英殿刊刻。

戴震奉召入京前一年，即乾隆三十七年（1772），主讲于浙东金华书院，即已着手刊刻自定《水经注》。至明年，所刻未及四分之一，因入四库馆而中辍。在殿本《水经注》的校订工作交差之后，他继续未竟之业，于乾隆四十一年（1776）完成刊刻，这就是《分篇水经注》。次年（1777）的五月，戴震便去世了。

如此算来，在仅仅两年的时间里，戴震便先后出版了两种《水经注》：一种官本，一种私刻，这不能不说是一件奇事。

何以官本之外，又要私刻呢？相互对照之下，不难发现，原来这是彼此关联却面目迥异的两种《水经注》，它值得郦学和戴学研究者的深刻回味和反思。

戴震之研治《水经注》，至迟可以追溯到乾隆十四年（1749）二十五岁时。这从程瑶田的《五友记》、孔继涵的《水地记序》等文中不难得到证明。自此直到乾隆四十一年（1776）自定《水经注》刊刻完成，其前后时间跨度竟达二十七个年头。《水经注》的研究恰恰花费了戴震半辈子的心血。

《水经注》"经注错互""字句讹脱"，学者恒苦其难读。戴震在刊刻定本之前，他研究《水经注》的著述，其较著者依照时序可数出两部：其一为《水地记》，其中的定稿《河水》篇曾经四易。其二是乾隆三十年（1765）完成的《水经考次》，它从混淆不清的《水经注》中析出一百二十三条河流的全部经文，先是将各水按原书顺序编次，后又将各水独立成篇，重加编次。并作《附考》，对《河水》、《淇水》、《穀水》、《渭水》、《沔水》、《江水》诸篇错乱而不可读的经文、注文加以考正；作《水经书后》，简述《水经注》流传及致误的过程，总结出分辨其经文与注文的"四例"：

> 《水经》立文，首云某水所出，已下不复重举水名；而注内详及所纳小水，加以采摭故实，彼此相杂，则一水之名不得不循文重举。

《水经》叙次所经郡县，如云"又东过某县南"之类，一语实赅一县；而注内则自县西至东，详记水历委曲。

《水经》所列即当时县治；至善长作注时，已县邑流移，注既附经，是以云"迳某县故城"，经无有称"故城"者也。

凡经例云"过"；注例云"迳"。①

其后，戴震确立了《分篇水经注》校订整理的基本纲领，即"审其义例，按之地望，兼以各本参差"②。所谓的"义例"自然涵盖了分辨经注的"四例"。而"按之地望"，即考察山川的自然形势，用戴震的话说，"因川源之派别，知山势之逶迤，高高下下，不失地防"③，"令众山如一山，群川如一川"④。戴震研究历史地理有着与众不同的独特方法，段玉裁曾经指出："盖从来以郡国为主而求其山川，先生则以山川为主而求其郡县。"⑤段玉裁评戴震《水地记》曰："固将合天下之山为一山，合天下之川为一川，而自《尚书》、《周官》、《春秋》之地名，以及战国至今历代史志建置沿革之纷错，无不依山川之左右曲折安置妥帖，至赜而不乱。"⑥

戴震研治校订《水经注》的成果，于殿本集中体现在其中的案语，于自刻本则直接呈现在经注文中。

殿本《水经注》，据《永乐大典》贿韵水字自卷一万一千一百二十七至卷一万一千一百四十一所引，一仍前人割裂宋人三十五卷残本为四十卷的做法。其中的案语或为校记，或为考证和注释，说明其致误之由及改正的理据，少则数字，多则数百字，主要是分剖混淆的经文和注文、考正文字的讹脱衍倒，以及其他相关问题。

而自刻本则沿用《水经考次》的做法，将宋残本的一百二十三水，自河水至斤员水以某水各自为篇，"以河江为纲，按地望先后，分属于河江左右"⑦，重新加以编次。全书除却经注，不留校勘考证文字。

殿本成书在前，自刻本的稿本自然成了其重要的校本。朱筠谓："此吾友休宁戴震东原初征入四库馆，以其生平所校《水经注》本，更据《永乐大典》所引互校，损益至二三千言之多，而郦氏原序亦出焉，乃并录以成书，官刻编之聚珍版中者也。"⑧孔继涵亦谓，戴震在四库馆中编纂《水经注》，"以其平日所得详加订正"⑨。故二本时有同为他本所不见的文字。

殿本牵于体例，受制官府，稳重有余，颇多因袭；自刻本旨在求其通达顺畅，实事求是，旁征博采，一片神行。故二本虽同出一手，相关相应，然体例既别，歧异多见。以下试从增、删、改、乙四个方面通过举例予以具体说明。

---

① 戴震：《水经书后》，杨应芹、诸伟奇主编《戴震全书》（修订本）第4册，合肥：黄山书社，2010年，第502页。

② 见杨应芹整理《分篇水经注》，合肥：黄山书社，2015年版，序目。

③ 见《分篇水经注》序目。

④ 戴震：《汾州府志例言》，《戴震全书》（修订本）第6册，第578页。

⑤⑥⑦ 段玉裁：《戴东原先生年谱》，见《戴震全书》（修订本）第7册，第178、179、164页。

⑧ 朱筠：《戴氏校订本水经注书后》，《笥河文集》卷六，嘉庆乙亥椒华唫舫刻本。

⑨ 见《分篇水经注》孔序。

1. 增。少则一二字,多则百字,或理顺文气,或补足文义,或辑得佚文。

(1) 自刻本《淯水》篇,经文"又东,过宛县南"之下,P796注文"余按,淯水左右旧有二澨,所谓南澨、北澨。澨者,水侧之渍"①,"澨者"之"澨",为殿本及他本所无。不难感受,增此一字,"水侧之渍"四字便顺畅灵活了。

(2) 自刻本《江水》篇,经文"鄂县北"之下,P696注文"江水又东,左则巴水注之","又东"二字为殿本所无。此句注文之前及之后的注文,均以"江水又东"一句领起,顺叙江水沿途所经,故戴震当是考其行文,据例补之。

(3) 自刻本《渐江水》篇,经文"渐江水出三天子都"之下,P889注文"以全琮领太守,平讨山越"十字,殿本作"以讨士宗"四字,案语谓"此有脱误"。自刻本显然再经考量,坐实了殿本案语。

(4) 自刻本《沁水》篇,经文"又东,过州县北"之下,P211注文"《春秋左传》:'隐公十有一年,周以赐郑。昭公三年,晋以州田赐郑公孙段。'其后,韩宣子徙居之",其中"昭公三年晋以州田赐郑"十字为殿本所无。若据殿本,则昭公三年之事便提前发生于隐公十一年了。非如戴震细加考查,潜心深究,此类太过隐蔽的讹误难以被发现。

(5) 自刻本《浊漳水》篇,经文"又东出山,过邺县西"之下,P356注文"水出邺西北"至"谓之合口"计九十六字,殿本及他本均无,乃戴震据《太平御览》卷六十四《河北诸水·滏水》引《水经注》所补,殿本于相应位置加有案语。

2. 删。根据语势、文义,综核相关经文、注文,对衍文等加以剔除。

(1) 自刻本《淯水》篇,经文"又南,过新野县西"之下,P799注文"《地理志》曰县有'堵水,王莽曰阳城'也。建武二年",殿本此后有"汉哀帝改为顺阳"七字。此后,二本同接"更封安阳侯朱祐为堵阳侯"。按,建武为东汉光武帝刘秀的第一个年号,其间若横亘"汉哀帝"等七字,显然突兀。《水经注疏》杨守敬有按,判此七字为衍文。

(2) 自刻本《沅水》篇,经文"东过其县南"之下,P609注文"沅水东北迳于东山西。沅水之左,即黄城山也",殿本于"山西"之后有"西流入沅"四字,其案语谓:"此四字,上有脱文。"可见,自刻本的删削正是与殿本案语相呼应的一种特殊的处理方式。

(3) 自刻本《泗水》篇,经文"又南过高平县西"之下,P541注文"泗水又南,迳高平县故城西。汉高帝七年,封将军陈锴为橐侯",殿本于"城西"之后有"汉宣帝地节三年,封丞相魏相为侯国"两句十五字,由汉宣帝到汉高帝,时序是逆向的。杨守敬、熊会贞的《水经注疏》转引姜宸英的话说:"此二句是后人所妄加。"

(4) 自刻本《决水》篇,经文"过安丰县东"之下,P645注文"决水又西北,灌水注之。其水导源庐江金兰县西北东陵乡大苏山",此后殿本及他本均有"即淮水也"一句。按,下文介绍了"决水北至蓼入淮",及"灌水亦于蓼入决"。又按,《淮水》篇P572注文也明确"决水自舒蓼北注(淮水)",正可与《决水》篇遥相呼应,然《淮水》篇则终篇无一语涉及灌水及庐江金兰县西北东陵乡大苏山。或许这是戴震删削的理据。

① 以下引用自刻本标注页码均出自杨应芹整理《分篇水经注》。

3. 改。其间，有根据文义、文例者，更有经过严格考证者。

(1) 自刻本《榖水》篇，经文“又东，过河南县北”之下，P297 注文“炎夏之日，高祖常以避暑”，殿本“高祖”作“高视”，其案语引朱谋玮语：“《魏书·高祖纪》，‘尝幸洛阳’，‘视’乃‘祖’字之讹。”自刻本径采朱校而改。

(2) 自刻本《淇水》篇，经文“淇水出河内隆虑县大号山”之下，P332 注文“白沟又北屈而西转”，及其下的注文“白沟东北迳枉人山东”(P333)、“白沟又东北迳石柱冈”(P333)，三处“白沟”，殿本及他本均作“淇水”。按，“白沟又北屈而西转”之前的注文，有“淇水又东北流，谓之白沟”(P332)云云，同水异名，戴震当据此而改。

(3) 自刻本《汶水》篇，P499 经文“又西南，过鲁国汶阳县北”十字，殿本及他本均作注文，作“汶水又西南，迳鲁国汶阳县北”。关于此处改动，戴震手校《水经注》批语[①]有论，属于分辨经注一例。此前的经文为“过博县西北”(P498)，此后的经文为“又西南，过蛇丘县南”(P500)，准其所谓“《水经》立文，首云某水所出，已下不复重举水名”，以及“《水经》叙次所过郡县……一语实赅一县”二例，戴震删去“汶水”二字，改“迳”为“过”，升注为经。

(4) 自刻本《漾水》篇，经文“又东南，至葭萌县，东北与羌水合”下，P727 注文“水出夷祝城西南穷溪，即水源也”，“即水源也”四字，殿本及他本均作“北注夷水”。《水经注疏》熊会贞按谓，“北注夷水”当是衍文。戴震的更改，亦当经过一番考证。

4. 乙。主要应是审其文气，以类相从。

(1) 自刻本《河水二》篇，经文“又从葱岭出而东北流”之下，P19 注文“《汉书·西域传》曰：‘葱岭以东，南北有山相距千余里，东西六千里，河出其中。’”二十八字，大典本、殿本均在其后经文“又东注蒲昌海”之下的注文“北河自疏勒迳流南河之北”一句之后。两者分属不同经文，且相距近千字之遥。我们忖度，戴震当经审其文势而挪移至此，以顺承其上注文“山即葱岭也”一句之后，从而可以一气灌注。

(2) 自刻本《汶水》篇，经文“过博县西北”之下，P498 注文自“汶水西南迳龟阴之田”至“龟阴之田是也”计六十四字，殿本及他本均在其前经文“屈从县西南流”之下的注文“浚陂注壑东南流”(P497)之后。按，据自刻本所校，该六十四字中述及“龟山在博县北十五里”(P498)，与其上的经文“博县西北”(P498)及其后的注文“汶水又南，迳博县故城东”(P498)恰成一气。

(3) 自刻本《榖水》、《涧水》两篇相先后，其《涧水》篇经文“涧水出新安县南白石山”之下，P315 注文“挚仲治《三辅决录注》云”至“涧水东者是也”计七十九字，在殿本则位于“榖水”经文“榖水出弘农黾池县南墦冢林榖阳谷”之下注文“自下通谓涧水”之上。按，此七十九字虽语涉榖水，然引据材料最终则归结为“斯则涧水也，即《周书》所谓‘我卜涧水东’者是也”(P315)，或许这就是戴震挪移的理据。

(4) 自刻本《渐江水》篇，经文“北过余杭，东入于海”之下，P893 注文自“浙江又迳永兴县北”始，至“自外无水以应之”，计一千七百六十一字，殿本及他本则均在同一条经文之下接近篇末的注文“浙江又东，注于海”(P902)之上。按，寻绎自刻本，此一

---

① 见《戴震全书》(修订本)第 6 册，第 571 页。

千余字的叙述顺序，上承“浙江又迳固陵城北”(P893)，下接以“浙江又迳会稽山阴县”(P897)；据殿本等，则上承“浙江又东，迳柴辟南”，下“注于海”。戴震作出如此大跨度的调整，是否根据浙江的实际流经而顺叙？其理据值得探讨。

## 二

《分篇水经注》整理者杨应芹先生，上个世纪八十年代末开始，实际承担起《戴震全书》的主编工作，至1997年10月全套出齐。勤耕不辍，至2010年5月又完成增订再版。其《水经注》的研究，起步亦与《戴震全书》的编纂相后先。

《分篇水经注》的整理工作，以武英殿本为主校本，参校了杨守敬、熊会贞的《水经注疏》、赵一清的《水经注释》等多种版本，以及与《水经注》整理、研究相关的多种著作，特别是段熙仲先生点校的《水经注疏》的校记。

全书的整理工作，大要可归为两个方面：其一为经注文的细加比照；其二为详核注文的出处。尤以第二个方面为工作重心所在，查核构成了其整理工作的基础。

1. 于殿本的案语，整理者时加采录。如

(1)《河水一》篇P16校一六：“殿本案：‘罗卫’、‘罗越’，互相通称。”类似于注释。

(2)《河水三》篇P114校八四，根据殿本案语，经核实，将自刻本“史记”改为“地理风俗记”。

(3)《江水》篇P702校三五，整体移录殿本案语，说明《水经》中江、沔二水之关联，提示在《水经注》业已残损的情况下，可以参考《禹贡山水泽地》以明江水之大略。案语颇具导读作用。

(4)《湘水》篇P856校一，自刻本“节侯狩燕”，殿本作“节侯拘”。殿本案曰：“‘节侯拘’有脱误，《史记》作‘靖侯狗彘’，《汉书》作‘靖侯狩燕’。”可据以比照戴校殿本与自刻本之去取情况。

2. 于戴震的校勘理据或作追索。如

(1)《淇水》篇P341校七“白沟之北”谓：“此处及其下文‘白沟东北迳枉人山东’、‘白沟又东北迳石柱’”之‘白沟’，他本均作‘淇水’。估计是戴震据上文‘淇水又东北流，谓之白沟’而改。”

(2)《沽河》篇P434校一“斗耸”谓：“他本均作‘升(或昇)耸’。《谷水》有‘二壁争高，斗耸相乱’云，戴氏或据之改。”

3. 于诸本歧异文字审其是者而从之。如

(1)《河水三》篇P110校一七：“史记音义”，原本作“汉书注”，据杨、熊注疏本改。

(2)《河水三》篇P113校八三：“田肹”，原本作“田肦”，杨、熊注疏本作“田汾”，据殿本改。

(3)《河水三》篇P114校九二：“宋元嘉七年，到彦之北入。后失。至二十七年，以王玄谟为宁朔将军”，“七年”到“至”十字，据赵本补。

(4)《沔水》篇P781校二：“鲁建城治因即峭岭”，原本作“用远城治因即峭岭”。引据杨、熊注疏本按语，改“用”为“鲁”，改“远”为“建”，改“峭”为“峭”。

4. 于疑难遽释处存以备考。如

(1)《河水三》篇 P112 校五六“周固记开山”，录杨守敬按语：疑为“开山图曰关”。

(2)《河水三》篇 P112 校六六“瑕父吕甥”，经查核，疑即《春秋左氏传·僖公十五年》之“瑕吕饴甥”。

(3)《渭水》篇 P267 校二五“春秋”，经查核，《春秋》经无晋献公获骊姬之记文，对照《国语·晋语》和《史记·晋世家》相关文字，疑“春秋”当为“国语”或“史记”之讹。

5. 查核引据，务求精确。如

(1)《河水二》篇 P26 校九“史记”：“指《汉书》。又‘史记曰西有大河’同此。参见注疏本守敬按。”校实则为注。因遵原文“史记曰‘焉耆近海多鱼鸟’”，而查核《史记》，发现无“焉耆”之目，参杨守敬《水经注疏》按引徐松语，从而确定此“史记”指的是《汉书》。按，此前的标点本多加标书名号，无疑均未经推敲，望文生义，失之鲁莽。

(2)《渠》篇 P131 校六“林乡亭”，“查《后汉书·郡国志》，林乡亭已失载”，并提供了谭其骧主编《中国历史地图集》的相关线索。

(3)《伊水》篇 P328 校六，经查，原文“郭景纯注云”：“鲧化羽渊而复在此，然已变怪，亦无往而不化矣。”“十九字，为《山海经》郭注所无。”

(4)《浊漳水》篇 P371 校一〇，原文“水出邺西北”至“谓之合口”计九十六字，殿本及他本均无，乃戴震据《太平御览》卷六十四《河北诸水·滏水》引《水经注》所补，殿本有案语说明。整理者进而校对，发现又有语序不同、文字差异，及为《御览》所无者三字，详尽具体。

6. 查核引据，证成戴校。如

(1)《河水三》篇 P111 校四二“与龙门山相对”六字，殿本无。经查，系戴震辑得《元和郡县图志·河东道二》所引《水经注》佚文。

(2)《河水三》篇 P115 校一〇八“遂刺辅贯心洞背而死”九字，殿本作仅“所辅”二字，而他本则均无一字。经查，系出《后汉书·刘茂传》。按，其前文叙云：“汉安帝永初二年，剧贼毕豪等数百乘船寇平原，县令刘雄门下小吏所辅，浮舟追至厌次津，与贼合战，并为贼擒，辅求代雄，豪纵雄于此津。”(P107)补此九字，则其后“可谓孝尽爱敬，义极君臣矣”二句才真正有了着落。

(3)《渭水》篇 P226 校一二“成国渠”，殿本作“成林渠”。经查，《汉书·地理志》有“成国渠首受渭，东北至上林入蒙龙渠”，正与自刻本所述一致。

(4)《济水》篇 P492 校六“须句”，殿本及他本均作“须朐”，下同。经查，《春秋》三传均作“须句”；谭其骧《中国历史地图集》亦作“须句”。

(5)《洣水》篇 P866 校一，“泉不常见”至“饮此多愈”三十二字，为戴震据《名胜志》所增补。

(6)《渐江水》篇 P903 校五“末治”，殿本作“末理”。经查，《汉书·地理志》正作“末治”。

7. 查核引据，补苴罅漏。如

(1)《河水一》篇 P16 校一四，“小夫人即以两手捋乳，乳各作五百道，俱坠千子口中”，“各”字原无，为整理者据《佛国记》所补。“各”字精确地上承“两手”，下接“千子”。

(2)《河水一》篇P16校二一,昆仑山所出“五水”:整理者“据《山海经·西山经》,昆仑所出当为‘四水’,即河水、赤水、洋水、黑水”。

(3)《瓠子河》篇P171校五“尧碑”,原本作“尧妃祠”,整理者据《太平御览》卷五六〇引《续述征记》而改。

(4)《渭水》篇P266校一三“汉书五行志史记曰”,原本作“史记秦本纪云”,殿本同。经查核,所引文字不见于《史记》,而出自《汉书·五行志》,故改正。

(5)《沽河》篇P434校三“灅余水”,“灅”原作“濕”,整理者据《灅余水》而改。

(6)《耒水》篇P864校四“和帝”,原作“顺帝”,整理者据《后汉书·宦者传》改。

如果说,采用多种版本相互比对是一项慢功夫、细功夫,追索注文的引据出处更是一项苦功夫、硬功夫。因为有相当多的注文,其出处并没有明标,需要尝试查阅两种以上的文献方可解决问题,如前举《济水》篇校“须句”例,即至少涉及了《春秋》三传和谭其骧《中国历史地图集》四种书。且不说据郑德坤《水经注引书考》所列,其合计引书达四百三十六种,更可谓沉沉夥矣!正是因为把这种苦功夫、硬功夫做下来了,所以,《分篇水经注》的整理出版,其有裨于郦学、戴学的研究殊非浅鲜。

限于体例,《分篇水经注》的整理本于殿本中近十万字的案语未能悉数移录。整理本据殿本以改自刻本,或许难免有埋没戴校良苦用心之憾。如《瓠子河》篇P171校六采殿本“迆泽之东北”,改自刻本“泽之东迆北”;《同过水》篇P192校三“出晋水下口者也”,在自刻本为注,现据殿本改为经。诸如此类,均非简单的字词讹误可比。戴震当年先校完殿本,后刊成自刻本,按照一般逻辑,自刻本可在殿本基础之上再斟酌、再打磨,事实似乎也完全可以支撑这一点。故于此两本,校其异同,而略其是非,让研究者见仁见智,窃以为或许更稳妥些。所谓校书之难无过于定其是非,诚然!

戴震当年在四库馆里据《永乐大典》本以校订《水经注》,承受了身心两方面的压力:一方面,《大典》本错误多,如不足五百字的《郦道元水经注原序》,戴震即校出五处隐性问题,其差错率高达万分之一百;另一方面,有乾隆皇帝的题诗定调,总裁、总纂的直接领导,《大典》本错误再多也不能随便说差,讹脱衍倒之类只能转嫁给朱谋㙔等本的“近刻”,甚而至于不惜制造“伪校”来给皇上圆谎。待到出馆刊定自刻本则全然不同,据其潜心爬梳出的《水经注》的逻辑体例,左图右书,出经入史,纵横捭阖,自由地徜徉于典籍之中,折衷至当,以定其“经注错互”“字句讹脱”。可以说,自刻本《分篇水经注》是力求恢复古籍的本来面目,从而对《水经注》的一次全面的创造性的整理。相比于官刻的殿本,自刻本应该才是戴震自己真正认可的著作。

(作者单位:安徽省古籍整理出版办公室)

# 史籍所记曹魏正元二年正月纪日干支之歧异

凌文超

曹魏正元二年正月，毌丘俭、文钦起兵反，司马师出兵征之。对于起兵和出征的具体日期，史籍有不同的记载。《三国志·魏书·高贵乡公纪》载：

> (正元)二年春正月乙丑，镇东将军毌丘俭、扬州刺史文钦反。戊戌，大将军司马景王征之。癸未，车骑将军郭淮薨。①

“乙丑”日起兵，仅见于魏志；而“戊戌”日出征，《宋书·五行志五》《晋书·五行志下》皆从之②。

关于此事的发生时间，其他史籍中却有不同的记载。《宋书·天文志一》《晋书·天文志下》将此事系于“正元元年”③。丁国钧《晋书校文》云：“按俭、钦反在正元二年，非元年。”④按《三国志·魏书·高贵乡公纪》，是年十月方改元“正元”⑤，无“正元元年正月”之说，纪年误，丁说可从。

而《晋书·景帝纪》将此事系于“二月”⑥，丁国钧《晋书校文》、中华本《晋书·景帝纪》校勘记指出其记事与魏志日月都不合，恐误⑦。按晋纪是年“二月”前后重出⑧，前“二月”显系衍文，当删。依此，《通鉴》卷七六《魏纪八》高贵乡公正元二年的记载就与晋纪相同，皆不记起兵日，出征日皆不从“戊戌”，而记作“戊午”：

> 春，正月，俭、钦矫太后诏，起兵于寿春，移檄州郡以讨司马师……俭、钦将五六万众渡淮，西至项……戊午，师帅中外诸军以讨俭、钦，以弟昭兼中领军，留镇洛阳，召三方兵，会于陈、许……闰月，甲申，师次于滍桥。⑨

从上述不同记载来看，魏志云“乙丑”起兵、“戊戌”出征，宋志、晋志亦云“戊戌”出征；而晋纪、《通鉴》不记起兵日，而云“戊午”出征。

对于这两种不同的记载，学者皆从魏志起兵日“乙丑”，而认为误在出征日“戊

---

① 《三国志》卷四《魏书·高贵乡公纪》，北京：中华书局，1982年第2版，第132—133页。

② 《宋书》卷三四《五行志五》，北京：中华书局，1974年，第986页。中华本宋志在“正月”前补“闰”字(参校勘记一四，第1021—1022页)，误，详后。《晋书》卷二九《五行志下》，北京：中华书局，1974年，第888页。

③ 《宋书》卷二三《天文志一》，第689页；《晋书》卷一三《天文志下》，第365页。

④ 丁国钧：《晋书校文》，《二十四史订补》第6册，北京：书目文献出版社，1996年，第529页。

⑤ 《三国志》卷四《魏书·高贵乡公纪》，第132页。

⑥ 《晋书》卷二《景帝纪》，第30页。

⑦ 丁国钧：《晋书校文》，《二十四史订补》第6册，第510页；《晋书》卷二《景帝纪》校勘记〔三〕，第30页。

⑧ 《晋书》卷二《景帝纪》下文有“二月，帝之丧至于许昌”云云，第30页。

⑨ 《资治通鉴》卷七六《魏纪八》高贵乡公正元二年，北京：中华书局，1956年，第2419—2421页。

戊”,又以一月之中“乙丑”在“戊午”后为由,认为晋纪作“戊午”亦误,据此对出征日期提出了不同的看法。

一种看法是将“戊戌”置于他月。中华本《宋书·五行志五》校勘记〔一四〕云:“魏高贵乡公正元二年闰正月戊戌,各本并脱‘闰’字,‘戊戌’《晋书·景帝纪》作‘正月戊午’。按是年正月甲寅朔,初五日戊午,是月无戊戌。闰正月甲申朔,十五日戊戌。毌丘俭举兵在正月十二日乙丑,司马师决无先在正月初五日出兵讨俭之理,疑当是闰正月十五开始出兵,今补‘闰’字。”[①]魏志、宋志、晋志、《通鉴》皆将该事系于正月,又据《三国志·魏书·毌丘俭传》注引文钦致郭淮书“小人以闰月十六日别进兵,就于乐嘉城讨师”,司马师闰正月十六日已与文钦战于乐嘉,不可能于闰正月十五才出兵,此说误。

另一种看法是将“戊戌”改作他日。一说认为“戊戌”当是“戊辰”之讹(下称“戊辰”说)。何焯云:“按乙丑、癸未之中,不应有戊戌,当是‘戊辰’之讹。”[②]《三国志辨误》赞同此说,并申论“如甘露二年五月乙亥,诸葛诞反,越二日丁丑即下诏亲征,是也”[③]。殿本考证从此说[④]。然而,“戊辰”说未注意到晋纪、《通鉴》出征日作“戊午”,失之。另一说认为“戊戌”“戊午”当是“戊寅”之讹(下称“戊寅”说)。张熷《读史举正》曰:“案魏志,俭、钦反,在正月乙丑,戊午在乙丑日前七日,又距甲申二十六日,洛阳去淮南不远,且云倍道,安得许久,疑戊午当为戊寅。志作戊戌亦非。”[⑤]后来,沈家本《三国志琐言》进一步发展了该说。他首先反驳了“戊辰”说,“案俭、钦以乙丑起兵,自淮至许必数日方得反问,又必粗为部署,方能出师。乙丑至戊辰才四日,恐不能如是之速,何说非也”;同时,与张熷、潘眉的看法相同[⑥],认为“《晋书》景纪作戊午,是月有乙丑,不得有戊午,则晋纪亦误”;然后提出,戊戌“当是‘戊寅’之讹,戊寅在癸未前,距乙丑十四日,十四日而师出,已云神速,且晋纪下文云,倍道兼行,甲申次于滍桥,甲申在戊寅后七日,若戊辰则相距十七日,又何倍道兼行之有”[⑦]。该说影响重大,中华本《三国志》《晋书》校记皆从此说[⑧]。

然而,“戊寅”说值得商榷。首先,沈家本将乙丑视作俭、钦寿春起兵时间,进而认为曹魏不可能在四日内闻讯并部署出师。此理解显然有问题,如《辨误》所举事例,从诸葛诞反至高贵乡公下诏亲征前后同样为四日,据此,乙丑应为朝廷闻讯之日,正如《三国志·魏书·齐王芳纪》所云“丙午,闻太尉王凌谋废帝”[⑨]。因而此理由并不能

---

① 《宋书》卷三四《五行志五》,第1021—1022页。

② 徐绍桢:《三国志质疑》,《二十四史订补》第5册,第58页。

③ 《三国志辩误》,《二十四史订补》第5册,第2页。

④ (清)孙嘉淦等:《武英殿本二十三史考证》第19册《魏志卷四考证》,同治八年岭南薛古堂刻本。

⑤ (清)张熷:《读史举正》卷三《晋书》,《丛书集成新编》第104册,台北:新文丰出版公司,1985年,第774页。

⑥ 潘眉《三国志考证》云:“戊戌日误,晋纪作戊午亦误,”引吴云璈曰:“当以魏志为正,惟戊戌在癸未后,今在癸未前,知非戊戌。”(清)潘眉:《三国志考证》,《二十四史订补》第5册,第162页。

⑦ 沈家本:《三国志琐言》,《二十四史订补》第5册,第546页。

⑧ 《三国志》校记,第1486页;《晋书》卷二《景帝纪》校勘记〔四〕,第46页。

⑨ 《三国志》卷四《魏书·齐王芳纪》,第124页。

驳屈“戊辰”说。

其次，“戊寅”说认定魏志“乙丑”日为正，一月内乙丑后无戊午，从而认为晋纪“戊午”日误。然而，晋纪和《通鉴》在记载此事时，皆不记起兵日，魏志所记之“乙丑”为孤例，因而亦有待考证。

最后，按“戊寅”说及晋纪、《通鉴》相关记载，戊寅日从洛阳出征，七日后甲申次于㶏桥[①]，在传统交通运输条件下，这无疑是十分困难的。对此，我们不妨以前后两次征讨淮南的行军时间为参照。前一次出征，《三国志·魏书·王凌传》云：“宣王将中军乘水道讨凌，先下赦赦凌罪。”注引《魏略》载凌与太傅书曰：“卒闻神军密发，已在百尺……奉被露布赦书，又得二十三日况。”[②]知司马懿出征从洛阳至百尺(项城附近，㶏水东南)达二十三日，已谓“神军密发”。后一次出征，《高贵乡公纪》载，甘露二年五月丁丑下诏亲征，六月甲子车驾驻项，长达四十七日。若按此速度倍道兼行，此次出征从洛阳到达㶏水，也需二十来日。而据《晋书·郑袤传》载，景帝出征，郑袤献策“今大军出其不意，江淮之卒锐而不能固，深沟高垒以挫其气”，司马师称善[③]。又据《三国志·魏书·王基传》记载，司马师抵达许昌后，进军的态度持重，先令基居军前，后诏基停驻，经基屡请，才进据㶏水。王基对此的看法是：“议者多欲将军持重。将军持重是也，停军不进非也，持重非不行之谓也。”[④]可见，司马师急行军至许昌，之后对进军的态度明显持重，此次出征不可能在七日之内进据㶏水。“戊寅”说并不可取。

由于司马师率军出征先倍道兼行赶赴许昌，而后持重进兵，此次行军速度就应当稍缓于此前司马懿征讨王凌，而颇急于此后天子亲征诸葛诞。若从“戊辰”说，“戊辰”出征，甲申，次于㶏桥，前后十七日，更快于司马懿进军速度，并不可从。而晋纪、《通鉴》皆云司马师“戊午”出征(《御览》卷九六引《晋书》、《通志》卷一〇上《晋纪上》同)[⑤]，后二十六日甲申进据㶏水，行军速度相合。张熷认为从洛阳去淮南倍道兼行不必二十六日，而否认晋纪出征日“戊午”的记载并无根据。据此，笔者以为，司马师出征日期应从晋纪、《通鉴》作“戊午”日，魏志“戊戌”当是“戊午”之讹。

既然晋纪、《通鉴》出征日作“戊午”最为合理，而乙丑、戊午不容于一月，那么，魏志起兵日作“乙丑”就值得怀疑。起兵日“乙丑”仅见于魏志，晋纪、《通鉴》皆不记，且与起兵日诸说皆抵牾，由此看来，似不必因魏志记载最早而强以之为正。按征讨诸葛诞，朝廷闻讯越二日即出师，此次“戊午”出师，二日之前则为“乙卯”。正元二年正月甲寅朔，闰正月甲申朔，乙卯、戊午、癸未俱在正月之内，并无扞格。我们有理由认为魏志“乙丑”当是“乙卯”之讹。

然而，“戊午”“乙卯”说看似又有问题。《三国志·魏书·毌丘俭传》云：“正元二

① 《水经注》卷一三《㶏水》云：“㶏水出㶏强县南泽中，东入颍。”陈桥驿：《水经注校证》，北京：中华书局，2007年，第731页。《读史方舆纪要》卷四七曰：㶏水，亦曰“大㶏水”，自许州郾城县留入境，至县东二十里而合㶏水，上有㶏桥。北京：中华书局，2005年，第2179页。

② 《三国志》卷二八《魏书·王凌传》，第758—759页。

③ 《晋书》卷四四《郑袤传》，第1250页。

④ 《三国志》卷二七《魏书·王基传》，第753页。

⑤ 《太平御览》卷九六引《晋书》，北京：中华书局，1960年，第456页；(南宋)郑樵：《通志》卷一〇上《晋纪上》，北京：中华书局，1987年，第176页。

年正月,有彗星数十丈,西北竟天,起于吴楚之分。俭、钦喜,以为己详,"遂举兵反[①]。毌丘俭、文钦于是年正月见到星象后才举兵反,而"乙卯"日乃初二,其时起兵未免太快!其实不然。据《三国志·魏书·王肃传》载:

是岁(正元元年),白气经天,大将军司马景王问肃其故,肃答曰:"此蚩尤之旗也,东南其有乱乎?"……明年春,镇东将军毌丘俭、扬州刺史文钦反。"[②]

《宋书·天文志一》载:

魏高贵乡公正元元年十一月,有白气出斗侧,广数丈,长竟天。王肃曰:"蚩尤之旗也。东南其有乱乎!"二年正月,毌丘俭等据淮南以叛,大将军司马师讨平之。……是岁,吴主孙亮五凤元年,斗牛,吴、越分。……故国志又书于吴。由是淮南、江东同扬州地,故于时变见吴、楚之分。则魏之淮南,多与吴同灾,是以毌丘俭以孛为己应,遂起兵而败,又其应也。后三年,即魏甘露二年,诸葛诞又反淮南,吴遣朱异救之。及城陷,诞众吴兵死没各数万人,犹前长星之应也。[③]

《三国志·吴书·孙亮传》载:

(五凤元年)冬十一月,星茀于斗、牛。[④]

"白气""蚩尤之旗",宋志又称之为"孛""长星",吴志称之为"茀"。"孛",《春秋·文公十四年》:"秋,七月,有星孛入于北斗。"杜预注:"孛,彗也。"[⑤]"长星",《汉书·文帝纪》"有长星出于东方",注引文颖曰:"孛、彗、长三星,其占略同,然其形象小异。孛星光芒短,其光四出蓬蓬孛孛也。彗星光芒长,参参如埽彗。长星光芒有一直指,或竟天,或十丈,或三丈,或二丈,无常也。"[⑥]"茀",《穀梁传·文公十四年》:"秋,七月,有星孛入于北斗,孛之为言犹茀也。"[⑦]"孛""长星""茀"为彗星的别称。由于彗星见于夜空通常持续多日,若其彗尾张大,也就会被说成"白气"。"蚩尤之旗"古书常见,是指称彗星的某种形态。《毌丘俭传》所谓"有彗星数十丈,西北竟天,起于吴楚之分",宋志对应记为"有白气出斗侧"[⑧],"故于时变见吴、楚之分"。可见,这些记载显然是指同一星象,只是时间歧出。《王肃传》的记载得到吴志、宋志的印证,此彗星出现于正元元年十一月是确信无疑的,而《毌丘俭传》的记载当理解为在俭、钦起兵前插叙该星象。值得一提的是,《晋书·景帝纪》《天文志下》既云正元元年十一月有白气经天、白气出南斗侧,又云二年正月有彗星见于吴、楚之分,西北竟天[⑨],两者重出,盖

① 《三国志》卷二八《魏书·毌丘俭传》,第753页。

② 《三国志》卷一三《魏书·王肃传》,第418—419页。

③ 《宋书》卷二三《天文志一》,第690页。

④ 《三国志》卷四八《吴书·孙亮传》,第1152页。

⑤ (西晋)杜预:《春秋经传集解》,上海:上海古籍出版社,1988年,第491—492页。

⑥ 《汉书》卷四《文帝纪》,北京:中华书局,1962年,第122页。

⑦ 《春秋穀梁传注疏》,北京:北京大学出版社,1999年,第179页。

⑧ 丁福林认为宋志佚"南"字。《宋书校议》,上海:上海古籍出版社,2002年,第79页。《晋书·天文志下》于"斗侧"前增"南"字(第389页),当据下文"东南其有乱乎"文意补。

⑨ 《晋书》卷二《景帝纪》,第29—30页;卷一三《天文志下》,第389页。

是杂糅魏志、宋志的不同记载所致。依天象出现在正元元年十一月，毌丘俭、文钦于二年正月乙丑起兵当然是合乎情理的。

综上所述，曹魏洛阳朝廷当于正元二年正月“乙卯”闻毌丘俭、文钦起兵反，“戊午”司马师出兵征之。魏志《高贵乡公纪》此事纪日显误。又此事涉及星象，魏志《毌丘俭传》与《王肃传》所记时间歧互，《宋书·天文志一》对此失察，一处从《王肃传》所记，一处误将该事系于正元元年正月，《晋书·天文志下》又沿袭宋志此误。而《晋书·景帝纪》虽然不从魏志《高贵乡公纪》的误记，不记起兵日，出征日作“戊午”，当有所据，其说可从，但是，晋纪是年“二月”前后重出，又将魏志、宋志关于同一星象的不同记载分别系于前后两年(《天文志下》同)，《五行志下》出征日不从晋纪而从魏志，种种抵牾记载，盖《晋书》编纂取材不审所致。《通鉴》仅取晋纪合理的记载，不记起兵日，出征日作“戊午”，乃是对上述各种记载进行了甄别去取。

(作者单位：中国社会科学院历史研究所)

# 毛奇龄生平考辨

胡春丽

毛奇龄(1623—1713),又名甡,字大可,号西河,浙江萧山人。奇龄少时聪慧过人,有"神童"之誉。明崇祯十年(1637),入县学为诸生。旋从绍兴司理陈子龙游,子龙评其文曰"才子之文"。明亡后,避兵城南山中,筑土室读史书。后入同宗毛有伦南明军中,屡有建言。失败后,亡走山寺为僧。顺治年间,参加浙地的文社活动,与诸名士争短长,因品目过峻,且好甲乙人所为文,人多忌之。怨家诬其杀营兵,为躲避追捕,易名王彦,字士方,流亡十余年。返里后,得友人姜希辙之助,输赀为廪监生。康熙十八年(1679),年近花甲的毛奇龄举博学鸿词科,以二等进士授翰林院检讨,入明史馆参修明史。二十四年(1685),以葬亲为由请假归里,托以痹疾,乞假在籍。晚年僦居杭州,摒弃词赋之业,唯以研经为务,学问日隆,声名远播,从学者日众。五十二年(1713),卒于家,年九十一。

毛奇龄生当明清易代之际,身历天启、崇祯、顺治、康熙四朝,生平经历坎坷,可谓明清之际朝代更迭、社会变迁、民心学风转变的历史亲历者与见证人。受明清之际政治社会剧变和经世思潮的影响,他"重事功,尚用世,以民物为怀,以家、国、天下为己任"[①],鄙薄宋儒薄事功、轻气节的积习,叹服王阳明的儒学与事功。为学尊汉抑宋:修史重稽核,尚信实,最恨宋儒史断;治经主张以经证经,反对空言说经;论诗主性情,尊唐鄙宋。奇龄淹贯群书,著述遍及经、史、子、集四大部类,而"所自负者在经学"[②],于经部十大类皆有专著。尝入明史馆纂修明史,在馆七年,先后起草弘治、正德两朝纪传及《名臣》、《土司》、《盗贼》、《后妃》诸杂传二百余篇;少曾以度曲知名,"凡坊曲伎人,争相请教"[③];"至于古文、诗、词,后人得其一已足以自立于千古"[④]。然而,毛奇龄的研究可谓门庭冷落,这与他所取得的学术成就是极其不相称的。究其原因,大致有三:第一,全祖望把毛奇龄的学术道德抨击的一无是处,章太炎又批评他"晚节不终,媚于旃裘",在众多学者的群起攻讦之下,毛奇龄生平学术的真实面貌便被逐渐掩没,无疑影响了对毛奇龄研究的深入开展。第二,毛奇龄在立身大节方面,不如顾炎武、黄宗羲;经学考证领域,又不及阎若璩、胡渭;诗词方面的成就,比不上施闰章、朱彝尊等,夹在这些具有典范意义的学者中间,长期以来他一直受到学者的冷遇。第三,《西河合集》卷数庞大,且没有整理出版,这给毛奇龄的研究带来了诸多不便。

毛奇龄的生平事迹,清人记载甚多,除毛奇龄自撰《墓志铭》外,有施闰章《毛子

---

① (清)毛奇龄著,胡春丽点校:《四书改错》卷二十,上海:华东师范大学出版社,2015 年,第 466 页。

② 赵尔巽等:《清史稿》卷四八一《儒林下》,北京:中华书局,1977 年,第 13176 页。

③ (清)毛奇龄:《西河合集·词话一》,清嘉庆元年刊本。

④ (清)阮元:《研经堂集·二集》卷七《毛西河检讨全集后序》,北京:中华书局,1993 年,第 543 页。

传》(施闰章《学余堂文集》卷十七)、盛唐《西河先生传》(《西河合集》卷首)、全祖望《萧山毛检讨别传》(《鲒埼亭集外编》卷十二)、吴廷华《西河先生传》(乾隆《萧山县志》卷三十七)、陆邦烈《毛西河先生事略》(李元度《国朝先正事略》卷三十二)、《清史稿》卷四八一、《清史列传》卷六八、《萧山县志稿》卷十六等。但这些记载或互有出入,或辗转相袭,失实处较多:比如他的卒年及享年,他的名、字、号,流亡淮上的时间,解组归田的时间及原因等都留下了不少悬疑。笔者依据《西河合集》为基本史料,兼采方志、年谱、家谱及其交游、别集,对前人关于毛奇龄生平事迹记载混乱失实处加以考辨,以便人们更好地研究其人其学。

## 一、卒年与享年

毛奇龄的生年,他本人有明确记载,《西河合集·大理寺寺丞前兵科掌印给事中任君行状》(以下凡引《西河合集》,径称篇名):"康熙三十一年十月一日,原任大理寺寺丞任君卒于家,距生故明天启三年五月廿日,年七十矣。予与君同年生。"[①]《处士蒋君墓志铭》:"君生于天启癸亥,得年七十有六。与予同年生。"[②]知毛奇龄生于明天启三年(1623)。后人论毛奇龄生年,皆无异说。但对于他的卒年及享年,则异见纷呈,主要有以下四种说法:

(一)"九十四岁"说。认为毛奇龄生于明天启三年(1623),卒于清康熙五十五年(1716),享年九十有四。此说以阮元《国史文苑传稿》和《儒林集传录存》为代表,乾隆《绍兴府志》、钱林《文献征存录》、徐世昌《清儒学案》、梁启超《中国近三百年学术史》、张惟骧《疑年录汇编》、钱穆《中国近三百年学术史》、邓之诚《清初纪事初编》、柯愈春《清人诗文集总目提要》、姜亮夫《历代人物年里碑传综表》、麦仲贵《宋元明清儒家学及著述年表》、杨向奎《清儒学案新编》、虞云国等编《中国文化史年表》、江庆柏《清代人物生卒年表》等均承此说,故而此说较为通行。此外,王国维《东山杂记》中有一则有关毛奇龄卒年的记载,标题为"毛西河命册",也认为毛奇龄享年九十四岁[③]。民国《萧山县志稿》言毛奇龄"康熙五十四年卒,年九十四"[④]。虽然享年与以上诸家所说相同,但卒年不一致,使得毛奇龄的卒年与享年问题更加混乱。

(二)"九十一岁"说。认为毛奇龄生于明天启三年(1623),卒于清康熙五十二年

---

① (清)毛奇龄:《大理寺寺丞前兵科掌印给事中任君行状》,载《西河合集·事状三》,前揭本。

② (清)毛奇龄:《处士蒋君墓志铭》,载《西河合集·墓志铭十三》,前揭本。

③ 王国维《东山杂记》:"十余年前,扬州骨董铺有毛西河命册,乃康熙戊寅年推算者,推命人为京口印天吉。先生时年七十六,生于明天启三年癸亥十月初五日戌时,其八字为癸亥壬戌壬戌庚戌。后附其姬人命册,年三十三岁,为丙午正月十六日子时生,其八字为丙午庚寅丁酉庚子。其人殆即曼殊也。推命者谓先生于八十八岁当卒,过是则当至九十四。先生首书其上曰:'时至即行,不须踌躇,但诸事未了,如何如何?'老年畏死,乃有甚于少壮者,殊可一哂。然先生竟以九十四岁卒,亦奇矣。"见赵利栋辑校《王国维学术随笔》,北京:社会科学文献出版社,2000年,第89页。按,王国维文中"其人殆曼殊也"误。奇龄妾张曼殊卒于康熙二十四年,时毛奇龄尚宦京师,见毛奇龄《曼殊葬铭》:"曼殊小妻,张姓。……康熙二十四年五月二日,病发,卒,年二十四。"此女当为毛奇龄归杭后所娶冯姓女,毛奇龄《自为墓志铭》:"暨请假归,则又娶杭州冯氏女。"《萧山毛氏宗谱》卷四《大房世系纪》:"(奇龄)副室张氏、冯氏。"可资为证。

④ 民国《萧山县志稿》卷十六《人物三》,台湾:成文出版社,1970年,第1407页。

(1713),享年九十有一。此说以钱大昕《疑年录》为代表,《清史稿》卷四八一《儒林》下、蔡冠洛《清代七百名人传》均袭此说。《清史列传》云毛奇龄"五十二年,卒于家,年九十四"①。虽然卒年与以上两家说一致,但享年有出入。

(三)"八十五岁"说。李元度主此说。李氏《国朝先正事略》:"卒年八十有五。"②

(四)"八十七岁"说。林庆彰持此说。林氏《清初的群经辨伪学》:"(毛奇龄)卒于清圣祖康熙四十八年(1709),年八十七。"③

上述四种说法并存,至今无有辨正。后两种说法,显然有误,不足为据,因为直到康熙五十年辛卯(1711)、五十一年壬辰(1712),毛奇龄还有单篇文章问世④。前两种说法中,以第一种说法较为通行。但值得注意的是,钱大昕《疑年录》是最早明确记载毛奇龄生卒年的著作,钱书持第二种说法。《清史列传》与《清史稿》两部清代官修史书,也一致倾向于第二种说法。笔者试据毛奇龄《西河合集》、毛奇龄弟子章大来《后甲集》和《萧山毛氏宗谱》,对毛奇龄卒年与享年考论于下:

据《西河合集》卷首总目毛奇龄门人蒋枢按语:"先生自康熙三十八年以后,越五年而东归草堂,又九年而卒。"⑤以蒋枢所记推算,则卒年当为康熙五十二年,即1713年。此为毛奇龄卒年为康熙五十二年、享年九十一岁之证一。

仇兆鳌《〈后甲集〉序》曰:"既又与毛西河游。其宏览博综,驰骋古今,老而益厉,以故南雷、西河之集遍天下。……癸巳,西河复厌弃人世。"⑥《后甲集》为毛奇龄弟子章大来所作,仇兆鳌在为《后甲集》作序时称癸巳年毛奇龄离开人世,癸巳年即康熙五十二年。此为毛奇龄卒年为康熙五十二年、享年九十一岁之证二。

毛黼亭《萧山毛氏宗谱》载"(毛奇龄)卒于康熙癸巳三月初五日,年九十一"⑦。明载其卒年卒月与享年,此为毛奇龄卒年为康熙五十二年、享年九十一岁之证三。

综上可见,毛奇龄卒年确应为康熙五十二年癸巳,即1713年,享年九十有一。

## 二、名、字、号

毛奇龄一生名、字、号繁多,后人往往为之混淆。如《鹤征前录》载:"毛奇龄,原名甡,字大可,一字于,又字齐于,别号河右,又号西河,又有僧弥、僧开、初晴、秋晴、春

---

① 《清史列传》卷六十八,北京:中华书局,1981年,第5457页。按:"九十四",《清史列传》原作"九十一",王钟翰先生点校此书时,依姜亮夫先生《历代人物年里碑传综表》改"一"为"四",可知原来《清史列传》记载与《疑年录》同。

② (清)李元度:《国朝先正事略》卷三十二《经学》,清同治刻本。

③ 林庆彰:《清初的群经辨伪学》,台北:文津出版社,1991年,第55页。

④ (清)毛奇龄《禁室女守志殉死文》:"康熙辛卯,予年迫九十,卧病城东草堂,客有以六安潘女事属表章者。"毛奇龄《皇清诰封恭人方母曹太君墓志铭》:"今康熙辛卯,予年迫九十,卧病山中。而先生以恭人筮葬,属予志墓。"孙之騄《枝语》卷首毛奇龄序末署:"康熙壬辰首夏,西河弟毛奇龄敬题于书留草堂,时年九十。"徐旭旦《世经堂集》卷首毛奇龄序末署:"时康熙岁次壬辰中秋日,同学毛奇龄晚晴氏拜手谨撰。"

⑤ (清)毛奇龄:《西河合集》卷首蒋枢按语,前揭本。

⑥ (清)章大来:《后甲集》,康熙丁酉刊《式训堂丛书》本。

⑦ (清)毛黼亭编:《萧山毛氏宗谱》卷四《大房世系纪》,清道光二十六年爵德堂本。

庄、春迟诸号。"[①]梁章钜在《浪迹三谈》卷三"多字"条中亦认为:"近人之多字,无如毛西河先生。按:先生名奇龄,又名甡,字两生,又字大可,又字齐于,又字于,又字初晴,又字晚晴,又字老晴,又字秋晴,又字春迟,又字春庄,又字僧弥,又字僧开。皆杂见集中,其取义有不甚可解者,今人但称为西河先生。西河者,其郡望,非字也。"[②]

古人的名、字、号,是特定个人在社会交际中的一种区分标志,也是一种文化现象,从中可以折射出特定个人的个性、品格、心理、思想、志趣和追求等。因此,弄清毛奇龄的名、字、号,有助于我们从另一个侧面了解毛奇龄,兹以《西河合集》为依据,对其名、字、号等称谓及命名缘由考订如下:

名:奇龄是原名。毛奇龄《自为墓志铭》:"先母张太君梦番僧持度牒来,悬于堂。其牒四边以五螭相衔为花阑,醒而生予,因检郭璞《游仙诗》有'奇龄迈五龙'句,名奇龄。"[③]毛奇龄《复王草堂四疑书》:"先慈所梦,明明告之大母,质之先赠君。先赠君即以此梦告庙命名,何敢淹沫?且非谓此见梦者为所托之身,只其所贻牒阑以五虬,因取郭景纯诗'奇龄迈五龙'句,名曰奇龄。"[④]施闰章《毛子传》曰:"毛甡,萧山人也,初名奇龄。"[⑤]毛奇龄兄弟四人,依次命名为:万龄、锡龄、慧龄、奇龄。可以确知奇龄是原名,而《鹤征前录》将毛甡作为原名,显误。

甡是后所更名。毛奇龄《自为墓志铭》曰:"先是予在淮,淮人有知予毛生者,予曰:'虽然,予毛甡也。'(自注:即所更名)又曰:'予濒死屡矣!幸而生。甡者,生又生也。'又曰:'吾生十年,殇五年,兵戈者十年,奔走道路二十年,能再生乎?所谓甡者,亦冀夫生之者也。'"[⑥]毛奇龄不仅自注毛甡是所更名,又解释了更名的经过与蕴义。

王彦是毛奇龄流亡时所用名。毛奇龄被怨家诬陷杀营兵,为躲避官府追捕,不得不离家流亡,好友蔡仲光曰:"怨深矣!不走,将不免。指壁间所书王烈名曰:'请名王彦,字士方,吾他日天涯相问讯者,王士方矣。'"[⑦]毛奇龄《谢竺兰上人书》:"甡白:昨者秋首,吴江水清,有江东王彦字士方者,曾维舟长桥,妄投兰若。"毛奇龄《五言律诗》四《得家人所寄衣》有"顿有秋衣至,谁怜王彦寒"句。

字:大可是与原名奇龄相表里的字,奇字拆分为大、可。

两生是与甡相关联的字。

于、于一、齐于三字,《西河合集》中署名有"萧山毛奇龄字齐于稿""萧山毛奇龄字于稿"等字样。毛奇龄《李氏兄弟字说》:"李子兼汝以二儿日炜、日焜问字于齐于,齐于曰:'长字一辉,次字次辉。维炜与焜皆辉也。'"此三字殆与毛奇龄少时仰慕战国时齐人淳于髡有关。淳于髡有"辩圣"之称,毛奇龄也长于博辩,施闰章《毛子传》曰:"毛甡……一字齐于,曰:'吾淳于髡也。'"[⑧]

---

① 李集撰,李富孙、李遇孙续:《鹤征前录》壬集卷二十三,载《清代传记丛刊》第13册,台北:明文书局,1986年,第485页。

② (清)梁章钜:《浪迹三谈》卷三,清咸丰七年刻本。

③⑥⑦ (清)毛奇龄:《自为墓志铭》,载《西河合集·墓志铭十一》,前揭本。

④ (清)毛奇龄:《复王草堂四疑书》,载《西河合集·书八》,前揭本。

⑤ (清)施闰章:《学余堂文集》卷十七《毛子传》,前揭本。

⑧ (清)施闰章:《学余堂文集》卷十七《毛子传》,文渊阁《四库全书》本。

僧开、僧弥两字,殆与毛奇龄曾于顺治初年髡首衣缁为僧有关。毛奇龄《复王草堂四疑书》:“若仆之髡首,在崇祯甲申年。是时方马遗孽统乱军东奔,仆以一言为方马所雠,将合江东军执予杀之。因匿之山寺,髾去首发。……向使不去发,则方马得执之。假欲辫发,则江东划守,人人皆方马矣。是以放废之久,衣缁者八年。至顺治辛卯,雠者尚以抗试首官,因有逆陀骫教之讼。夫然后养发,遵功令候试。”①顺治年间,毛奇龄著作多以僧开、僧弥署名。顺治十五年,毛奇龄成《天问补注》一卷,末署名“顺治戊戌春僧开氏识”②;毛奇龄《赎妇记事》文末亦曰:“顺治丙申,道开以记属西河僧开,越五年,僧开记事。”③

初晴、晚晴、春晴、秋晴、春庄:皆为毛奇龄归田后所用字。毛奇龄壮岁流亡,年过半百中博学鸿词科进士,晚岁归田后,屡蒙康熙赐书,感慨万千,寓情于字。《行在东朝并赐御书睿笔记》:“生平以避人流离道路,遇晴霁则喜、渰翳则戚。至暮年衰落,日近阴霾,则望晴尤甚,故乍归田时自号初晴。既而曰:嗟乎! 予晚矣。更之曰‘晚晴’。凡碑版、屏幛、书册、笺牍应署名处,往往以二晴杂署其间。”④毛奇龄自述初晴、晚晴为号,其门人盛唐《西河先生传》则曰:“先生毛氏讳奇龄,字大可,别字初晴。”⑤而《西河合集》每篇标注初晴、晚晴、秋晴、春晴、春庄、春迟时,皆属字,未知孰是。

号:西河、河右是毛奇龄的号,后人无有混淆者。盛唐《西河先生传》:“既而葬后,请私谥,盛唐曰:‘古有以字为谥者,先生尝自以受姓郡号称西河矣,得毋字与号俱可称乎?’众曰:‘善。’于是,学者称西河先生。”⑥冯景《解舂集诗文钞补遗》卷二《答毛西河先生问〈论〉〈孟〉义书》、沈德潜《清诗别裁集》卷二十八刘正谊《访毛西河太史留赠》。古以西为右,故西河亦称河右。《李塨年谱》卷二“丙子三十八岁”:“萧山毛河右寄其《驳太极图》《驳河图洛书》二种至。”李塨《恕谷后集》卷四《上毛河右先生书》、王源《居业堂文集》卷八有《与毛河右先生书》和《再与毛河右先生书》。

毛奇龄除上述诸名、字、号外,又有小毛生、毛十九、阿怜翁、毛翰林、毛太史、毛检讨、毛萧山、湘湖遗老等称谓。

小毛生:这是奇龄在县学为诸生时,人们为了与其长兄万龄相区别而起的称号。毛奇龄《自为墓志铭》:“总角,举诸生,一月中取小试第一者四。尔时先兄万龄先在学,有名。人呼予‘小毛生’。”⑦

毛十九:十九是毛奇龄在家族中的排行。《萧山毛氏宗谱》卷四《大房世系记》:“奇龄行十九。”魏耕《雪翁诗集》卷八《秋庄客舍不得萧山毛十九奇龄信作》、爱新觉罗·博尔都《问亭诗集》卷三《雨中寄毛十九大可》、阮元《两浙辅轩録》卷七“任辰旦”条《送毛十九大可还西陵》、朱彝尊《曝书亭集》卷五《酬毛十九奇龄兼寄张五杉》。

---

① (清)毛奇龄:《复王草堂四疑书》,载《西河合集·书八》,前揭本。“方马”指方国安、马士英所率领的南明军,名“方马军”。

② (清)毛奇龄:《天问补注》卷一,载《西河合集》,前揭本。

③ (清)毛奇龄:《赎妇记事》,载《西河合集·记事》,前揭本。

④ (清)毛奇龄:《行在东朝并赐御书睿笔记》,载《西河合集·碑记十》,前揭本。

⑤⑥ (清)盛唐:《西河先生传》,载《西河合集》卷首,前揭本。

⑦ (清)毛奇龄:《自为墓志铭》,载《西河合集·墓志铭十一》,前揭本。

阿怜翁：毛奇龄自称阿怜翁。毛奇龄《诗话》一："陈何寄《子夜歌》二章……云'白露收荷叶，清明种藕枝。君行方岁暮，那有见莲时。'旧体莲本隐怜，今借隐连，然亦可隐怜，以予曾自呼阿怜翁故也。"①

毛翰林、毛太史、毛检讨：三者皆是与毛奇龄官职相关的称谓。康熙十八年春，奇龄中博学鸿词科二等进士，授翰林院检讨，纂修明史，时人沿用古称，以翰林、太史、检讨相称。见屈大均《翁山诗外》卷十《寄怀毛翰林大可》、李兴祖《课慎堂诗集》卷七《寄大可毛太史》、张远《梅庄集》五言排律《赠毛太史》、吴阐思《北游草·毛太史大可先生为我作乐府序，赋古风六章奉贺且志感云》、朱彝尊《曝书亭集》卷十三《送毛检讨奇龄还越》和卷三十三《答萧山毛检讨书》、全祖望《鲒埼亭集外编》卷十二《萧山毛检讨别传》、张永铨《闲存堂诗集》卷五《与毛检讨西河》。

毛萧山：毛奇龄籍贯浙江萧山，因以代称之。见阮葵生《茶余客话》卷九："国初名士如林，己未之征，网罗殆尽。然专论著书之多，则无过毛萧山者矣。"②平步青《霞外攟屑》卷六："毛萧山奇龄入《文苑》。"③

湘湖遗老：湘湖位于浙江萧山县西，以风景秀丽而被誉为西湖的"姊妹湖"。奇龄归田后，关心桑梓民生，著有《湘湖水利志》。加之奇龄高寿，同乡同年友人朱彝尊在诗中戏称之为"湘湖遗老"，见朱彝尊《曝书亭集》卷二十《八日，汪上舍日祺招同诸公夜泛五首》有"湘湖遗老（毛叟奇龄）旧清狂，白发相逢笋蕨乡"句。

## 三、变易姓名流亡的时间

关于毛奇龄变易姓名流亡的时间，有三种说法：张穆《阎潜邱先生年谱》"顺治八年（1651）"条载："是年，毛西河避仇初出游淮上，变姓名王彦，字士方。"④章太炎《杨颜钱别录》："永历六年（即顺治九年，1652），人或构之清率，亡命为王士方。"⑤吴通福认识到张、章二说的不妥，将毛奇龄流亡系于"顺治十三年（1656）岁暮"⑥。

笔者依据《西河合集》、雍正《浙江通志》、光绪《淮安府志》，考订如下：

毛奇龄《自为墓志铭》讲述了被迫流亡的经过："怨家雠愤不得泄，瞯予姻戚有负责于营而相讦者，忽攫予于途，谓予当偿，拥予将渡江。邻人识予者，追之至西陵渡口，篡之还。次日，购道殣横所篡处，指为营兵，毛生聚人杀营兵，宜重典，籍捕四出（邻众千人争渡江鸣冤，营将疑其事，檄宁绍分巡王君廷璧杂治，怨家复罗织私之分巡游客许君名三闻者，中伤之，遂援重典案籍捕逮）。"⑦上文中毛奇龄称自己被捕逮是在宁绍分巡王廷璧任内。据雍正《浙江通志》，王廷璧，河南祥符人，进士，顺治十八年

① （清）毛奇龄：《诗话》卷一，载《西河合集·诗话》，前揭本。
② （清）阮葵生《茶余客话》卷九，清光绪十四年本。
③ （清）平步青《霞外攟屑》卷六，民国六年刻香雪崦丛书本。
④ （清）张穆：《阎潜邱先生年谱》，北京：中华书局，2006 年，第 19 页。
⑤ 章太炎著，徐复注：《訄书详注》，上海：上海古籍出版社，2000 年，第 903 页。
⑥ 吴通福：《晚出古文尚书公案与清代学术》，上海：上海古籍出版社，2007 年，第 224 页。
⑦ （清）毛奇龄：《自为墓志铭》，载《西河合集·墓志铭十一》，前揭本。

至康熙五年任宁绍分巡。由此可以推知,毛奇龄易名逃亡的时间最早在顺治十八年。毛奇龄《瘗珍志铭》云:“儿珍,三先兄子也。予出游时,恐从此不得归,是以后予。……予归,而珍以瘵死。……珍七岁后予,十八岁死。”①据上文,知毛奇龄临出亡时,以三兄子毛珍为继子,时毛珍七岁,而毛奇龄归萧山时,毛珍病死,时毛珍十八岁。由此可知毛奇龄在外流亡的时间共十二年。毛奇龄《皇清敕封文林郎弗庵卢公墓志铭》:“予避人东归,在康熙一十二年。”②《海宁吕觉我先生传序》:“癸丑冬,予远游归。”③知毛奇龄结束流亡的时间是在康熙十二年冬。由以上材料逆推,毛奇龄易名流亡的时间在康熙元年。此外,毛奇龄流亡在外时,其妻陈何有诗相寄,其词曰:“白露收荷叶,清明种藕枝。君行方岁暮,那有见莲时。”④知毛奇龄离家流亡,时在岁暮。

康熙元年岁暮,毛奇龄从浙江至吴江,投顾有孝宅⑤,又投宿吴江塔寺巢云房竺兰、圣宣处,见《七言律诗》二《寓吴江塔寺巢云房,赠竺兰、圣宣二上人》。后经靖江、泰州、高邮到淮安。到达淮安时,已是康熙二年,毛奇龄《填词》五《过淮城口占》序曰:“予去淮久矣。康熙十七年,征车入京,从淮城下过,遂驻马流涕,占此词。”其词曰:“马蹄才发,阳平门外,望里是淮安。可怜此地,曾经流浪,一十五年前。”⑥光绪《淮安府志》卷四十:“康熙二三年间,萧山毛奇龄以避难来。山阳令朱禹锡舍之天宁寺,变姓名曰王彦,字士方……邑人刘汉中、张新标与订交。……怨家踪迹之,汉中藏于家,月余乃行。”⑦康熙二年春,毛奇龄抵达淮安,在淮安“月余”,即被仇家发现,上巳节、清明节,奇龄已遁入河南,见《七言古诗》三《重集阎园醉宿,赋赠刘昌言进士暨始大、始恢二令君》“去年来此园,荷根出水枯叶寒。今年来此园,雨余又见荷珠团。此园久别亦可念,况复园中主人面。春风送我入洛阳,上巳清明不相见”句。康熙三年,毛奇龄复至淮安,见《七言古诗》五《陈黄门台孙病中招饮赋赠》“两年两至淮阴城,敝衣怀刺羞祢衡。几回欲问元龙状,百尺楼高那能上?今年我从中州来,清江未渡犹徘徊”句,故光绪《淮安府志》有“康熙二三年间,萧山毛奇龄以避难来”语。

综合以上史料,笔者将毛奇龄易名流亡的时间系于康熙元年岁暮。

## 四、乞假归田的时间和原因

关于毛奇龄乞假归田的时间,《清史稿》及《清史列传》本传叙述过简,且有康熙二十四年和康熙二十五年两种说法:1. 康熙二十四年说:毛奇龄《奉史馆总裁札子》:“独是先赠公柩舍,曾为亡伯兄教谕仁和时障土江浒,未返东浙,遂于康熙乙丑冬援迁

---

① (清)毛奇龄:《瘗珍志铭》,载《西河合集·墓志铭十一》,前揭本。
② (清)毛奇龄:《皇清敕封文林郎弗庵卢公墓志铭》,载《西河合集·墓志铭十六》,前揭本。
③ (清)毛奇龄:《海宁吕觉我先生传序》,载《西河合集·序三》,前揭本。
④ (清)毛奇龄:《诗话》一,载《西河合集·诗话》,前揭本。
⑤ (清)毛奇龄:《赠吴江顾征君初度序》:“而予以避人,易名氏投先生庐,先生以家人礼待之。”
⑥ (清)毛奇龄:《少年游·过淮城口占》,载《西河合集·填词五》,前揭本。
⑦ 光绪《淮安府志》卷四十,清光绪十年刊本。

葬之例，乞假在籍。”[①]毛奇龄《龙山祝矜删诗序》：“予自乙丑归田后，年踰六十。”[②]毛奇龄《家烈妇诔文》：“暨乙丑之冬，予与编修君先后南还。”[③] 2. 康熙二十五年说：李焕章《织水斋集》：“丙寅夏，大可以病告归里。”[④]毛奇龄《康熙二十五年，予请急归里。自京门赴益都，特谒冯相公夫子，恭呈八章，每章六韵，共九十六句》[⑤]。毛奇龄《诰封淑人张母章太君墓志铭》：“方予南归，在康熙二十五年之秋。”[⑥]

据庞垲《丛碧山房诗初集》卷十二丙寅家集诗《送毛大可检讨假归萧山》，知毛奇龄实际假归的时间为康熙二十五年丙寅。盖毛奇龄援例乞假是在康熙二十四年乙丑，而离开京城则为康熙二十五年丙寅夏，途经山东拜谒冯溥，回到杭州时已是秋天。

此后，毛奇龄托以痹疾，乞病在籍，不复出仕。但初回杭州的毛奇龄，并没有养病，却频繁出游会友，这促使笔者探求他归田的真正原因，略陈管见如下：

首先，康熙帝“求贤右文”的假意令众多博学鸿儒“难进易退”[⑦]。毛奇龄作为鸿儒之一，自不例外。据学者研究，征召博学鸿儒只是康熙定天下的一个计谋，他打着“求贤右文”的旗号，广纳天下英才，其用意是在拉拢天下士人。在天下士人纷纷入其彀中之后，随着三藩的平定、台湾被纳入版图，清朝统治进入了一个全新的阶段，恰在此时，却是鸿儒诸人被摒弃最多的时候。汪琬、尤侗、徐釚、乔莱、高咏、潘耒、张鸿烈、方象瑛、严绳孙、秦松龄、朱彝尊等先后或降黜，或称疾归里[⑧]。毛奇龄在这种背景下乞归，自然不能视为简单的告归。邓之诚认为：“鸿博之试，诸生、布衣入选者，未几皆降黜，或假归。始则招之唯恐不来，继则挥之唯恐不去矣。”[⑨]一语道出了诸鸿儒被黜归的真正原因，也许可作为毛奇龄假归后托疾在籍的最好注脚。

其次，修史工作量大，难度亦较大，时有触犯忌讳之虞。在明史馆七年间，毛奇龄阄分得弘治、正德两朝纪传并《盗贼传》、《土司传》、《后妃传》、《名臣传》等，计二百余篇。工作量之大由此可见一斑，以至于他在给老友蒋大鸿的信中诉苦：“今则史馆稠杂，除入直外，日就有书人家怀饼就抄，又无力雇书史代劳，东涂西窃。每分传一人，必几许掇拾，几许考核，而后乃运斤削墨，侥幸成文。其处此亦苦矣！”[⑩]加之翰林官俸禄微薄，时呼翰林为“一条冰”。修史过程中，毛奇龄等人常遇“考据”“核实”之难，“忌讳”“门户”等亦是束缚修史的难题。尤其是“忌讳”，虽说康熙初中期的文字狱尚未发展到捕风捉影的地步，但“文字常伏危机，吹毛动成大戾”的精神压力的确存在[⑪]。在生活和精神的双重压力下，毛奇龄不得不以葬亲为由，援例乞假。

---

① （清）毛奇龄：《奉史馆总裁札子》，载《西河合集·札子一》，前揭本。

② （清）毛奇龄：《龙山祝矜删诗序》，载《西河合集·序二十五》，前揭本。

③ （清）毛奇龄：《家烈妇诔文》，载《西河合集·诔文》，前揭本。

④ （清）李焕章：《织水斋集》，乾隆间钞本。

⑤ （清）毛奇龄：《五言格诗》卷一，载《西河合集·五言格诗一》，前揭本。

⑥ （清）毛奇龄：《诰封淑人张母章太君墓志铭》，载《西河合集·墓志铭五》，前揭本。

⑦ （清）毛奇龄：《史馆兴缀录》，前揭本；另奇龄弟子汪景祺《读书堂西征随笔》内有“熊文端明史”篇，详细记述了明史修纂之的舛误多艰、久未成事之情，可资参考。

⑧ 杨海英：《康熙博学鸿儒考》，《历史档案》，1996年第1期，第100页。

⑨ 邓之诚：《清诗纪事初编》，上海：上海古籍出版社，1965年，第382—383页。

⑩ 毛奇龄：《复蒋杜陵书》，载《西河合集·书七》，前揭本。

⑪ （清）施闰章：《学余堂文集》卷二十五《修史议》，前揭本。

再次,在修史过程中,毛奇龄与同馆意见龃龉,心情不畅。毛奇龄崇尚王阳明之学,张烈服膺程朱之学,两人在《明史》是否立《道学传》、王阳明应归何传等问题上看法不一,展开了激烈的辩论。张烈认为《明史》不宜立《道学传》,理由是王阳明不属于道学。毛奇龄也不同意立《道学传》,但所持论与张烈不同,他认为"道学是异学"①,把程朱理学当成道学,所以不赞同阳明学为道学,认为阳明学是儒学。这次辩论被称作是"理学与心学的最后争辩"②,争辩的结果是徐乾学根据众议,取消了"道学"之名,把王阳明列入《勋臣传》,这一结果与张烈的主张相合,无疑削弱了王阳明作为一代儒学宗师的地位,毛奇龄对此颇为不满,但也无力改变事实,心情之糟可想而知。

复次,毛奇龄的遗民情结使他常怀归隐之心。毛奇龄生当明清易代之际,年轻时参加过抗清斗争,清军占领江浙地区后的残酷屠杀,使得他的脑海中多少带有遗民情结。仕清后,他一直怀有归隐之心,在复友人信中称:"某原揣今年告归,而益都老师过爱之切,为聘一贫家女为后嗣计,是以羁绊不果。"③毛奇龄这一心态背后有多种原因:明遗民顾炎武、黄宗羲、傅山屡拒清廷征召、坚辞不起的事迹,让他觉得自愧不如;同年李因笃不甘心仕清,被敦促应试后,旋借口养母辞官,"出都之日,士大夫诗文赠送者数百人,天下莫不高之"④,亦让毛奇龄心生愧疚。与遗民相比,毛奇龄没有秉持名节,这使得他在入仕后相当不安心。加之正途出身的翰林们,对弘词特科出身的同僚,讥之为"假翰林",诮之为"假夷齐",毛奇龄自然倍感压力。在史局工作稍不顺心,就会萌生退隐之意,久之付诸行动。

最后,亲人的相继离世,对年逾花甲的毛奇龄打击很大。伯兄毛万龄、仲兄毛锡龄在他入京后先后辞世。宦京时所纳妾张曼殊,亦于康熙二十四年五月病死,令毛奇龄悲痛万分。前此,毛奇龄已萌生去意,只因小妾张曼殊,才滞留京师,此时再无牵绊,遂援例乞假离京。归乡后的毛奇龄摒弃诗词杂赋,专务经学,于经学十部类皆有专著,自此声名远播,歆动无数学人前来受业。

综上所述,结合史传、方志、宗谱、碑铭以及毛氏本人的著作,毛奇龄的生平事迹是可以考证清楚的。在明末清初鼎革之际,毛奇龄始而抗清,失败后衣缁为僧,后被迫易名流亡。十二年间,他辗转逃至江苏、河南、安徽、江西等地。康熙十八年的博学鸿词之召,年过半百的毛奇龄三辞不果,被迫就试,高中二等进士,授翰林院检讨,纂修明史,分题起草纪、传二百余篇,受到同馆称许。纵观毛奇龄的一生,他在经学、史学、文学等各个领域都做出了令人瞩目的成就,值得我们深入研究。

(作者单位:复旦大学出版社)

---

① (清)毛奇龄:《西河合集·辨圣学非道学文》,前揭本。

② 王茂:《清代哲学》,合肥:安徽人民出版社,1992年,第35—40页。

③ (清)毛奇龄:《复蒋杜陵书》,载《西河合集·书七》,前揭本。

④ 《鹤征录》卷一"李因笃"条,前揭本,第7页。

# 《围棋义例》的真伪与价值

章　琦

## 引言:《中国围棋》与"诠释"二字

成都棋院首任院长、蜀蓉棋艺出版社首任社长刘善承先生主编的《中国围棋》是棋文化研究史上一部划时代的著作。书中除了《中国围棋发展简史》等筚路蓝缕的研究外,又设《中国古代围棋文献和文学作品》《中国古代棋艺著作》《中国当代棋手简介》《中国的围棋比赛和国际比赛》《中国当代围棋资料》诸编,搜罗宏富,去粗取精,更作归类、注释,条分缕析,给研究者带来极大便利。《中国古代围棋文献和文学作品》是全书篇幅最大的部分,由四川大学成恩元教授选注,具有很高的学术含量。《中国围棋》的前言对此介绍道:

> 这一编有几个特点:一、内容丰富,汇集的文献资料数量,远远超过了前人的成果;二、选录了若干过去棋界不大知晓的篇章,例如,敦煌写本《棋经》的全文,就是第一次展现在读者的面前;三、作了若干学术考证和注释,纠正、辩明了过去棋界流传的一些谬误;四、注明了引用文献的来源,核对了引用的文字。"围棋是中国传统文化中一颗具有独特风采的明珠"。读者只要浏览一下本编,对于这颗明珠,就会有一个鲜明的印象。①

笔者在参与中南大学何云波教授主持的国家社科基金项目"中国围棋思想史研究"、承担《中国历代棋论选》校注工作的过程中,从《中国古代围棋文献和文学作品》里获益良多。该编的参考价值毋庸赘言,但也不无可商榷之处,集中体现在文献来源方面。如旧题东汉黄宪的《机论》一文,实则出于明人王逢年之手。甚至连黄宪的全部《天禄阁外史》(八卷),亦为王氏托名伪撰。自清代乾隆年间四库馆臣考证后,《天禄阁外史》的伪作问题彻底落实,成为学界定论。《外史》是《机论》的原始出处,最早见于明代何允中的《广汉魏丛书》。《中国围棋》中的《机论》出自清代康熙年间编纂的《古今图书集成・弈棋部艺文一》,既有"中途半端"、引用二手材料之嫌,又因《集成》疏于辨伪而连带遭受古人"蒙骗",未能吸收后来的研究成果,依然认为《机论》是黄宪所作,从某种程度上表明了棋界与学界的"隔阂"。或者说,两大圈子尚未达成充分的资源共享。随着棋文化研讨的深入,这种现象正在逐渐改良,故笔者无需多作杞人之忧。

不过,资源共享虽易实现,资源共建却仍漫长。某类文献,单凭棋界或学界任意

---

① 刘善承主编:《中国围棋》,成都:四川科学技术出版社、蜀蓉棋艺出版社,1985年,前言第4页。

一端的“物理变化”无法研究透彻,需要借助群策群力的“化学变化”,条件和机遇就显得尤其珍贵。《中国围棋》中就有一个典型的例子:在棋界被引述很多、影响很大的“徐铉《围棋义例诠释》”。“《诠释》”列举了三十二个围棋术语,一一解释,每条解释均采取传统训诂(“某,某也”)和补充说明相结合的方式。《中国围棋》再作研究性注释:

> 徐铉(917—992),字鼎臣,广陵人,初仕吴,又仕南唐,入宋,为太子率更令。与弟锴齐名,同精“小学”(文字学),号称“二徐”。
>
> 徐铉的《围棋义例诠释》一文,是我国史籍中专门解释围棋基本术语的最早的一篇文章。……他列举了三十二个基本术语,到北宋张拟写《棋经十三篇》时,在《名数篇第十一》中所列举的仍是“围棋之名,三十有二”,二者基本相同。只有两点不同,一是各条名目排列的次序大不相同;二是徐文的“毅”字在张拟的《棋经》中改成了“杀”字。①

这则注释考察了后世棋论对“《诠释》”的继承和发展,以凸显“《诠释》”在围棋文化史上的首创地位,颇见问题意识,但也留下了一些疑问。从目前掌握的基本古籍来看,“诠释”二字在唐宋以前较少使用,更有甚者,“诠释”用作书名的情况在整个古代都很罕见。如果名为“《围棋义例诠释》”的文献真的存在,其作者更可能是徐铉之后的其他人,其产生时间更可能晚于北宋的《棋经十三篇》,那么,继承与发展的线索就得反方向考察。我们需要查找“《围棋义例诠释》”的来源。

## 一、《围棋义例》或《围棋三十二字释义》

《中国围棋》注明,“《围棋义例诠释》”选自明代陶宗仪的“《说郛》(续)”,该说法本身就略失严谨。《说郛》主要有涵芬楼一百卷本、宛委山堂一百二十卷本两大版本体系。在明代刊刻的一百二十卷本后,附有四十六卷《说郛续》。署名徐铉的围棋文献既不在《说郛续》中,也不在涵芬楼本里,而在宛委山堂本卷一〇二内。或许《中国围棋》想表达,“《围棋义例诠释》”见于陶宗仪编纂、陶珽重辑“续补”的《说郛》(即宛委山堂本)。然而,宛委山堂本所收为徐铉的《围棋义例》,并无“诠释”二字②。

“诠释”二字虽然不尽合乎古书命名的通例,但也不至于无中生有,由今人随意添加而成,况且不存在添加的必要性。《围棋义例》是否有其他名称?明代项世芳《玉局钩玄》、褚克明《秋仙遗谱》收录了与《围棋义例》内容相同的文本,题作《围棋三十二字释义》,不署撰人,显得不那么“正式”③。可以认为“围棋三十二字释义”是“围棋义例”旧有的别称,或者是一种通俗浅明的改称。不过明代文献里似乎再难寻觅到诸如“围棋义例诠释”、“围棋三十二字诠释”等说法。从“释义”到“诠释”,尚有一段距离。

幸运的是,笔者在清代文献《古今图书集成·弈棋部汇考》发现了“诠释”产生的

① 《中国围棋》,第154页。

② (明)陶宗仪等:《说郛三种》,上海:上海古籍出版社,1988年,第4703—4704页。

③ (明)项世芳:《玉局钩玄》,明万历夷门广牍本;(明)褚克明:《秋仙遗谱》,明嘉靖三十六年徐慰怀刻本,《续修四库全书》第1097册,上海:上海古籍出版社,第355—356页。

缘由。《汇考》的目录有“唐徐铉围棋义例诠释”,前列“汉扬雄方言围棋”、“魏侍中肇儒棋格全式”,后列“宋司马光古局象棋图序”、“宋刘仲甫棋诀一布置二侵凌三用战四取舍”等等。不难看出,小字与大字是部分与整体的关系。翻撷正文,“诠释”另起一行,作为“唐徐铉围棋义例”的小标题,和其他文献共同印证了目录所预设的体例①。“唐徐铉围棋义例诠释”的篇幅与《说郛》本《围棋义例》一致,也就是说,《古今图书集成》确定现存的《围棋义例》是残卷,仅仅留存了原书中名为“诠释”的部分。理由何在,不得而知。这是《集成》的独创观点,未见他书佐证。鉴于《集成》晚出于《说郛》等书,该观点的可信度大打折扣。即便遵从《集成》,题名也当处理为“《围棋义例》”或“《围棋义例·诠释》”,《中国围棋》的著录易引发误解。最关键的是,“诠释”的发现反而证明了《围棋义例》书名的正确性。《弈棋部汇考》位于《古今图书集成·博物汇编·艺术典》第七百九十八卷,《集成》之《理学汇编·经籍典》第五百卷《杂著部汇考四》有“元陶宗仪说郛目录”,目录的“卷第一百二”里沿袭了“围棋义例徐铉”的著录。

如前所述,《中国围棋》中的《机论》出自《古今图书集成》。继续选取《集成》本《围棋义例》,将小字“诠释”调整为大字,也不足为奇。只是《中国围棋》作此调整后,为何又将文献来源标示为无“诠释”二字的“《说郛》(续)”?《古今图书集成》不曾注明《围棋义例》源于《说郛》。《集成》的“元陶宗仪说郛目录”中,“围棋义例徐铉”虽亦在“古局象棋图司马光”之前,却在“棋诀刘仲甫”之后,怀疑《弈棋部汇考》和《杂著部汇考四》(依《说郛》原本顺序)不属于同一传抄体系,《集成》本《围棋义例》也就不一定源于《说郛》。黄俊《弈人传·徐铉》的“《围棋义例诠释》”,与《中国围棋》表述雷同,而《弈人传》没有指明“《诠释》”出处,既看不出《集成》,也谈不上《说郛》。如果说《中国围棋》同时注意到了《说郛》和《集成》,在认为“围棋义例诠释”正确的情况下,坚持标示文献的早期版本,那么《机论》为何不与此同例,反倒标示《古今图书集成》?百思不得其解的问题里,有一点似可论定:《中国围棋》没有注意到《机论》的原始出处《天禄阁外史》。那么,《围棋义例》的原始出处是什么,在徐铉现存的作品集中可否找到?这就涉及到文献的真伪问题。或许这个问题在《围棋三十二字释义》不署撰人时就具有某种倾向性。另外,宛委山堂本《说郛》的版刻情况相当复杂,历来遭到学界的质疑。

## 二、《围棋义例》非《棋图义例》

《四库全书》收录了一百二十卷本《说郛》,并参照其他文献,对其进行了一定程度的修改。《四库全书总目提要》指出一百二十卷本《说郛》的诸多舛误,可见清代四库馆臣之严谨态度。《围棋义例》为《说郛》中的短制,改动之处较少。为便于进一步讨论,现将四库本《围棋义例》标点迻录如下:

立,历也。沿边而下子者曰立,恐彼子有往来相冲之患也。

行,行也。连子而下曰行,使有粘连不断之绪也。

飞,走也。隔一路而斜走曰飞,有似禽鸟斜飞之义也。

① (清)陈梦雷等:《古今图书集成》,清雍正铜活字本。

尖,签也。两路斜签而下子曰尖,使有觑之之意也。

粘,连也。彼欲以子断之,我即以子连之,故曰粘。

干,间也。谓以子间之,曰干。

绰,侵也。以我子斜侵彼子之路,而欲出之,曰绰。

约,拦也。以彼子斜拦我子之头,而反闭之,曰约。

关,隘也。两子正相对而立者谓之关,有单关、双关之名。

冲,突也。直速子而入关,谓之冲。

觑,视也。有可断而不断,先以子视之,曰觑。

毅,提也。棋死而结局曰毅,既毅而随手曰复毅,俗又谓之提。今集中但以提字音之,欲易晓也。

劄,札也。有若两虎口相对者,夹而札之,使有复毅。

顶,撞也。我彼之子,同路而直撞之,之谓顶。

捺,按也。以子按其头曰捺,自上而按下也。

跷,翘也。我彼之子皆相倚联行,而我子居下,势不能张。而欲先取其势,则以我子斜出一路,而拂彼子之头,若翘首之状也。《经》曰:"宁输数子,弗失一先。"正此意也。

门,闭也。闭之使不得出曰门。隔一路曰行门,二路曰大门。

断,段也。段之而为二曰断。

打,击也。谓击其节曰打,连打数子曰赶。

点,破也。深入而破其眼曰点。旁通其子,透点。

征,杀也。两边逐之,杀而不止曰征。

辪,截也。谓以我子截住彼之头绪,次着断也。使之急,曰辪。

聚,集也。凡棋有求全眼者,则反聚而点之。有聚三、聚四、花聚五、聚六之类。

劫,夺也。先投子曰抛,后应子曰劫。乃有实东击西,弃小图大之功也。

搒,逼也。以子促而逼之,曰搒。

扑,投也。以我子投彼穴中,使其急救曰扑,所以促其着也。

勒,束也。使其无眼曰勒,与劄、刺之义小异耳。

刺,刺也。连子而直入曰刺。若戈戟之伤物,此亦使之无全眼也。

夹,甲也。两子夹一子曰实夹,两子自夹曰虚夹。

盘,蟠也。两棋隔绝而欲连之,沿边而度子曰盘。

松,慢也。棋家取其玲珑透空,疏而不漏之谓也。

持,和也。两棋相围,而皆不死不活曰持。有两棋皆无眼者;有两棋各有劫者;有各一眼活者;有彼棋两段各一眼,而我棋一段无眼,间其中而俱活者。盖取其鹬蚌相持之义,故曰持。

相对于宛委山堂本、《古今图书集成》本《围棋义例》,《玉局钩玄》本、《秋仙遗谱》本《围棋三十二字释义》,四库本《围棋义例》"毅"字条下之"欲易晓也"比较特别,他本均作"欲易晓之耳"。不过这种差别价值不大。"门"字条,"行门"在《钩玄》《遗谱》本中作"小门",可以互参。"辪"字在宛委山堂本、《钩玄》本、《集成》本中作"辥",两字形近，但读音、释义均不同。"嶭（è；niè，五葛切）"形容山峰高峻，"嶭（bài，方卖切）"主要指山谷险隘，可谓"天壤之别"。就音近义通而论，"嶭"训释为"截"，比"嶭"更加合适。徐铉校定的《说文解字》中，有"嶭"字而无"嶭"字。故赞成《四库全书》的改动，"嶭"可能为手民所误植。

通观全篇，"跷"字条的引经据典最为引人注目。"宁输数子，弗失一先"的"《经》"，正是北宋《棋经十三篇》。《棋经十三篇》原文稍有不同，见《合战篇第四》"宁输数子，勿失一先"[①]。《围棋义例》诸版本中，惟明代《秋仙遗谱》征引无误。此点小细节并不重要，本可自由发挥，如《西游记》第十回《二将军宫门镇鬼唐太宗地府还魂》开头全文借用《合战篇》，易名为《烂柯经》，文字略有差异，此句作"宁输一子，不失一先"[②]。又如清初《弈学会海》的编纂者董耀，吸取"十三篇之精英，撰为《棋经捷要》，云：……宁失数子，莫失一先"[③]。重要的是，《棋经十三篇》的作者张靖（1044—1078）出生时，徐铉已经去世五十余年了[④]。

出现了徐铉身后的文献，《围棋义例》是伪作的可能性大大增加。问题在于，《义例》到底是一个十足的伪文本，还是经由后人补充，而主体部分依然出自徐铉之手？再看"尖"字条"斜签"一词，原意是侧身，此处指对角，但"斜签"多出现在元代以后的戏曲、小说文献中。徐铉是五代宋初精研文字音韵的审慎学者，"斜签"的使用似乎不符合时代特征与个人风格。推而广之，徐铉校定的《说文解字》是后世最通行的"大徐本"，围棋三十二字的整体风格是否带有"大徐本"的痕迹？试列表对照：

| 术　语 | 《围棋义例》 | 大徐本《说文解字》 |
|---|---|---|
| 立 | 历也。 | 住也。 |
| 行 | 行也。 | 人之步趋也。 |
| 飞 | 走也。 | 鸟翥也。 |
| 尖 | 签也。 | 无"尖"字。"鑯，铁器也……"下注"臣铉等曰：今俗作'尖'，非是"。 |
| 粘 | 连也。 | 无"粘"字。有"黏，相箸也"。 |
| 干 | 间也。 | 犯也。 |
| 绰 | 侵也。 | 无"绰"字。 |
| 约 | 拦也。 | 缠束也。 |

① 李毓珍：《棋经十三篇校注》，成都：蜀蓉棋艺出版社，1988年，第60页。

② （明）吴承恩：《西游记》，北京：人民文学出版社，1980年，第117页。

③ 黄俊：《弈人传》，长沙：岳麓书社，1985年，第198—199页。

④ 《棋经十三篇》的作者主要有张拟和张靖两说。宋代两部书收录该文，《忘忧清乐集》题作"皇祐中张学士拟撰"，《新编纂图增类群书类要事林广记》记载"宋皇祐中学士张靖撰"。元代以后，署名多作张拟，积非成是。《中国围棋》即持此说（见前言所引"到北宋张拟写《棋经十三篇》时"句）。"拟"为仿拟之意，非人名，且未发现学士张拟的材料。从题署、序跋、注文内证、他文旁证可知作者为张靖。近现代著名学者余嘉锡、钱钟书，古文献学家胡道静、朱南铣，围棋史专家李松福、李毓珍等先生均持张靖说。关于《棋经十三篇》的版本与作者，参见《棋经十三篇校注》，第1—50页。无论"张拟"还是张靖，生活时代远在徐铉之后的事实无法改变。

续表

| 术　语 | 《围棋义例》 | 大徐本《说文解字》 |
|---|---|---|
| 关 | 隘也。 | 以木横持门户也。 |
| 冲 | 突也。 | 涌摇也。 |
| 觑 | 视也。 | 无“觑”字。有“觑,拘觑,未致密也”。 |
| 毅 | 提也。 | 妄怒也,一曰有决也。 |
| 劄 | 札也。 | 无“劄”字。有“札,牒也”。 |
| 顶 | 撞也。 | 颠也。 |
| 捺 | 按也。 | 无“捺”字。 |
| 跷 | 翘也。 | 无“跷”字。有“跻,举足行高也”。 |
| 门 | 闭也。 | 闻也。 |
| 断 | 段也。 | 截也。 |
| 打 | 击也。 | 击也。(小字) |
| 点 | 破也。 | 小黑也。 |
| 征 | 杀也。 | 无“征”字。有“征,召也”。 |
| 嶭 | 截也。 | 巀嶭山也。 |
| 聚 | 集也。 | 会也。 |
| 劫 | 夺也。 | 人欲去,以力胁止,曰劫。或曰,以力止去曰劫。 |
| 拶 | 逼也。 | 无“拶”字。 |
| 扑 | 投也。 | 挨也。 |
| 勒 | 束也。 | 马头络衔也。 |
| 刺 | 刺也。 | 君杀大夫曰刺。刺,直伤也。 |
| 夹 | 甲也。 | 持也。 |
| 盘 | 蟠也。 | 无“盘”字。仅“盟”字条引《周礼》“朱盘玉敦”一处。 |
| 松 | 慢也。 | 木也。 |
| 持 | 和也。 | 握也。 |

围棋三十二字的释义仅与大徐本《说文解字》相同一处:“打,击也。”“击也”是大徐本中的小字,当为徐铉所训释。与其以此一点孤证徐铉《围棋义例》的真实性,不如把它看作是唯一的巧合。尽管上表其他字在《说文解字》中的释义均源自东汉许慎,但徐铉一生濡染于“许学”,《围棋义例》倘若由徐铉撰作,字里行间恐怕不难发现许慎的影子。而事实上,《义例》和《说文》的大部分解释相距甚远,甚至出现了徐铉在《说文》里不认可的“尖”字,更遑论《说文》里未收录的字了。或许异议者认为,《围棋义例》着眼于专业术语,三十二字的释义应体现其特殊性,徐铉跳出《说文解字》的普适框

架,另辟蹊径也不无可能。然而,类似“行,行也”、“刺,刺也”等“不明就里”的解读,既不符合常理,又不符合徐铉的学术水平。由此可见,《围棋义例》是一个十足的伪文本。

现存明代以前的围棋古谱屈指可数。宋代李逸民《忘忧清乐集》,元代严德甫、晏天章《玄玄棋经》均收录《棋经十三篇》与刘仲甫的《棋诀》,却都没有《围棋义例》。到了明代,《围棋义例》突然打着徐铉的名号,出现在古谱以外的文献——《说郛》一百二十卷本里。《说郛》一百二十卷本本身就有很多问题,相对更受学界认可的一百卷本没有《围棋义例》。古谱中与《义例》内容相同者,并无“围棋义例”和“徐铉”的题署。

综合上述各点,笔者认为《围棋义例》是明人伪作。伪作者选定如此人名、书名,着实费了一番心机。宋代官修书目《崇文总目》和元代《宋史·艺文志》著录徐铉《棋图义例》一卷[①],后惜亡佚,给书贾提供了盗名牟利的可趁之机。如果不对文献细细考察,很容易以为《围棋义例》是《棋图义例》的节本,这可能是清代《古今图书集成》标示“诠释”的理由——图已荡然无存,惟余说明文字。为专业文献配图刻版,难度和成本非同一般,不如直接拼凑、杜撰文字更见经济效益,且有残卷的假象,初看之下误生辑佚之欣喜,又避免了乍遇“全本”的疑虑。传世古谱以《忘忧清乐集》为最早,伪作者也实在找不到与《棋图义例》同时代的棋图作为参照。徐铉的棋图是何面貌,如棋盘路数、棋子形制、手数阴/阳文等,炮制不当,一经眼便露出马脚,不妨放弃。纵然想“自成一体”,也受限于伪作者自身的棋力。而用来炮制《围棋义例》的材料,可从《棋经十三篇》及其后世文献中寻找。

## 三、从《棋经十三篇》到《订谱小叙》

梁启超《古书真伪及其年代》提到:“伪书有许多分明是伪而仍是极端有价值的。”[②]全面总结古代围棋战术技巧,是《围棋义例》最明显的价值。明乎《义例》的真伪以及借鉴《棋经十三篇》的表征,本文前言所引《中国围棋》注释的研究方法,颠倒了因果关系,好比对弈时行棋方向有误,看不到明朗舒畅的结局。让我们追溯《棋经十三篇》之《名数篇第十一》:

> 夫弈棋者,凡下一子,皆有定名。棋之形势、死生、存亡,因名而可见。有冲,有斡,有绰,有约,有飞,有关,有劄,有粘,有顶,有尖,有覷,有门,有打,有断,有行,有立,有捺,有点,有聚,有跷,有夹,有拶,有嶭,有刺,有勒,有扑,有征,有劫,有持,有杀,有松,有盘。用棋之名,三十有二。围棋之人,意在万周。临局变化,远近纵横,我不得而前知也。用行取胜,难逃此名。《传》曰:“必也正名乎!”棋之谓欤?[③]

确如《中国围棋》所言,“名目排列的次序大不相同”,但是名目的差异不止《中国

① (宋)王尧臣撰、(清)钱东垣辑释:《崇文总目辑释》,卷三,清汗筠斋丛书本;(元)脱脱:《宋史》,卷二百零七《艺文志》第一百六十,清乾隆武英殿刻本。

② 陈引驰:《梁启超国学讲录二种》,北京:中国社会科学出版社,1997年,第189页。

③ 《棋经十三篇校注》,第77—78页。

围棋》所指出的一处,而有三处:斡—干(幹),杀(殺)—毅,嶭—辪。“嶭—辪”已作辨析,不复多议。斡,《玄玄棋经》注明“虚探入他关”[①],相当于现今的围棋术语“挖”;据《围棋义例》补充说明,古代术语“干(幹)”有打入、分断之义。“杀(殺)”与“毅”有程度方面的区别,《左传·宣公二年》:“杀敌为果,致果为毅。”[②]黄俊《弈人传·徐铉》曰:“《棋经》之杀,与义例之毅,各有意义,不容相混。”[③]“斡—干(幹)”、“杀(殺)—毅”两组术语在古代同时存在,不能简单归结于形近而讹。“必也正名乎”典出《论语·子路》,《围棋义例》的个别名目还需其他文献“正名”。

鉴于《围棋义例》为明人伪作,用来“正名”的文献,最晚不应迟于明代;《义例》比《棋经》多出的补充说明,也应有不迟于明代的文献依据。造伪的方式可能是“一步到位”,也可能是东拼西凑。而《棋经》由元讫明的注解,或许是构建《义例》的主要元素。《棋经十三篇》注本众多,是否也有某本具备《围棋义例》“某,某也”的训诂特色?明代围棋国手苏之轼,字具瞻,代表作《弈薮》附有《棋经并注》一卷,《名数篇第十一》注释按顺序全部摘出并断句:

冲,突也。直连子而突入关,曰冲。

斡,间也。谓以子投入关而间之,曰斡。

绰,侵也。以我子斜侵敌路,而拂其子,曰绰。

约,拦也。以我子斜拦敌路,而遏其子,曰约。

飞,走也。隔一路而斜走曰飞,隔二路曰拆二斜飞,有似禽鸟斜飞之意也。

关,隘也。两子正相对而立,隔一路者曰关,倍而并之曰双关,隔二路曰拆二单关。

劄,札也。有两虎口相对,投子索劫曰劄。

粘,连也。防敌冲断,连之曰粘。遇拶而连之,曰实粘。

顶,撞也。当其头,以我子压之,曰顶。

尖,签也。斜行一路曰尖。

觑,视也。有可断而未断,则先以子觑之。所谓觑者,即钻其罅也。

门,闭也。闭住敌子,使不得出曰门。隔一路曰小门,二路曰大门。

打,击也。击杀之曰打。

断,段也。截而为二曰断。

行,走也。连子而下曰行。两棋并行曰紧行,自行曰慢行,使有粘连不断之绪也。

立,历也。沿边而下子曰立,连子据边直下曰鹗立,恐彼子往来有相冲之患。

捺,按也。以子按其头,自上而压之下。

点,破也。深入其地,破其眼曰点。傍通而点之,曰透点。

聚,集也。敌地虽多空阔,未有全眼,则聚而点之。有聚三、聚四、聚五、聚六,皆谓之聚。

跷,翘也。我彼之子皆相倚联行,而我子居下,势不能张。而欲先取其势,则

① 王汝南:《〈玄玄棋经〉新解》,北京:人民体育出版社,1988年,第16页。

② 杨伯峻:《春秋左传注》,北京:中华书局,1990年,第652页。

③ 《弈人传》,第79页。

以我子斜出一路，而邀住敌子之头，若翘首之状，曰跷。

夹，挟也。两子挟一子曰实夹，两子自挟曰虚夹。

拶，逼也。以我之子而逼彼之子，曰拶。

辟，截也。邀绝敌路而次着断之，曰辟。即可纽断之，曰紧辟。

刺，戕也。连子而入，冲敌要路，使之无眼曰刺。

勒，束也。束其路，使之无眼曰勒，与劄、刺之义小异耳。

扑，投也。以我子投敌穴中，破眼曰扑。

征，杀也。两边逐之，杀而不止曰征。敌两路被征曰双征。既征之，且受毅、拶，而复征之，曰漏征。

劫，夺也。先投子于敌虎口曰抛，后复打曰劫。劫而不受杀者，有金井、辘轳及重铸、舞剑诸势。

持，和也。两棋相围，而皆不死不活曰持。有两棋皆有劫者；有各一眼活者；有彼棋两段各一眼，而我一段无眼，间其中而持者。

杀，斩也。棋死而离局曰杀，俗谓之提。既提矣，而随手杀者，曰复杀。

松，虚也。取其玲珑通达，疏而不漏之义。

盘，蟠也。两棋隔绝而欲连之，沿边而渡过曰盘。①

应该说，《棋经十三篇》的历代注本中，《弈薮》本的形式和内容最贴近《围棋义例》，他本大多无"某，某也"的训诂方式。明代陆玄宇《仙机武库》中，《名数篇第十一》的注解尽管也有"某，某也"，但不是字字如此，"飞""关""刺""松""盘"即无。《十三篇》的《武库》本注解内容也与《弈薮》本和《义例》小异，如"扑，跌也"②。《弈薮》对"行""夹""刺""松"的解释更符合常理，并把"辥"改回了"辟"。《义例》对《弈薮》的改进主要在于两点：一方面略去了部分术语的外延，如《弈薮》"飞"字条"拆二斜飞"，"关"字条"拆二单关"，"粘"字条"实粘"，"行"字条"紧行""慢行"，"立"字条"鹗立"，"辟"字条"紧辟"，"征"字条"双征""漏征"，"劫"字条"金井、辘轳及重铸、舞剑诸势"等。另一方面明确了部分术语的内涵，如"绰"、"约"两条显然比《弈薮》更易理解；"持"字条双活的举例，《义例》补充"有两棋皆无眼者"的情况，显得全面翔实。另外，《弈薮》会以未知术语来解释已知术语，如"征"字条"且受毅、拶"，《义例》则没有这种现象。"杀""毅"在《弈薮》里同时存在，间接表明是两个不同的术语。囿于《棋经十三篇》的正文，"毅"尚不在三十二字之内，"斡"也保持不变。看来《围棋义例》还借鉴了其他文献。

笔者曾一度以为，《围棋义例》借鉴《棋经十三篇》注本以外的文献已经亡佚。直到在学习、整理《中国历代棋论选》时，从明代汪廷讷的《订谱小叙》里找到了答案。汪廷讷（1573—1619），字昌朝，号坐隐先生。所谓"订谱"，即其自撰之《坐隐先生订棋谱》。汪《叙》提到了"《经》有三十二法"，已和《围棋义例》有了共同的思想源头，以下汪《叙》补充曰：

---

① （明）苏之轼：《弈薮》，辽宁省图书馆藏明天启二年（1622）刻三色套印本，《续修四库全书》第1098册，第100页。

② （明）陆玄宇：《仙机武库》，《续修四库全书》第1098册，第157—159页。

持下曰立,连子据边直下曰鹗立。连走曰行,两棋并行曰紧行,自行曰慢行。斜行一路曰尖,斜隔一路曰飞,隔二路曰拆二斜飞。行隔一路曰关,倍而并之曰双关,隔二路曰拆二单关。关住敌子曰门,隔二路曰大门。当其关隘视之曰觑,防其冲断连之曰粘,遇拶而连之曰实粘。连子入关曰冲,投子入关曰干。沿边侵取敌路曰绰,沿边遮绝敌路曰约。自上而下邀住敌子曰捺,自下而上邀住敌子曰跷。抱敌子两下曰夹,夹而不杀曰虚夹。劫敌子连度曰盘,一举而接曰小盘。捽其头以当遏之曰顶,搤其吭以凌夺之曰握,一名松。松也者,取其玲珑通达,疏而不漏之义。隔绝敌路或分取之曰断,邀截敌路以次断之曰辟,即可纽断之曰紧辟。击杀之曰打,逐杀之曰征,敌两路被征曰双征。既征之且受毅、拶,而复征之曰漏征。蹙杀之曰拶,提取之曰毅,既毅而又受毅曰复毅。投子索劫曰劄,递相复毅曰劫。劫而不受杀者,有金井、辘轳及重铸、舞剑诸势。两棋相围,而皆不生不杀曰持。有各一眼者;有各一劫者;有两段各一眼,一段无眼,间其中而持者。填塞敌路,使可点而杀之曰聚。有聚三、聚四、聚五、聚六,至聚七成持。深入敌地,破其眼曰点,旁通而点之曰透点。投入敌穴破其眼曰扑,冲其要路使无眼曰刺,束其要路使无眼曰勒。①

《订谱小序》与《围棋义例》的术语顺序依然不同,三十二字的命名则完全一致,每条术语的阐释与《弈薮》如出一辙。可以说,《棋经十三篇》之《弈薮》注本与《订谱小序》是《围棋义例》产生的必要条件,三十二字逐渐成为古代围棋术语的经典。表面看来,该经典由《棋经十三篇·名数篇第十一》所确立,实际的"幕后功臣"却是晚出而流传更广的《围棋义例》。《义例》实现了《棋经》"意在万周"、"难逃此名"的预期,甚至在文中引用《棋经十三篇·合战篇第四》,试图把《棋经》各部分的文化意蕴融会贯通。

《义例》还是沟通古今围棋思想的媒介。如"打,击也。谓击其节曰打",比《弈薮》、汪《叙》"击杀之曰打"更有内涵。北周写本敦煌《棋经》有:"平之计,有节便打,使有劣形。"②三十二个术语中,立、飞、尖、粘、关、冲、顶、门(吃)、断、打、点、征、聚(杀)、劫、扑、刺、夹、盘(渡)至今仍在使用。"行"相当于现今的术语"长"。"绰"、"约"有边上扳、挡的含义。"劄"相当于"抛劫"。"捺"、"跷"为下扳、上扳的两种形式。"勒"相当于"卡眼",等等。

## 余论:"三十二"与术、艺典范的形成

显而易见,围棋术语不大可能正好三十二个,应该还有更多。明代三十二字的内涵和宋代已不尽相同,每字的外延又有所扩展,暗含着三十二字以外的新领域。即便宋明三十二字固定不变,到了清代再也无法一仍其旧。《弈学会海》之《弈法定名》是上文下图的模式,文中术语已不止三十二字,图内尚有文中没有的术语,如"审"等字。

① (明)汪廷讷:《坐隐弈谱》,明万历三十七年(1609)安徽新安汪氏环翠堂刻本,桂林:广西师范大学出版社,2001年。标点为笔者所加。

② 成恩元:《敦煌棋经笺证》,成都:蜀蓉棋艺出版社,1990年,第68页。

然而《定名》开宗明义地强调“《经》有三十二法”，解释极似《订谱小叙》[①]。施襄夏有《落子定名四十八字》——“投、飞、拆、逼、镇、罩、门、封、托、压、扳、退、嵌、斡、顶、冲、长、行、夹、渡、并、立、双、关、盖、贴、跳、跨、挤、拼、搪、拦、引、征、觑、虎、断、接、转、尖、扑、收、点、吃、打、劫、提、粘”[②]，淘汰了三十二字的“绰、约、劄、捺、聚、跷、搽、辟、刺、勒、持、杀、松、盘”，似乎没有三十二字著名。“四十八”与“三十二”差距较大，施襄夏的名作《凡遇要法总诀》由二十八组骈偶句组成[③]，倒是无意间接近了三十二的数量。三十二字业已成为围棋技巧的总称，经历了从微观到宏观、有意到无意的过程。四十八字乃至更多更精确的定位，均显蛇足之嫌。

作为一种文化现象，“三十二”本身也可以改头换面。站在《围棋义例》伪托者徐铉的立场，唐末沙门守温三十字母、宋初三十六字母是音韵学的重大进展，围棋三十二字是否亦可等量齐观？清代钱长泽的《残局类选·三十字母》就是术语与韵文相结合的产物。就算没写过《围棋义例》，大文豪徐铉与围棋依然因缘不浅，其曾撰《金谷园九局谱》一卷，作五律《棋赌赋诗输刘起居奂》。宋代江少虞《事实类苑》谓其将“平上去入”的四隅古棋图之法改为十九字，甚为简便。清人因此致误，认为徐铉发明了十九路棋盘，其实唐以前就存在这种规格[④]。猜测《棋图义例》与十九字有关，论证《围棋义例》与徐铉无关，却无法忽视一个更重要的事实：三十二字在“徐铉们”的改造下，打通了术、艺的界限。明代通俗小说《二刻拍案惊奇》卷之二《小道人一着饶天下 女棋童两局注终身》，又突破了时空的界限，将“围棋三十二法”推向“国外”：

> 只说那时辽国围棋第一国手的，乃是一个女子，名为妙观，有亲王保举，受过朝廷册封为女棋童。设个棋肆，教授门徒。你道如何教授？盖围棋三十二法，皆有定名：
>
> 有冲，有干，有绰，有约，有飞，有关，有劄，有粘，有顶，有尖，有觑，有门，有打，有断，有行，有立，有捺，有点，有聚，有跷，有挟，有搽，有辟，有刺，有勒，有扑，有征，有劫，有持，有杀，有松，有盘。[⑤]

《棋经十三篇》行文，名目更近于《围棋义例》。“挟”字又有不同，恐是受了《弈薮》“夹，挟也”的影响。明代朱常淓《潞藩辑纂万汇仙机棋谱》里的《围棋三十二法》《围棋三十二法式图》依旧作“夹”[⑥]。“三十二法”的定名终不能定，“三十二”的说法却早已深入人心。

（作者单位：南京大学文学院）

① （清）董耀：《弈学会海》，上海：上海文艺出版社，1996年，第2—5页。

② （清）施定庵著、钱长泽重编：《弈理指归图》，北京：中国书店，1987年，影印版凡例。

③ （清）施定庵：《弈理指归续编》，北京：中国书店，1987年。

④ （日）渡部义通：《敦煌〈棋经〉与孙吕遗谱——古代中国围棋源流浅析》，蒋学松、李行译，《四川文物》，1996年第1期，第76—77页。

⑤ （明）凌濛初：《二刻拍案惊奇》，北京：人民文学出版社，1996年，第29页。

⑥ （明）朱常淓：《潞藩辑纂万汇仙机棋谱》，《续修四库全书》第1099册，第196、229页。

# 《说文》"嵒"字校理再议*

谢国剑

唐钞本《玉篇·品部》"嵒"字下引《说文》:"品聂也又若言也。"张舜徽认为此处所引《说文》"嵒"字有二义,"品聂"义不可晓,"若言"为"多言"之讹①。《〈说文〉"嵒"字校议》(下简称"《校议》")在此基础上指出"品聂"当作"呫聂",为附耳小语义,即"品"当为"呫"之误②。其实未必。此"品"字也可能是"嵒"字之讹。

已有多位学者认为此"品"字是"嵒"字之讹,《校议》一文未涉及。胡吉宣把唐钞本《玉篇》引《说文》改作:"嵒,讘也,又多言也。"并加按语:"原本引《说文》作'品聂也,又若言也'。今参稽二徐本改正。二徐只云'多言也',夺'讘也'之训。嵒、讘古今字,许以汉字释古文例也。"③马学良、刘又辛则把"品"字录为"嵒"字,并据《篆隶万象名义》(下简称"《名义》")改"若言"为"多言",全句标点作:"嵒,聂也,又多言也。"④臧克和则录作:"品(嵒),聂也,又若言也。"亦以"品"为"嵒"字之讹,同时列出了《名义·品部》"嵒"字条:"聂多言。"⑤

《校议》一文的主要证据有三:一"品""呫"形近易讹;二《史记》、《汉书》等有"呫嗫"一词,为附耳小语义,由此推出该词为两汉之常语,所用词形亦作"呫嗫",再结合《说文》有"以汉时语释古语"之例,从而认为此"品聂"为"呫聂"之讹;三把《类篇》卷二"呫"字下"又尺涉切,呫嗫,附耳小语声,一曰多言"与唐钞本《玉篇·品部》"嵒"字下所引《说文》相对读,以为《类篇》实承《说文》,从而得出《说文》"嵒"字有"呫嗫"义且字形作"呫聂"的结论。但是,这三条主要证据都存在问题。

第一条,"品""呫"形近不假,但就此处而言,二字相讹的可能性并不比"品""嵒"相讹的可能性高。首先,"呫"字并未见于今本《说文》。其次,即便"呫"字《说文》本有,或已产生,但《说文》字头未收录而只出现于释文中,也不能排除"品""嵒"在字形上相讹的可能。唐钞本《玉篇·阜部》"隑"字下引《方言》"东齐海岱燕之郊",据四部

---

* 小文写成后,曾邮件请教过徐前师教授,得到了他的鼓励,在此深表谢意。文中错谬由作者个人负责。本文写作过程中得到了教育部人文社科青年项目"隋唐石刻文献字词研究"(14YJC740094)和韶关市哲学社会科学规划项目"隋唐石刻文献词语汇考"(Z2014004)的资助。

① 张舜徽:《唐写本玉篇残卷校说文记》,《张舜徽集·旧学辑存(上册)》,武汉:华中师范大学出版社,2008年,第224页。按:为了行文简略,正文中涉及的所有学界师长、同行,均不称"先生"。

② 按:作者此观点更早见于《唐写本玉篇校段注本说文》,上海:上海古籍出版社,2008年,第33—34页。

③ 胡吉宣:《玉篇校释》(第二册),上海:上海古籍出版社,1989年,第1907页。

④ 马学良遗著、刘又辛补校:《〈原本玉篇〉引〈说文〉笺校补》,《文史》,2005年第1辑(总第70辑),第78页。

⑤ 臧克和:《历史汉字的贮存、传播与变异(三)——原本〈玉篇〉所贮存的〈说文解字〉》,华东师范大学中国文字研究与应用中心主办《中国文字研究》第七辑,南宁:广西教育出版社,2006年,第65页。

丛刊本《方言》卷七,此"伐"当是"岱"字之讹,即"代"字讹作"伐"又丢失了下部的"山"字。又,《说文·糸部》:"绀,帛深青扬赤色。"[①]唐钞本《玉篇》引《说文》作"白染青而杨赤色也"。《说文》"绀"字前后均为涉"帛"之字,所以唐钞本《玉篇》"白"当为"帛"之讹,如此,则"帛"字亦即在传抄中丢失了下部的偏旁"巾"而讹变成了"白"字。又,《说文·糸部》:"绒,采彰也。一曰车马饰。"唐钞本《玉篇》引《说文》作"绒,采也。一名事马君也。"马学良、刘又辛:"段氏据《汉书》注改'车马饰'为'车马帬'……'君'当为'帬'字之误。"[②]是。则可知"帬"字在传抄中丢失了下部的偏旁"巾"。由此类推,"嵒"字可能在传抄中丢失了下部的"山"而讹作"品"了。

第二条,《史》、《汉》"呫嗫"一词,确实为两汉之常语,但所用字形,是今本所见,并不一定就是该词在当时所用的字形。

《史》、《汉》"呫嗫"一词本来用什么字形来记录,前贤意见很多。有以为"呫嗫"即《说文》"讋讘"的,如南唐徐锴《说文解字系传·通释第五》"讋"字下即以为《史记·魏其武安侯列传》"呫嗫"二字"当作此讋讘字也"[③]。而其中"呫"字,有以为是《说文》"詀"字的。《汉书·灌夫传》"乃效女曹儿呫嗫耳语"清王先谦《补注》引王先慎曰:"《史记》韦注:'呫嗫,附耳小语声也。'《说文》呫作詀,嗫作讘,古通用。"[④]有以为是《说文》"聑"字俗体的。清郑珍《说文新附考》卷三"贴"字下:"《魏其侯传》'乃效儿女子呫聂耳语',呫正宜作聑……呫亦聑之俗体。"[⑤]其中的"嗫"字,清毛际盛《说文解字述谊》卷上、清钱坫《说文解字斠诠·品部》"嵒"字下以为当作"嵒"字[⑥]。还有引《史记》直接作"聂"字的,如南唐徐锴《说文解字系传·通释卷二十三》"聂"字下:"《史记》曰:'乃效儿女子呫聂耳语。'女慑反。"正是作"聂"字。清段玉裁《说文解字注·耳部》"聂"字下所引《史记》及韦注亦作"呫聂"。有据《说文》推测《史记》"嗫"当为"聂"字的,如清王筠《说文释例》卷八"叠文同异"下:"《史记·魏其武安传》'呫嗫耳语',《说文》无嗫,盖当用聂。"以上诸说,除了郑珍的说法因"呫""聑"二字意义差距较大而值得怀疑外,其他的均不无道理。总之,《史》、《汉》"呫嗫"一词到底用什么字来记录,目前不能确定。

不过,不能完全确定《史》、《汉》"呫嗫"一词的真实用字,并不意味着不能作任何

---

① 按:马学良、刘又辛《〈原本玉篇〉引〈说文〉笺校补》:"段玉裁改为:'帛深青而扬赤也。'段说是。大徐本'色'为'也'字笔误,野王《玉篇》'染青'当为'深青'笔误。"(《〈原本玉篇〉引〈说文〉笺校补》,第89页)此"'色'为'也'字笔误"的判断不确,因为段注本《说文》实作"帛深青而扬赤色也"。见(清)段玉裁:《说文解字注》,上海:上海古籍出版社,1988年2版,第651页。

② 按:原文误录"帬"为"帬"字。《〈原本玉篇〉引〈说文〉笺校补》,第93页。

③ 按:(明)朱谋㙔撰、(清)魏茂林训纂《骈雅训纂》卷二上训纂三"讋讘,多言也"条即引小徐此条为证。(《续修四库全书》192册,695页)清治《说文》诸家亦多引小徐此说,详见丁福保编《说文解字诂林》"讋"字下,中华书局,1988年,第3033页、164444页。马学良、刘又辛(2005:66)亦以为"徐锴说是"。

④ 《续修四库全书》269册,第457页。

⑤⑥ 按:又,(清)毕沅《经典文字辨证书·言部》:"讋,正;呫、佔,并俗。《史记》'呫嗫耳语',亦作'佔'。"(《丛书集成新编》第36册,台湾新文丰出版公司,1985年,第122页)(清)毛际盛《说文解字述谊》卷上"嵒"字下:"案《史记》'佔嗫耳语'当作'佔嵒'字。"(《聚学轩丛书》第五集第三)清钱坫《说文解字斠诠·品部》"嵒"字下:"此即'佔嗫耳语'之'嗫'。"(《续修四库全书》211册,第501页)由此可知,《史记》"呫嗫耳语"的"呫",清人所见版本有作"佔"字的。

相关判断。

回到《史》、《汉》。《史记·魏其武安侯列传》:"乃效女儿呫嗫耳语。"南朝宋裴骃《集解》引韦昭曰:"呫嗫,附耳小语声。"唐司马贞《索隐》:"呫,邹氏音蚩辄反。嗫音女辄反。《说文》'附耳小语也'。"[①]《汉书》承《史记》,《灌夫传》:"乃效女曹儿呫嗫耳语。"唐颜师古注:"呫,音昌涉反;嗫,音人涉反。"由此可知,虽然《史》"呫嗫"一词在西汉读什么音,不能确知,但据唐司马贞所引邹诞生音[②],则该词齐梁间有记音。据邹氏反切,呫,为昌母叶韵字[③];嗫,为日母叶韵字。隋唐时期,此词亦有记音,据《汉》唐颜师古注所记反切,读音与齐梁间同。

"呫""嗫"二字,虽未见于《说文》,但见于之后的字书、韵书。比如南朝梁顾野王《玉篇》,与邹氏音大致同时代,由《名义》可推知确实已收"呫""嗫"二字[④]。稍后如隋唐时期敦煌文献《切韵》系列韵书,与颜师古注同时代,也收有二字。详情如下:

(1) 呫,他篋反,尝也,妄语也。(《名义·口部》)

(2) 嗫,之涉反,骂也,多言也。(《名义·口部》)

(3) 呫,口尝味。亦碟。(裴务齐正字本《刊谬补缺切韵·怗韵·他协反》)

(4) 嗫,口动貌。又而涉反。(裴务齐正字本《刊谬补缺切韵·叶韵·之涉反》)

以上例(1)、(3)"呫"字,语音上均为透母帖韵,意义上有"尝"义、"妄语"义,又与"碟"[⑤]为一字,与《史》、《汉》"呫"字音义均不同,可知非一词,虽然音上有相转关系。例(2)、(4)"嗫"字,语音上音之涉反,均为章母叶韵,与《史》、《汉》日母叶韵的"嗫"声异韵同,例(4)另有日母叶韵一音,则与《史》、《汉》"嗫"声韵同;但意义上例(2)、(4)有"骂""多言""口动皃"义,均与《史》、《汉》"嗫"的"附耳小语声"义不同。由此可知,例(2)、(4)"嗫"与《史》、《汉》"嗫"也并非一词。所以,《史》、《汉》"呫嗫",在齐梁、隋唐两个时段的音义,与同时代字书、韵书所记录的情况并不吻合。也就是说,从以上字书、韵书来看,现有信息并不支持《史》、《汉》"呫嗫"一词的用字就是"呫嗫"。

唐代韵书另有"詀讘"一词,为细语义。

---

① 按:司马贞所引《说文》,据点校本《史记》修订本校勘记,耿本、黄本、彭本、柯本、凌本、殿本均无。北京:中华书局,2013年,第3435页。

② 按:朱东润《史记考索·邹诞生〈史记音义〉辑佚》:"《史记索隐序》云'南齐轻车录事邹诞生作《音义》三卷,音则微殊,义乃更略。'又云:'音则尚奇,义则罕说。'日本《现在书目》作'梁轻车录事参军邹诞生'。前齐、后梁,时序既异,参军、录事,官号亦殊,然其书已亡佚,不待论也。"(朱东润:《史记考索》,上海:华东师范大学出版社,1996年,第201页。)所以这里权且把邹诞生所处的时代笼统地定为齐梁间。不过,朱氏所辑,未见此二字。

③ 按:呫,邹氏音蚩辄反,与其声旁"占"字音合,则邹氏所见《史记》似乎已用"占"字作声旁,但未必是"呫"字,由下文可知,也可能是"詀"字。

④ 按:《名义》据梁顾野王《玉篇》而作,已是学界共识。杨守敬《日本访书志》卷四:"今以此书与五残卷校,则每部所隶之字,一一相合,绝无增损凌乱之弊……若据此书校刻饷世,非唯出广益玉篇上,直当一部顾氏原本玉篇可矣。"(杨守敬:《日本访书志》,《续修四库全书》第930册,第534页。)另,周祖谟《论篆隶万象名义》(载《问学集》(下册),北京:中华书局,1966年,第894—918页)、臧克和《〈名义〉释例》(载《中古汉字流变》(下册),上海:华东师范大学出版社,2008年,第2356—2372页)等均可参看。

⑤ 按:此"碟"字可疑,或为"喋"字之讹。

(5) 詀,詀讘,细语。亦作呫。又他黏反。”(伯 2011《刊谬补缺切韵·叶韵·叱涉反》)

(6) 讘,而涉反。詀讘;又孤讘,县,在清河。(伯 2011《刊谬补缺切韵·叶韵》)

以上例(5)、(6),语音方面,詀,叱涉反,为昌母叶韵;讘,而涉反,为日母叶韵,分别与“呫”“嗫”二字同音。意义方面,“詀讘”的细语义和“呫嗫”的附耳小语义,可以认为相同,《史》、《汉》增加“附耳”义,只是把上下文义考虑进去了。所以《史》、《汉》“呫嗫”与细语义“詀讘”当为一词。

又,《集韵》收有“詀讘”“呫嗫”,虽然没有直接沟通二词的关系,但从音义关系来看,可以认为是一词之异体。

(7) 詀,詀讘,细语。(《集韵·叶韵·尺涉切》)

(8) 讘、嗫、嵒,日涉切,詀讘,多言。或作嗫、嵒。(《集韵·叶韵》)

(9) 呫、嚞,呫嗫,附耳小语声,一曰多言,或作嚞。(《集韵·叶韵·尺涉切》)

据例(7)、(8),“詀讘”一词有细语、多言二义;据例(9),“呫嗫”一词有附耳小语、多言二义。且“詀”“呫”均为尺涉切,“讘”“嗫”均为日涉切。二者同音同义。如又再联系例(5)、(6),可知《集韵》很可能是承《刊谬补缺切韵》而来。

例(5)特别提到,“詀讘”的“詀”字,亦可作“呫”[①]。这表明,表细语义的“詀讘”,又可用“呫讘”来记录。据形旁类化的规律,自然还可由“呫讘”发展作例(9)“呫嗫”。如例(7),赵振铎《校本》:“明州本、钱钞注‘詀’字作‘呫’,‘讘’字作‘嗫’”。庞校同。”[②]此“詀”字释义中的“詀讘”二字,后来即发展作“呫嗫”。就唐宋韵书所呈现的内容来看,可以认为表细语义的“呫嗫”一词,其中的“呫”字所用字形,有一个先用“詀”、再用“呫”乃至“嚞”的过程;“嗫”字所用字形,则有先用“讘”、再用“嗫”乃至“嵒”这么一个过程。另外,虽然“詀”“呫”二字均未见于《说文》,但“詀”字已见于战国中晚期的郭店楚简,《老子甲 4》:“天下乐进而弗詀。”今本作“厌”。又,唐钞本《玉篇》残卷“詀”字下:托兼反。《方言》:“南楚或谓謰謱曰詀謕。”同上“謕”字下引《苍颉》:“詀謕,言不正也。”同上“謕”字下引《方言》:“南楚或谓支註曰詀謕。”同上“謫”字下引《字书》:“亦詀也。”同上“諠”字下引《埤苍》:“諠譳,詀謕也。”看来此“詀”字中古字书习见。而“呫”字较为晚出,就我们所知的传抄语文辞书来看,较早见于裴务齐正字本《刊谬补缺切韵》(以上例 3)、《篆隶万象名义》(以上例 1)和《新撰字镜》[③]。

---

① 按:此“亦作呫”三字亦见于敦煌五代刻本《刊谬补缺切韵》。宋跋本王仁昫《刊谬补缺切韵·叶韵》“詀,詀讘,细语”龙宇纯《校笺》:“语下王一有‘亦作呫又他协反’七字,切三、王二、《唐韵》同本书。五刊云‘亦作呫’。本书怗韵他协反‘呫’下云:‘尝,又叱涉反。’即指此。疑当据王一补。”

② 赵振铎校:《集韵校本》,上海:上海辞书出版社,2012 年,第 1032 页。

③ 按:就我们所知,除了《史记》,在汉魏六朝传世文献中,“呫”字仅见于如下几处:《经典释文·仪礼音义·士相见礼第三》“呫尝”下引《穀梁传》:“未尝有呫血之盟。”《仪礼·士相见礼》“徧尝膳”郑玄注:“今文云呫尝膳。”《文苑英华·简文帝〈悔赋〉》:“嗫呫禁中之言,欺侮山东之寇。”。这几处的“呫”字,我们认为都是“咍”的讹字。另有专文讨论。

也就是说,虽然我们不能确知《史》、《汉》“呫嗫”一词到底用什么字形来记录,但可以推知的是,该词本用“詀讘”二字来记录的可能性要高于“呫嗫”二字,至少不会低于“呫嗫”二字。所以《校议》一文以《史》、《汉》“呫嗫”来证明原本《玉篇》引《说文》“品聂”为“呫聂”之讹的推断是靠不住的。

第三条,以《类篇》“呫”字和《说文》“嵒”字对读,这种对比不是不可以,但需要前提。这个前提就是:“嵒”“呫”为一词之异体。

但是,通过对宋以前小学类著作的调查①,我们发现“嵒”“呫”二字没有完全同音同义的记录。调查情况如下:在所调查的小学类著作之中,有一部分著作没有收“嵒”“呫”二字,包括《俗书证误》、《群书新定字样》残卷、《正名要录》、《干禄字书》、《五经文字》;一部分著作只收有其中的一个字,包括《说文》、唐钞本《玉篇》、《经典释文》、《玄应音义》、《慧琳音义》、《新撰字镜》,形成不了同一著作内的比较;其次,剩下的著作虽然都收了两个字,但在同一著作中并没有同音同义的记录;最后,把不同著作中的两字音义置于同一平面来比较,也没有同音同义的记录。“嵒”“呫”二字虽然均有“而涉反”一音,但意义上有差异,一为多言,一为细言皃,二者并非完全同音同义②;二字虽然均有多言义,但“呫”字只在《集韵》、《类篇》有此义,音昌母叶韵,而“嵒”字在所调查的所有著作中均未见此音,所以二者亦不同音同义。总之,就以上涉及小学类著作来看,并没有证据证明二者为一词之异体。相反地,据以上例(8)、(9),《集韵》不仅沟通了“呫”“㖘”二字,而且还沟通了“讘”“嗫”“嵒”三字。所以,在没有提供新证据的情况下断言“嵒”“呫”二字为一词之异体的做法是靠不住的。总之,《校议》一文以《类篇》“呫”字和《说文》“嵒”字对读的做法欠妥,不能在没有论证的情况下作为支持该文结论的一个主要证据。

退一步讲,假设这种对读的做法可行,那么同样可推出唐钞本《玉篇》引《说文》“品聂”一定为“呫聂”之讹的结论并非一定。因为,既然“嵒”“呫”为一词之异体,既然“品聂”是“呫聂”之讹,那么说“品聂”是“嵒聂”之讹也是没问题的。也就是说,即便对读成立,也不能解释为什么此“品聂”的“品”字一定是“呫”而不是“嵒”。所以,从这个

---

① 按:涉及到的小学类著作包括:《说文解字》(〔汉〕许慎:《说文解字》,北京:中华书局,1963年)、唐钞本《玉篇》(〔南朝梁〕顾野王:《原本玉篇残卷》,北京:中华书局,1985年)、《经典释文》(〔唐〕陆德明撰,黄焯汇校,黄延祖重辑:《经典释文汇校》,中华书局,2006年)、《俗书证误》(〔隋〕颜愍楚:《俗书证误》,《续修四库全书》236册)、《群书新定字样》残卷(〔唐〕杜延业:《〈群书新定字样〉残卷》,《续修四库全书》236册)、《正名要录》(〔唐〕郎知本:《正名要录》,《续修四库全书》236册)、《玄应音义》(徐时仪校注:《一切经音义三种校本合刊》,上海:上海古籍出版社,2008年)、《慧琳音义》(徐时仪校注:《一切经音义三种校本合刊》,上海:上海古籍出版社,2008年)、伯2011《刊谬补缺切韵》(载周祖谟:《唐五代韵书集存》,北京:中华书局,1983年)、裴务齐正字本《刊谬补缺切韵》(载周祖谟:《唐五代韵书集存》,北京:中华书局,1983年)、《干禄字书》(〔唐〕颜元孙撰,〔唐〕颜真卿书,施安昌编:《干禄字书》,北京:紫禁城出版社,1990年)、《五经文字》(〔唐〕张参:《五经文字》,文渊阁《四库全书》224册)、《名义》(〔日〕释空海编:《篆隶万象名义》,北京:中华书局,1995年)、《新撰字镜》(〔日〕释昌住:《新撰字镜》载吴立民等主编《佛藏辑要》第三十三册,巴蜀书社,1993年)、《龙龛手镜》(〔辽〕释行均:《龙龛手镜》〔高丽本〕,北京:中华书局,1985年)、《广韵》(周祖谟:《广韵校本》,北京:中华书局,2004年第3版)、《大广益会玉篇》(〔南朝梁〕顾野王:《大广益会玉篇》,北京:中华书局,1987年)、《集韵》(〔宋〕丁度等编:《宋刻集韵》,北京:中华书局,2005年第2版)、《类篇》(〔宋〕司马光等:《类篇》,北京:中华书局,1984年)。

② 按:如同《说文》“聂”、“嵒”,二字虽然音同,但一为附耳私小语义,一为多言义,与此相似,亦非一词之异体。且“呫”字而涉反一音仅见于《龙龛手镜·口部》。

角度来看，这种对读哪怕有助于确定《说文》“嚞”字存在两个义项的问题，但也无助于解决此“品聂”的“品”字到底是“呫”还是“嚞”的问题。

《校议》一文附注2还提到：“二书（指《集韵》、《类篇》）以‘唽嗫’、‘呫嗫’同词，恐非。”这是作者在认定“嚞”“呫”同词的前提下而作出的推断，是靠不住的。其实，江西赣县客家话表达“窃窃私语”义时就有“唽唽嗫嗫”和“唽嗫”说法。唽，音歃，阴平；嗫，音摄，入。据语感，“唽唽嗫嗫”和“唽嗫”当为象声词。所以，“呫嗫”一词，亦当为象声词，即是对窃窃私语的口舌声的模拟。此词《史》韦昭注为“附耳小语声”，颇为精当，《汉》师古注为“附耳小语”，“声”字省，则似乎有点等而下之了。

综上三条，可知并没有证据表明此“品聂”的“品”一定是“呫”而不是“嚞”，因此《校议》一文的结论不能成立。

值得注意的是，马学良、刘又辛[①]和臧克和[②]均把日本平安时代僧人空海据南朝梁顾野王《玉篇》编写的《名义》和唐钞本《玉篇》残卷对读。鉴于《玉篇》和《名义》的关系，这种对读是可行的，也是有价值的。两书相较的结果是，唐钞本《玉篇·品部》“嚞”字条所引《说文》更有可能本作：“嚞聂也又多言也。”因为《名义·品部》“嚞”字下的第一个释义只有“聂”字，并不是一个双音词。退一步讲，假设以上对读所依赖的《名义》一书也存在问题，即义项“聂”字所在位置本是一个双音词，后来漏掉了一个字，那么《名义·品部》“嚞”字下最有可能出现的情况也只能是“嚞，嚞聂，多言”或“嚞，聂嚞，多言”，而不太可能是“嚞，呫聂，多言”。因为，在古籍传抄过程中，“嚞嚞聂”或“嚞聂嚞”中的第二个“嚞”字常会使用重文符号ミ，即作“嚞ミ聂”或“嚞聂ミ”，而重文符号只有两点，易丢失，所以造成最后只剩下“聂”字。这种情况在唐代韵书如宋跋本王仁昫《刊谬补缺切韵》等著作中极为常见[③]。如果说漏掉的是“呫”字或其他不同于“嚞”的字，虽然不能说一点可能都没有，但那就是一个比较严重的错误了，可能性要小很多。

不过，即便唐钞本《玉篇·品部》“嚞”字条所引《说文》“品聂”真作“嚞聂”，即此“品”字真为“嚞”字之讹，也存在不同解读。

我们发现，唐钞本《玉篇》引《说文》，有出现所引字头字和不出现所引字头字两种情况，前者如“谦”字，引《说文》作“谦，敬也”，另有“譏”“譞”等字亦同，后者如“话”字，引《说文》作“合会善言也”，另有“誐”“诩”等字亦同，没有一定的规律。如果此例属于字头字出现的情况，则应标点作“嚞，聂也，又多言也”。如果此例属于字头字未出现的情况，则应标点作“嚞聂也，又多言也”，即此“嚞聂”为一词，是释义部分，字头“嚞”字未出现。

而以上字头字出现的情况，又可以有两种不同的解读。一种是把“聂”理解为附耳小语义；一种则是把“聂”理解成“聂北”的“聂”。唐朝唐玄度撰《新加九经字样》有“嚞”字，口部：“嚞、聂，上《说文》，音染入，多言也。《春秋传》曰：‘次于嚞北。’从三口

① 《〈原本玉篇〉引〈说文〉笺校补》，第78页。

② 《历史汉字的贮存、传播与变异（三）——原本〈玉篇〉所贮存的〈说文解字〉》，第65页。

③ 按：另可参看张涌泉：《〈说文〉“连篆读”发覆》，《文史》，2002年第3辑（总第60辑）。

相连之形。今经典相承作聂北。聂音黏入。行之已久,不可改正。”[①]此处引《说文》只列了“多言”义,未举“聂”义或“喦聂”义,但提到了“喦北”的“喦”经典相承作“聂”。假设《名义·品部》“喦”字下的“聂”字,就是说“喦北”可作“聂北”,也不是不可以的。《新加九经字样》为唐朝末期所撰,这表明唐玄度所见《说文》很可能与今本《说文》一样,这一点值得引起重视。如此一来,那么《说文》“喦”字本来是否具有附耳小语义也值得怀疑,虽然具备这个义项也符合词义引申规律。而胡吉宣虽然也认为《说文》“喦”字只有一个“多言”义,但把“聂”改作“讘”字,认为以“讘”释“喦”是以汉时今字释古字[②]。

总之,虽然我们不能确定唐钞本《玉篇》所引《说文·品部》“喦”字下“品聂”到底作何理解,但基本可以认定此“品”字为“喦”字之讹,《校议》一文的结论不妥。

(作者单位:韶关学院文学)

① 高峡主编:《西安碑林全集》,广州:广东经济出版社、深圳:海天出版社,1999年,第十八函第59页。
② 《玉篇校释》,第1907页。

# “赚”有“欺诳”义来历考

龚元华

《大正藏》五十一册《续传灯录》卷三：“分明悟得如来禅，祖师禅未梦见在，且道祖师禅有甚长处，若向言中取，则误赚后人。”(p483/c)①禅宗讲究顿悟成佛，不立文字，参禅靠的是自己顿悟而非从语言文字中取得，故此处“误赚”寓指以虚妄不实之言语哄诳。《卍续藏经》十三册《楞严经如说》卷二：“赚误曰诳，虚伪曰妄。”(p399/a)此其确证，“赚误”即“误赚”。《禅宗大词典》“赚”字下释为“蒙骗”，甚是。因“赚”为欺诳义，欺诳与语言相涉，故还可俗写作“谦”。《卍续藏经》六十七册《径石滴乳集》卷三：“不能倾心吐胆，长篇阔论谦误汝等。”(p529/a)很明显，此“谦误”与上揭“赚误”同。

考《说文》、《玉篇》、《广雅》、《广韵》等字书，皆不见“赚”字。唯较晚出现的《集韵》有载。《集韵·陷韵》：“赚，市物失实。”其义即贱买贵卖。显然，“赚”是个后起字。《龙龛手镜·贝部》：“赚，俗；賺，正。”②据此，则“赚”即“賺”的俗体。《说文新附》：“賺，重买也。”郑珍《说文新附考》曰：“按：买当作卖……重卖者，卖物得价倍于常值。”可见，“赚”即“賺”字，义为贱买贵卖以得利。

如此看来，上揭“误赚”之“赚”显然与赚钱之“赚”是没有任何关系的。那么“赚”所表示的欺诳义，其来源情况就很有必要作一点考索。

实际上表示以语诳人之“赚”又作“詀”，“赚”“詀”音义皆同。《卍续藏经》六十七册《青州百问》卷一：“问：少林九年，垂一则语，直至如今，诸方詀举，未审诸人作么生举。”(p708/b)此“詀举”即以言语诳举，别处有引作“赚举”，如《卍续藏经》七十九册《嘉泰普灯录》卷五：“上堂：达磨九年垂一则语，直至如今，诸方赚举，欲得不赚举么。”(p321/b)是“赚”“詀”皆同。《六艺之一录》卷一百九十去声：“賺，伫陷切，重买也……俗赚，非；又诳也，作詀，非。”③据此，“詀”有诳义，与“赚”同。《卍续藏经》六十四册《祖庭事苑》卷三：“赚，当作詀，伫陷切。被诳也，余仿此。”(p351/b)又《俗书刊误》卷十一：“被人欺诳曰謙，一作詀，贱买贵卖曰赚，俱音暂。”④显然各字书认为欺诳之“赚”即“詀”字，读如暂。

那么“詀”又是什么字呢？考《说文》，不见“詀”，《玉篇·言部》释为：“詀，陟咸切，多言也。又知陷、尺占二切。”又《广韵·陷韵》：“詀，伫陷切，被诳也。谦，俗。”是知上举“谦”“赚”皆是以音表“詀”义，读如暂。至此，我们知道，“赚”表欺狂义，实际上是

① 文中所引佛典书籍用例，《大正藏》为台北新文丰出版公司 1985 年影印版，《卍续藏经》为台北新文丰出版公司 1995 年影印版，其中 a/b/c 表示栏，前面的数字表示引文所在页码。

② （辽）释行均：《龙龛手镜》，北京：中华书局，2006 年。

③ （清）倪涛：《六艺之一录》（《文渊阁四库全书》本），台北：台湾商务印书馆，1986 年，第 22 页。

④ （明）焦竑：《俗书刊误》（《文渊阁四库全书》本），第 581 页。

“詀”的借字,“赚”“詀”读音同,故赚钱之“赚”习借作欺诳之“詀”。但“詀”之为字,《说文》不载,其为何能表示“多言”及“诳”义呢,下面我们试着进一步对“詀”字的语源作一点考察。

实际上,“詀”也是个后起字,经过考证,我们发现,“詀”所表示多言和欺诳义,其语源是“譫”字,因为“譫”读音与“占”同,故可改换声旁作“詀”,而“譫”又是“詹”的后起字。《说文解字·八部》:“詹,多言也,从言从八,从产。”段注:“《庄子》曰:小言詹詹……多故可分。”因“詹”与言相关,故后起字叠加“言”部作“譫”。《玉篇·言部》:“譫,之阎切,多言也。”《康熙字典》酉集言部:“譫……《泝源》本作詹。”可见“詹”同“譫”。

“譫”本义是多言,引而伸之即有虚妄胡言之意。《卍续藏经》七十二册《永觉元贤禅师广录》卷二十八:“师曰:杓卜听虚声,熟睡饶譫语。”(p558/c)“虚声”“譫语”对文,则譫即虚妄也。《夷坚支志》景卷第六“孝义坊土地”下:“周翁明旦还舍,具以告人,皆哂以为狂譫,无一信者。”[①]“狂譫”近义连文,“譫”即“狂”,虚妄不实之言。《四部丛刊》本《重广补注黄帝内经素问》卷第九《热论三十一》:“二日则阳明与太阴俱病,则腹满身热不欲食譫言。”王冰注曰:“譫言谓妄谬而不次也。《新校正》云按:杨上善云:多言也。”[②]从注中不难看出,王冰注“譫言”为妄谬不次,而林亿则《新校正》注为“多言”,此即“譫”本是多言而引申为虚妄语的最好脚注;同上卷第二十一《六元正纪大论七十一》:“少阴所至为惊惑、恶寒、战栗、譫妄。”李冰注曰:“譫,乱言也。”[③]此注“譫”为乱言,是“譫”由“多言”引申为“乱言”之确证,“乱言”则虚妄。又经余居本《外台秘要》卷二《伤寒中风方九首》下:“腹满微喘,口干咽烂,或不大便,久则譫语。”[④]“譫语”下原注:“荒语也。”“譫语”注为“荒语”,显然也是因为多言引申为乱言,乱言即荒诞,故曰“荒语”。《古本小说丛刊》本《警世通言》卷二十五“桂员外途穷忏悔”:“桂迁才叫得一声‘大娘’,只见浑家在枕上忽然倒插双眼,直视其夫道:父亲如何今日方回?桂迁知譫语,急叫:大娘苏醒,我在此。”[⑤]此处说的是桂迁儿子死后,其妻亦重病在床,桂迁不知妻子被其儿子附体,故说其妻子称自己“父亲”为“譫语”,此“譫语”就是胡言乱语。据此,“譫”由多言义可引申表虚妄语、胡乱语等。因“詹”“占”俗音同,从詹、占之字习于借用,故“譫”可作“詀”。

从詹、占之字互为借用,文献习见。《全唐诗》卷三百八十四《赠姚合少府》:“阙下今遗逸,谁瞻隐士星。”[⑥]“瞻”字下注曰:“一作占。”是“谁瞻隐士星”别本有作“谁占隐士星”。又《癸巳类稿》卷七“蒼卜音义”下:“依《元应音义》则瞻博一作占婆,亦作瞻卜,亦作詹波。”[⑦]“瞻博”“占婆”“詹博”形成异文,显然也是音同借用。又《通雅》卷十

---

① (南宋)洪迈撰,何卓点校:《夷坚志》,北京:中华书局.1981,第928页。

②③ (唐)王冰:《重广补注黄帝内经素问》,《四部丛刊初》本,上海:商务印书馆,1919年,第3、33页。

④ (唐)王焘:《外台秘要》,北京:人民卫生出版社,1955年,第79页。

⑤ (明)冯梦龙:《警世通言》(《古本小说丛刊》本),北京:中华书局,1991年,第1305页。

⑥ (清)曹寅:《全唐诗》《北京:中华书局,1979年,第4314页。

⑦ (清)俞正燮撰,涂小马等校点:《癸巳类稿》(万有文库本),沈阳:辽宁教育出版社,2001年,第227页。

《释诂·重言》:“襜既与占通,则詹詹岂不与沾沾通乎。”[①]据方以智所言,则“襜”与“占”通,“詹詹”亦可得与“沾沾”通。其从詹、占借用之例,皆此类。

“詹”“占”既相为借用,则“谵”改换声旁即可作“詀”也。《千金翼方》卷九《太阳病杂疗法第七》:“妇人伤寒发热,经水适来,昼日了了,暮则谵语,如见鬼状。”[②]此处内容之“谵语”,《医贯》引作“詀语”,《医贯》卷三《绛雪丹书·论血症》:“有妇人发热,经水适来适止,詀语,昼轻夜重,如见鬼。”[③]是“詀语”即“谵语”。又《先醒斋医学广笔记》卷三:“家弟玄箸,一发热即谵语,唇肿齿黑,痘欲出不出,医者以为发斑伤寒也。”[④]此处症状情况之“谵语”,别处医书作“詀语”,如《仁端录》卷四“血热痘症”下:“一发热即詀语,唇肿齿黑,痘欲出不出。”[⑤]即其类。又《仁端录》卷一“观面部而知症”下:“公孙太白倘焦色,烦躁詀语水火隔。”[⑥]同上卷五“发热类”下:“汗后热不退而烦躁谵语,宜用败毒和中散。”[⑦]一作“谵语”,一作“詀语”,是“谵语”“詀语”同。

要之,读如暂之“詀”,其语源就是“谵”字。“谵”本是由多言而引申出虚妄语、胡语乱语,后世因从詹、占之字习相借用,故“谵”可变作“詀”,重言则曰“詀詀”(《汉语大词典》录有“詀詀”一词,释为“絮絮叨叨”,叨叨絮絮就是多言);又因从简心理,习用“詀”表“谵”,上举各医学古籍所用“詀语”例即其证。“詀”字出现后,“谵”亦并未退出历史舞台,以至“谵”“詀”频为异文关系。另外,因诳语、哄骗语亦是虚妄胡乱之言,故“谵”“詀”还可引申表示欺诳,这也就是不少字书皆释“詀”为诳义。又因“詀”俗音同“赚”,宋元及以后的禅宗语录、小说词曲等世俗文献多用“赚”借作“詀”来表示虚诳义,这一点,一些字书如《祖庭事苑》、《俗书刊误》等皆已有论。这种递相借用的情况,到了借作“赚”这一层上,语源已越隔越远,若不仔细探寻,实在难以知晓。

这里我们把“詹”“谵”“詀”“赚”的关系作一点说明:“詹”本义是多言,与言相涉可叠加部件“言”作“谵”,“谵”即“詹”的后起字;词义进一步变化,由多言可引申为胡言乱语,进而可表示欺诳,上举医学“谵”字用例即其类;又从“詹”“占”之字习相借用,故“谵”改换声符可作“詀”表示虚诳义;又因“詀”“赚”俗音同,宋元以后表妄语义习用“赚”皆作“詀”,这就是为什么“赚”有了虚诳义。它们的关系如下:

詹→(累增部件)谵→(改换声旁)詀→(同音借用)赚

妄语之“谵”还可作“噡”“讝”等。从“言”“口”之字,古籍文献往往可通用,故“谵”又可作“噡”。《大正藏》四十八册《佛果圜悟禅师碧岩录》卷四:“清云:杓卜听虚声,熟睡饶谵语。”(p176/a)“谵语”别处引作“噡语”,如《大正藏》四十七册《密庵和尚语录》卷一:“别有向上一路,千圣不传,总是熟睡饶噡语。”(p972/b)“噡语”即“谵语”,“熟睡饶谵语”即熟睡说梦话,胡言乱语。“谵语”还可作“讝语”。上举《千金翼方》卷九《太阳病杂疗法第七》:“妇人伤寒发热,经水适来,昼日了了,暮则谵语,如见鬼状。”

① (明)方以智:《通雅》,北京:中国书店,1990年,第131页。
② (唐)孙思邈:《千金翼方》,北京:人民卫生出版社,1955年,第105页。
③ (明)赵献可著,陈永萍校注:《医贯》,北京:学苑出版社,1996年,第77页。
④ (明)缪希雍着,杨洁校注:《先醒斋医学广笔记》,北京:中国医药科技出版社,2011年,第77页。
⑤ (明)徐谦:《仁端录》(《文渊阁四库全书》本),第640页。
⑥⑦ 《仁端录》,第582、660页。

这种妇人经水适来发热谵语的症状,后世医药文献往往有引,其中"谵语"或引作"詀语",或引作"讝语"。作"詀语"例,如《温热经纬》第三十二条:"湿热症,经水适来,壮热口渴,詀语神昏,胸腹痛。"[①]作"讝语"例,如《湿热条辨》第三十二条:"湿热证:经水适来,壮热口渴,讝语神昏,胸腹痛。"[②]《六书故》卷十一"讝"字下:"语剑切,疾病妄语也,又之廉切,又作谵。"[③]戴侗释"讝""谵"为妄语,甚是,但是妄语之"讝",其语源却是"谵"字。

(作者单位:安徽大学文学院)

① (清)王孟英:《温热经纬》(《续修四库全书》本),上海:上海古籍出版社,2002年,第198页。

② (清)薛雪:《湿热条辨》(《续修四库全书》本),上海:上海古籍出版社,2002年,第11页。

③ (南宋)戴侗:《六书故》(《温州文献丛书》本),上海:上海社会科学院出版,2006年,第271页。

# 海外回归医籍《延寿神方》疑难字词考辨*

刘敬林

由明朝开国皇帝朱元璋第十六子朱权(1378—1448)于永乐年间(1403—1424)编写的《延寿神方》,是一部明代道家的重要医书。该书在1403—1448年即成书年至作者卒年间已有初刻,崇祯元年(1628)又由青阳阁重刻。然由于历史的原因,该书在国内失传而存于日本。2000年国家中医研究院将其复制回归,校点后收入由曹洪欣主编《海外回归中医善本古籍丛书〔续〕》第三册,于2010年由人民卫生出版社出版①。校点者张志斌先生,是中医古籍文献的行家里手,故校点堪称精当。然由于初涉研究的缘故,其中对有些疑难字词的考辨,似尚存在可议之处。笔者在阅读过程中,随手作了札记,现不揣浅陋,斗胆将鄙见公之于众,以向校点者及同好求教。

本文每条讨论,先引《延寿神方》原文及校注,然后提行以"按"字标出笔者考订论辨之意。为方便读者覆按引文,下文凡引《延寿神方》者皆用"P.××"标明出处。

1. 如无白矾,只用盐一撮,醋一盏同煎,温服。或盐梅咸酸,皆可煮服。校注:咸:原作"醎",据文义改。(P.49)

按:依校勘通例及本书校点"凡例",校点者将原文"醎"改作"咸",是认为"醎"是个误字。这实在是个误解。而此误或因参《现代汉语词典》"咸"下仅录繁体字"鹹"所致②。其实,在古代,表盐味之咸,是由"鹹""醎"二字来承担的,而"咸"只是到现代汉语中才作为"鹹"的简体而流行,《汉语大字典》"咸"下未立表盐味义项③,就是明证。《说文·卤部》:"鹹,衔也。北方味也。从卤,咸声。"《广韵·咸韵》:"鹹,鹹不淡。"《字汇·卤部》:"鹹,盐味。"《书·洪范》:"润下作鹹。"《荀子·正名》:"鹹,甘苦鹹淡,辛酸奇味,以口异。"唐白居易《奉和汴州令狐令公二十二韵》:"陆珍熊掌烂,海味蟹螯鹹。"虽然,《说文》未收"醎",但语言事实是"醎"与"鹹"同时并用。《礼记·曲礼下》:"盐鹹曰鹾。"陆德明释文:"鹹,本作醎。"《楚辞·招魂》:"大苦醎酸,辛甘行些。"王逸注:"醎,一作鹹。"《战国策·楚策四》:"昼游乎茂树,夕调乎酸醎。"《淮南子·齐俗训》:"老子曰:治大国若烹小鲜,为宽俗者,曰勿数挠,为刻削者,曰致其醎酸而已矣。"北魏贾思勰《齐民要术·种竹》:"糜热,须令冷,内竹笱醎糜中一日。"宋苏轼《送参寥师》:"阅世走人间,观身卧云岭。醎酸杂众好,中有至味永。"金元好问《宗人明道老师澹轩》诗之二:"淡中无味著醎酸,老口年多不受谩。"明朱橚《普济方》卷一百六十一:"右以水四升煮大豆,次下紫苏煮,取一升五合为三服,昼二夜一,忌醋酢醎酸油腻等。"

---

* 国家社会科学基金项目:近二十年海外回归之宋元明清医籍俗字研究(14BYY103)

① 曹洪欣主编:《海外回归中医善本古籍丛书〔续〕》(第三册),北京:人民卫生出版社,2010年。

② 《现代汉语词典》,北京:商务印书馆,2005年,第1476页。

③ 《汉语大字典》,武汉:崇文书局、成都:四川辞书出版社,2010年,第1506页。

《金瓶梅词话》第二二回:“拿粥来吃,就是四个醎食,十样小菜儿。”《玉篇·酉部》:“醎,俗鹹字。”《广韵·咸韵》:“鹹,不淡。醎,俗。”这是以《说文》是否收录为标准来定正俗字而将“醎”作为“鹹”的俗体的。皆可为证。而《楚辞·招魂》、《战国策·楚策四》、《送参寥师》、《普济方》等“醎酸”,更是《延寿神方》“盐梅醎酸”为确的直接证据。

2. 咳嗽熏法 每旦取款冬花,如鸡蛋许,蜜、井华水润,内一升铁铛中。校注:水,原脱,据文义补。(P.52)

按:补“水”,可通,但无“水”亦不误。“井华水”又作“井花水”,指清晨从井中打出的第一水。北魏贾思勰《齐民要术·法酒》:“秔米法酒:糯米大佳。三月三日,取井花水三斗三升,绢簁曲末三斗三升,秔米三斗三升。”石声汉注:“清早从井里第一次汲出来的水。”明李时珍《本草纲目·水二·井泉水》【集解】引汪颖曰:“井水新汲,疗病利人。平旦第一汲,为井华水,其功极广,又与诸水不同。”亦可省作“井华”“井花”。唐杜甫《大云寺赞公房》诗之四:“童儿汲井华,惯捷瓶上手。”唐白居易《题李山人》:“厨无烟火室无妻,篱落萧条屋舍低。每日将何疗饥渴,井华云粉一刀圭。”宋司马光《其夕宿独乐园诘朝将归赋诗》:“平晓何人汲井华,辘轳声发散春鸦。”宋苏轼《花落复次前韵》:“松明照坐愁不睡,井华入腹清而暾。”金张从正《儒门事亲》卷三:“无时初出曰新汲,将旦首汲曰井华。”清赵翼《两臂风痺复发》诗:“辟寒须用暖汤浴,复汲井华煮满斛。”宋杨万里《六月十三日立秋》诗之一:“旋汲井花浇睡眠,洒将荷叶看跳珠。”皆其证。原文“井华”通,故不为错,不必校补“水”字。

又及:“每旦取款冬花,如鸡蛋许,蜜、井华润,内一升铁铛中。”当标点为:“每旦取款冬花如鸡蛋许,蜜、井华润,内一升铁铛中。”句言每早取款冬花像鸡蛋大,用蜜或井华水滋润,之后放在一升容量的铁器中。清魏之琇《续名医类案》卷二十作“每旦取款冬花如鸡子大”,可证。

3. 治偏风及一切风,新嫩叶枝剉,一大升,以水十盏,煎取二大盏,夏月以井水沉之,恐作酸坏,每日空心,服一盏,终身不患。校注:新嫩叶枝:原书未提何种植物的新嫩叶枝。(P.60)

按:晋葛洪《肘后备急方》卷二:“治偏风及一切风,桑枝剉一大升,用今年新枝;以水一大斗,煎取二大升,夏用井中沉,恐酢坏;每日服一盏,空心服尽,又煎服,终身不患。”比较两文,可见《延寿神方》此方本自道家医籍名著《肘后备急方》,故应在“新嫩叶枝”前校补“桑”字,以方便使用该书的读者及医者。又及:明李时珍《本草纲目·木部·桑》在表述桑叶“主治”时说嫩叶“治一切风”,在表述“枝”“主治”时说:“用嫩条细切一升,熬香煎饮,亦无禁忌。久服,终身不患偏风。”正与《延寿神方》“新嫩叶枝”治“偏风及一切风”吻合。是亦可供比证。

4. 治卒患赤目胬肉,坐卧痛者,用石胡荽,又名鹅不食草,熟挪,内鼻中,妙。亦治目中瞖膜。校注:胬:原作“努”,据文义改。(P.63)

按:“努”字不误,不烦校改。此校误在以今律古。晋葛洪《肘后备急方》卷五“胬肉”两例,均指一般的疮疾突起的瘀肉:“治诸疮胬肉如蛇出数寸,用硫黄一两细研,胬肉上薄涂之,即便缩。”而卷六“努肉”四例,均指眼睛赤瘀突起如肉的病,此引两例为证:“主目翳及努肉”“用矾石最白者,内一黍米大于翳上及努肉上,即冷。”唐王焘《外台秘要方》卷二十一“努肉”三例，卷三十八“努肉”一例，均指眼疾。而与《延寿神方》作者朱权有兄弟关系的朱元璋第五子朱橚（1361—1425）的《普济方》，“努肉”凡一百零三例，均用以指眼疾，而“胬肉”仅一例，即卷二百九十所引录《肘后备急方》卷五“治诸疮胬肉如蛇出数寸”句。可见，明初以前，凡指眼睛赤瘀突起如肉的眼疾以“努肉”指说乃常例。至于明中期之后“努肉”“胬肉”并用，以至今天废“努肉”而以“胬肉”为正体，但这不可成为校改前有“努肉”的理由。

《汉语大字典·肉部》：“胬：[胬肉]一种眼病，即翼状胬肉。因赤瘀突起如肉，由血轮之眦角横布白睛表面，并逐渐浸入黑睛，故称‘胬肉攀睛’，也称‘努肉攀睛’。”① 此亦可证“努肉”不误。顺便一说，《大字典》将“胬肉”释为仅用于指眼疾亦未确当。如上所说，它亦指一般疮疾突起的瘀肉，故“胬肉”当释作：人体因疮疾或眼疾而在患处突起的瘀肉。又及：《大字典》“胬肉”条有释义而无书证，就字典字词条确立，当以释义与书证互证方为完备而言，当据《肘后备急方》、《外台秘要方》等以补书证。而《汉语大词典》未收立“胬（努）肉”，亦当补。

5. 禁迷眼，令人自用手两指，擘开所患眼，唾空咒之曰：匹匹匹匹，屋舍狭窄，不容宿客，即出也。校注：唾：原作“垂”，据文义改。（P.65）

按：“垂”字不误，改作“唾”反不可通。“唾空”，指对着天空吐唾沫。宋刘攽《彭城集》卷三《杂诗》：“握火欲提人，唾空不至天。”言对天吐唾液到不了天上去。清《钦定八旗通志》卷首之六：“入者主之，出者奴之，不亦仰而唾空，终于自污其面哉！”言仰面对空吐唾沫，最后还是污染了自己的脸啊。是自取其辱的形象说法。可见，以“唾空”施于《延寿神方》文，意显不通。又晋葛洪《肘后备急方》卷六《治目赤痛昧刺诸病方第四十三·华佗禁方》：“令病人自用两指擘所患眼，垂空咒之曰：疋疋，屋舍狭窄，不容宿客，即出也。”由此可知，《延寿神方》“垂空”有所自而不误。其实，此“垂”当作“悬”讲，意为“遥度”。《汉书·司马相如传》：“垂统理顺。”唐颜师古注引张揖曰：“垂，县也。”《廿二史考异·五代史》：“珍军已入瓮城而垂门发。”钱大昕按：“垂门即悬门也。宋人避嫌名改为垂门。”又，宋陈师道《独坐》诗：“衰疾悬知此，霜毛不更除。”任渊注：“悬，谓遥度也。”“垂空咒之曰”，言遥望天空念着咒文说。文从字顺。

6. 心腹胀满，痛闷不安，未经吐下，欲死者，以盐五合，水一盏，煎令盐消，顿服得吐，不即痊。不吐更服。校注：不：疑衍。（P.75）

按：“不”非衍文，而是“下”的形近之误。句应作“顿服得吐下，即痊。”与之为相应关系的前文“未经吐下”，可为内证。又晋葛洪《肘后备急方》卷一：“心腹胀，坚满不安，虽未吐下，欲死，以盐五合，水一升，煎令消，顿服，自吐下，食出即定，不吐更服。”此可谓直接的力证。

7. 治猪羊痫，用水银、黑铅、辰砂、乳香各一两三钱，先将铅化开，入水银，用柳木槌研，次下辰砂，细研，下乳香，研匀，丸如鸡头肉大，置净水碗内。校注：肉：据文义，疑为“实”字之误。（P.82）

按：“肉”字不误。《汉语大词典》：“鸡头肉：① 芡实的别名。唐冯贽《云仙杂记·

① 《汉语大字典》，第3128页。

时元亨炼真》:‘明日便出如剥净鸡头肉者二三升许。’”①是说确当。晋葛洪《肘后备急方》卷二:“龙脑一钱细研,旋滴猪心血,和丸如鸡头肉大,每服一丸,紫草汤下,少时心神便定。”明朱橚《普济方》卷三十八:“右为末薄粥糊丸如鸡头肉大,每一百丸。食前服用,白汤送下,日三服。”又卷一百十七:“右细研,入铁器内,炒令鹅黄,候冷,入轻粉一钱,同再研,极细,宿蒸饼水浸过,细干,搜和丸如鸡头肉大,清晨井花水,面北叩齿七遍吞下一两丸。”又卷二百:“右为细末,用独蒜研如泥,新布中绞过,和药丸如鸡头肉大,朱砂为衣。”清《小儿卫生总微论方》卷十一:“右末,炼蜜,和圆如鸡头肉大,每服一圆,水六分盏化开,煎至四分,温服,乳食前。”皆其证。

8. 真人曰:废宅空房,人迹罕到,年深日远,病气犹存。盖其屋空,室塞不通,阴幽郁结,邪气不散,患毒常存。校注:室;据文义,似当做“窒”。(P.96)

按:校作“窒塞不通”,读者易解,但原文作“室”亦不误。此“室”乃“窒”的通假字。《墨子·号令》:“外空室尽发之”孙诒让间诂:“室、窒声类同,古多通用。”又《备城门》:“室以樵”孙诒让间诂:“室,读为窒,声同字通。”又《备蛾传》:“室中以榆若蒸”孙诒让间诂:“室,读若窒。”《九经古义·论语·阳货篇》:“恶果敢而窒者”郑玄曰:“《鲁论》‘窒’作‘室’。室与窒通。”皆可证。明王肯堂《证治准绳》卷三十六:“菖蒲散,治鼻内室塞不通不得喘息。”亦其例。

9. 用东引桃根细如箸如钗者一握,以水一大升,煎取一小升,适温,空腹顿服。后三五日,其黄渐渐如薄云,惟眼黄后瘥百日平复。校注:瘥:原作“羗”,据文义改。后同不注。(P.106)

按:据校语看,校注者似未识出“羗”之形音义。其实,此是“差”的俗写,不是误字,不必“据文义改”作“瘥”。“差”的这种写法,敦煌文献已如此。黄征《敦煌俗字典》“差”在收“羌”“𦍒”等形后出“按”曰:“今作‘瘥’,痊愈也。”②是说确当。《方言》卷三:“差,愈也。南楚病愈者谓之差。”《广韵·卦韵》:“差,病除也。”《伤寒论·阴阳易差病》:“大病差后劳复者,枳实栀子汤主之。”《后汉书·方术传·华佗》:“操积苦头风眩,佗针,随手而差。”唐元稹《蟆子·序》:“啮人成疮,秋夏不愈,膏楸叶而傅之则差。”皆其证。而后文多个“羗”字,亦反证字乃书者有意为之。今将“差”之俗写“羗”误为错字而校作“瘥”,虽不影响阅读,但与校注古籍通例不符,也与本书校勘体例不合。

10. 治下焦真气虚弱,小便频多,日夜无度,莲实去皮,不以多少,以酒浸三宿,用猪肚一个,却将酒浸莲实,入肚内,用水煮熟,取出,将莲实于火上焙干,为末,醋糊丸如鸡头大,每服五十丸,温酒送下。校注:① 弱:原作“溺”,据文义改。② 鸡头:据后文服“五十丸”,此后疑脱“实”字。(P.107)

按:所出两条校语皆未确当,故一并讨论。先说①“溺”字。其实,此“溺”是“弱”的俗写,即今人所谓的通假字,而非误字。清许梿《读〈说文〉记》:“盖弱、溺古本一字,故《易·大过》王弼注‘拯弱与衰’救其弱,《释文》‘弱,本作溺’。《春秋·昭八年》‘陈侯溺’,《汉书·古今人表》作‘弱’,是其证也。”清李富孙《易经异文释》:“《书》‘导弱

---

① 罗竹风主编:《汉语大词典》(缩印本),上海:汉语大词典出版社,1997,第6873页。

② 黄征:《敦煌俗字典》,上海:上海教育出版社,2005年,第40页。

水'，《说文》引作'溺水'，是'弱'本作'溺'。俗沉溺字古作休。"《玉函山房辑佚书·费氏易》："本末溺也。"马国翰注引晁氏曰："溺，古文弱字。"《左传·文公五年》："沈渐刚克。"杜预注："沈渐，犹滞弱也。"陆德明释文："一本作滞溺。"《楚辞·大招》："东有大海，溺水浟浟只。"王逸注："言东方有大海，广远无涯，其水淖溺。"朱熹集注："溺，一作弱。"王夫之通释："溺，与弱通，水无力不能浮物也。"皆可证。

次说②"鸡头"。其实，此"鸡头"是"鸡头肉"之省。《汉语大词典》："鸡头肉：❶芡实的别名。唐冯贽《云仙杂记·时元亨炼真》：'明日便出如剥净鸡头肉者二三升许。'亦省作'鸡头'。北魏贾思勰《齐民要术·养鱼》：'鸡头，一名雁喙，即今芡子是也。由子形上花似鸡冠，故名鸡头。'唐徐凝《侍郎宅泛池》诗：'莲子花边回竹岸，鸡头叶上汤兰舟。'《红楼梦》第三七回：'先揭开一个，里面装的是红菱、鸡头两样鲜果。'"[①]也可以说是"芡实"的又名。明李时珍《本草纲目·果部·芡实》："【释名】鸡头。弘景曰：茎上花似鸡冠，故名鸡头。时珍按：扬雄《方言》云：南楚谓之鸡头。【集解】保升曰：花子若拳大，形似鸡头。实若石榴，其皮青黑，肉白如菱米也。时珍曰：剥开内有斑驳软肉裹子，累累如珠玑。"可见，字作"鸡头"义足，不必疑脱"实"字。

11. 用车前子，捣绞汁二合服，甚效。校注：子：疑为"草"之误。(P.108)

按："子"字不误。此"车前子"就是"车前草"的又名。吴陆机《毛诗草木鸟兽虫鱼疏》卷上："芣苡，一名马舄，一名车前，一名当道。喜在牛迹中生，故曰车前、当道也。今药中车前子是也。幽州人谓之牛舌草，可鬻，作茹大滑，其子治妇人难产。"唐王焘《外台秘要方》卷二十一："疗眼中瞖少轻者方：取枸杞及车前子叶分等，手中熟挼使汁欲出，又别取桑叶两三重裹之，悬于阴地，经宿乃摘破桑叶，取汁，细点目，是不过三五度，瞖自当烂。"宋范处义《诗补传》卷一："芣苡、马舄，即车前子也。"金张从正《儒门事亲》卷七："以其且妊，不敢陡攻，遂以食疗之。以车前子苗作茹，杂以猪血作羹，食之半载，居然生之，其妇燥病方愈。"明朱橚《救荒本草》卷一："车轮菜，《本草》名车前子，一名当道，一名芣苡。"明徐光启《农政全书》卷四十六："车轮菜，《本草》名车前子，一名当道，一名芣苡，一名虾蟆衣，一名牛衣，一名胜舄菜。"清《御定月令辑要》卷十："车前子，《增本草图经》。一名芣苡，花甚细密，青色微赤，结实如葶苈，赤黑色，五月五日采，阴干。其子治妇人难产。"上引各"车前子"都是就"车前"全株而言，是其明证。又及：今学者多以"车前"为全株名称，以"车前子"指其种子。如《中医辞海》："车前子：中药名。出《神农本草经》。为车前草科植物车前的种子。"[②]《汉语大词典》同[③]。实际情况是，在古汉语中"车前子"兼表草之全株及其果实二义，这就犹如"苹果"，既可指苹果树这种植物，又可指这种植物的果实[④]。故此"车前子"不必作误而校改。

12. 若月水滞涩，结成瘕块，肋胀欲死，用马鞭草根苗五斤，剉细，水五斗，煎至一斗，去滓，别于净器中熬成膏，每服食前，温酒调服半匙。校注：肋：疑为"胁"之误。(P.112)

按："肋""胁"于此均可通。"胁"指从腋下至肋骨尽处。《玉篇·肉部》："胁，身左

---

①③ 《汉语大词典》(缩印本)，第6873、5806页。

② 袁钟：《中医辞海》，北京：中国医药科技出版社，1999年，第525页。

④ 《现代汉语词典》，第1055页。

右腋下也。"而"肋"指人胸壁两侧成对的扁而弯的长形骨。《说文·肉部》:"肋,胁骨也。"引申指胸部的两侧即腋下至肋骨尽处。《搜神记》卷六:"北地廉雨肉,似羊肋,或大如手。"《宋史·外国传三·高丽》:"刑无惨酷之科,唯恶逆及骂父母者斩,余皆杖肋。"郭小川《西出阳关》诗:"肋生翅哟,脚生云,不出阳关不甘心!"因"肋""胁"表胸部两侧义相同,故可与"胀"组成同义词"肋胀""胁胀"。"胁胀",校者已有注意,限于篇幅,兹不复举书证。此仅举百数"肋胀"例之一二为证。唐王焘《外台秘要方》卷十二:"延年疗两肋胀急痃满,不能食,兼头疼壮热,身体痛方。"又卷三十四:"产后恶露虽下,不甚通利,遂觉心腹满闷,胁肋胀妨,兼咳喘息急,不能食饮,大便不通,眼涩,坐起不稳,心腹时时痛。"明朱橚《普济方》卷十五:"薏苡仁汤,治肝虚,筋脉不利,腹急筋见,胁肋胀满。"又"羚羊角散,治筋极,四肢拘急,头项强直,爪甲多青,胁肋胀痛,宜服。"又"羚羊角汤,治筋实极,头项强急,多怒,嗌干,爪甲青,胁肋胀痛。"其中,"胁"与"肋"同义连用,更是"胁胀"与"肋胀"同义之明证。

13. 治妊娠偶因所触,或堕高伤打,致胎动不安,腹中疼痛,不可忍者,用缩砂,不许多少,熨斗内盛,慢火炒令热透,去皮,研为细末,每服二钱,热酒调下,须臾觉腹中胎动即安,神效。校注:许:疑为"论"之误。(P.113)

按:"许"与"论"字形相去甚远,不可能误讹。此"不许"实是"不计"形讹。"不计多少"在古医籍习见。宋唐慎微《证类本草》卷六:"治小儿斑疮及豆疮,心躁眠卧不安,用川升麻一味,不计多少,细锉,水一盏煎,去滓取汁,以绵沾汁洗拭疮盘上。"又卷六:"治狗咬破伤风,以人参不计多少,桑柴火上烧令烟绝,用盏子合研为末,掺在疮上,立效。"又卷二十一:"治缠喉风及喉痹,牙宣,牙痈,口疮并小走马疳,蚕退纸不计多少,烧成灰存性,入麝香少许,贴患处佳。"南宋许叔微《普济本事方》卷六:"治消渴:好黄连去须细末,不计多少,锉冬瓜肉研裂自然汁,和成饼子,阴干再为末,再用汁浸和。"明李时珍《本草纲目·虫部·蜂蜜》:"产后口渴:用炼过蜜,不计多少,熟水调服,即止。"又《蜘蛛》:"颏下结核:大蜘蛛不计多少,好酒浸过,同研烂,澄去滓。临卧时服之,最效。"明王肯堂《证治准绳》卷七:"治肝虚,或当风眼泪,镇肝明目。上用腊月牯牛胆,盛黑豆不计多少,浸候百日开取,食后、夜间吞三七粒,神效。"皆可证。

无独有偶。清陈复正《幼幼集成》卷六:"治小儿解颅不合,驴蹄不许多少,烧灰研,以生油和,敷于头骨缝上,以瘥为度。"此节文字移录于宋唐慎微《证类本草》卷十八:"治小儿解颅不合,驴蹄不计多少,烧灰研,以生油和,敷于头骨缝上,以瘥为度。"此是"不许"乃"不计"之误的直接证据。

14. 治无乳方,用精猪肉或猪蹄煮清汁,和羹味,调益元散五七钱,食后,连服三五服,更用木梳梳乳周围,其汁自下。校注:围:原作"迴",据文义改。(P.115)

按:"迴"字不误,不烦校改作"围"。"周迴"又作"周回",义并为"周围"。《汉书·刘向传》:"秦始皇帝葬于骊山之阿,下锢三泉,上崇山坟,其高五十余丈,周回五里有余。"晋张华《博物志》卷四:"始皇陵在骊山之北,高数十丈,周迴六七里。"唐李咸用《春日题陈正字林亭》诗:"周迴胜异似仙乡,稍减愁人日月长。"《水浒传》第一零八回:"须臾雾起,把西京一座城池周回都遮漫了。"皆其例。又及:金张从正《儒门事亲》卷五:"夫妇人有天生无乳者,不治。或因啼哭悲怒郁结,气溢闭塞,以致乳脉不行,用精猪肉清汤调和美食，于食后调益元散五七钱，连服三五服，更用木梳梳乳周回百余遍，乳汁自下也。”又卷十一：“夫妇人有天生无乳者，不治。或因啼泣暴怒郁结，气血闭塞，以致乳脉不通，用精猪肉清汤调和美味，于食后调益元散五七钱，连服三五服，更用木梳梳乳周迴，则乳汁自下也。”同书卷五与卷十一同写一药方，异文共七处，其中“周回”“周迴”一词二形。由此，我们不仅可知，《延寿神方》此一药方本于金人医籍《儒门事亲》，亦知《延寿神方》“周迴”不误。

15. 治难产二三日不分娩，用蜜、香油各四两，银器内熬，入好酒一升，分作三服服之，立效。校注：娩：原作“免”。(P.115)

按：将“免”校作“娩”，从今人角度是方便理解了，但有违古籍校勘通例和本书校勘体例。其实，在古医籍中，[分娩]词以“分免”表之为常例。《正字通·儿部》：“生子曰免，《说文》作挽.。”《国语·越语上》：“将免者以告，公令医守之。”韦昭注：“免，乳也。”《汉书·外戚传上·孝宣许皇后》：“妇人免乳大故，十死一生。”王先谦补注引王先慎曰：“《续烈女传》免作挽，免即挽之省。”宋元明医籍亦常见。宋佚名《圣济总录》卷一百五十九：“治妇人临产胞伤风冷，腹痛频并，不能分免。王不留行、京三棱(煨锉)，牵牛子(炒)，百合、当归(切焙)”。宋陈言《三因极一病证方论》卷十七：“治横生、逆生、难产。百草霜、香白芷各等分，上为细末。服见功，甚者再服，已分免矣。”元王好古《医垒元戎》卷十一：“产后多用百草霜、香白芷，等分为末，每服二钱，童子小便，好醋各一合，沸汤服，一服见效，甚者两服，以分免矣。”明朱橚《普济方》卷三百十四：“难产二三日不分免者，温酒下一分；血晕欲死，以姜汁和小便半升，温酒下。”明王肯堂《证治准绳》卷六十四：“若产难，多用百草霜、香白芷，等分为末，名乌金散，每服二钱，童子小便、好醋各一合，沸汤浸服，止一服见效，甚者，再服已分免矣。”皆其例。

16. 治走马牙疳，用黄柏皮，红枣包信，火中烧细，研为末，贴牙上，立效。校注：信：疑为“住”之误。(P.117)

按：此“信”即“砒霜”不误。明李时珍《本草纲目·石部·砒石》：“砒，性猛如貔，故名。惟出信州，故人呼为信石。”亦省称作“信”。清蒲松龄《聊斋志异·真生》：“长山某，卖解信药……一日，以株累被逮。妻弟饷食狱中，隐置信焉。”又，明朱橚《普济方》卷六十七：“治走马牙疳，用北枣，去核入信枣内，烧灰，擦于肿处，立效。”又卷三百八十一：“立应散，治小儿走马牙疳诸药不验者：红枣三十枚，信少许。右将红枣去核，却纳信末少许备裹定，火烧存性，冷，为细末，每用少许，干贴牙疳疮上。”明张介宾《景岳全书》卷六十：“北枣丹，治走马牙疳。用北枣，去核，每个内入信一厘，烧存性，研细，每以些许少傅患处。”此当是“信”字不误的直接证据。

又及：校注由对“信”字误解而导致标点失确：“细”当与“研为末”连读而标作：“治走马牙疳，用黄柏皮、红枣包信，火中烧，细研为末，贴牙上，立效。”

17. 痘疹部。校注：痘：原作“豆”，据文义改，后同。(P.120)

按：记录人体所出“豆”状病，古人早期仅用“豆”。晋葛洪《肘后备急方》卷二：“治伤寒发豌豆疮未成脓，研芒硝，用猪胆和涂上，效。”隋巢元方《巢氏诸病源候总论》卷七：“伤寒登豆疮候”。又卷十：“热毒盛则生包疮，疮周布遍身，状如火疮，色赤头白者，毒轻，色黑紫黯者，毒重。亦名为登豆疮。”唐王焘《外台秘要方》卷三十三：“又疗面包气甚如麻豆疮痛，搔之黄汁出，及面黑色黯黵，不可去之，葵子散方。”宋陈师文《太平惠民和剂局方》卷六：“右为细末，每服二钱，水一盏，入生姜薄荷各少许，同煎至七分，温服。如小儿肤豆疮疹欲发，先狂语，多渴及惊风积热，可服一钱，并临卧服如大人。”至宋才见以“豆”为基础构件的转注字“痘”字出现，并与“豆”同世并用。宋陈师文《太平惠民和剂局方·指南总论》卷下：“论小儿疹痘。证小儿患淡疹，其证乍热乍凉，呵欠烦闷，咳嗽喷嚏，耳鼻冷及脚冷，但只恶热不恶风，浑身热甚者，或发搐，或不搐，一向发热者，此乃痘疹证也。”宋刘守真《伤塞直格方》卷中：“小儿痘疹未出，误以热药发汗，致使阳热转甚，则重密出不快，多致黑陷而死。”后至元明“豆”“痘”亦并行于世。元朱震亨《格致余论》：“从子六七岁时患豆疮，发热微渴，自利一小方，脉视之，用木香散，每贴又增丁香十粒。”明朱棣《普济方》卷五十四：“右为细末，吹耳内少许，即干。亦治小儿豆疮出复收者，酒调一钱，服之而出。”可见，《延寿神方》用“豆”不为误字，今人不必以今人规范字为准而改为“痘”。

18. 若天寒，多用绵絮，于甑中蒸热，包裹病人，从头至胸腹及脚，冷则易之，令暖气内外透彻即活，此法活人甚多，真能起死回生也。校注：彻：原作“撤”，据文义改。（P.123）

按：“彻（徹）”与“撤”同音，《广韵》同读丑列切。由同音而致义项多同。《左传·宣公十二年》：“诸侯相见，军卫不彻，警也。”杜预注：“彻，去也。”《集韵·薛韵》：“撤，去也。”《论语·乡党》：“不撤姜食。”何晏集解：“孔曰：撤，去也。”又《南史·阮孝绪传》：“孝绪知之，乃不食，更令撤屋而炊。”《诗·小雅·十月之交》：“彻我墙屋。”“撤”“彻”并为“拆除”。而“撤”的“取”“剥”“治”等义项，亦为“彻”所有。例多容不举。据此，我们认为，“撤”于此不误，不必校改。

19.（治冻死僵直，微有气者，）用毡及藁荐卷之索系定，放平稳处，令二人如捍毡法，轻轻滚转，候手足温和，即活。校注：滚：原作“衮”，据文义改。（P.124）

按：“衮”于此为“滚”的同音俗写，亦即记音字。据本书“对原书的古今字、通假，一般不加动，以存原貌”的体例，是不必校改的。宋苏易简《文房四谱》卷四：“唐朝进士榜头，粘坚黄纸四张，以毡笔淡墨衮转书曰‘礼部贡院’四字。”元危亦林《世医得效方》卷十一：“右用蝎梢四十九个，每一个用薄荷叶卷定，以绵扎，放砂铫中，衮转炒，令薄荷干酥为度。”明朱棣《普济方》卷二百五十五：“右用毡或藁荐裹之，以索系定，放在平稳处，令两人相对面轻轻衮转，往来如捍毡法，四肢温和，即活。”又卷三百五十八：“以食指衮转，分取三部者，非寸关尺也。”明薛已《薛氏医案》卷五十四：“四岁以下，用一指衮转，寻三部，以关为准。”皆证此“衮”非误字。

又：“用毡及藁荐卷之索系定”，当在“索”前断开作“用毡及藁荐卷之，索系定”，言用毡及藁荐将“冻死僵直，微有气者”卷好，再用绳索绑牢。若不断开，句意难明。

（作者单位：安庆师范学院文学院）

# 从版本异文看《经典释文》重音音切

陈静毅

## 一、引言

邵荣芬(1989)《〈经典释文〉重音音切》首次提出了"重音音切"这一概念："一般注释字音的书，当一字一音时，就注一个反切或直音，当一字多音时，有几个音就注几个反切或几个直音。《释文》的注音在多数情况下也是如此，但有相当一部分字所注的两个或多个音切，从《广韵》的角度看却是同音的……这就是所谓的重音音切。"[①]题目中的"重音音切"就是邵先生所说的"重音音切"，指《释文》中语音关系表现为同音的同条又音。同一字处在同一条目中的两个或两个以上音切，以《广韵》音系视之，它们的语音关系表现为同音，这就是重音音切。如《尔雅释文》"猗"字，作"乙奇反，又于奇反"(30/11)。首音"乙奇反"，依《广韵》读影纽支韵；次音"又于奇反"，依《广韵》也读影纽支韵。"猗"的首音与又音，依《广韵》音系读音同，它们就是重音音切。

《释文》通行本现存三种：一为清内府藏本，是宋刻宋元递修本(简称"宋本")；一是清代徐乾学通志堂本(简称"通志堂本")；一是清代卢文弨抱经堂本(简称"卢本")。目前学界研究《释文》都是以这三个传本为底本，其中宋本《释文》年代最早，虽经过元代的递修，仍可算现存最好的本子。

陆氏写就《经典释文》三十卷，起初以全本流传，后来逐渐出现单种抄本。以敦煌《释文》卷子为例，它们或全首，或存尾，都不连缀他经，显然都是单种抄本[②]。刊本除合刻与单刊两种之外，又产生了以下两种新类型：(一) 经注附释文本。为方便读者在阅读经典时，随时查找其中的难字、多音字的读音与意义，就出现了将释文附入经注的经书文本形式。经注附释文本，在南宋也经历了两种不同的发展阶段。最初，将《释文》附刻各经卷末。像这种将《释文》附在卷末的方式，较另外查找它书自然是方便不少，但阅读时，还得前后翻检，仍有不便。故之后又出现了将《释文》散置于逐句之下的文本类型。(二) 经注疏附释文本。南宋以前，各经疏义都是各自成书，与经注别行，即单疏本。南宋初期，出现了将注文、经文、疏文合刻在一起的经注疏合刻本。南宋中期，人们又在经注疏合刻本上附入释文。这就有了经注疏附释文本。据张丽娟研究，现存宋刻经注附释文本、经注疏附释文本达60余种[③]。

拿唐抄本〔敦煌出土之《周易释文》(P.2617、S.5735)、《尚书释文》(P.3315)两种

---

① 邵荣芬：《经典释文的重音音切》，《中国语文》，1989年6期，第440页。

② 虞万里：《榆枋斋学术论集》，江苏古籍出版社，2001年，第752页。

③ 张丽娟：《宋代经书注疏刊刻研究》，北京：北京大学出版社，2013年。

与日本奈良兴福寺藏唐抄本《礼记释文》一种〕,以及已经影印行世的20余种宋刻经注附释文本、经注疏附释文本(具体所用诸本参见下文的考证),对校通行本《释文》,沛、蘻、鳣、棐、侈、邪、吝7字的重音音切,存在版本异文。从诸本的版本异文来看,这些字所注的两个或多个音切,不是重音音切,而是异读。

## 二、前人有校,诸本的异文可证前人之说

拿唐抄本以及已经影印行世的宋刻经注附释文本、经注疏附释文本,对校通行本《释文》,"鳣""棐"二字的重音音切,存在版本异文。此二字清人、黄焯有校,诸本的版本异文可证前人之说是也。从版本异文来看,"鳣""棐"二字所注的两个或多个音切,不是重音音切,而是异读。通行本《释文》此二字所注两个或多个音切,表现为重音音切,实乃文献传抄文字讹误所致。

**1. 通行本"鳣"字**

《春秋左传释文》:"鳣,之然反,《说文》止仙反,《字林》巳仙反。"(16/20)

按:'之然反'与《说文》音'止仙反',都读章纽仙韵,是重音音切。陆德明为"鳣"字注音又见于《毛诗释文》、《尔雅释文》。我们把宋元递修本、通志堂本"鳣"字的三次注音,按照出处一一对应排列,进行比较。

| 被注字 | 宋元递修本 | 通志堂本 |
|---|---|---|
| 鳣 | 1.《毛诗·晨风·释文》:"鳣也,字又作䲴。之然反。草木疏云似鷂青色。《说文》止仙反。《字林》尸先反。"(5/34)<br>2.《左传·文下·释文》:"鳣,之然反,《说文》止仙反,《字林》巳仙反。"(16/20)<br>3.《尔雅·释鸟·释文》:"鳣,之然反。《说文》止仙反。《字林》已仙反。"(30/21) | 1.《毛诗·晨风·释文》:"鳣也,字又作䲴。之然反。草木疏云似鷂青色。《说文》止仙反。《字林》尸先反。"(5/34)<br>2.《左传·文下·释文》:"鳣,之然反,《说文》止仙反,《字林》巳仙反。"(16/20)<br>3.《尔雅·释鸟·释文》:"鳣,之然反。《说文》上仙反。《字林》巳仙反。"(30/21) |

宋元递修本"鳣"字三引《说文》音,都作"止仙反",读章纽仙韵。与陆氏首音"之然反"读音同,是重音音切。三引《字林》音注音却不统一,在《毛诗释文》作"尸先反",读书纽先韵。在《左传》、《尔雅》却作"巳仙""已仙"(古人写字,巳、已不分)。

然而通志堂本的情况也并没好多少。通志堂本《释文》"鳣"字三引《说文》音,《毛诗释文》、《左传释文》与宋元递修本同,作"止仙反"。但是在《尔雅释文》中,出现一个新的读音,作"上仙反",读禅纽仙韵。通志堂本《尔雅释文》的《说文》音作"上仙反",则与首音"之然反"声纽读音不同,不是重音音切,是异读。通志堂本《释文》"鳣"字三引《字林》音,都作"巳仙反",与宋元递修本《左传》、《尔雅》"鳣"字的《字林》音,音同。

《汇校》:"宋本、叶钞皆缺,《六经正误》云:《字林》'已仙反'乃与坚同音,非也。当作'之仙反'。段玉裁云:《尔雅音义》'止'作'上','尸'作'己','仙'作'先'。案'上'是,'止'非;'尸'是,'己'非。《集韵》收'己仙切',误矣。吴(指吴承仕)云:《左传》、

《尔雅释文》引《字林》，并作'已仙反'。案《集韵》鹯，诸延切，又稽延切。《类篇》鹯，诸延切，又已仙切。唯'诸延'一切与《广韵》同，为见行之音。其又音皆本之《字林》，盖旧音也。《集韵》读'已仙'为戊己之'己'，故以稽声拟之，《类篇》既读'已仙反'为戊己之'己'，又沾'已仙'一切要之无与'尸仙反'相应者。今谓宋人所见《释文》作'己仙反'或'已仙反'，而'尸仙反'之'尸'字，则为形近之伪。毛居正《六经正误》曰：鹯，《字林》作'己仙反'，乃与坚同音。此《字林》作'己仙反'之明验也。核实言之，《字林》仅有'己仙反'一音，《左传》：若膺鹯之逐鸟雀，《释文》引徐邈音'居延反'与《字林》同，可证。'己仙反'为《切韵》以前之旧音，大抵声音流变由内及外，由喉牙以达于舌齿，此其一例耳。然北宋本《释文》仅误'己'为'已'，宋以后本又误'己'、'已'为'尸'，此踪迹可寻者也。又云今宋巾箱本《毛诗》所附释文正作'己仙反'。黄云：鹯读'己仙反'，犹'鬻'字读'居言切'也。（鹯鬻《唐韵》并诸延切）又云：从亶声者有膻，《玉藻》'膻芗'注'膻当为馨'，又'膻'与'羴'同字，《类篇》'羴'有牛闲、虚闲二音皆喉音也。"[①]

从《汇校》所记各家意见来看，于"鹯"字《字林》音分歧大，于《说文》音较为统一。但各家皆认同"鹯"字《字林》、《说文》都仅有一音，绝非宋元递修本、通志堂本呈现出的不同经书，读音不同的样貌。根据黄焯的校记，我们总结出各家的结论：

段玉裁：陆氏原书《说文》音作"上仙反"，是也。《字林》作"尸先反"，是也。

吴承仕：同意段氏《说文》音的意见，《字林》音则以"己仙反"为是，"尸先反"为非。

黄焯：于前两位先生的《说文》音无异议，另于段、吴二先生的《字林》音的不同意见，取吴氏一说。

《释文》"鹯"字引《字林》音，吴、黄先生论据翔实，作"己仙反"是也。引《说文》音，今所见宋刻本《春秋经传集解》（上海图书馆藏）、宋龙山书院刻《纂图互注春秋经传集解》（中国国家图书馆藏，中华再造善本影印）、宋刻巾箱本《春秋经传集解》（中国国家图书馆藏，中华再造善本影印）所附释文正作"上仙反"，足证段、吴、黄三先生的说法是也。则陆氏原书"鹯"字的首音"之然反"，读章纽；《说文》音"上仙反"，读禅纽，它们不是重音音切，是异读。

**2. 通行本"棐"字**

《春秋左传释文》："棐，方尾反，又非尾反。"（16/17）

按：方尾、非尾二反，依《广韵》读帮纽尾韵，是重音音切。法伟堂《校记》云："'方'《注疏》本作'芳'，是也，《大诰》音可证。卢所据《注疏》本作'方味反'，更误，又《宣元年》'棐林'即此棐也，亦音方尾反。"[②]法氏据《注疏》本定宋元递修本"方味反"之"方"误，当作"芳"也。同时又定卢氏抱经堂本作"方味反"更误，即卢氏不仅上字"芳"误作"方"，同时下字"尾"又误作了"味"。

今所见宋余仁仲万卷堂刻本（台北"央图"藏）、宋刻本（上海图书馆藏）、宋刻巾箱本（上海图书馆藏）《春秋经传集解》以及宋龙山书院刻本《纂图互注春秋经传集解》（中国国家图书馆藏）所附释文"棐"首音上字都作"芳"，不作"方"，据此知法氏之说是

---

① 黄焯：《经典释文汇校》，北京：中华书局，1983年第2版，第61页。

② （清）法伟堂著，邵荣芬编校：《法伟堂经典释文校记遗稿》，华东师范大学出版社，2010年7月第1版，第475页。

也。然而诸本的下字却都作“味”(去声),不作“尾”(上声),此不知与通行本孰是?《集韵》、《广韵》“棐”字都只有上声读,没有去声读。又《释文》“棐”字注音11次,首音都读滂韵上声尾韵,则作“尾”是也。这些宋刻《春秋经传集解》所附释文皆误“尾”为“味”。陆书原貌“棐”字的注音作“芳尾反,又非尾反”。“芳尾反”读滂纽,“非尾反”读帮纽,它们不是重音音切,是异读。

## 三、前人无校,诸本的异文可补校通行本《释文》

拿唐抄本以及已经影印行世的宋刻经注附释文本、经注疏附释文本,对校通行本《释文》,“沛”“藜”“侈”“邪”“吝”五字的重音音切存在版本异文。这些字前人无校,诸本的版本异文可补校通行本《释文》。从这些字的版本异文来看,这些字所注的两个或多个音切,也不是重音音切,而是异读。通行本《释文》这些字所注的两个或多个音切,表现为重音音切,应当也是文献传抄文字讹误所致。

**1. 通行本“沛”字**

《周易释文》:“沛,本或作旆。谓幡幔也。又普贝反。姚云滂沛也。王廙丰盖反,又补赖反。徐普盖反。子夏作芾。传云小也。郑、干作芾,云祭祀之蔽膝。”(2/21)

按:首音“普贝反”与徐音“普盖反”,反切上字同为“普”,读滂纽;下字“贝”“盖”同属《广韵》泰韵。以《广韵》观之,“普贝反”“普盖反”是重音音切。然而敦煌本《周易释文》徐音“普盖”之“普”作“蒲”。敦煌本徐音反切上字作“蒲”,就读並纽了,不读滂纽。这样敦煌本首音“普贝反”(滂纽)与徐音“蒲盖反”(並纽)就不是重音音切了,而是异读。同时“沛”字又确有並母一读,《周易释文》他处有记载,《略例》“之沛”条记作“普贝反,又步贝反”,次音“步贝反”就读並纽。《集韵》、《类篇》也都记录了“沛”字並纽一读,就作“蒲盖切”,与抄本的徐音反切上下字全同。此反切或就本自北宋本《释文》。以此观之,宋本、通志堂本、卢本误“蒲”为“普”,遂误首音与徐音为重音音切。

**2. 通行本“藜”字**

《毛诗释文》:“藜,音梨,一音梨。”(6/28)

按:《广韵》“梨”“梨”二字都作“力脂切”,都读来纽脂韵。“音梨”与“一音梨”是重音音切。然今所见宋刻本《毛诗》(中国国家图书馆藏)所附释文“音梨”却作“音黎”,并删“一音梨”三字。又见宋刻《监本纂图重言重意互注点校毛诗》所附释文“音梨”亦作“音黎”,且“一音梨”三字不删。“音黎”,即读齐韵。“藜”字读齐韵,《集韵》、《广韵》都有记载。《集韵》作“怜题切”,《广韵》作“郎奚切”,都读齐韵。据此两宋刻本论之,宋本、通志堂本、卢本作“梨”字误,“梨”乃“黎”之形近误字。“音黎”与“一音梨”,前者都齐韵,后者读脂韵,它们不是重音音切,是异读。

**3. 通行本“侈”字**

《春秋左传释文》:“侈,昌氏反,又尺氏反。”(19/19)

按:昌氏、尺氏二反,依《广韵》都读昌纽纸韵,是重音音切。今所见宋龙山书院刻《纂图互注春秋经传集解》所附释文(中国国家图书馆藏)、宋刻《春秋经传集解》(上海图书馆藏)所附释文“尺”却作“尸”。宋刻巾箱本《春秋经传集解》所附释文(上海图书馆藏)虽作“户”,亦为“尸”之误。作“尸氏反”即读书纽,不读昌纽了。《释文》“侈”字又确有书纽一读,与读昌纽的首音常构成同条异读。如《尔雅释文》:“侈也,昌氏反。又尸氏反。”又如《左传释文(宣元年传)》:“侯侈,昌氏、尸氏二反。”据此可知,此处“侈”字的注音原作“昌氏反,又尸氏反”。“昌氏反”读昌纽,“尸氏反”读书纽,不是重音音切,是异读。通行本误“尸”为“尺”,遂为重音音切。

**4. 通行本“邪”字**

《论语释文》邪,以嗟反,又也差反。(24/1)

按:以嗟、也差二反,依《广韵》都读喻三麻韵,是重音音切。然士礼居丛书景宋蜀大字本《论语音义》、宋蜀刻大字本《论语》所附释文(日本宫内厅书陵部藏)、宋刻《监本纂图重言重意互注论语》(北京大学图书馆藏)所附释文“以”却作“似”。陆氏该字又确有邪纽一读。《释文》“邪”字共注音107次,除此例首音作“以嗟反”读喻纽外,其他106次都作“似嗟反”,读邪纽。故知此例“邪”字首音当作“似嗟反”。“似嗟反”读邪纽,“也差反”读以纽,不是重音音切,是异读。通行本误“似”为“以”,遂为重音音切。

**5. 通行本“吝”字**

《论语释文》:“吝,力刃反,旧力慎反。”(24/22)

按:力刃、力慎二反,《广韵》都读来母震韵,是重音音切。今所见宋蜀刻大字本《论语》所附释文(日本宫内厅书陵部藏)“力刃反”之“刃”作“忍”,读上声,不读去声。这样“力忍反”读上声,“力慎反”读去声,它们不是重音音切,是异读。又《春秋经传集解》:“役人曰:从其有皮丹漆若何?华元曰:去之夫其口众我寡。”杜预《集解》:“传言华元不吝其咎,宽而容众。”通志堂本、宋本《释文》出“吝”,注云:“力刃反。”而今所见两宋刻《春秋左传集解》所附释文、宋刻巾箱本《春秋左传集解》所附释文,“刃”都作“忍”,据此知“吝”字陆氏原音上声“力忍反”,宋本、通志堂本因“忍”“刃”形近,误“忍”(上声)为“刃”(去声),遂与读去声的旧音“力慎反”误为重音音切。

## 四、结 语

从唐抄本、宋刻经注附释文本、经注疏附释文本的版本异文来看,沛、蘱、鹯、棐、侈、邪、吝7字所注的两个或多个音切,不存在重音音切,实为异读关系。可见通行本《释文》中这7字所注的重音音切,应是文献传抄刊刻过程中文字讹误造成的。现存的宋刻经注附释文本、经注疏附释文本达60余种,已经影印行世的仅20余种。收集全这些宋刻本,与通行本《释文》进行对校,应当还会有所发现。

(作者单位:复旦大学古籍整理研究所)

# 一部具有新材料、新创见的力作

## ——读黄德宽先生《古文字学》

夏大兆

任何一门学科的成长发展，都离不开该学科的教材建设。教材的好坏直接影响该学科的发展与否。一本好的教材就可以极大地推动该学科发展。

古文字学也不例外。唐兰先生是较早具有建立古文字学学科意识的学者，“古文字研究本是文字学里最重要的一部分，但过去的文字学者对古文字无深切的研究，研究古文字的人又多不懂得文字学，结果文字学和古文字研究是分开的。文字学既因语言、音韵学的独立而奄奄待尽，古文字的研究也因没有理论和方法，是非漫无标准，而不能进步。这一层隔阂，多少年来我就想设法打通的。要实现这个企图，就得把我所持的理论和所用的方法，写了出来，和学者们共同讨论，使古文字的研究能成为科学”，“一种科学应当有原理、方法和规则。没有系统的理论，是无从定出标准来的。没有标准，所用的方法就难免错误。根据若干原则来建立一个系统，创立出许多方法和规则，这种方法或规则应用时没有矛盾，这才是科学，这才是学者们应肩的责任”①。1934年他写的《古文字学导论》②，是第一部系统阐述古文字学理论的专著教材，书中论述了古文字学的对象、任务、原理、方法、规则等方面内容，而其中最突出的贡献则是关于古文字结构演变规律和古文字研究方法的论述。《古文字学导论》的出版，标志着科学古文字学的建立。

作为古文字学领域里的第一部专著教材，《古文字学导论》虽然还有一些不够完善之处，但却极大地推动了古文字学的研究发展。随后，一批古文字学教材③纷纷面世，分别在各个历史时期推动了古文字学科的建设发展。其中比较重要的有二十世纪四十年代出版的陈梦家《中国文字学》④和唐兰《中国文字学》⑤；到了二十世纪八九

---

① 唐兰：《古文字学导论》(增订本)，济南：齐鲁书社，1981年，第7、26页。

② 《古文字学导论》是唐兰在北京大学时写的讲义，1934年手写石印，发给学生，加印100部由来薰阁书店公开发行。

③ 有的教材是以中国文字整个发展阶段作为研究对象，但其中包含着古文字阶段的论述，我们在此也一并列入。

④ 陈梦家：《中国文字学》，北京：中华书局，2006年。1937年秋至1944年秋间，陈梦家在昆明西南联大任教，讲授中国文字学。1939年夏，陈梦家将授课讲义编订成册，名《文字学甲编》。至1943年，陈梦家作《中国文字学》两章，自称为“重订本”，其内容与1939年本略有重复。陈梦家的《文字学甲编》从“古文字学的形成”讲起，将古文字分为殷商、两周、六国、秦、汉等五个文系，因为“这一千五百年的文字，是文字学主要的对象”。紧接着第二章论述“文字的开始及其基本类型”，提出了要为文字学作一新的分类，对传统的六书说进行了分析，认为古文字研究兴起后，传统的六书说就退居到次要的位置，并提出了他自己的“三书说”：象形、假借、形声。陈氏“三书说”后来得到了学术界的基本认同。

⑤ 唐兰：《中国文字学》，上海：开明书店出版，1949年。该书系统地探讨了中国文字的发生、构成、演化、变革等问题。

十年代又有林沄《古文字研究简论》[1]，高明《中国古文字学通论》[2]，李学勤《古文字学初阶》[3]，陈世辉、汤余惠《古文字学概要》[4]，陈炜湛、唐钰明《古文字学纲要》[5]，裘锡圭《文字学概要》[6]等书出版。除陈梦家和唐兰的著作外，其余著作基本上都是上世纪八九十年代面世的。众所周知，近三十年来，随着经济建设的快速步伐，考古事业得到了极大发展，地下材料可谓是井喷式出土。同时，新材料的出土又带动了旧材料的深入研究。与三十年前相比，今天的古文字学界可说是发生了翻天覆地的变化。很显然，上举这些教材已经不能适应新形势了，学界亟须一部既兼顾学科理论体系建构，又适应不同专业教学和一般读者学习需要，而且能够适时反映古文字研究发展现状的古文字学教材。

最近出版的黄德宽先生著的《古文字学》[7]一书就很好地回应了这一时代发展需求。《古文字学》一书共有九章和一个附录：

第一章《古文字与古文字学》讨论了古文字研究的对象、古文字学及其分支、古文字研究之回顾等内容。

第二章《古文字考释的方法》阐发了字形比较法、偏旁分析法、辞例归纳法、综合论证法四种古文字考释方法。

第三章《古文字的结构类型》阐述了象形、指事、会意、形声四种基本结构类型，并对每种结构类型重新作出界定，然后分别列举若干古文字字例，同时进行简要的分类讨论和分析。作者在本章中颇有创获，例如过去学界对形声结构的研究相对薄弱，一些学者认为形声字比较简单，因而也就不太重视。作者根据形声字字形构成方式的

---

① 林沄：《古文字学简论》，北京：中华书局，2012 年。作者在该书《写在后面》中曰："于省吾先生从事古文字研究五十余年，有丰硕的成果和可贵的经验，但没能写一部总结古文字学理论的专著，这是非常可惜的。因为长年在于先生身边，比较了解于先生的研究实践，又一再聆听于先生在古文字研究方法方面的教导，便写了这本小册子。写的时候又加上了自己的学习心得体会。"

② 高明：《中国古文字学通论》，北京：北京大学出版社，1996 年。该书由上、下两编组成，上编为古文字学基础，讲述汉字研究的历史概况，汉字的起源和发展，汉字的古形、古音、古义；下编为古文字学专题，分别讲述甲骨文、铜器铭文、战国文字。书中附有大量的古文字图表，并对一些具有代表性的甲骨文、铜器铭文、战国文字材料等作了注释讲解。

③ 李学勤：《古文字学初阶》，北京：中华书局，2006 年。该书从汉字的形音义、文字起源、甲骨学以及金文与战国文字研究等方面介绍了古文字学，并提出了研究古文字的方法和戒律，开列了最低限度的书目和 15 个研究课题。

④ 陈世辉、汤余惠：《古文字学概要》，福州：福建人民出版社，2011 年。该书从古文字概论、考释古文字的方法、古文字资料选读以及甲骨文、金文与战国文字资料的著录与研究情况等方面作介绍，并对古文字学每个分支的历史作简明扼要的综述，阐述了古文字学的基础知识理论和研究方法。

⑤ 陈炜湛、唐钰明：《古文字学纲要》，广州：中山大学出版社，2009 年。全书分上、中、下三编。上编为总论，扼要阐述有关古文字的若干重大理论问题，如古文字学的性质、研究对象等；中编为分论，具体论述、介绍各类古文字，如甲骨文、金文、竹帛文、石刻文等；下编为选读，通过具体释读若干较为晓畅易懂而有一定代表性的古文字原材料，培养学生阅读古文字资料的初步能力。

⑥ 裘锡圭：《文字学概要》，北京：商务印书馆，1988 年。该书是作者多年教学和研究的结晶，全面系统地阐述了文字形成过程、汉字形成演变、文字结构理论以及汉字形音义之间的复杂关系等方面内容，分析了传统"六书"说的不足，提出了新的分类理论与范畴，具有重大理论价值。同时，该书还重视历代俗字、俗体的研究，并联系汉字整理与简化工作，提出了有实践意义的见解。

⑦ 黄德宽：《古文字学》，上海：上海古籍出版社，2015 年。

不同将古文字形声字分为注形、形声同取、注声三类，这样分类既可以看到形声字产生和发展的过程，又有利于揭示形声字内在的关系。但作者并不到此为止，还进一步探讨了形声结构内部的辩证统一关系，“形符在形声结构中并不记录语音，它只是直接和概念发生关系，以达到对形声结构所记录的词义的直观暗示和标指。与此相反，声符则避开以形表义的纠葛，直接和语言发生联系，充当一个语音的物质符号，从而体现了文字作为记录语言符号的最根本的职能”，“形符表义的功能是不很强的，它的重要作用只是标示和区分，利用这种作用可以引导和暗示人们将同一声符代表的不同词语有效地区分开来。形声结构内部形符与字义、声符与词语读音，同它作为一个符号整体所代表的形音义的联系和区别，充分体现了形声结构的内部层次性”，“从某种意义上说，形声结构是一个矛盾统一体，它出现在早期表意文字体系中有其必然性。汉语以单音节词为主，形声字适应这个特点，既利用声符的表音作用直接记录语音，又依靠形符的标示和区分作用，解决同音词依音构形难于区别的问题，避免了单音节词为主的古代汉语因同音词过多所可能引起的文字系统的混淆。形符、声符相辅相成，不仅能完成它记录语言的任务，而且可以保证汉字系统的有理性，合乎汉字构造和使用的心理习惯。因此，形声结构有着很大的优越性和较强的生命力，一旦产生，很快就成为汉字最主要的结构方式而经久不衰。应该强调，形声结构这一矛盾统一体的主导方面是声符，声符的核心和主导作用，决定了形声结构的表音性质及其在汉字构形方式中的地位”①。

第四章《古文字形体的发展演变》阐述了古文字形体发展过程中趋易、省简、区分、划一的四种基本规律，以及隶变对汉字形体的影响。将“划一”作为古文字形体演变的基本规律之一加以阐发，体现了作者的洞见，此点为一般的古文字学教材所忽略。作者论述到：“文字的性质决定其形体符号必须简易明了、相对单一和固定，否则就无法传于异时，流于异地，充当语言交流的物质媒介。古汉字还处于发展完善之中，其他各种规律对它的制约作用，使它不能完全单一稳定，常有不‘划一’的现象发生。因此，形体‘划一’是一个动态发展概念，在形体不‘划一’中逐步‘划一’，在形体‘划一’中又逐步变得不‘划一’，由此适应着文字的发展。汉字的形体‘划一’包括两个方面：一是字形的划一，消灭同一字的不同写法；二是结构的划一，淘汰因结构的差异而造成的歧异形体。”②

第五章《古文字基本构形单位》坚持以形体为依据，将古文字基本构形单位作为一个完整的系统来观察，分为与人体相关的、表示人体所属部分的、与动物生物有关的、与植物有关的、与衣食住行相关的、与劳动战争工具有关的、与山川自然神灵之物有关的七小类，介绍了110多个古文字基本构形单位的形体结构及其历史发展。正如书中所说：“全部汉字都是由基本构形单位按照不同的构形方式组成的，因此，掌握了古文字基本构形单位，对学习古文字和辨析古文字形体结构来说也就抓住了关键。”③

第六章《甲骨文》分为甲骨文概说和选释两部分，其中甲骨文选释部分分别选取了

---

① 黄德宽：《古文字学》，2015年，第60、61、62页。

②③ 黄德宽：《古文字学》，第82、104页。

殷墟王卜辞、非王卜辞以及西周甲骨卜辞若干典型拓片予以介绍。本章充分吸收了学界的最新成果，例如在卜辞分期断代方面，就不再使用传统的五期断代法，而是吸收了学界先分组分类再断代的成果，殷墟王卜辞按照𠂤组、宾组、历组、出组、何组、无名组、黄组分别予以选释，殷墟非王卜辞则按照子组、午组、非王无名、花东非王分别予以选释。

第七章《商周金文》分为商周金文概说和选释两部分。其中概说部分论述了金文的主要内容和研究的新进展；选释部分分别选取了商代金文 3 篇、西周金文 20 篇、东周铭文 14 篇予以详释。在选释部分不乏作者的创见，例如曾姬无恤壶铭文考释中，作者认为“”字旧释多不可从，战国文字中多读为“吾”。字上从虍头，下部“”当由“人”旁演变而来，其演变过程大体为：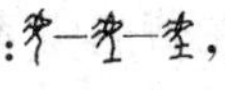，此字应释为“虎”，读为“吾”或“乎”。壶铭中读作“吾”，乃第一人称代词。金文中常以“𪓊”作第一人称代词，字也从虍声，又加鱼声，“鱼”“吾”古音声韵俱同。“虎”用作“吾”，与“𪓊”用作“吾”同理。“吾”，圣趄之夫人曾姬无卹自称。作者又将“”字释为“宅”。战国文字中“宅”（ 乇）字作如下各形：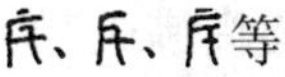等，与《说文》古文、三体石经“宅”字相同。此字应当分析为从“宀”从“乇”（宅），即“宅”之异体，铭文中是葬居、墓穴之义[①]。目前此两说已达到学界普遍认可。

第八章《简帛文字》分为简帛文字概说和选释两部分。概说部分分别介绍了战国楚简、秦简、汉简、帛书等新材料以及简帛研究的新进展。简帛文字选释部分分别选取了包山楚简、郭店楚简、上博简、清华简、青川木牍、睡虎地秦简、马王堆帛书、银雀山汉简的部分内容予以详释。一般的古文字学教材研究的是秦统一以前的文字，即先秦文字。其实秦代到汉初的文字材料在一定程度上还保留着先秦文字的一些特点，适合用古文字学的方法去整理研究。因此作者将马王堆帛书、银雀山汉简也选入书中，体现了作者历时动态的深邃学术眼光。

第九章《玺印、货币文字及其他》分别介绍了玺印文字、货币文字、陶文、石文的相关内容。玺印文字部分将古玺分为私玺、成语玺、官玺三类，总结了玺印文字的特点，并进一步探讨分析了齐玺、燕玺、晋玺、楚玺、秦印的地域风格特点等内容。货币文字部分分别介绍了布币、刀币、圆钱、铜贝的形制与文字特点等内容。陶文部分分别介绍了齐系陶文、三晋陶文、燕国陶文、楚国陶文、秦陶文的内容与文字特点，其中秦陶文部分还收入了秦封宗邑瓦书。石文部分分别介绍了秦景公石磬、石鼓文、盟书的相关内容。本章充分吸收了近年来发现的新材料和研究的新成果。

书末有一个附录，分别介绍了甲骨文类、金文类、战国文字类、秦汉文字类、古文字综合类、传统古文字书类的常用工具书，即便初学者。

总之，《古文字学》一书正确阐明了古文字学的构成、基本概念以及古汉字的知识体系，内容翔实，创见迭出，是作者三十年治学研究经验的结晶。另外，该书还充分吸收了近几十年来的新发现材料和学界研究的新成果，紧跟学术前沿，因此不仅对古文字学研究大有裨益，而且对上古史、考古学、文献学等领域的研究也极具参考价值。可以预见，本书的出版必将会大大推动古文字学科的建设与发展。

（作者单位：安徽大学文学院　出土文献与中国古代文明研究协同创新中心）

① 黄德宽：《古文字学》，2015 年，第 318 页。

# “一语天然万古新，豪华落尽见真淳”
## ——读余恕诚先生《唐诗讲演录　唐五代词概说》

卢　坡

2015年8月，北京大学出版社在著名学者、教育家余恕诚先生逝世一周年之际推出了余先生的《唐诗讲演录 唐五代词概说》《唐音宋韵》《余霞成绮》三书，于熟悉先生的亲友和学生而言是一种温习和纪念，于学界朋友和一般读者而言是一次交流与馈赠，因而显得特别有意义。三书之中，《余霞成绮》主要收录“纪念文章”“挽诗挽联唁电”及“著述目录及年表”等，从中可以了解余先生的“莫道桑榆晚，为霞尚满天”的治学育人精神；《唐音宋韵》则以“唐音撷润”“宋韵采芳”分编，对李白、李商隐、苏轼等名家名篇的独到解读，引领读者感受唐诗、宋词艺术之美妙；《唐诗讲演录 唐五代词概说》是由“唐诗讲演录”及“唐五代词概说”两种合成，是从先生大量的讲稿中精选出的较有系统的论著，颇能代表先生的治学特点，让读者从经典作品的把握中领略唐诗及唐五代词的发展演变轨迹。余先生的学术成就举世公认，不待多言，下面，我们重点对《唐诗讲演录 唐五代词概说》的语言特色稍作评说，以一脔之肉而求一镬之味、一鼎之调。

与余先生的《唐诗与其他文体之关系》等其他著作相比，这本书最具有“讲演”的特质——完全是娓娓道来。但是这并不意味着重复啰唆，反而是省净与精到。这种语言风格又是服务于教学需要的。比如，我们在讲到李白所代表的盛唐气象问题时，如何看待李白后期的一些写愁闷的诗歌？余先生是以《宣州谢朓楼饯别校书叔云》为例做出这样的分析：

> 这是一个任着性子，决不肯委曲求全、窝窝囊囊生活的人；这是一个爱自由、有理想、具备强大精神力量的诗人，连愁和愤怒也是强大有力的。这种精神性格只有在阔大的社会才会产生，正像只有深山大泽才能孕育蛟龙，只有丰草长林才能产生狮虎巨象一样，这种性格诗人出现的社会，与龚自珍所写的“万马齐喑究可哀”的社会是不一样的……诗人与环境是有冲突的，但这种冲突不是金丝鸟和笼子的可怜冲突。就像鲸会发怒，嫌大海不够广阔；大鹏会发怒，嫌天空风力不够。但那毕竟是大海和天空，而不是渺小的樊笼。一个敢于宣布“天生我材必有用”的社会，毕竟不是混乱的时代，与孟郊“出门即有碍，谁言天地宽”不同。

关于盛唐诗歌的认识，特别是在对于李白、杜甫的一些篇章是否属于盛唐之音的问题，实际上是不太容易讲清楚的，甚至还有一些争论。余先生在这里以非常通俗易懂的语言，特别是两组比喻（深山大泽育蛟龙，丰草长林产狮虎；鲸嫌大海不阔，鹏嫌天风不力），非常贴切、形象，把李白、诗歌及孕育诗歌的环境之间的关系，讲解得非常到位。而将李白的“天生我材必有用”的社会环境与“出门即有碍，谁言天地宽”“万马齐喑究可哀”的社会相比，也能看出盛唐与晚唐及晚清的差异。正是这样的社会孕育了这样的伟大诗人，写下了具有大气象的诗歌，这自然属于盛唐之音。两组比喻、两组对比，把这个不太好讲的问题说明白了，真是深入浅出。

刘勰尝言，“方其搦翰，气倍辞前，暨乎篇成，半折心始”，言意之间的矛盾，从来都是“意翻空而易奇，言征实而难巧”。余先生以形象比喻婉转传之，有效解决了言意之间的矛盾，也使得读者在理解诗歌的同时，感受到了语言的魅力。另外，余先生的讲解在省净精到总的风貌下，又随讲解内容的不同，呈现出不同的风采。比如在讲解边塞诗的时候，随着边塞的奇特风光和战士的战斗牺牲，语言也变得苍凉又力。我们看看余先生对王昌龄《从军行》其四的分析：“一边是玉门关，一边是雪山，正好是河西走廊入口……一个战士骑马巡逻在离玉门关不远的地方，他放眼向西南方跟吐蕃交接的地方看，只见青海那个方向，天空横亘着长云，把雪山（祁连山）都遮盖了……虽然已经身经百战，把铁衣都磨破了，但是如不彻底平定边疆，斩掉地方首领的首级，决不回中原。”说出了前线战斗的复杂和艰险，也说出了取得战斗胜利的坚定决心。而在讲解唐五代词的时候，余先生又给我们呈现另一番景象。如在分析温庭筠的《更漏子》时说：“纠缠在情爱中的上层妓女、贵家姬妾，内心体验纷纭细腻，其心理活动往往不是一般的悲怨苦乐，而是浑沦散乱，伴随种种情绪化的物象、图景，乃至生活片段，在内心浮动。这些物象、场景，未必是现境、实景，有的乃是经过组合和幻化的印象式的图景。当严闭的心幕拉开的时候，他们会一个个或明或暗地闪现，像游丝，像云朵，飘飘荡荡地或聚或合，由情绪支配隐伏起落，千变万化。”以这样的语言去解说温词，最能得其恍惚迷离甚至有时略显突兀无理之处。可以看出，余先生在讲边塞诗时，似有一个长镜头，给辽阔的边塞及身经百战的将士一个远远的特写，显得气势恢宏；在讲词时，则是用一台显微镜，在细细分析帐下女子当时的心绪，显得细致委婉。

语言是服务于内容的，但我们同时认为，语言具有脱离内容之外的独特价值。特别是当内容的科学性和准确性已经得到认可的前提下，尤其如此。但这并不意味着辞藻的丰富、句式的多变就最好的语言形式，就“讲演录”和“概说”这类著作而言，余先生的这种省净精到又随讲解内容变化呈现不同风采的语言是最合适而又最恰当的。这些精彩的演讲，在全书不少地方时有呈现。对于那些想了解唐五代诗词的朋友，这本凝聚余先生心血的力作，一定会是你的良师益友。

元好问在《论诗三十首》之四中对陶渊明诗歌称赞道：“一语天然万古新，豪华落尽见真淳。”这是对具有真淳隽永、万古常新之永恒魅力的陶诗的高度赞赏。万古有价值的，一定是“真淳”的。这种“真淳”是豪华落尽的真本显露，是生命的直接投入。余恕诚先生的《唐诗讲演录 唐五代词概说》以及其他著作，正是先生的生命投入和真本显露，凝聚先生治学与育人的心血，这必将被更多的人所认可，从而在更长的时间之河中得到传扬。

（作者单位：华东师范大学中国语言文学流动站，安徽大学出版社）

# 文书威权与帝国行政的史学审视
## ——读《文书行政的汉帝国》

陈名扬　邹赜韬

《尚书·多方》有言:“为殷先人,有典有册。”简牍,作为中国早期历史的记录物,自其在上世纪初被发现以来,便一直受到国内外学界的关注。上世纪五十年代,日本京都大学人文科学研究所在著名汉学家森鹿三教授的主导下开展了“居延汉简研究班”的活动,这意味着日本汉简研究体系的肇始。之后,日比野丈夫、大庭脩、永田英正等学者陆续投身到汉代简牍及其所折射的社会历史的研究中去,取得了丰硕的成果。

京都大学富谷至教授的《文书行政的汉帝国》(刘恒武、孔李波译,江苏人民出版社2013年版)标志着近十几年来日本汉简研究达到的新高度。该书将“文书行政”视为汉代集权帝制得以最终确立的基石,并指出汉帝国文书簿籍的高度发达与集权行政的臻于完善是两个相生相成的历史景观。《文书行政》分三编九章,著者不仅对“文书行政”的史学内涵及其语境进行了全面系统的诠释,且对汉代简牍文书的视觉设计、文书的字形特征与话语范式、文书的传送方式、通行文书与吏民流动控制、仓廪簿籍与廪食分配管理等问题展开了细致入微的考察。笔者希望借本文对《文书行政的汉帝国》在观察视角、研究方法等方面的特色做一评析。

## 一、文书简牍形制、字体及辞令中的视觉策略

“视觉简牍”是《文书行政》提出的一个独特概念。在著者眼中,汉代文书简牍的尺寸及形制的设计、文书字体和辞令范式的设定,实质上共同构成了一整套昭示行政文书权威性的视觉策略。著者对“视觉简牍”的诠释集中于第一编“简牍的形态与功能——视觉简牍之观察”,同时贯穿于第二编“文书记录及其相关背景”。

关于汉代简牍的形制,著者认为“简札的长度差异使书籍、文书具有了等级意味”(第13页)。“尺一诏”“三尺之律”等有关不同性质简牍的尺寸定制,意味着作为书写材料的简牍已拥有层级的区别,而这种层级化则使简牍本身也成为了政治权威的表现载体。简牍归根结底属于一种承载文字的器物,且是一种被识文解字的小众群体所垄断的器物,是在中国早期社会归属于特权群体的器物,往往拥有某种凌驾于日常用途之上的象征意义。具体而言,秦汉以前的上古玉琮、三代铜彝,无一不是礼仪与威权的物化,先秦的器物系统始终以权力等秩的宣明作为其主要社会功能。我们亦可将这种带有强烈宣谕性的器物系统理解为一种特殊的话语体系,其意图表达手段并非文字,而是既可观览又可触摸的形状与纹饰。虽秦汉简牍与先秦礼器之间存在

明显差异，其形制的设计余地较之礼器要逼仄许多，材料亦不如玉、铜器物贵重，且其记录文字的实用功能受到更多的关注，但就其利用群体而论，简牍与礼器具有很大的一致性，都是支配者阶层专属的权力道具。因此，汉代简牍形制设计中含纳的象征性，实际上是先秦以来器物系统被注入的政教象征性的历史延伸。诚然在秦汉帝制时代由于成文律条与诏令已经发挥出强大的约束力，君王权威已无需依靠礼器和祭典来支撑，而作为器具的简牍本身与简牍上之文字相比确具有更强烈的视觉冲击力。简牍形制的法式设定，实质上就是以“昭然于世”的姿态，在公众的视觉情境中设立了一个不可僭越的，法定权利话语的具象。这种“标准主义”的齐协规范堪称一种高效的强化行政权威的手段。

《文书行政》第一编第三章“檄书考”亦是本书的一个亮点。富谷先生指出，檄是一种在功能上臻于极致的“视觉简牍”。檄作为一种“特殊文书”（第47页），其形制为多面体单简、长短不一，且“以露布的形态进行传送、旨在公之于众”。著者认为，“用檄的意图并不在于强调训诫和宣谕，其根本目的在于强化文书行政与文书传送，进而对各级官吏实施有效掌控”（第88页）。檄的视觉效果和文字内容结合起来，最大限度地传达了行政中枢的权力意志，这正是简牍文书的优势所在。与后世平板化的纸质文书相比，以檄为代表的简牍文书在形态层面上具有更大的威权表现尺度，能给予观览者以更形象真切的权威压迫感受。笔者认为，我们只有切实把握这一点，才能够有机会进一步窥探汉代文书行政在话语辐散与权力施加方面的时代特殊性。

“视觉简牍”的内涵并未停留于简牍形制的设定，而是进一步延伸到了简牍文书的字体形态和辞令格式。文书字体与辞令格式亦成为简牍文书发出者宣示文书公信力的视觉策略的组成部分。《文书行政》第二编第二章“字体、书法、书法艺术——行政文书造就的书法艺术”深入分析了汉代文书采用的字体和笔画特征，且指出文书字体的选择和关键文字笔画的变化均遵循了一种带有特殊意图的成规，此“特殊意图”正是政令文字超常态的视觉效果的达成。“悬针”与“波磔”笔法的运用最具典型性，它们被集中运用于“令”“教”“可”等含有指令意味的关键字词，其夸张的笔画处理为整篇行政文书带来了独特的视觉节律，使得指令性词句更为引人注目，而超常态的观感也渲染强化了行政文书的震慑性。此外，在《文书行政》第二编第二章的讨论中，笔者还发觉了一个颇为有趣的现象：汉文书在字体书写方面有着严苛的要求，我们可以将这种规范视作具有强大历史惯性的“大传统”，而那些颇具创造力的基层书吏却为了追求特定的表现效果，刻意在一些书写细节上采取了独到的艺术加工，创造了部分“脱轨”的“小传统”。于是，在当时特定的文书行政环境中，这种双线发展的脉络勾勒了汉代文书的特有张力，使得汉文书不拘一格地发展绵延，促进了强盛帝国的效率化深透式行政运营。

文书简牍形制和文字笔法的设计都旨在赋予行政文书一种凌驾于普通文字记录之上的特殊性，而行政文书辞令模版的确立则彻底将行政文书与一般文字记录割裂开来。著者在《文书行政》第二编第三章“行政文书的格式和惯用语”中认为，汉代行政文书结尾“如律令”“有书”“有教”等惯用辞令及文书发出者的亲笔签名为行政文书建构起了专有格式，同时在视觉上亦可产生警示效果，凡此种种，均以行政文书权威性的树立为最终目的。同时,正如系统语言学家所指出的,“语言不仅反映世界,更多地是以其词汇语法系统对人类经验以归类(taxonomy)和重新组合(reconfiguration)”①,这些特定的、类型化的辞令模版,是汉代基层官吏经过修辞学意义上的归纳整合,再加工而成的。由于其囊括了基层权力运作的积极经验,所以,无论其表达模式属于限制性话语抑或其他,这种辞令模版对后世行政文书乃至官僚文化的影响都是颇为深远的。

## 二、汉代的文书行政与集权帝制

对于中央集权的汉帝国而言,不仅需要建构起统治中心与政权边缘之间的直接支配体制,且要保证权力中枢的政令能够传达至地方行政末梢并使之得到彻底的执行。周振鹤先生曾指出,汉代的县级政区以下存在着“里—什—伍、亭部”②等局地权力发生机构,这些机构在保证“上令下达”的畅通之外,同时须对下辖地区的民力、物力资源进行细密、有效的管理。《文书行政》第三编“汉代行政制度考证”,“顺蔓摸瓜”地对汉代文书行政的实施机制进行了全面而系统的解读。

通过简牍形制、文书字体及话语范式的设定使简牍文书昭示权力的威严,并不意味着简牍文书的功能就此实现,实质性行政信息的传达才是文书发挥作用的根基。《文书行政》第三编第一章“汉代的地方行政——关于汉简中‘亭’的分析”首先对汉代邮、亭等文书传送设施进行了严谨的考证,进而对文书的传送、备份及传送过程的督检展开了条分缕析的阐释。在著者看来,作为行政信息载体的行政文书在很大程度上必须保持一种动态的存在方式,即必须得到传递、移送,而帝王权力意志在空间上的伸张正是凭借文书传送的网络得以确保,此点在指令文书和报告文书上有着淋漓尽致的体现。行政文书是联结中央与地方、核心与边缘的纽带,考察行政文书的传送方式无疑可揭示帝王指令通达贯彻至行政终端以及末梢情报流通到中枢的技术路径。根据书中复原的历史景观我们可以看到,汉代的文书邮传系统及邮送督检体制已达到高度完善的程度,其机制之缜密、运行之高效是同时代其他帝制政权所无法匹敌的。以至于在具有“荒僻旷远、地贫民穷、不宜人居”③形象的边疆地带,文书行政的运作进程也是通达无阻。由此也可想到,汉朝对匈奴的防御性军事成果及面向西域的疆土拓张很大程度上都要归因于边境地区行政通讯的高度发达。汉代的文书行政堪称是世界古代行政制度史上的一个奇迹。

虽然《文书行政》限于篇幅,仅以典型的西北边疆状况来“管窥”全局。但就研究资料而言,居延、敦煌等地出土简牍所包含的极其丰富的历史信息已然很好地“抽象”出了汉朝全境文书传送机制的共相,确为我们呈现了汉帝国文书行政最为精密、最为

① 朱永生,严世清著:《系统功能语言学再思考》,上海:复旦大学出版社2011年9月版,第36页。
② 周振鹤著:《中国地方行政制度史》,上海:上海人民出版社2014年5月版,第141页。
③ 刘详学:《地域形象与中国古代边疆的经略》,载《中国史研究》2014年第3期,第12—13页。

发达的一面。这也在近年来学界对睡虎地秦简[①]、尹湾汉简的解读中得到了进一步的肯定。

文书行政的外延不仅限于以简牍文书为载体的下达指令与上报政情的传递、回馈和执行，而且覆盖了吏民移动的控制和廪食分配的管理。吏民和廪食同属国家基本资源，人力资源与物力资源关涉到国家的生存命脉，自然被纳入到文书行政手段的运用范围之内。《文书行政》第三编第二章“交通行政——通行证和关卡”探讨了通行证件——“传”的申请、出示、誊写及关卡职能等问题，再现了文书在汉代民众出行管理中扮演的角色。著者认为，“传”是一种由官府发放给旅行者的身份证明文书，出行之际须出示给沿途关卡并履行查验手续，因此，“传”实质上属于交通行政文书，其目的在于使官方掌握人员流动信息，从而实施必要的管控。本章对于关卡和通关凭证的考释也成功地在汉中叶这个“时间水平横剖面”上复原了肩水金关、居延县索关、玉门关的地望及其有关历史交通地理信息。这些基于出土文献资料的翔实考证，对一些争议纷纷的“学术公案”给出了比较合理的解释尝试，具有一定的开拓性意义。第三编第三章“粮食供给及其管理——汉代谷仓制度考”立足于“廪名籍”“谷出入簿”“廪某月食名籍”“当食案”等簿籍文书展开考证，让读者得以窥见汉代凭借文书行政实现的极尽精细、高度规范的廪食管理体制。“廪名籍”是汉代边地基层军事机构编制的预定粮食领取者名单（第 315 页），“廪某月食名籍”是实际的粮食领取记录（第 316 页），“当食案”则是针对粮食发放过程中临时出现的变动调整而撰制的核查记录（第 321 页）。廪食簿籍文书覆盖了粮食分配的每个环节，且须向上级机构提交，廪食资源流动的信息便在军事行政机构之间得以明示。据《文书行政》对汉代各类行政文书的论述，我们可得出一个结论：空间的移动是行政文书存在方式的常态，行政文书只有在移动中才能使自身承载的行政信息得以通达、传告。著者在其《木简竹简述说的古代中国》一书中曾指出，简牍文书具有介于时间、场所（线状联系的两个端点）以及移动区间的“四维性”[②]，因而，我们在考察简牍文书之际须关注到它的空间移动轨迹及与之相伴的时间变化。整个第三编的内容贯彻并诠释了这样一种思维，而基于如是思维的相关考证也为本书营造了莫大的吟味空间。

《文书行政》以“文书——文书行政”这一谱系为主轴，将著者多年的研究成果整合在完整的逻辑架构下：第一编“简牍的形态与功能”聚焦于文书简牍自身展开考察，第二编“文书记录及其相关背景”着眼于简牍上的文书进行探讨，第三编则针对文书在汉代行政系统中的运用方式做出分析。依笔者浅见，《文书行政》主要有如下几方面的突出特色：

其一，《文书行政》建基于严谨扎实的史料考证，大到历史叙事、规制溯源，小到文物观察、用语阐释，著者都最大限度地搜集、罗举和运用了相关简牍资料和文献史料；

---

① 正如永田英正先生曾指出的：“毋庸讳言，汉代的文书行政是继承秦制而来的”（《文书行政》，收入（日）佐竹靖彦主编：《殷周秦汉史学的基本问题》，北京：中华书局 2008 年 9 月版，第 243 页），秦代简牍所折射的地方行政体制可以对汉代的有关状况进行举证。

② 富谷至著，刘恒武译：《木简竹简述说的古代中国》，北京：人民出版社 2007 年 5 月版，第 65 页。

其二,《文书行政》并不仅仅注目于简牍的“文献”属性,而是兼顾简牍的“器物”属性,多维度、多方位地对作为器物的简牍进行观察。

其三,《文书行政》一书在写作过程中视域宏阔,思路发散,能够在牢牢把握“政治史”这一写作主旨的同时,有条不紊地兼论书法艺术史、历史地理等周边学科的有关内容。这显然是著者“精于业”的良性结果,也使得《文书行政》较之其他同类著作更具参考价值,更开创一种“叙史新模式”。

虽然《文书行政》在个别问题的探讨中,由于虑及佐证史料或有所欠足,著者并未给出清晰明确的断语,但正如著者在终编结尾所言:“在假说的基础上堆砌假说,这必会招致远离历史真实的危险”(第340页),著者的自我存疑是出于守护历史真相的考虑。应当承认的是,疑辨空间的存在将进一步激发我们这些后来者求索的热情。

(作者单位:宁波大学人文与传媒学院)

# 《古籍研究》征稿启事

一、《古籍研究》创刊于1987年,现已出版64卷。在学界同仁的大力支持下,已成为古籍整理与研究领域有较大影响的学术阵地。本刊每年出版两期,欢迎学界同仁惠赐稿件。

二、本刊主要刊发与古籍整理和研究相关的各种专门性论文。书评和研究综述亦适量刊载。来稿内容必须原创,不存在版权问题。

三、本刊欢迎电子投稿,请将稿件WORD文档投至本刊专用邮箱gujiyanjiu@aliyun.com。如稿件中造字、图表等不能正常显示,须同时投寄PDF文件或纸质稿。请勿一稿多投,勿寄个人。

四、来稿请遵从本刊格式规范,并请在文末注明作者姓名、单位名称、职称、详细通讯地址、电子邮箱和电话,以便联系。

五、本刊稿件由相关领域专家匿名评审。稿件被采用者,将发给录用通知。如稿件寄达后三个月内未收到本刊采用通知,可自行处理。来稿一般不退。

六、本刊不向作者收取任何版面费、审稿费等费用。来稿刊出后,本刊即奉上薄酬,同时寄赠样刊两册。

七、本刊通讯地址:安徽省合肥市肥西路3号安徽大学文学院《古籍研究》编辑部。邮编:230039。

**附:稿件要求及格式规范**

1. 来稿要求一般不少于4000字,题目不超过20个字,副标题不超过18个字。

2. 来稿文字须用国家公布的通用简化汉字,标点符号和计量单位须符合最新国家规范和标准。

3. 来稿请按如下顺序排版:论文标题,作者姓名,正文,作者简介,联系电话和电子邮箱。

4. 来稿若属课题研究成果,请在首页用脚注标明课题名称和课题号。示例如下:

国家社会科学基金重大项目:现存元人著作(汉文部分)总目提要

(12&ZD157)

5. 本刊文后不列参考文献,注释一律采用脚注形式,以阿拉伯数字顺序编码,圈码(①②……)标引。古代文献的作者请在朝代外加圆括号。译著须标明原著者国籍,并在国籍外加方括号。引文出处要求按顺序依次准确标明:作者、书(篇)名、出版地或刊物名称、时间及页码。示例如下:

著作:

① 钱钟书:《管锥编(一)》,北京:三联书店,2007年,第36页。

② (元)陶宗仪:《南村辍耕录》,北京:中华书局,1959年,第181页。

③ (古罗马)玛克斯·奥勒留:《沉思录》,梁实秋译,南京:译林出版社,2012年,第10页。

论文:

④ 章培恒:《〈桃花扇〉与史实的巨大差别》,《复旦学报》(社科版),2010年第1期,第15页。

⑤ 任继愈:《朱熹与宗教》,《皓首学术随笔·任继愈卷》,北京:中华书局,2006年,第26页。

⑥ 程毅中:《古籍数字化须以古籍整理为基础》,《光明日报》,2013年4月30日,第6版。

文章多次引用同一论著,第一次出现时用上述格式标注,再次出现时只需标注论著名称和页码,示例如下:

⑦《管锥编(一)》,第38页。

**《古籍研究》编辑委员会**

**2016年10月**